A DICTIONARY OF DREAM SYMBOLS
WITH AN INTRODUCTION TO DREAM PSYCHOLOGY

# 정신분석적
# 꿈 상징 사전

에릭 애크로이드 지음
김병준 옮김

현대정신분석연구소
Korean Institute for Contemporary Psychoanalysis

# A DICTIONARY OF DREAM SYMBOLS

## WITH AN INTRODUCTION TO DREAM PSYCHOLOGY

by ERIC ACKOYD

Copyright © 1993 by ERIC ACKROYD

Korean Translation copyright © 1997
by Korean Institute for Contemporary Psychoanalysis
 (Previously, Korea Psychotherapy Institute)

본 저작물의 한국어판 저작권은 CASSEL PLC와의 독점계약으로 한국어판권을
현대정신분석연구소(구, 한국심리치료연구소)가 소유합니다. 저작권법에 의하여 보호를
받는 저작물이므로 무단전제와 무단복제를 금합니다.


# 꿈 상징 사전

발행일    1997년 12월 15일
지은이    에릭 애크로이드
옮긴이    김병준
펴낸이    이준호
펴낸곳    현대정신분석연구소 (구 한국심리치료연구소)
주소     서울시 종로구 새문안로5가길 28, (적선동, 광화문플래티넘) 918호
전화     02) 730-2537~8
팩스     02) 730-2539
홈페이지   www.kicp.co.kr
E-mail   kicp21@naver.com
등록     제22-1005호(1996년 5월 13일)


정가    25,000원
ISBN   89-87279-04-9 (03180)

# 꿈 상징 사전

# 목 차

**옮긴이의 말**

**서론** ・・・・・・・・・・9
꿈을 해석하는 방법 ・・・・・・・・10
무의식 ・・・・・・・・・・・・16
어떤 의미를? ・・・・・・・・・・19
프로이트의 꿈 이해 ・・・・・・・24
융의 꿈 이해 ・・・・・・・・・・54
게슈탈트 심리학의 꿈 이해 ・・・・・91
결론 ・・・・・・・・・・・・・96

**꿈의 상징들 ㄱ ~ ㅎ** ・・・・・・97~402

참고문헌 ・・・・・・・・・・・403

# 옮긴이의 말

　스티븐슨(R. L. Stevenson)은 곧잘 꿈에서 영감을 받아 소설을 쓰곤 했다고 한다. 어느 날 아침 아직 그가 잠결에 지르는 무서운 비명에 놀라 잠이 깬 그의 아내는 몸을 흔들어 그를 깨워 주었다. 그랬더니 그는 도리어「중요한 대목에서 깨우면 곤란하지 않아? 아주 멋진 괴담의 꿈을 꾸고 있었던 참인데…」라고 화를 냈다고 한다. 그 꿈이 후에 유명한〈지킬박사와 하이드〉라는 소설이 되었던 것이다.
　역자 자신도 이상한 꿈의 경험을 한 일이 있다. 대학입학 시험 전날 밤 수학 때문에 걱정을 하면서 잠이 들었는데, 꿈에 예상 밖의 기하문제(투영도)가 출제되어 그 문제를 푸느라고 끙끙 앓는 꿈을 꾸었다. 아침에 일어나서 그 문제를 풀어 보고 갔는데, 그날 수학 시험문제에 그 문제가 그대로 출제되어 있지 않은가! 그때의 놀라움과 즐거움은 지금도 눈앞에 생생하다. 그후 꿈에 대하여 관심을 갖게 되었는데, 특히 대학 2학년 때 형법 강의시간에 형사 책임의 본질을 심층심리학의 입장에서 전개하시는 유기천 교수님의 강의에 흥미를 느꼈다. 그때부터 역자는 본격적으로 프로이드의「꿈의 해석」, 융학파의 서적들을 읽어보게 되었고, 꿈을 분석해 보면서 점점 정신분석학의 모든 분야를 체계적으로 공부하는 데까지 발전하게 되었다.
　역자는 해외 여행을 가는 길에 서점에 들르면 꿈의 상징 사전이나 정신분석학에 관한 책을 사오는 것이 버릇처럼 되었는데, 어느 날 우연히 본서를 발견하고 첫눈에 그 내용이 간결하면서도 예지가 번뜩이는 점에 깊은 인상을 받았다. 본서를 가지게 된 후, 꿈을 꾼 날이면 본서를 들쳐 보면서 꿈의 의미를 생각해 보는 것이 일상적인 습관이 되었고, 그 과정에서 본서의 진가를 점점 더 느끼게 되었다. 그래서 이 책을 혼자만 볼 것이 아니라 번역하여 여러 사람들과 함께 보고 싶은 생각이 들었다.

　아울러 본 역서가 세상의 빛을 보게 되는데 도움을 준 사람들에게 감사하는 것을 잊고 싶지 않다. 역자에게 항상 정신분석학의 연구, 특히 대상관계이론의 중요성과 의의를 일깨워 주시고, 이 책의 번역에 자극과 질책을 아끼지 않으셨던 한국심리치료연구소의 이재훈 소장님과 꼼꼼하게 끝까지 교정을 보아주신 이은경님과 박동화님에게 감사드린다.

　마지막으로 이 책을 번역하는 중에 감명 깊게 본 영화, 마이클 래삭이 감독한 「카드로 만든 집」의 첫 대사—자폐아인 샐리와 샐리의 죽은 아버지 친구의 대사—가 마음에 들어 이를 소개하면서 역자의 변을 마치고자 한다. "사람은 왜 꿈을 꾸나요?" "세상을 더 잘 보기 위해서란다."

1997년 12월 서초동에서<br>김 병 준

# 서론

꿈에 나타나는 모든 심상은 저마다의 의미를 가지고 있다. 그러나 동일한 심상이라 할지라도, 그것이 다른 사람들에게는 다른 것을 의미할 수 있고, 동일한 사람이라고 하더라도 그 사람이 어떤 삶의 자리에 있느냐에 따라서 다른 것을 의미할 수도 있다. 그러므로 이 사전에서는 꿈에 나타나는 심상들이 지닐 수 있는 여러 의미들을 제시하고자 한다. 여러 의미들 가운데서 당신의 특정한 상황에 적용된다고 생각되는 것을 선택하는 것은 당신이 해야 할 몫이다.

이 서론에서는 어떤 특정한 꿈에 담겨진 심상—사람, 사물, 장면, 말이나 글 등—에 주어지는 의미들 가운데 어느 것이 당신의 외적인 상황이나 내적인 심리상태에 부합하는지를 결정하는 방법을 살펴보고자 한다. 당신이 자신의 꿈을 해석하는 일은 처음에 생각하는 것처럼 그렇게 어려운 일이거나 반드시 많은 돈을 주고 전문가에게 의뢰해야 할 일이 아니다. 꿈 해석은 적어도 당신이 자신의 꿈을 존중하는 태도를 가지고 있고, 그 꿈이 당신에게 귀중한 것을 말해 준다는 믿음을 가지며, 그리고 자신에 대해 마음을 열고, 정직하고자 한다면, 당신이 직접 할 수 있다. 대개 꿈에 나타나는 사람, 장소, 사물, 그리고 사건들은 당신의 일부—감정, 두려움, 욕망, 태도 등—를 나타낸다. 당신은 이러한 것들을 의식적으로 알아차릴 수 없다. 그리고 꿈이 지닌 주요 기능들 가운데 하나는 당신으로 하여금 이 숨어 있는 부분들을 알게 하고, 당신이 그러한 것들에 주의를 기울일 것을 요구하는 것이다. 그러므로 당신은, 그 꿈에는 당신이 알지 못하거나 그 중요성을 지금까지 인정하지 않았던 성격의 일부가 들어 있을 수 있다는 것을 기꺼이 받아들여야 한다. 이것이 바로 진정한 의미에서 정직한 것이다: 당신 자신에 대하여 정직하다는 것은 어떤 이유든 간에 지금까지 당신이 무시했던, 당신의 그러한 부분들을 인정하는 것을 의미한다.

## 꿈을 해석하는 방법

먼저, 꿈의 해석이라는 대모험을 시작하는 사람들을 위하여 몇 가지 간단한 정보를 제시하고자 한다.

### 꿈을 기록하기

꿈을 꾼 다음에는 곧바로 그것을 기록해 두는 습관을 들이라. 이것은 당신 곁에 펜과 종이를 준비해 놓고, 꿈을 꾼 후에 깨어나면 즉시 그 자리에서 꿈을 기록하겠다는 결심을 하는 것이다. 잠자리에 들기 전에 종이의 맨 위에다 날짜를 기록해 두는 것이 좋다. 이것은 꿈을 노트에 적어 두고자 하는 진지한 의지를 외적으로 표현하는 것이다. 그리고 그것은 또한 당신이 잠에서 깬 후, 곧바로 꿈을 적어 둘 수 있다는 것을 의미한다. 꿈을 꾸고 나서 꿈을 기록하는 사이에 어떤 일이 발생한다면, 그것은 꿈의 기억을 지워 버리거나 심각하게 축소시킬 수 있다.

만약 당신이 누군가와 함께 잠을 자고 있고, 그가 잠에서 깨어나는 것을 원하지 않는다면, 기록해 두는 것 대신에 녹음기를 사용할 수 있다. 어떤 방법을 사용하든 간에 반드시 현재 시제를 사용해야 한다. 예를 들면, '자동차 한 대가 나를 추월했을 때, 나는 도로를 따라 걸어가고 있었다'가 아니라 '자동차 한 대가 나를 추월할 때, 나는 도로를 따라 걸어가고 있다'라고 해야 한다. 현재 시제를 사용하는 것은 꿈을 더욱 생생하게 재현하는 데 도움이 된다. 그 결과 당신은 보다 충분하게 꿈의 영역 안으로 들어가게 될 것이고, 그렇게 함으로써 그 꿈을 더욱 상세히 기억하게 될 것이다.

만약 당신이 컴퓨터를 가지고 있고, 그것을 사용할 줄 안다면, 꿈을 해석하는 데 유용하게 사용될 수 있다. 혹시 반복되는 어떤 주제들이 있는지 알아볼 수 있도록 꿈을 기록하고, 때때로 그 꿈들을 철저히 분류할 수 있는 프로그램 하나를 선정하라. 더 자세한 것을 알기 원한다면, 칼빈 홀(Calvin Hall)의 저서 「꿈의 의미」(The Meaning of Dreams)를 참조하라.

꿈을 가능하면 상세하게 기록하라. 꿈에 드러난 것이 무엇이든, 그것이 해석될 때에는 중요한 것이 될 수 있다. 꿈 자체에서는 아주 하찮게 보이거나 주요한 행동에 부수적으로 일어나는 것처럼 보이는 것들이, 사실은 꿈 전체의 의미를 찾아내는 데 열쇠를 쥐고 있는 것으로 드러나기도 한다. 예를 들면, 언제나 색깔이나 모양을 기록해 두라. 만약 동작이 있다면, 그것이 어느 방향으로 동작하는가?—오른쪽인지 왼쪽인지, 시계 바늘 방향인지 그 반대방향인지, 당신을 향하여 오고 있는지 멀어지는지 등. 남자인지 여자인지, 젊은이인지 노인인지, 표정이 밝은지 어두운지, 매력 있는 사람인지 매력 없는 사람인지, 웃고 있는지 얼굴을 찌푸리고 있는지, 그가 무엇을 입고 있는지; 그리고 그가 뭐라고 말하는지, 가능하면 정확하게 기록해 두라. 정원의 중앙이나 변두리에 해시계가 있는지, 물이 담겨있는 수반이 있는지, 식물이 꽃을 피우고 있는지 그렇지 않은지, 만약 꽃이 피어있다면, 그 꽃이 어떤 색깔인지, 어떤 계절인지, 거기에 얼마나 많은 여자들, 계단들, 또는 동물들이 있는지, 주택이나 기타의 건물이 낡았는지 새 것인지, 그리고 그 동작이 그 건물의 몇 층에서 일어나는지.

만약 당신의 꿈에서 그렇게 상세한 심상들이 나타나지 않더라도, 너무 걱정할 필요는 없다. 내가 지금 말하는 것은 꿈에 상세한 심상들이 나타난다면, 그러한 것들을 빠뜨리지 말고 기록하라는 것이다. 지금까지 내가 한 말에 귀를 기울인다면, 아마도 당신은 앞으로 꾸게 될 당신의 꿈에는, 앞서 꾸었던 꿈에는 들어 있지 않았거나 눈에 띄지 않았던 상세한 심상들이 포함된다는 사실을 알게 될 것이다.

## 여러 개의 꿈을 동시에 살펴 보라

모든 꿈의 의미를 곧바로 풀어야 한다고 생각하지 말라. 물론 당신의 머리에 그 꿈의 분명한 의미로 떠오르는 것을 그 자리에서 메모해 둔다고 해서 나쁠 것은 없다. 그러나 어떤 꿈이든 그 꿈의 유일한 의미는 이것이라고 최종적인 결정을 내리기에 앞서, 기록된 여러 개의 꿈에서 공통된 유형이 있는지 알아 보고, 그것들을 동시에 살펴보는 것이 최상의 방법이다. 거기에는 반복되는 심상이나 동일한 것을 말하는 다양한 심상들이 있을 수 있다.

종종 지난해에 꾼 꿈들, 2년 또는 3년에 걸쳐서 꾼 꿈들, 또는 훨씬 더 오랫동안에 걸쳐서 꾼 꿈들 모두를 회고하는 것은 그것을 통해서 많은 것을 배울 수 있는, 실제로 유익한 일이 될 수 있다. 그러한 방법을 통해서, 당신은 그 기간 동안에 얼마나 많이 또는 적게 변해 왔는지를 알 수 있다. 당신은 자신이 꾼 꿈들로부터 얼마나 많은 것들을 배워 왔는지를 알게 될 것이다. 또는 일상생활을 변화시키는 데 있어서 당신이 그러한 꿈들의 의미를 얼마나 많이 또는 얼마나 적게 적용해 왔는지를 알게 될 것이다.

꿈의 해석에서 실수를 한다면, 당신은 다음에 꾸는 꿈이 당신의 실수를 교정해 준다는 사실을 알게 될 것이다. 꿈은 무의식으로부터 나오는데, 그 무의식은 어떤 목적을 가지고 있으며, 우리가 그것을 이해할 수 있는 방식으로 작용한다. 만약 당신이 자신의 무의식을 존중하고, 무의식이 꿈을 통해서 무엇을 말하고 있는지에 주의한다면, 무의식은 당신이 그 메시지를 진정으로 이해할 수 있도록 협력하고 도울 것이다.

## 꿈의 심리학적 의미

꿈은 늘 계속되는 일련의 꿈들의 맥락 속에서 나타날 뿐 아니라 전반적인 삶—가정생활, 직장, 사랑과 미움—이 처한 정황 속에서 일어난다. 꿈은 깨어 있는 동안에 삶 속에서 경험한 것들에 대한 가장 깊은 정서적 반응을 나타낸다. 그러므로 당연히 당신이 꾼 꿈에 대한 정확한 해석은 그 꿈을 당신의 외부적인 삶이 처한 정황에서 볼 때에만 가능할 것이다.

이것은 분명히 지금 당신에게 일어나고 있는 것, 지금 당신이 처한 상황, 당면한 문제들, 야망, 두려움 등을 포함한다. 그러나 그것은 또한 당신의 과거의 전부나 일부를 포함할 수 있다. 당신 안에 가장 깊이 자리하고 있는 태도, 증오, 편견, 습관, 두려움, 죄책감, 그리고 온갖 종류의 고통들은 당신의 어린 시기의 경험들로부터 유래할 수 있다. '어린이는 어른의 아버지'라는 워즈워드(Wordsworth)의 말은 완전히 맞는 말이다: 성인의 성격은 주로 아동기의 경험들에 의해서, 혹은 더욱 정확하게 말하자면, 그 아동기의 경험들이 그 어린이에게 정서적으로 미친 영향에 의해서 결정된다. 아동기에서 비롯되지 않는 것은 더 나중의 삶에서 이루어진 외상적 경험들로부터 나온다: 우리의 현재 정신상태는 과거로부터 지금까지의 삶의 경험들과 상황들에 대하여 정서적 자아가 반응한 결과이다.

이것은 꿈을 정확하고 유용하게 해석하는 데에는 지금 당신에게 일어나고 있는 일과 과거에 일어났던 일을 완전하게 의식하고 이해하는 것이 필요하다는 것을 의미한다. 이것은 너무 많은 것이 요청되는 것이 아닌가? 그렇다. 그러나 그것에 위압될 필요는 없다. 무의식은 당신에게 협력하고, 정말로 당신을 인도해 줄 준비가 되어 있다. 무의식은 정서적으로 축적된 삶의 모든 경험들이 들어 있는 창고이다. 그리고 그것은 단지 당신의 꿈에서 자신을 표현하고 있는 결정적인 정서적 반응들—두려움, 증오, 분노, 죄, 기타 등—일 수 있다. 당신이 자신에 대하여, 즉 당신의 과거와 현재에 대하여 알 필요가 있는 모든 것들이 꿈을 통해서 당신에게 공급되고 있다. 다른 말로 하면, 꿈은 당신이 그 꿈을 이해하는 데 필요한 모든 것뿐 아니라, 삶을 살면서 그것들을 적절하게 그리고 창조적으로 적용하는 데 필요한 모든 것을 제공해 줄 것이다.

당신의 정신상태와 그 결과로서 드러난 현재의 당신 삶의 환경을 형성하는 데에는 당신의 지적이며 객관적인 의사결정보다는 사건들에 대한 정서적 반응들에 의해 더 많은 영향을 받았다는 것은 사실일 수 있다. 그러나 당신은 아무 때든지 삶을 통제하고 미래를 결정할 수 있다는 것 또한 사실이다. 여기에서 당신의 꿈들은 도움이 될 것이다. 그 꿈들은 당신이 미래에 더욱 큰 행복을 성취할 수 있도록, 해야 할 것과 그만두어야 할 것을 말해 줄 것이다. 무의식은 꿈을 통해서 당신이 필요로 하는 것을 말해 줄 것이다. 그 나머지는 당신에게, 즉 당신의 의식적인 자아에 달려 있다.

### 꿈의 순서

꿈 가운데 처음으로 기억되고, 그리하여 처음으로 기록되는 부분은 종종 그 꿈의 마지막 부분이다. 사실, 꿈의 모든 부분들을 역순으로 기억하여 기록하는 경향이 있다. 꿈을 해석하는 일에 착수할 때에는 다음의 사실을 명심해야 한다: 때때로 꿈의 마지막 부분은 그 꿈의 첫 부분에서 제기된 문제의 해답을 제공한다.

### 간단한 의미들

위에서 꿈의 심오한 의미에 대하여 말했던 것은 다른 고려사항들과 비교하여 평가되어야 한다. 모든 꿈이 심리학적으로 심오한 의미를 가지고 있는 것은 아니다. 어떤 꿈은 단순히 그 날에 있었던 사건들을 되풀이하는 것에 지나지 않는다. 어린이들이 말하는 꿈 가운데 거의 모든 꿈들은 다음과 같은 종류의 꿈이다: 세 살 난 아이가 해변이나 박람회에 가서 하루를 보낸 후엔 종종 그곳에서의 기쁨과 흥분을 꿈으로 재생할 것이다; 유사하게, 옛날 이야기가 어린아이의 꿈속에서 되풀이 될 수도 있다.

어떤 꿈은 신체 증상을 솔직하게 설명해 주기도 한다. 예를 들어서, 방광에 오줌이 가득 차게 되면, 팬츠에 오줌을 쌀 정도로 무섭고 당황스러운 꿈을 꾸게 된다.

그러므로 모든 꿈이 심오한 의미를 가지고 있고, 삶을 변화시키는 계시를 담고 있지는 않다. 그러나 어떤 꿈은 그러한 계시를 담고 있을 수도 있다. 심지어 겉으로는 아주 시시하게 보이는 꿈조차도 당신의 삶에 대해 중요한 사실을 말해 주려고 애쓰는 것일 수 있다. 예를 들면, 만약 당신이 지진이 일어나는 꿈을 꾸었다면, 일반적으로 그것은 당신의 사적인 세계가 산산조각날 위험에 처해 있든지, 아니면 적어도 무의식적으로 그와 같은 심각한 두려움 속에 있다는 사실을 가리켜 주는 것일 수 있다. 그러므로 당신의 결혼생활이나 가정의 다른 관계들에 대하여, 그리고 직장의 상황이 어떠한지를 물어보아야 할 것이다. 그러나 또한 당신이 최근에 그런 종류의 꿈을 조장했을 수 있는 기사를 읽었거나 TV로 보았는지를 물어야 할 것이다. 만약 당신이 실제로 일어난 지진에 대한 생생한 기사를 읽었다면, 그 꿈은 단순히 그러한 이야기를 되풀이하는 것, 즉 반추하는 것에 불과할 수 있다. 다른 한편, 아주 최근의 경험으로부터 상징들을 취한 꿈들조차 당신의 내면에서 일어나고 있는 것을 나타내기 위하여 그러한 상징들을 사용하고 있는 것일 수 있다.

대체로, 사실은 다음과 같이 보일 것이다: "만약 당신이 꿈을 대수롭지 않게 여긴다면, 그 꿈의 내용은 대수롭지 않은 것이 될 것이다; 그러나 만약 당신이 꿈을 진지하게 생각한다면, 그 꿈의 내용은 진지하고 의미심장한 것이 될 수 있다." 만약 당신이 꿈으로부터 원하는 것이 자신을 더욱 충분히 이해하고, 결국엔 당신의 삶을 더욱 충분히 통제하고 자신의 고유한 '숙명'에 도달하는 것이라면, 꿈은 당신을 저버리지 않을 것이다. 그 꿈들은 당신이 필요로 하는 모든 것들을 제공할 것이다.

## 무의식

　지그문트 프로이트(Sigmund Freud)는 그의 고전적 저서 「꿈의 해석」에서 '꿈을 해석하는 것이야말로 마음의 무의식적 활동들이 어떠한지를 알아보는 가장 좋은 방법이다'라고 말했다. 사람의 정신이나 마음이나 성격에 무의식적인 차원이 분명히 존재한다. 우리는 우리 자신이 의식적으로 의도하지 않았던, 심지어는 의식적으로 의도한 것들과 모순되는 일들을 행하고 있는 것을 자주 발견한다. 이렇게 행동하는 이유가 무엇인지는 즉시 드러나지 않을 수 있다. 그러나 모든 행동에는 원인이 있다. 그러므로 만약 이러한 행동들의 원인들—동기들—이 의식적인 것이 아니라면, 그 원인들은 무의식적인 것일 수 있다. 최면의 효과를 나타내는 암시 현상은 무의식의 정신 작용이 존재한다는 증거를 지지해 준다. 우리 모두는 최면술사가 사람들에게 최면을 걸고, 그런 다음 그들이 깨어서는 어떤 행동(물구나무서기, 또는 옷 벗기, 또는 기타 등)을 할 것이라고 말했던 사례들을 보거나 들었다. 그들은 최면에서 깬 후에 지시 받은 것을 정확하게 수행했지만 왜 그렇게 했느냐는 질문을 받았을 때, 아무 대답도 하지 못했다. 그들의 행동을 유발시킨 것은 그들의 의식세계가 아니었음이 분명하다. 그러한 행동들로 인하여 그들의 의식세계는 불시에 습격을 당했던 것이다. 그러한 행동들을 하게 된 것은 무의식적인 이유 때문이었다.

　프로이트는 제1차 세계대전 기간에 자신의 경험들에서 무의식적으로 동기유발되는 극적인 예들을 발견했다. 그는 전선(戰線)에서 병원으로 이송된 군인들을 치료했다. 이 군인들 가운데 어떤 이들은, 신체적인 원인이 전혀 발견되지 않는데도, 팔이나 다리의 마비 때문에 고통을 겪고 있었다. 환자들의 진지한 항의에도 불구하고, 프로이트는 최면술을 사용하여 그 마비의 원인을 찾아냈다. 그는 그 원인이 어떤 상황, 즉 그들을 공포에 떨게 한 전선으로부터 벗어나려는 욕구에 있다는 사실을 발견하였다. 그 욕구는 전적으로 무의식적인 것이었다. 그러한 욕구는 마음의 의식적 차원에서는 자신을 드러내지 않았던 것이다.

이런 경우들에서 그러한 마비는 하나의 증상이었다. 즉 (비록 무의식적이기는 하지만) 정신질환의 신체적 징후였다. 프로이트는 동일한 방식으로 기능하는 꿈을 증상으로 이해하게 되었다. 즉 꿈은 무의식적인 차원에서 일어나는 정신적인 혼란—좌절, 갈등 등—을 알려준다는 것이다.

꿈이 그 밖의 다른 기능들을 가지고 있을지라도, 꿈의 가장 중요한 기능은 무의식 세계, 즉 자아의 무의식 심층에서 현재 일어나고 있는 것을 보여주는 것이다. 그러므로 꿈을 무시하는 것은 곧 자기인식(自己認識)의 열쇠를 거절하는 것이다. 이 자기인식이야말로 진정한 행복, 내적 평안과 기쁨, 내적 갈등의 증상인 긴장의 제거, 개인적인 문제들의 해결, 그리고 더욱 더 풍요롭고 만족스런 생활양식의 수립을 위한 열쇠가 된다.

일반적으로 인정하는 바와 같이, 당신이 무의식적인 자아와 친숙해지는 기타의 방법들이 있다. 그 하나가 최면술이다. 다른 하나는 최면술을 활용하는 분석이나 최면술을 활용하지 않는 분석이다. 이 두 분석들은 비용이 많이 든다. 하지만 당신이 만약 그러한 방법들을 활용할 만한 경제적 여유가 있고, 평판이 좋은 분석가를 찾을 수 있다면, 그러한 방법들을 활용하라. 만약 당신이 절대적으로 도움을 필요로 한다면, 비록 재정적인 여유가 없더라도, 전문적인 심리치료사에게 가라. 또는 진정한 영적 지도자에게 가던지 그렇지 않으면 영적치료사나 심령치료사에게 가라.

더 나아가, 당신은 외적으로 나타나는 이상한 행동들—말의 실수나 글쓰기의 실수, 어떤 상황에서의 어색하거나 서투른 행동, 가령 손을 반복하여 씻는 것과 같은 비합리적인 행동들—을 관찰함으로써 무의식적인 자아를 이해할 수 있다. 그러나 실망스럽게도 그런 유형의 정확한 해석조차 당신의 무의식의 활동을 이해하는 데는 단지 부분적인 도움만을 제공할 수도 있다. 그리고 부정확하게 해석하거나, 의미있는 해석을 찾아내지 못함으로써 당신은 더욱 깊은 혼란에 빠질 수도 있다.

당신이 자신의 무의식적인 자아에 대한 정보를 얻는 데 있어서, 주요하고 가장 접근하기 쉬운 원천은 끊임없이 꾸는 꿈들이다. '잠을 자면 혹시 꿈을 꿀 수 있을까?' 아니다. 거기에 '혹시'란 없다. 당신은 잠을 잘 때마다 꿈을 꾸는 것이다. 당신은 부인하겠지만, 스스로 이것이 사실이라는 것을 어렵지 않게 발견할 수 있다: 매일 밤 잠자리에 들기 전에 꿈을 기록할 펜과 종이를 반드시 준비하라. 그러면 당신은 곧바로 전에 당신이 꾸었다고 생각하는 것보다 더욱 많은 꿈을 꾼다는 사실을 알게 될 것이다.

어떤 사람들은 전혀 꿈을 꾸지 않는다고 말한다. 그들의 말이 실제로 의미하는 것은, 그들은 결코 자신들의 꿈을 회상하지 않는다는 것이다. 심지어 어떤 사람들은 전혀 꿈을 꾸지 않는다고 자랑한다. 그들은 꿈을 꾸지 않음으로써, 깊고, 간섭받지 않으며, 유익한 잠을 즐길 수 있다고 생각한다. 그러나 그들은 적어도 다음 두 가지 점에서 잘못된 생각을 가지고 있다: 첫째로, 그들은 꿈을 꾼다—모든 사람은 꿈을 꾸는 것이다; 둘째로, 이 사실을 인정하지 않음으로써, 그들은 자기인식과 자기실현의 최적기를 상실하고 있는 것이다.

사람들이 전혀 꿈을 꾸지 않는다고 자랑하는 것은, 꿈에는 신경증적인 무엇이 있다고 생각하기 때문이다. 꿈의 기능 중의 하나는 우리 내부에 작용하고 있을 수 있는 건강하지 못한 과정들을 의식세계에 알려주는 것임에 틀림없다. 그러나 그것은 우리의 꿈이 신경증적이라는 것을 의미하지는 않는다. 꿈이 없다고 자랑하는 것은 그가 자신의 두려움을 어리석은 허세 뒤에 감추고 있다는 것을 보여주는 확실한 징표이다. 이것은 자신의 신경증 장애에 대하여 여전히 무지한 상태로 남아 있기를 더 좋아하는 것이다. 그러나 무지가 축복은 아니다.

모든 사람—또는 거의 모든 사람—은 어느 정도로 신경증에 걸려 있다: 내적 갈등, 공포, 죄책감-콤플렉스 등은 정신병원에 입원해야 할 병으로 규정되지 않는다. 그렇기 때문에 그러한 문제들을 알기 위하여 유용한 수단들을 사용하는 것은 이치에 맞는 일이다. 만약 신경증이 심하다면, 당신은 심리치료사와 상담해야 할 것이다. 그러나 대부분의 경우에, 자신의 꿈들을 살펴봄으로써 보다 나은 자기인식과 보다 나은 정신건강으로 나아가게 될 것이다.

당신은 꿈에 유의함으로써 신경증에 걸리지 않게 되는 유익을 얻는다는 점을 명심하라. 거기에는 언제나 더욱 더 발전하고 진보할 여지가 있다. 꿈은 당신을 치유함으로써 건강하게 만들 수 있다. 그리고 심리학적으로 말해서 치유와 온전성은 동일한 것이다.

많은 사람들—특히 남자들—은 정서를 두려워한다. 그 정서의 표현을 두려워한다. 또는 그러한 정서가 존재한다는 사실을 아는 것조차 두려워한다. 그것은 많은 사람들이 자기가 꾼, 보통 정서적인 내용의 꿈들을 조사하려고 생각조차 하지 않는 또 하나의 이유이다. 그러나 잠재적으로 위험한 정서는 억압된 정서, 즉 의식으로부터 추방되어 무의식이라고 하는 어두운 지하실에 던져진 정서뿐이라는 사실을 깨닫는 것이 중요하다.

만약 당신이 무의식에서 일어나고 있는 것과 친숙해진다면, 삶을 더 잘 통제할 수 있을 것이다. 이전에 당신이 낭비했던 정신 에너지를 이제 창조적으로 사용할 수 있기 때문에, 당신의 기분은 더욱 좋아질 것이다. 즉 당신의 삶은 더욱 풍요롭고, 효율적이며, 만족스럽게 될 것이다.

## 어떤 의미를?

내가 이미 말했던 것처럼, 어떤 꿈은 다른 꿈보다 더 의미심장하지만 어떤 꿈은 단순히 전날의 사건들을 되풀이하는 것에 불과할 수 있고, 어떤 꿈은 신의 계시로 설명될 수 있다. 이 신의 계시는 당신에게 더욱 심원하고, 안정적이며, 영구적인 현실을 보여 줄 수 있다. 또한 이 신의 계시는 당신이 그날그날 깨어서 경험하는 어떤 것보다 더욱 두려운 것일 수도 있고, 행복한 것일 수도 있다. 이러한 신의 계시를 앎으로써, 당신의 태도와 가치관이 달라지고, 이로 말미암아 당신의 삶은 근본적으로 달라질 수 있다. 대다수의 꿈들은 다음과 같은 양극단 사이의 어딘가에 위치한다. 어떤 꿈은 성적인 좌절과 욕구를 표현하는 성(性)에 관심을 집중하고 있다. 다른 꿈은 직장에서의 문제나 야망, 가정문제, 사회적 야망 등과 관련을 가질 수 있다. 또 어떤 꿈은 개인의 심리적인 문제에서 생겨난 것일 수 있고, 그러한 문제 가운데 어떤 것은 아동기에서 유래한 것일 수 있고, 어떤 것은 인생의 후기로부터 유래한 것일 수 있다.

그러므로 다음과 같은 질문이 제기된다: '매우 중요한 삶의 영역들 가운데 어느 영역이 그 꿈에서 드러나는가? 또 당신은 그것을 어떻게 알 수 있는가? 꿈의 한 심상은 여러 개의 의미를 지닐 수 있다. 그 가운데 어느 의미가 특정의 꿈이나 일련의 꿈들 속에서 나타난 심상에 부합되는가 하는 것은, 당신의 삶 가운데 어느 영역이 현재 걱정거리를 만들고 있는가, 어떤 중요한 변화를 겪거나 도전을 받고 있는가에 좌우될 수 있다. 대개 정직하고 약간의 상식만 있으면, 당신은 자신의 삶 가운데 어느 부분이 문제의 소지를 가장 많이 가지고 있는 영역인지를 충분히 알 수 있을 것이다.

하나의 예를 들어보기로 하자. 당신의 꿈에서 또는 일련의 꿈들에서 바다가 주요한 역할을 한다고 가정하자. 이 바다가 공통적으로 상징하는 것은 여성적 요소이다. 그러나 '여성적 요소'는 광범위한 범주의 간결한 표현이다. 그리고 꿈에서 그 바다는 당신의 실제 어머니; 자궁; 당신의 여성성(이것은 여자들뿐 아니라 남자들에게도 적용될 수 있다); 생산능력(fertility)과 창조성; 새로운 삶의 잠재성; 무의식 세계; 당신과 만물이 하나가 되고, 신비적으로 경험되는 실재의 깊이를 의미할 수 있다.

그러면 당신은 바다의 상징 가운데 어느 차원과 영역을 당신의 꿈에 적용할 것인지를 결정해야 할 것이다. 이 때 알아두어야 할 것이 있다. 반드시 가능한 모든 의미를 고려하라. 그러나 당신은 '생각나는'

한 특정한 의미가 있다는 것을 발견하게 될 것이다. 아직도 당신은 어머니로부터 해방되지 못하고, 그러므로써 자신의 개성을 확립하지도 못하고, 개성을 주장하지도 못하고 있는 것은 아닌가? 여전히 어떤 정신적 탯줄에 의하여 어머니에게 부착되어 있는 것은 아닌가? 여전히 어머니의 개인적인 심상이나 스타일, 혹은 그녀의 가치관과 견해에 의해서 지배되고 제한받고 있지는 않은가? 자신을 정직하게 그리고 객관적으로 살펴 보라(그리고, 만약 적절하다면, 당신의 파트너에게 어떻게 생각하는지를 물어보라). 그러면 답이 나올 것이다. 만약 그 답이 강력하고 명쾌하게 '예!'라면, 당신은 그 바다가 상징하는 의미가 무엇인지에 대해 더 이상 망설일 필요가 없을 것이다.

  당신은 깊은 우울증에 빠져 있는 것은 아닌가? 자신이 안고 있는 문제들이나 고통들을 감당하기 어려운가? 그렇다면 당신에게 있어서 바다는 아마 자궁을 의미하고, 그 꿈은 아마 삶의 현장으로부터 물러나 자궁 속으로 들어가려는 당신의 무의식적인 욕구를 표현할 것이다. 그 자궁에서는 아무런 문제가 없었고, 어떤 선택이나 결정을 해야 할 필요가 없었으며, 모든 것이 따스하고 아늑했다. 다른 한편으로, 깊은 우울증이나 혼란에 빠진 사람에게 있어서, 바다는 새로운 삶의 잠재능력을 나타내고, 그 꿈은 새로운 가능성이 당신에게 나타나고 있다는 것을 의미할 수 있다. 물은 어떤 형태를 띠느냐에 따라서 파괴적일 수도 있고 생명을 주는 것일 수도 있다. 꿈은 확실히 이것에 관한 한 당신에게 한 단서를 제공할 것이다; 당신의 꿈속에 있는 바다와 관련된, 부정적이거나 긍정적인 정서적 책임에 유의하라. 그러나 바다가 위협적인 양상(예를 들면, 당신의 몸을 바위에 부딪히게 하거나, 당신을 물에 빠지게 하거나, 온 땅을 물에 잠기게 하는 것)을 띠는 곳에서조차 당신이 꾼 꿈의 최우선적인 메시지는 긍정적인 것일 수 있다. 홍수 신화에서 물은 옛 세상을 파괴하는데, 이것은 새롭고 더 좋은 세상의 창조를 위한 서막이다(이것은 종교의 세례의식에서 반복되는 하나의 상징이다). 그러므로 당신의 옛 자아나 옛 생활양식의 파괴는 곧 새롭고,

개량된, 더욱 만족스럽고 충일한 자아나 생활양식의 출현과 발전을 위한 필수 전제조건일 수 있다.

최근의 당신의 삶에는, 당신이 불만족스럽거나, 피상적이거나, 무익하거나, 무의미한 일(승진; 소유; 행동과 획득)로 간주하고 있는 것들로부터 차츰 빠져 나오고 있다는 징후가 있는가? 만약 그렇다면, 그 바다는 범신(汎神)의 배후나 그 안에 계신 신(神)을 나타낼 수 있다; 아주 다양한 생활형태들은 다소 덧없는 궁극적 실재의 현시(顯示)들이나 화신(化身)들이다. 그리고 어떤 사람은 신, 하나님, 또는 궁극적 실재는 자신 안에서 발견될 수 있기 때문에, 이것은 사실상 결과적으로 동일한 것이라고 말할 것이다. 아니면 당신은 결국 갈등과 긴장의 정서들에 끌려 다니는 것에 싫증이 나서, 당신의 진정한 자기(自己)와 당신 속에 깊이 자리한 진정한 사랑을 열망하고 있는가? 그렇다면 당신에게 있어서 그 바다는 자기의 심층들을 나타낼 것이다. 그런데 그 자기의 심층은 현재 여전히 무의식 상태에 있으면서, 당신이 의식을 그 자기의 심층에 집중시키기—아마 명상이나 꿈 해석이나 그 둘 모두에 의해—를 열망할 것이다.

마지막으로 당신은 최근에 바닷가에 갔다 온 적이 있거나, 배를 탄 적이 있거나, 텔레비젼에서 그 바다에 대한 것을 본 적이 있는가? 그렇다면 그것은 당신이 꾼 바다의 꿈에 대한 유일한 의미일 수 있다. 그러나 반면에 그렇지 않을 수도 있다! 바다를 보거나 바다에 대한 글을 읽음으로써 당신은 어떤 강력한 영향을 받았을지 모른다. 왜냐하면, 그것은 어머니, 여성성, 또는 불만스러운 당신의 현재 생활양식에 대한 어떤 깊은 선입관과 조화를 이루고 있기 때문이다. 꿈의 심상은 항상 매우 신비스러운 의미를 지니고 있다고 생각하는 것이 어리석은 일인 것처럼, 꿈의 심상이 항상 가장 사소한 의미를 가지고 있을 뿐이라고 생각하는 것 또한 똑같이 어리석은 일이다.

사소한 의미들은 대개 비상징적인 의미들이다. 비상징적인 꿈의 심상은 그 자체를 언급하는 것에 불과한 것이다. 예를 들어, 터널 속으로

빠르게 들어가는 기차의 심상을 생각해 보자. 프로이트 학파의 해석에 의하면, 이것은 성교를 의미할 것이다. 이것은 하나의 상징적인 의미이다. 그러나 당신의 꿈이 단순히 당일에 있었던 기차 여행의 일부를 회상하거나 재현한 것이라면, 그 기차와 터널의 심상은 상징적이지 않다: 그것은 터널 속으로 달려가는 기차 이상 아무것도 의미하지 않는다. 그러나 비록 그 꿈이 당일에 가졌던 경험의 일부를 되풀이하는 것이라고 할지라도, 그것은 또한 상징적일 수 있다. 왜 당신의 꿈은 바로 이 특정의 심상을 그려냈는가? 그것은 그것의 논지를 충분히 입증할 수 있는 것을 찾는 중에, 당신의 무의식이 최근에 당신이 경험한 것으로부터 무엇인가를 선택했기 때문이다. 그런 경우에, 그 꿈은 당일에 일어났던 어떤 것에 대한 피상적이고 우연한 회상에 불과하다; 다른 차원에서 볼 때에 그것은 상징적일 수 있다. 그렇다면 당신은 그 터널이 무엇을 상징하고 있는지를 스스로에게 물어야 할 것이다. 터널이 반드시 여성의 성기인 질(膣)이라고 해석해야 하는 것은 아니다. 그것은 죽음의 상징일 수도 있고, 아니면 익숙해 있던 생활양식으로부터 아직까지는 잘 알려지지 않은 새로운 생활양식으로의 변화에 대한 어떤 두려움일 수도 있다.

이 사전을 만들면서, 나는 때때로 비상징적일 수 있는 심상의 의미도 본 사전에 포함시켰다. 대체로 나는 꿈의 어떤 심상이 아무런 상징적인 의미없이 다만 실제 인물이나 물건, 사건이나 상황에 대하여 있는 그대로 솔직하게 표현하는 것이며, 어떤 심상이 상징적인 의미를 지닌 것인가에 대한 구분은 독자의 판단에 맡겨 두었다.

서론의 나머지는 꿈 상징의 여러 의미들 가운데 어느 것이 당신에게 맞는 것인지를 알아내는 데 많은 도움을 줄 수 있도록 꾸며져 있다. 융(Jung)과 프릿츠 펄스(Fritz Perls, 게슈탈트 심리학)에 관한 부분에서는 꿈에 들어 있는 각각의 항목을 차례로 확인하는 데 쓰이는 어떤 특별한 기술들이 제시되는데, 이것은 당신에게 맞는 각각의 항목의 의미를 드러내기 위해서이다. 그러한 기술들 외에도, 이 서론의 나머지는 당신으로 하여금 꿈 해석에 대한 다양한 접근방법들을 이해하게 하고, 그와 관련된 심리학 이론에 대한 예비지식—이것은 쓸모 없고 무익할 정도로 피상적이지는 않지만 그렇게 상세하지도 않아서 사용이 편리하다—을 제공함으로써, 당신이 이 사전을 보다 잘 이해하고 보다 효과적으로 사용하도록 도움을 줄 것이다.

지도(地圖)를 가지고 있을 뿐 아니라 지도 보는 법을 아는 사람은 운(運)이나 소위 상식이라고 하는 것을 의지하는 사람보다는 낯선 지역을 통과하는 길을 찾는 데 성공할 가능성이 더욱 많다. 여기에서 당신의 꿈 세계의 지도와 같이 귀중한 것을 제공하고 있다고 당당하게 말할 수는 없다. 사실, 꿈 세계의 지도를 요구하는 것은 불가능한 것을 요구하는 것이 될 것이다: 당신만이 당신이 가는 길, 꿈에서 꿈으로 가는 길에 대한 지도를 만들 수 있다. 이 서론—그리고 정말 이 책 전체—이 시도하는 것은 당신이 자신의 지도를 만드는 기술을 개발할 수 있는 방법을 보여주는 것이다.

## 프로이트의 꿈 이해

지그문트 프로이트(Sigmund Freud)와 칼 구스타프 융(Carl Gustav Jung)은 꿈 해석을 위한 접근방법에 있어서 커다란 대조를 이룬다. 어떤 사람들은 말하기를, 프로이트는 보다 피상적이거나 시야가 좁은 접근방법을 제시하고, 융은 보다 심오한 해석방법을 제시한다고 할 것이다. 개인적으로 나는 그러한 견해에 어느 정도 공감하면서도, 두 사람 모두로부터 배워야 할 것이 대단히 많다고 생각한다. 정확하게 말해서, 나는 그들이 서로 매우 다르기 때문에 두 사람을 모두 다 고려하지 않으면 안된다고 생각한다.

내가 이 서론에서 프로이트와 융 이후의 저자들보다 프로이트와 융에게 지면을 더 많이 할애하는 것은 다음과 같은 이유들 때문이다. 하나는 프로이트와 융의 글들은, 가령 앤 패러디(Ann Faraday)와 스트레폰 카플란-윌리엄스(Strephon Kaplan-Williams)와 같이 최근에 작품을 낸 저자들의 글보다 읽기가 좀 더 어렵기 때문이다. 앤 패러디의 저서 인「꿈의 게임과 꿈의 능력」(The Dream Game and Dream Powers), 그리고 스트레폰 카플란-윌리엄스의「꿈작업의 요소들」(Elements of Dreamwork)은 아마 꿈에 관한 모든 저작들 가운데 가장 훌륭한 작품일 것이다. 프로이트와 융을 중점적으로 다루는 또 다른 이유는 그들이야말로 꿈을 분석하는 분야에 놀랄 만한 영향을 끼쳐 왔기 때문이다.

지그문트 프로이트(1856-1939)는 가장 위대한 꿈 이론의 개척자였다. 1909년에 처음 출간된 꿈의 해석은 꿈에 관한 그의 작품들 가운데 가장 중요한 작품이다. 만약 당신이 프로이트에 마음이 끌린다면, 당신은 또한 참고문헌에 열거된 그의 저서들 가운데 적어도 한 권 이상을 읽으려고 할 것이다.

## 마음의 부분들

프로이트는 인간의 마음 또는 정신은 세 가지 요소로 구성된다고 보았다. 그는 그 세 가지 요소를 자아, 초자아, 그리고 원본능(id)이라고 했다. 원본능은 본능적 충동이다. 프로이트는 원본능을 '쾌락의 원리'라고 불렀는데, 원본능은 언제나 쾌락을 추구하기 때문이다. 초자아는 보통 '양심'이라고 부르는 것에 상응한다. 프로이트는 이것을 '도덕적 원리'라고 말했다. 그러나 프로이트는 초자아가 사회적인 기원을 가지는 것으로 보았다: 초자아는 사회의 가치관과 이상―규범들―뿐 아니라 제지(制止)와 금기(禁忌)를 보여준다. 이러한 규범들은 제일 먼저 부모에 의하여 그리고 나중에는 권위 있는 인물들, 예를 들어서 교사, 또는 기타의 어른들에 의해서 어린이에게 소개된다. 이러한 사회적인 압력들이 어린이에게 내면화되어 그의 개별적인 성격이나 정신의 일부로서 기능하기 시작한다(프로이트는 이 내면화의 과정을 '내사' 內射라고 불렀다).

원본능과 초자아는 서로 싸울 수 있다. 원본능이 요구하는 것을 초자아가 제지할 수 있다. 그 결과로 자기의 심층에는 갈등과 긴장이 존재한다. 내가 여기에서 '자기의 심층에는'이라고 말한 이유는 원본능과 초자아는 주로 무의식 차원에서 기능하기 때문이다. 원본능과 초자아의 경쟁적인 요구들 사이에서 긴장을 풀어 주고, 조정자의 역할을 하는 것은 자아의 몫이다. 자아는 의식적인 자기이다. 프로이트는 자아를 '현실 원리'라고 불렀는데, 그것은 마음의 그 부분이 외부적인 현실을 고려하는 일을 담당하기 때문이다. 그러므로 자아는 원본능이 요구하는 것, 초자아가 요구하는 것, 그리고 외부세계가 요구하는 것 사이에서 균형을 유지시켜 주는 무거운 임무를 수행한다. 사실, 자아가 원본능과 초자아 둘 모두의 요구들과 우리에 대한 외부세계의 요구들을 충족시키고, 정신의 평화와 질서를 유지하며, 개개인의 성공적 삶이나 충만한 삶을 보장하는 것은 거의 불가능하다. 그 이유는 프로이트가 말한 것처럼 대부분의 사람들은 어느 정도 신경증에 걸려 있기 때문이다. 다른 말로 하면, 우리들 대부분은 어느 정도 내적인 조화나 심리적인 균형이 결핍되어 있기 때문이다.

### 꿈에서 일어나는 일

프로이트에 의하면, 꿈에서 원본능(본능과 욕구)은 자아(의식적인 부분)와 의사소통을 하려고 애쓴다. 잠을 자는 동안 자아는 긴장을 푼다. 잠은 외부세계로부터의 후퇴이다. 그러므로 잠을 잘 때는 자아가 임무에서 벗어나는 것이다. 이것은 의식세계로부터 오는 저항이 더욱 낮아짐으로써 무의식의 내용들이 자기를 표현하기 시작한다는 것을 의미하며, 그것들이 꿈으로 나타나는 것이다.

그러나 초자아 또한 주로 무의식 차원에서 작용한다. 그러므로 초자아는 당신이 잠을 잘 때에도 여전히 임무를 수행한다. 따라서 만약 원본능이 자아에게 말하고자 하는 것이 초자아에서 실체화된 도덕적/사회적 가치관과 충돌하게 되면, 초자아는 원본능이 의식세계에 보내는 메시지를 방해하고 검열한다. 그 결과 무의식으로부터 나오는 메시지는 단지 위장되고 왜곡된 형태로만 의식세계에 도달하게 된다.
 프로이트는 꿈의 '드러난 내용'과 '숨겨진 내용'을, 또는 꿈의 '드러난 내용'과 '꿈 사고'를 구별했다. 꿈의 드러난 내용이란, 실제로 꾼 꿈이다. 즉 꿈 이야기를 구성하는 인물, 장면, 그리고 사건이다. 다른 말로 하면, 당신이 꿈을 기록할 때 적는 것들이다. 다른 한편으로, 꿈의 숨겨진 내용은 그 꿈이 당신에게 말하려고 하는 것, 즉 그 꿈의 메시지나 의미이다.
 프로이트에 의하면, 대부분의 꿈들은 위장된 메시지들이다. 그러므로 그것들은 해독(解讀)되어야 한다. 이것은 특히, 원본능이 의식세계의 주목을 받게 하려는 것이 억압된 욕구인 경우에 더욱 그렇게 해야 한다. 그 욕구는 '도덕적 원리', 즉 초자아를 위반하고 그것을 처리하는 자아에게 너무 많은 외상(外傷)을 주기 때문에, 일찍이 의식으로부터 추방된 것이다. 예를 들면, 당신과 가까운 사람(부모, 형제나 자매, 또는 동반자)이 죽기를 원하는 것은 그것이 일으키는 죄책감 때문에 억압당할 가능성이 더욱 많다. 유사하게도, 성적인 욕구들은 그것들이 초자아를 역겹게 하고 위반하기 때문에 종종 억압을 당한다. 그러므로 그러한 욕구들이 자신을 꿈으로 표현할 때, 그것들은 두려움 때문에 어쩔 수 없이 자신을 위장할 수 밖에 없다: 예를 들면, 누군가를 죽이는 꿈 대신에 당신은 그 사람의 건강을 염려하는 불안으로 가득 찬 꿈을 꿀 수 있다.
 우리가 억압하는 욕구들은 보통 아주 자연스러우며 정상적인 것들이다. 이 말은 가령 살인과 같은 행동이 바람직하고 허용될 만한 행동이라는 것은 물론 아니다. 내가 말하는 것은 살인의 욕구가 비록 이상적인 세계에서는 존재하지 않을지 몰라도, 현실세계에서는 하나의 현실이며, 특정의 환경과 개인의 역사를 고려한다면, 어느 정도 설명될 수 있다는 것이다: 그러한 욕구는 전적으로 선한 욕구, 즉 자기 성취의 욕구가 좌절되는 데에서 유발된다. 본래의 자기 자신이고자 하는 욕구, 그리고 자기 자신의 '숙명'을 성취하기 위하여 자유하고 독립하려는 욕구는 매우 적절하고 자연스런 욕구이다. 만약 그것이 좌절된다면, 그것으로 인하여 분노가 생겨날 가능성이 있다. 예를 들면, 임신한 여자들은 때때로 그 아기가 태어나지 않았으면 하는 마음을 갖는다. 보통 이것이 의미하는 바는, 그들이 비록 아기를 원할지라도 자기들의 자유가 상실될 것을 예상함으로써, 때때로 어느 정도의 분노를 느낄 수밖에 없다는 것이다. 강간을 유발하는 것은 성욕 그 자체가 아니다. 좌절된 성욕이 강간을 초래할 수 있다.

이것은 당신 자신의 본능들에게 자유 재량권을 주어야 한다는 것을 의미하지 않는다. 오히려 당신은 무의식 속에서 무엇이 일어나고 있는지를 알아야 한다. 이것은 당신의 무의식의 내용들을 의식세계로 가져오는 것을 의미한다. 이것은 꿈 해석이 당신을 위하여 하게 될 일이다. 그 일을 원한다면, 당신은 지금까지 자물쇠로 잠가 두어 왔던 욕구들을 위한 적절한 출구를 당신의 삶에서 찾아내야 한다.

이 '금지된' 욕구들을 두려워하지 말라. 그 금지된 욕구들은 계속해서 억압될 때에만 두려운 것이 된다. 그러한 욕구들이 당신의 삶 속에서 적절히 표현되게 하라. 그러면 그 욕구들은 당신의 성격을 채워 줌으로써 그리고 이전의 불균형을 교정해 줌으로써 삶의 질을 실제적으로 향상시켜 줄 것이다. 그러나 계속하여 억압하게 되면 그러한 욕구들은 결국 폭발하게 될 것이고, 그리하여 심지어는 정신 전체를 점유하고 말 것이다. 이것은 참으로 비참한 결과를 초래할 수 있다.

이제 꿈이 얼마나 중요하며, 꿈에 유의하는 것이 얼마나 중요한지를 알게 되었을 것이다. 꿈은 무의식으로부터 온 메시지들이다. 그것은 무의식에 대해 의식적으로 유의해야 한다는 것을 말해 주는 것이다.

프로이트는 거의 모든 신경증, 즉 정신적 불균형이나 갈등들이 성욕의 좌절에서 기인한다고 생각하는 것으로 알려져 있다. 그의 성에 대한 배타적인 강조는 당연히 비판을 받아 왔다. 그러나 프로이트가 그것을 지나치게 강조하는 데에는 그만한 이유들이 있었다. 그러한 이유를 명심하는 것은 아주 중요하다. 한편으로, 성적 충동은 인간의 모든 충동들 가운데 가장 강력하고 가장 완고한 것 가운데 하나이다; 다른 한편으로, 그것은 사회로부터 가장 강력하게 금기(禁忌)시 되어 왔다. 그러므로 프로이트는 우리에게 있어서 좌절과 갈등의 경험이 가장 많이 일어나는 곳은 바로 성의 영역이라고 판단했다. 자아는 본능을 충족시키라는 개인의 요구와 사회의 행동규범을 준수하라는 사회의 요구들 사이에서 불확실한 균형을 유지하려고 노력하는데, 이 가련한 자아에게 가장 많은 고통을 주는 것은 바로 성이라는 것이다.

프로이트에 의하면, 꿈으로 표현되는 욕구들은 거의 변함없이 성적 본능이다. 만약 당신의 꿈이 성적인 내용을 드러낸다면, 예를 들어서, 만약 당신이 꿈에서 벌거벗은 몸을 보며 즐겁게 성행위를 한다면, 그것은 명백하게 성욕을 표현하고 있는 것이다. 그러나 프로이트는 말하기를 꿈의 드러난 내용이 전혀 성교를 수반하지 않는 것으로 여겨지더라도, 그 꿈의 의미는 틀림없이 성적인 것이라고 한다. 신경증은 언제나 원본능과 초자아 사이(즉 본능적인 충동들과 사회의 제지나 '양심'의 경쟁적인 요구들 사이)의 해결되지 않은 갈등의 산물이다. 신경증은 그 원인이 성적인 것에 있을 가능성이 가장 높다. 그러므로 꿈들이 원본능의 표현과 신경증의 증상으로 보여지는 한, 대부분의 꿈들은 당연히 성적인 견지에서 해석되어야 한다는 것이 프로이트의 주장이다.

그러나 프로이트가 모든 것을 성적인 것으로 보려는 경향을 가지고 있음에도 불구하고, 그는 어떤 꿈들은 성적인 의미를 갖고 있지 않다는 점을 인정했다. 그는 또한 꿈의 한 상징이 단 하나의 의미만을 가질 수 있다고 생각하는 것에 대하여 경고했다. 예를 들자면, 여성의 꿈에서 나타난 다리(교량)는 보통 프로이트에게 있어서, 성적인 것에 대한 상징이다(우리는 이것을 나중에 살펴 볼 것이다). 그러나 그는 또한 다리의 심상은 비성적인 의미를 가질 수 있다는 것을 인정한다: 예를 들면, 그것은 변천, 즉 생의 한 단계로부터 다른 단계로 이동하는 것을 상징한다.

## '전형적인' 꿈

프로이트는 '전형적인' 꿈이라고 부르는 것들의 몇 가지 범주를 열거한다. 예를 들면, 떨어지거나 날아가거나 흔들리는 꿈들은 아동기의 자유에 대한 욕구를 표현한다; 벌거벗는 꿈은 초기 아동기를 특징짓는 억제로부터 자유로웠던 과거를 그리는 열망을 반영한다; 형제나 자매, 부모, 또는 아이의 죽음에 대한 꿈은 형제나 자매에 대한 열렬한 증오의 감정을 표현하는 것인데, 이것은 아주 흔히 억압되는 감정이다.

이러한 '전형적인' 꿈들에는 위장이 없다: 원망(願望)을 꿈의 이야기 속에 있는 그대로 표현한다. 프로이트는 말하기를, '방금 예로 들었던 꿈에 나타난 것과 같은 원망은 너무도 터무니없는 것이므로, 꿈을 꾼 사람은 그 꿈을 무의미한 것으로, 단지 꿈일 뿐이라고 간주하고 빨리 잊어버릴 것이다. 그러므로 그 꿈의 메시지는 어떤 방식으로든 위장되거나 왜곡될 필요가 없다'고 한다. 종종 그러한 꿈은, 꿈을 꾸는 사람이 그 꿈에 나타난 죽은 사람의 건강이나 안녕에 대해 실제로 불안해함으로써 생겨나기도 한다. 그럼에도 불구하고, 프로이트는 이렇게 진정으로 느껴지는 불안은 그 사람에 대한, 보다 깊이 자리한 증오를 감추는 방법이지만, 꿈꾸는 사람은 대개 그 꿈과 불안의 감정 사이를 연결하는 것으로 만족한 채, 더 깊숙하게 탐구하지 않고 그 정도에서 머무를 것이라고 말한다.

전형적인 꿈의 또 하나의 예는 시험에 불합격하는 것이다. 프로이트는 말하기를 이러한 꿈들은 다소 일반화된 실패나 재앙에 대한 두려움을 표현한다고 한다. 그리고 이 두려움은 해결되지 않은 외디푸스 콤플렉스(46쪽을 참조하라)로부터, 그리고 그로 말미암은 형벌에 대한 계속적인 두려움으로부터 나온다고 말한다. 당신이 만약 지나치게 엄격하거나, 불가능할 정도로 높은 행동 수준에 부합할 것을 요구하는 부모를 모시고 있다면, 그러한 꿈을 꿀 가능성이 더욱 많아진다.

## 불안(Anxiety)

많은 꿈이 불안을 표현하는 것처럼 보인다. 프로이트는 이러한 꿈의 대부분이 실제로는 왜곡되거나 위장된 원망성취들이었다고 믿었다. 그 꿈의 드러난 내용, 즉 괴로움을 주는 내용은 내부의 검열자(초자아)에 의하여 강행된 억압된 욕구의 위장이다. 그러므로 불안은 위장된 원망이고 꿈은 억압되거나 억제된 원망의 위장된 성취들이다.

불안으로 표현된 억압된 모든 욕구를 반드시 확인하는 것이 중요하다. 예를 들면, 꿈에서 사나운 개 때문에 두려워했다면, 그 개는 당신 자신 속에 들어 있는 동물성—성적인 욕구들을 포함한—을 상징한다. 그리고 그런 경우에, 신체상의 두려움처럼 보이는 것은 실제로 도덕적 불안에 대한 위장된 표현이며, 이것은 다시금 신경증적인 불안을 은폐하는 것이다. 이 불안은 당신으로 하여금 어떤 것(성적 욕구, 기타 등)을 억압하게 만드는, 당신의 원본능 속에 들어 있는 어떤 것에 대한 두려움이다. 다른 말로 하자면, 당신이 두려워하는 것은 당신의 원본능이 원하는 것이다. 그것은 곧 당신이 해결하지 않으면 안되는 갈등을 가지고 있다는 것을 의미한다. 그런데 그 갈등은 초자아와 원본능 모두를 가장 적절하고 현명하고 균형있는 방식으로 조정할 때에만 해결될 수 있다.

이와 관련해서 명심할 것이 있는데, 그것은 프로이트가 초자아에 대하여 말했던 것이다. 그는 지나치게 발달된 지배적인 초자아는 바람직한 것이 아니라고 경고했다. 초자아가 강해질수록, 그 사람이 계속해서 억제하거나 억압하려고 하는 본능적 욕구들도 더욱 강해진다. 그러한 이유 때문에, 프로이트 학파의 한 심리학자는 열광적인 포르노 반대운동가야말로 전형적으로 성적인 욕구들에 대한 아주 강력하고 많은 두려움을 가지고 있으며, 그 결과로 그러한 욕구들을 억제하거나 억압하는 사람이라고 말했다.

## 억제(Suppression)와 억압(Repression)

욕구를 억제하는 것과 억압하는 것의 차이는, 억제는 의식적으로 이루어지는 것이고 억압은 무의식적으로 이루어진다는 것이다. 그러나 억제나 억압도 개인적인 문제에 대한 만족스러운 해답은 아니다. 그 억제와 억압으로 인하여 초자아는 팽창되고, 원본능은 더욱 고통스러워지고, 족쇄에 채워지게 되며, 좌절을 겪게 된다.

자신의 꿈들을 주의 깊게, 그리고 무엇보다 정직하게 살펴봄으로써, 당신은 자신이 어떤 억압된 욕구들을 품고 있는지를 알 수 있다. 당신의 안녕과 행복을 향상시켜 주고 정신의 평화와 조화를 회복하기 위해서 그러한 욕구들을 충족시켜 주고 성취시켜 주게 될 전략을 스스로 세울 수 있다.

개별적인 욕구를 무한정 충족시키는 것은 정신을 파괴시키는 역할을 할 가능성이 있다. 이 정신의 파괴는 당신의 능력에 심각한 손상을 줄 뿐 아니라 정신을 사방으로 분산시키고, 그것의 조화와 평화를 파괴하며, 행복을 증진시키기보다는 도리어 감소시키는 것이다. 그러한 전적인 통제의 결핍은 대개 자신의 무의식의 심층에서 무엇이 작용하는지를 전혀 모르는 데 따른 결과이다. 조만간 억압된 것은 출구를 만들어 줄 것을 강력히 주장할 것이다. 지금까지 억압되어 온 것이 무엇인지 모르고, 그럼으로써 그것을 합리적으로 통제하지 못한다면, 지금까지 억압되어 온 것은 정신을 점유하고, 그 안에 들어 있는 바람직하고 아름다운 것들을 파괴하며, 거의 불가피하게 다른 사람들에게 상처를 줄 수 있다.

그러므로 꿈을 이해하는 것은 당신이 자신과 동료들 모두를 위하여 마땅히 해야 하는 일이다.

## 꿈 해석: 꿈작업

프로이트에 의하면, 문제는 내부의 검열자(초자아)에 의해 위장된 꿈의 메시지들을 어떻게 해석하느냐 하는 것이다. 프로이트는 자신이

'꿈작업'이라고 부르는 것을 설명하면서 몇 가지의 단서를 제공한다. 이 꿈작업은 꿈의 원 메시지를 왜곡시키는 무의식의 과정들이다. 만약 그 검열자가 어떤 책략을 사용하는지를 안다면, 우리는 원래의 메시지가 무엇이었는지를 쉽게 풀어낼 수 있다.

프로이트는 내부의 검열자가 꿈의 메시지를 위장하기 위하여 사용하는 세 가지의 기술에 대하여 말한다. 그것은 '응축', '치환', 그리고 '상징표현'이다.

## 응축

꿈 이야기는 대개 의식적인 사고과정에서는 많은 단어들을 사용해야 할 것을 응축시키거나 압축시켜서 표현하는 것이다. 프로이트에 의하면, 이렇게 응축하는 목적은 의식세계에 보다 강한 영향을 주기 위해서이다. 이것은 마치 화살촉이 한 점에 응축됨으로써 표적을 뚫는 힘을 가지는 것과 아주 동일한 방식으로 이루어진다.

응축은 여러 형태를 띨 수 있다. 예를 들면, 꿈속에서 이루어진 한편의 대화는 실제로 존재하고 기억되는 두 개 이상의 대화로부터 꺼내온 단편들을 수집해서 만들어진 것일 수 있다. 유사하게도, 실제로 존재했던 여러 사건들이나 일들은 단 하나의 사건 속에 용해될 수 있다. 다시, 단어들이나 이름(사람이나 장소)들은 합성어를 만들기 위하여 꿈에서 결합될 수 있다. 예를 들면, 꿈에 드러난 블레이크슨(Blakeson) 이라는 이름은 실제로 존재하는 블레이크(Blake)와 윌슨(Wilson)의 합성어일 수 있다.

그러나 명심해야 할 것이 있는데, 그것은 응축과 상반된 현상처럼 보이는 것이 발생할 수 있다는 것이다. 즉, 꿈 사고의 숨겨진 내용 속에 있는 한 소재는 드러난 내용의 한 개 이상의 심상에 의해서 나타날 수 있다. 당신은 때때로, 일련의 꿈들을 대강 훑어본다면, 어떤 꿈에서는 해석할 수 없었던 메시지가 나중의 꿈에서는 다양한 심상을 가진 다양한 형태로 그 의미를 드러내는 것을 알게 될 것이다.

### 치환

이곳에서는 꿈의 드러난 내용과 숨겨진 내용 사이에서 어떤 강조점의 변화가 일어난다. 숨겨진 내용에서는 아주 중요한 사항이, 드러난 내용에서는 순전히 부수적이거나 주변적인 이야기로, 또는 그 반대로도 나타날 수 있다.

### 상징표현

꿈 사고 속에 있는 생각들은 드러난 꿈 내용의 시각적인 심상들에 의해서 나타날 수 있다. 예를 들면, 시간적인 거리는 공간적인 거리로 나타날 수 있다. 꿈 이야기에서 아주 멀리 작게 보이는 모습들은 다소 먼 과거의 누구이거나 사물일 수 있다.

숨겨진 내용에 들어 있는 두 개의 꿈 사고들이나 생각들이 논리적인 연관성을 가지는 경우에, 그 꿈사고들이나 사상들은 동시적으로 일어나는 두 가지 사건들에 의해서 드러난 꿈으로 표현될 수 있다. 꿈이 두 부분으로 이루어져 있거나 두 꿈이 이어져서 꾸어지는 경우, 작은 꿈의 숨겨진 내용에는 큰 꿈에서 묘사된 것의 원인이 들어 있을 수 있다. 게다가, 꿈 심상이 꿈에서 어떤 변형을 겪는 경우에, 그 심상의 첫번째 형태에서 표현된 것은 두 번째 형태에서 표현된 것의 원인으로 이해되어야 할 것이다

상징들에 의한 표현은 '꿈작업'에 대한 프로이트의 설명 가운데 가장 잘 알려져 있지 않고, 또 가장 많은 논쟁을 불러일으키는 부분이다. 이 부분이 논쟁거리가 되는 이유는, 모든 것을 성교와 관련지으려는 프로이드의 경향 때문이다.

프로이드는 상자, 장롱, 벽장, 솥, 모든 종류의 용기, 동굴, 비행기의 선반, 방 등, 사실 움푹 들어간 것은 무엇이나 여성의 자궁 또는 여성을 상징한다고 말한다. 이러한 상징들은 남자의 꿈에서 정상적으로 발생할 것이다. 유사하게도, 남자의 꿈에 나타나는 이어진 방들은 남자의 성적 만족에 대한 무의식적이고 억압된 긴급한 욕구를 표현하는 것으

로 보아야 한다: 이 방들은 매음굴의 심상인데, 그곳에는 여러 개의 방이 있고, 그 각각의 방에는 성적으로 이용할 수 있는 여성이 한 사람씩 들어 있다(프로이트는, 남자는 본래 일부다처제의 성향을 가지고 있다고 믿었다).

언덕과 숲이 있는 풍경은 여성의 몸과 여성의 생식기에 대한 위장된 표현이다. 여기에서 언덕은 유방이고, 숲은 음모이다. 다른 한편으로 다리는 남성의 생식기를 상징한다. 그것은 성교에서 남자와 여자 사이의 교량을 형성한다.

남성은 넥타이에 의해서 표현될 수 있다(넥타이는 남성의 성기를 상징함). 그리고 쟁기, 망치, 칼, 화살, 총, 또는 날카롭거나 관통하는 그 밖에 다른 모든 것은 남자의 생식기를 표현할 수 있다. 남자의 생식기는 또한 손이나 발에 의해서 표현될 수도 있다. 이에 반하여 여성의 생식기는 때때로 입, 귀, 또는 눈에 의해서 표현된다. 모자는 남성과 여성 모두의 생식기의 상징이다.

프로이트는 성적 행동의 다양한 표현들을 다음과 같이 열거한다: 예를 들어서, 계단 또는 사닥다리를 올라가는 것이나 벽을 오르는 것, 터널을 통과하는 것, 기차나 승용차를 타고, 말을 타는 것, 또는 여성의 꿈에서 그런 것들에 의해 치이는 것 등이다.

프로이트에 의하면, 여성이 해충에 의해서 괴롭힘을 당하는 것은 임신의 상징이다.

나는 이미 프로이트를 비판하는 사람들의 항의에 대해 언급했다: 넥타이, 터널, 또는 자동차를 타고 시골길을 지나가는 것은 언제나 성적인 의미를 가지는 것인가? 물론 그 대답은 '아니오'이다. 프로이트는 한 상징이 단 한 가지 의미만을 갖는다고 가정하는 것에 대하여 경고했다.

당신의 꿈을 해석할 때에 중요한 것은 정직하게 마음을 여는 것이다. 꿈 해석의 어떤 특정한 입장이 불쾌하다고 하여 그것을 회피하거나 버리지는 말라. 꿈 해석이 가져다 주는 불쾌함이나 충격적인 특징은 그 자체로서 정확한 해석에 대한 징조일 수 있다. 아무튼, 당신이 억압해 왔던 것을 꿈이 표현하고 있다면, 그것은 당신에게 고통이나 괴로움을 가져다 줄 수 있다: 우리가 억압하는 것은 우리를 메스껍게 하거나 무섭게 하는 것들이다. 프로이트의 성에 대한 강조가 당신의 취향에 맞지 않는다고 해서 너무 성급하게 꿈에 대한 해석 자체를 거부하지는 말라. 만약 당신이 또 다른 해석을 진지하게 고려하지 않았다면, 꿈을 정확하게 해석했다고 생각해서는 안된다.

때때로 꿈에서 깨어난 직후에, 의식적인 또는 부분적으로 의식적인 마음은 그 꿈에다 무엇인가를 추가한다. 프로이트에 의하면, 이것—때때로 그것은 결과적으로 그 꿈을 갑자기 버리는 것으로 나타나지만 (우리는 깨어나서 말하기를 '하나님 감사합니다. 그것은 단지 꿈이었으니 말입니다' 라고 한다)—은 언제나 그 꿈의 진정한 메시지를 숨기려는 추후 시도이다.

그러나 내 경험으로 미루어 보면, 꿈에서 깨어날 때, 의식적으로 또는 반의식적으로 행하는 추가는 사실상 그 꿈에 대한 진정한 해석이 될 수 있고, 적어도 그 꿈을 해석하고자 하는 진정한 시도일 수 있다. 이러한 것들은 검열자가 당신을 오도하고, 진정한 꿈 해석으로부터 당신을 멀어지게 하기 위하여 작용하는 또 하나의 책략이라고 무시되어서는 안된다. 이에 반하여, 당신이 만약 특별히 자신의 꿈들을 조사하는 습관을 들인다면, 꿈에서 깨어날 때, 당신의 마음에 있는 것이 사실상 정확한 해석이라는 사실을 알 수 있을 것이다. 다른 한편으로, 당신은 이것을 자신의 꿈에는 다른 의미들—또는 추가적인 의미들—이 있는지 어떤지를 자신에게 묻지 않는 것에 대한 변명으로 이용해서는 안된다.

이와 관련해서, 몇몇 꿈 전문가들이 주는 실제적인 권면은 주목할 만한 것이다: 당신은 꿈에서 깨어난 직후, 잠자리에서 꿈을 풀어야 한다. 그리고 기억할 수 있는 것을 적어 두는 것 대신에, 자신의 의식세계에서 꿈을 계속하라. 이것은 꿈 내용들의 다양한 연결들을 찾아내거나, 그 줄거리에다 더욱 상세한 이야기를 채우는 일이 될 것이다. 이러한 기술에 대해서는 할 말이 많다. 그러나 만약 그것을 시도하고자 한다면, 당신의 마음이 방황할 수 있다는 사실을 주의하라. 그렇지 않으면, 자신이 시작한 꿈을 잊게 될 것이다. 이러한 기술은 일어나서 자신의 꿈을 종이에 적지 못하는 게으른 사람들이 빠지기 쉬운 교묘한 함정일 수 있다.

## 프로이트의 꿈 해석 기술

프로이트는 꿈을 적으라고 충고하지 않았다. 사실, 그는 사람들에게 적지 말고, 그대신 그것을 정신분석가(즉 프로이트 학파의 정신분석가)에게 말하라고 충고했다. 개인적으로, 나는 이러한 충고에 대하여 심각한 의심을 가지고 있다. 많은 사람들이 날마다 정신분석가를 찾아간다 할지라도, 자신의 꿈을 기억한다는 것은 어려운 일이다. 그러므로 꿈을 적어 두는 것이 그것을 보존하는 유일하고 확실한 방법이다.

프로이트의 꿈 해석 기술은 그가 '연상'(聯想)이라고 부르는 것에 근거한다. 그가 말하는 연상은 이것이다. 당신은 꿈에 들어 있는 각각의 소재—각각의 사람, 사물, 장면, 사건, 이름, 색, 기타—를 차례로 취한다. 그리고 당신이 연상하는 바를 분석가에게 말한다. 예를 들면, 만약 그 꿈의 소재가 고래라면, 당신은 고래를 생각할 때 제일 먼저 마음에 떠오르는 것을 말해야 한다. 고래를 연상할 때 제일 먼저 마음에 떠오른 것이 바다, 또는 깊은 물이라고 말하는 것이다.

프로이트는 연상의 방법을 사용함으로써 결국 '종을 건드리는' 무엇에 이르게 된다고 말한다. 그 '종'(bell)은 경종(警鐘)일 수 있다. 즉 당신은 자신이 두려워 하는 것을 드러낼 수 있다. 다시 말해서, 당신이 과거에 두려워 했고, 그리하여 그것을 억제하거나 억압했던, 과거로부터 온 어떤 정서나 정서적인 사건을 발굴할 수 있다. 그러한 이유로 프로이트는 이렇게 말했다: 당신이 특정의 연상에 대한 표현을 거부하면 할수록, 그 연상은 당신이 대면해야 하는, 당신의 무의식에 들어 있는 어떤 것을 가리키고 있을 가능성이 더욱 커지게 된다. 그리하여 그것은 당신의 꿈이 목적하는 바일 것이다.

## 꿈의 재료와 원천

프로이트에 의하면, 꿈의 다양한 소재들—사람, 사물, 장면, 사건, 이름 등—은 대개 당신이 최근에 각성된 상태에서 경험한 것들로부터 그리고 주로 전날의 사건들로부터 온다.

나는 여기에서 프로이트가 자신의 사례를 과장하여 말한다고 생각한다. 그의 사례에 관한 한 그것은 옳다: 많은 꿈들은 꿈꾸는 사람이 최근에 경험한 것들로부터 재료를 얻는다. 그리고 어린이들의 거의 모든 꿈들은 당일에 일어났던 일들을 재현하는 것들이다. 그러나 많은 꿈들은 꿈꾸는 사람이 아주 먼 옛날에 경험한 것으로부터 나온 소재들을 포함한다. 그리고 경우에 따라서는 꿈의 소재들이 꿈꾸는 사람의 경험 밖에서 온 것들도 있다.

아무튼, 꿈의 재료가 바로 최근에 당신이 경험한 것들로부터 온 경우에서조차, 꿈의 원천은 당신의 먼 과거에 있을 수 있다. 프로이트는 거의 모든 정신적 갈등들, 그리고 그러한 갈등들을 표현하는 꿈들의 원천은 초기 아동기까지 거슬러 올라간다고 주장한다. 프로이트는 생후 5세까지의 시기를 대단히 강조하는데, 이 시기에 성인된 우리를 괴롭히는 방대한 신경증적인 불안들의 토대가 조성된다고 본다. 그러나 프로이트의 이러한 주장은 비프로이트학파 사람들뿐 아니라, 많은 프로이트 추종자들—소위 신프로이트학파의 사람들—에 의해서 거부되어 왔다. 이러한 사람들은 정신적 장애의 기원을 성인의 삶에 들어 있는 고통스럽고 두려운 경험들로부터 찾을 수 있다고 말한다. 다른 말로 하면, 그들은 프로이트가 초기 아동기를 배타적으로 강조하는 것에 반대하는 것이다. 어떤 신경증은 그 발병의 원인이 초기 아동기에 있을 수 있다. 그러나 우리는 또한 있을 수 있는 다른 원인들, 가령 청소년기와 그 이후에 사람들에게 영향을 끼치는 문화적 요인들(예를 들면, 사회적인 금기나 종교적인 금기들), 또는 청소년기나 그 후에 개인적으로 경험한 것들을 찾아내야 한다.

어떤 심리치료사들은 자기를 찾아온 환자들에게 충고하기를 과거의 일로 근심하지 말고, 과거는 잊어버리고 현재에만 살라고 한다. 그들은 주장하기를 우리가 안고 있는 심리적인 장애들은 과거에 일어난 사건들에 대한 정서적인 반작용에 기원한다고 한다. 결과적으로 우리 자신이 과거에 얽매이는 한—항상 이런 저런 고통스런 이야기들, 우리가 겪었던 이런 저런 권리침해, 우리가 10년 전이나 20년 전, 또는 30년 전에 저지른 범죄행위들로 되돌아가는 한—, 우리들은 신경증의 지배를 받을 수 밖에 없을 것이다. 우리가 자신의 불안과 우울로부터, 그리고 억압된 분노나 죄책감으로부터, 그리고 우리의 삶을 불행하고 무익하게 만드는 기타의 모든 것들로부터 자유롭게 되는 유일한 방법은 현재 이외의 다른 어느 곳에서 사는 것을 거부함으로써 우리 자신을 과거로부터 해방시키는 것이다.

오직 현재에만 살 것을 강조하는 것은 내가 개인적으로 좋아하는 것이다. 현재에만 산다고 하는 것은 우리로 하여금 자신의 심리적 장애들에 정면으로 맞서려는 긍정적인 목적에 전적으로 초점을 맞추지 못하게 하고, 그 대신 단지 게으르고 부정적인 과거의 집에 안주하게 하는 과거의 모든 사고(思考)들을 잘라 내는 것을 의미한다. 그런 사고들은 단지 과거가 우리에게 행사하는 마비의 힘을 강화시켜 줄 뿐이다.

그러나 내가 독자 여러분에게 충고하는 것은 양측의 주장에 담긴 진실을 인정하고, 그것을 여러분 자신에게 적용하라는 것이다. 만약 정직한 자기평가를 곁들인 채, 자신이 꾼 꿈들 속에 드러난 일종의 상징들에 대해 주의 깊게 그리고 끊임없이 유의한다면, 여러분은 대체로 가장 적절한 길을 가게 될 것이다. 당신의 꿈들로 인하여 유의하게 된 모든 정신적인 문제들의 실제 발생일자에 대하여 계속해서 마음을 열어라. 당신으로 하여금 처음에 이런 저런 정서를 억압하도록 했던 경험을 반드시 찾으라. 아마 꿈은 당신이 그 출발점을 찾는 데 도움을 줄 것이다. 당신이 마침내 그러한 경험을 확인하고 대면하는 데 성공했다면, 그 다음에 해야 할 일은 그것을 해소시키는 것이다. 해소되지 않은 두려움이나 분노는 마치 안개와 같이 작용하여 우리의 현실관(現實觀)을 흐리고 어둡게 만든다. 그것은 결국엔 상자 안에 가두고 질식시켜 버리는 콘크리트 벽돌같이 된다.

일단 확인되면, 당신이 안고 있는 고통의 기원은 생각하는 것처럼 그렇게 나쁘게 보이지 않을 것이다. 예를 들면, 당신은 10대에 저지른 일로 인하여 지금까지 죄책감과 자기 증오심을 가지고 살아왔는데, 결국 그 10대에 저지른 일은 그리 나쁜 것이 아니었다는 사실을, 아니면 그 일이 나쁘다 할지라도 그러한 환경에서는 이해할 수 있고 불가피했었다는 사실을 깨닫게 될 것이다. 이것은 당신의 분노에도 동일하게 적용되는데, 이 분노는 당신이 오래 전에 억압했지만 지금까지 표면 아래에서 끓고 있고, 보통 가장 적절하지 못한 경우에는 폭발하여 표면을 뚫어 버릴 수도 있다. 그리하여 이 분노는 무고한 희생자들을 향할 수 있으므로 반드시 그 분노를 추적하라. 당신이 그 분노를 처음 느끼게 되었던 순간까지, 그리고 그것은 곧 무섭거나 도덕적인 위반이기에 그것을 억압했던 순간까지 추적해 내려가라. 그러나 당신이 만약 그 분노의 원인을 냉정하게 그리고 객관적으로 보고, 그리하여 실제로는 ―(당신을 포함하여) 깊이 관련된 모든 사람이 최선을 다하고 있었기 때문에― 어느 누구도 잘못하지 않았다는 것을 알게 된다면, 변함없이 그 분노가 해소되기 시작한다는 것을 알게 될 것이다.

프로이트는 우리에게 말하기를, '초기 아동기에 처음 생긴 신경증은 역시 성인의 어떤 경험이 그것을 폭발시킬 때까지 잠복한 채 남아 있다'고 한다. 그것은 마치 권총과 유사한데, 오랫동안 장전된 채로 그리고 심지어는 격발자세로 있다가 정말로 폭발하게 된다. 그것에 대하여 추가로 말하면, 일단 어떤 경험이 비합리적인 두려움이나 죄책감 또는 분노를 폭발시키게 되면, 더욱 많은 경험들이 그것을 폭발시키게 되고, 그리하여 결국에는 거의 모든 경험이 그것을 폭발시키게 된다. 이런 식으로 신경증은 점점 더 강화된다.

프로이트에 따르면, 신경증은 억압된 욕구나 정서를 부적절하고 왜곡되게, 그리고 만족스럽지 못하게 표현하는 하나의 방법이다. 꿈이란 그런 왜곡된, 즉 위장된 표현의 한 형태이다. 그러므로 꿈에 유의한다는 것은 당신이 가지고 있는 모든 억압된 욕구들이나 정서들에 유의하는 것을 의미한다. 그러므로 그것은 하나의 치료법, 즉 당신을 치료하는 한 방법이다. 이 치료법은 먼저 대면하는 것으로, 그 다음엔 당신의 과거를 버리는 것으로 이루어진다. '과거를 버린다'는 것은 과거를 억제하거나 무시하는 것을 의미하지 않는다. 과거를 억제하거나 무시하는 것이야말로 신경증을 연장시키는 방법이다. 오히려 '과거를 버린다'는 말은 비합리적인 두려움이나 분노 등을 실제로 대면하는 과정을 통하여 그것을 —한꺼번에가 아니라, 조금씩— 사라지게 만드는 것을 의미한다.

나는 프로이트의 이론, 즉 유아의 성, 고착, 억압, 그리고 잘 알려진 외디푸스 콤플렉스에 대한 이론에 대해 말하려고 한다. 당신은 프로이트의 이론 가운데 그러한 부분들이 너무도 억지를 부리거나, 관련이 없거나, 심지어는 불쾌한 주장이라고 생각하여 버리고 싶을지도 모른다. 만약 그렇다면, 간절히 부탁하건대, 모든 편견을 보류하라. 적어도 프로이트가 그러한 주제들에 대하여 말했던 것과 그것이 꿈을 이해하는 데 어떻게 관계되는지를 이해할 때까지 편견을 보류하라.

## 유아기의 성(性)

우리가 이미 살펴본 대로, 프로이트에게 있어서 성인이 꾸는 꿈들은 초기 아동기의 사건들과 경험들로부터 파생되는 것으로서 초기 아동기는 매우 중요하다. 여기에서 '초기 아동기'는 5세나 6세까지를 의미한다. 이렇게 어린 시절에, 당신은 강력한 정서적 경험들을 가졌을 것이다. 그런데 당신은 그러한 경험들을 억압했을 것—그러한 경험들로 인해 당신이 죄책감을 느꼈거나 벌 또는 두려운 결과들을 두려워했기 때문에—이다. 우리가 지금까지 살펴 본 바와 같이 억압된 정서들은 사라지지 않고 무의식 속에 남아 있게 된다. 그리고 그 경험들은 당신이 현재 취하는 태도들과 행동, 당신의 긴장들, 폭발적인 분노 등을 이해하는 데 필요한 단서가 될 것이다.

좀더 자세히 살펴보기로 하자. 어린 시절의 외상적 경험은 성적인 발달을 방해할 수 있는데, 그 결과로 그 개인은 결코 성인의 성에 도달하지 못할 수도 있다. 이러한 이론은 설명을 필요로 하는데, 설명을 하기 위해서는 프로이트가 말한 '유아기의 성'을 반드시 살펴볼 필요가 있다.

우리가 '성'이라는 단어를 사용할 때, 그것은 보통 성인의 성을 의미한다. 이 성인의 성에는 성적인 기관들이 자극되고 —언제나 그런 것은 아닐지라도, 전형적으로— 양편에 강력한 쾌감을 주는 삽입행위가 있다. 프로이트는 이 성인의 성행위는 '유아기의 성'이라고 부르는, 초기 아동기에 이미 존재하고 있던 것으로부터 발달된다고 주장했다. 프로이트가 말하는 '유아기의 성'의 의미가 무엇인지를 분명히 하는 것이 중요하다. 그는 여기에서 '성'을 매우 넓은 의미로 감각적 쾌감에 대한 욕구와 경험을 의미하는 것으로 사용하고 있다. 신생아에게 있어서 이 감각적인 쾌감은 몸을 통해서, 내적으로 그리고 피부 표면에서 느껴진다. 나중에, 그것은 몸의 특정 부위—입, 항문, 그리고 생식기—에 순서대로 집중된다.

어머니의 젖을 빨 때 제일 먼저 입의 쾌감이 감지된다. 어머니의 젖은 양육의 원천인데, 이것은 또한 쾌락의 원천이다. 갓난아기의 구강 쾌감은 빠는 데서 뿐 아니라 무는 데서 발견될 수 있다. 프로이트는 말하기를 빨거나 물 수 있는 기타의 대상들은 단지 젖꼭지를 대신하는 것에 불과하다고 한다.

다음으로 나타나는 것은 항문의 쾌감인데, 이것은 장을 비우거나 배설물을 배출하는 데서 발견된다.

마지막으로, 생식기 쾌감은 남아의 경우에 성기를 만지고, 잡아당기며 장난하는 데서 오고, 그리고 여아의 경우에 질(膣)의 벽을 만지고, 잡아당기며 노는 데서 온다.

이 모든 것은 사춘기 이전에 일어난다. 사춘기는 성인의 성이 시작되는 시기이다.

## 고착

우리의 꿈들을 이해하는 것에 관한 한, 이 모든 것을 둘러싼 재미있는 사실은 우리들 중 모두가 정상적인 성인의 성에 도달하는 것이 아니라는 것이다. 우리들 가운데 많은 사람들이 한 가지 이상 성적 장애를 가지고 있는데, 그런 경우 프로이트에 의하면, 유아기의 성 발달의 3단계 중 어느 하나에 정지(고착)되는 일이 발생한다.

프로이트는 말하기를, 어떤 고착이 사람에게 고통을 주고 있는지 쉽게 알 수 있는 단서들이 존재한다고 한다. 이러한 단서들은 어떤 성격과 행동의 특징들이라고 하는 형태를 띠는데, 그러한 단서들은 고착이 일어나는 단계에 따라 다르다.

빠는 단계에서의 고착은 의존적인 성인을 만들어 내는 경향이 있다. 그것은 엄지손가락을 빨거나 담배를 피우거나 과식하는 것으로 나타날 수 있다. 이러한 특징들을 지닌 사람들은 자기 어머니로부터 적절히 독립하는 데, 즉 자주적인 삶을 영위하는 데 성공하지 못했다.

무는 단계에서의 고착은 호전적인 성격, 또는 빈정거리고 비판적인 (말에 있어서 호전적인) 성격이나 냉소적인 성격의 근원이 될 수 있다. 보다 일반적인 의미에서 성 발달의 구강단계에서의 고착이 있을 수 있는데, 그러한 경우에 그 사람은 두 가지의 특징인 의존성과 공격성을 나타낼 수 있다.

항문 배출단계, 즉 배설물을 배출하는 데서 쾌감을 느끼게 되는 단계에서의 고착은 단정하지 못하고 낭비적이며 분수를 모르는 (지나치게 관대한) 사람을 만들어 내는 경향을 나타낼 것이다.

항문 보유단계, 즉 배설물을 보유하는 단계에서의 고착은 깔끔한 사람, 강박적으로 까다로운 사람, 비열하고 욕심 많은 사람, 또는 수집가(우표나 나비 등), 완고하고 매우 독립적인 사람을 만들어 낼 것이다.

(그러므로 바르게 대소변 보는 훈련이야말로 참으로 중요하다! 그것을 너무 지나치게 강조하는 것은 어린아이로 하여금 그의 동작들을 주저하게 할 수 있고, 소홀히 취급하는 것은 어린아이로 하여금 항문배출 단계에서의 고착을 야기시킬 수 있다. 대소변 보는 훈련에 대한 부모의 균형잡힌 태도는 그 어린 아이로 하여금 균형잡힌 사람, 즉 관용적이고 (비열하지도 않고 지나치게 관대하지도 않은) 창조적인 사람이 되게 하는 데 도움이 될 것이다. 창조성과 관련하여, 이것은 예술가적인 형태를 띨 것이다: 변기에 배설물을 만들어 놓음으로써 부모를 기쁘게 했으므로, 어린 아이는 나중에 세상을 살면서 창조적인 예술작업에 의해서 사람들을 기쁘게 하려고 새로운 것을 만들어 내는 과정을 계속할 수 있다.)

성인 이전의 생식기 발달 단계에서의 고착은 성인의 삶 속에서 노출증이나 자체성애(自體性愛)로 나타날 수 있다. 노출증이란, 생식기를 —요구하지 않음에도 불구하고— 이성(異性)에게 보여주는 것을 의미하고, 다른 사람이 자신의 생식기를 당신에게 제공해 주기를 무의식적으로 바라는 것을 나타낸다. 꼬마들은 조금도 수줍어하지 않고 자신의 생식기를 보여준다; 그러나 성인에게 있어서의 노출증은 비정상적인 구애(求愛)행위이다.

**퇴행**

프로이트가 설명하는 또 하나의 심리적 방어기제는 '퇴행'이다. 프로이트에 의하면 유년기의 강력한 병적 집착, 또는 퇴행의 결과로서 생겨나는 성인의 좌절은 신경증을 유발시키는 요인이 된다. '신경증'이라는 단어는 프로이트가 정신적인 질병이나 정신적인 불안에 대하여 붙인 말이다. 아마 정신적 불편함이라는 단어가 더 좋을 것 같다. 이것은 일종의 정신적인 고통이나 불안(예. 해결되지 않은 갈등)이다.

퇴행은 만사가 잘 되어 가다가, 성인의 성생활에서 좌절을 겪게 되고, 이로 인하여 성 발달의 초기 단계—유아기 단계—로 퇴보하는 것을 말한다. 우리 모두는 성인들이 때때로 보여주는 비성적인 행동에서 유아기적인 모습이 어떻게 나타나는지를 알고 있다. 예를 들면, 짜증을 부리고, 발을 구르거나 손으로 책상을 치는 것 등이다. 이것은 또한 유년기로 퇴행하는 것으로서 어떤 좌절에 부딪치게 될 때 그것을 합리적이며 성장을 가져올 수 있는 방법으로 대처할 수 없을 때 야기된다.

프로이트는 다윈(Charles Darwin)의 저서를 읽고서 병적 집착과 퇴행의 개념에 대한 영감을 얻었음이 거의 확실하다. 진화에 대하여 말하는 다윈은 그가 '발달 중지'라고 부른 현상을 설명했다. 그리고 그는 보다 진화된 형태의 삶에서 병리적이고 비정상적인 것으로 간주되는 것은 좀 이른 시기의 삶, 즉 덜 진화된 형태의 삶에서는 정상적이고 항구적인 조건으로 나타나는 것이라고 주장했다. 마찬가지로 프로이트는 성인의 비정상적인 성적 행동은 유아의 정상적인 행동에 해당한다고 말한다.

퇴행은 자체성애를 포함하여 여러 가지 형태를 띨 수 있다. 여기서 자체성애란, 신체의 민감한 부분으로부터 쾌감을 얻는 것이다. 이것은 보통 자위로 드러난다. 그러나 과식, 과음, 그리고 흡연 등도 자체성애의 형태일 수 있다. 그러한 것들은 상대방 없이 혼자서 쾌감을 얻는 방법일 수 있다.

자체성애는 일반적으로 정상적인 성행위로 인정되는 어떤 역할을 한다. 그러나 스스로 만들어 내는 쾌감에 너무 치우치게 되면, 이러한 성행위는 비정상적인 것이 된다. 이러한 사람은 종종 질에 삽입한 직후에, 또는 심지어 삽입하기도 전에 사정을 하게 되는 경우가 있다. 조루(早漏)는 (열정이나 사랑과는 다른) 흥분 때문에 생기는 것이다. 이것은 자신의 신체적인 쾌감에 과도하게 사로잡히는 사람에게 조루가 생긴다는 것을 보여준다. 다른 말로 하면, 그는 여전히 어린애 같은 행동을 하고 있는 것이다.

## 외디푸스 콤플렉스

외디푸스 콤플렉스는 ―적어도 당분간, 그것에 대하여 가질 수 있는 모든 편견을 버리는 한― 꿈을 해석하고 자신을 이해하는 데 유용한 암시를 제공할 수 있는 또 하나의 주제이다. 프로이트는 '사회의 모든 과정'은 '연이어지는 세대들 사이의 대립'에 의해 좌우된다고 믿었다. 확실히 개개인에 관한 한, 누군가가 자신의 숙명을 펼치고 자신의 독특한 정신세계나 자아에 들어있는 설계도에 맞추어 살고자 한다면, 부모의 권위로부터의 독립이 필요하다. 이러한 것들을 고려해 볼 때, 프로이트의 외디푸스 콤플렉스에 대한 설명은 더욱 중요하게 된다. 특별히 우리들 가운데 많은 사람들이 부모의 영향력으로부터 벗어나지 못하고 있다는 사실 때문에도 그렇다. 부모의 영향력으로부터 벗어난다고 하는 것은 자연스러운 자신이 되고 자신을 즐기는 것을 말한다.

프로이트는 모든 어린아이들이 이성(異性) 부모와 근친상간의 욕구를 갖는 발달단계를 거친다고 믿었다. 그가 이러한 결론에 도달하게 된 데는 그의 여성 환자들 가운데 많은 사람들이 아동기에 자신들에게 일어났던 근친상간 행위에 대하여 보고했던 사실에 의해서도 일부 영향을 받았다. 프로이트는 그렇게 착실하고 존경할 만하며 중류 계급에 있는 아버지들이 그런 행위를 했다고 믿을 수 없었다. 그리하여 그는 그러한 이야기들을 원망성취의 환상으로 해석했다.

오늘날 우리는 적어도 근친상간, 즉 아버지와 딸 사이의 근친상간은 아주 흔히 일어나는 일이라는 것을 잘 알고 있다. 그러므로 우리는 프로이트의 환자들이 말했던 근친상간의 이야기들을 프로이트 보다 더 쉽게 문자적으로 받아들일 수 있다. 그러나 이것이 반드시 프로이트가 외디푸스 콤플렉스에 대하여 내린 결론 모두를 부정하는 것은 아니다.

남자 어린이(대략 4세에서 7세까지)의 외디푸스 콤플렉스는 어머니에 대한 욕구와 그로 인하여 나타나는 아버지에 대한 질투와 분노와 증오의 감정을 의미한다. 이 때에 그 어린이는 아버지를 자기의 경쟁자로 보는 것이다. 그 어린이는 또한 자기 아버지가 자신을 거세(去勢)함으로써 벌할지도 모른다는 두려움을 갖게 된다. 정상적인 경우, 외디푸스 콤플렉스는 사춘기나 또는 그 이전에 해소된다. 그러나 그것의 흔적은 성인 생활에까지 지속되는 경우가 많다. 그럴 경우 어머니에 대한 병적 집착이 있을 수 있다. 그런 집착에 빠진 사람은 자기 자신이 다른 여자를 사랑하기 어렵다는 사실을 알게 된다. 그에게 있어서 다른 여자들은 단지 자기 어머니를 어느 정도 적절하게 대신해 줄 사람들에 불과하다. 그 어린이가 어머니에게 관능적으로 매혹 당했던 것과 관련된 죄책감이 남아 있을 수 있다. 만약 그렇게 된다면, 성인이 되어서 남자로서 가지는 성교에 대한 태도나 접근방법은 오염될 수 있고, 그의 성 관계는 훼손되고 망쳐지게 된다. 그는 내면화(내사)된 아버지 상의 지배를 받을 수 있는데, 이 아버지 상은 엄격한 초자아의 형식을 취한다. 그 엄격한 초자아는 금지된 것들과 재앙에 대한 위협을 가지고 그의 성생활뿐 아니라 그의 생 전부를 망쳐 버리게 될 것이다.

여자 어린이의 외디푸스 콤플렉스는 다른 형태로 나타난다. 남자아이의 거세는 단순한 환상인데 반하여, 여자 어린이는 그것을 실제로 있었던 일로 이해한다. 여자 어린이는 자신을 주변의 남자들(남자 형제, 학교 친구들, 또는 아버지)과 비교하면서, 자신의 성기는 잘려 나갔다고 상상한다. 프로이트에 의하면, 이것은 그가 이름한 '페니스 선망'을 발생시킨다. 페니스 선망은 여성의 열등감의 근본 원인들 가운데 하나가 되는데, 그것은 어린 소녀가 자신을 불완전한 남성으로 보기 때문이다.

프로이트는 어린 소녀가 이러한 상상된 거세에 대하여 다음의 다양한 방식들 가운데 하나로 반응할 수 있다고 생각한다:

(1) 소녀는 자신의 열등감을 순전히 성적인 것으로 이해하고 따라서 —열등감을 느끼지 않기 위하여— 성교를 회피할 수 있다. 이러한 성관계 억제는 의식적인 사고의 산물이 아니라 무의식적인 반응이라는 사실을 주목해야 한다.

(2) 소녀는 음핵 성교를 회피할 수 있다. 자신의 음핵을 열등한 남성의 성기로 간주함으로써 그것의 쾌감을 상실시킨다.

(3) 소녀는 동성애 배우자를 택할 수 있다.

(4) 소녀는 남자와 대등하다고 볼 수 있는 자신의 경력에 관심을 집중할 수 있다.

(5) 소녀는 외디푸스 콤플렉스를 해소할 수 있다. 어린 소년과 마찬가지로 어린 소녀―자체성애적인 단계를 완전히 벗어난 후―에게 있어서도 첫 사랑의 대상은 어머니이다. 그러나 어머니는 자신의 남성의 성기를 제거했다고 상상되는 어머니이다. 여기에서 그녀는 거세를 용인될 수 없는 자신의 근친상간 욕구에 대한 벌이었다고 상상한다. 그러므로 그녀의 어머니에 대한 사랑은 증오로 변한다. 그리고 이제는 그녀의 아버지가 사랑의 대상이 된다. 이렇게 사랑의 대상이 아버지로 바뀌는 것은 그녀가 외디푸스 상황에 입문하는 것이다. 그러나 프로이트는 또한 그러한 변화는 정상적인 여성의 성(性)으로 가는 길을 닦아주는 역할을 한다고 말한다. 이제부터는 남성의 성기에 대한 욕구(페니스 선망)는 정상적인 이성 관계를 통하여 남성의 성기를 소유하게 됨으로써 충족될 것이다.

(6) 소녀는 외디푸스 콤플렉스를 해결하지 못하고 여전히 (무의식적으로) 자기 아버지에 대한 사랑에 빠져 있을 수 있다. 이와 같은 경우, 그녀의 생활에서 만나는 남자들은 아버지를 대신하는 사람들로 여기게 될 것이다.

**방어기제**

프로이트가 말한 '방어기제'는, 당신이 자신을 자세하게 성찰하고자 하는 노력에 유용한 것이 될 수 있다. 자기성찰은 꿈을 정확하고 실효성 있게 해석하는 데 중요하다.

우리는 프로이트에 의해, 사회가 우리에게 요구하는 것과 우리의 본성이 자기만족을 위해 필요로 하는 것 사이에는 어느 정도의 긴장이 존재한다는 사실을 알게 되었다. 프로이트에 의하면, 우리가 기억해야 할 것은 만약 자아가 원본능을 통제하지 못하면, 원본능이 정신을 파괴하고 손상을 입히거나, 아니면 초자아가 원본능의 적절한 충족을 불허함으로써 신경증이 생길 수 있다는 사실이다. 내면적인 조화를 유지하고, 사회의 요구들(초자아)과 원본능 사이의 긴장을 완화시키고자 노력함에 있어서, 자아는 때때로 단기적인 해결방식에 의존한다. 그러나 이 단기적인 해결방식들은 결국엔 조금도 만족스럽지 못한 것들이 되고 만다. 이러한 것들을 소위 '자아방어' 또는 '방어기제'라고 한다. 그것들을 열거하면 다음과 같다:

(1) 억압

우리가 앞에서 토론한 바와 같이, 억압은 초자아를 위반하는 자연적인 모든 욕구들을 의식으로부터 추방시키는 것을 말한다. 이 초자아는 부모로부터, 나중에는 확대되어 사회로부터 온 것으로서 옳고 그름에 대한 분별력이다. 그리고 당신은 그 초자아를 '양심'이란 것으로 내재화시켜 온 것이다. 이 해결방식이 만족스럽지 못한 이유는 억압된 욕구들은 사라지지 않고 여전히 무의식의 여러 층들에 남아서 활동하기 때문이다. 그 억압된 욕구들은 통제되고 규제된 표현마저 거부당하고 있다가 어느 순간에 통제되지 않고 난폭한 형태로 폭발할 수 있다. 예를 들면, 강간범은 성적인 억압의 산물이다.

(2) 퇴행

퇴행 또한 이미 우리가 살펴보았던 것이다(44쪽을 참조하라). 성인들은 때때로 아이들처럼 행동한다. 예를 들면, 자기 마음대로 하기 위한 방법으로 발을 구르고 소리를 지르며, 아니면 부부생활에서 생기는 사소한 언쟁에 대한 반발로 아내를 위협하여 친정으로 돌아가게 한다. 그들은 아이들처럼 그러한 방법으로 자신이 원하는 것을 마음대로 한다. 그러나 성인의 그런 행동은 미성숙을 시사해 주는데, 미성숙은 성장을 거부하고, 자신의 삶의 문제들을 직면하기를 거부하며, 그리고 자신의 삶에 대하여 책임지기를 거부하는 것이다. 퇴행은 종종 성인의 성생활의 좌절에 의해서 촉발된다. 그러나 어떤 상황이나 관계에서 겪게 되는 좌절도 동일한 결과를 가져올 수 있다.

(3) 투사

투사는 실제로 내부적인 것을 외부적인 것으로 취급하는 것을 의미한다. 예를 들면, 우리 모두는 자신의 결점들을 자신의 것이 아니라고 말하고, 그 대신에 그러한 것들을 다른 사람들에게 있는 것으로 본다. 우리는 자신이 해 왔거나 하고자 하는 행동을 다른 사람들이 한 것으로 돌리고 그들을 비난한다. 청소년기의 소녀가, 남자들이 언제나 자기에게 추파를 던진다고 불평하는 것은 단지 그녀가 바라고 있는 원망적 사고의 일부일 수 있다. 다른 말로 하면, 그녀는 본래 자신이 인정하기를 거부하는 자신의 욕구를 다른 사람에게 투사하고 있는지도 모른다(그녀가 그러한 욕구를 인정하지 않으려는 것은 어떤 경험으로 인하여 지금까지 그러한 욕구를 억압해 왔기 때문이다). 유사하게, '그 남자는 거만해'란 말이 실제로는 '나는 열등해'라는 것을 의미할 수 있다.

투사는 '희생양 증후군'에서 비롯된 것일 수 있다. 이런 곳에서는, 개인이나 사회 전체는 모든 불행의 원인을 자세히 찾아보는 것을 거부하고, 그 불행을 다른 누군가의 탓으로 돌린다.

(4) 합리화

합리화는 자신을 위하여 변명을 만들어 내는 것을 의미한다. 예를 들면, 게으른 학생이 '독서를 지나치게 하는 것은 눈에 좋지 않아요'라는 말로 자기 정당화를 생각해 낼 수 있다. 실제로 자신의 성적 욕구를 억압함으로써 야기된 신경증으로 고통을 겪고 있는 불감증 배우자는 '사람이 살아가는 데 성교보다 더욱 중요한 것들이 있어요'라고 말하거나, '성교가 전부는 아니잖아?'라는 말로써 그러한 억제를 합리화할 수 있다.

(5) 대상작용(代償作用)

대상작용은 본능적인 충동을 위한 자연스러운 출구가 조금 덜 직접적인 표현수단에 의해 대치되는 것을 말한다. 예를 들면, 신체적으로 매력이 없는 사람이나 매력이 없다고 생각하는 사람은 일 중독자가 될 수 있다. 자녀가 없는 부부에게는 애완견이 바로 대상작용일 수 있다. 과식이나 흡연은 사랑이나 성교의 욕구가 좌절된 것을 대상(代償)하려는 노력의 한 방법일 수 있다.

(6) 승화

승화는 대상작용과 유사하다. 그러나 승화란 말은 보통 본능적 충동을 위한 대체 출구가 다소 세련되고 고상한 것일 때 사용된다. 예를 들어서 프로이트는, 모든 형태의 예술은 승화된 성 에너지의 산물이라고 생각했다.

(7) 치환(置換)

치환은 대상작용과 거의 구별되지 않는다. 프로이트는 다음과 같이 약간 초현실적인 예를 든다: 자기의 부모를 먹어 치우고(파괴하고) 싶은 욕구는 고기를 먹는 것으로 표현될 수 있다. 만약 그 욕구가 억압되어 있다면, 그것은 채식주의로 표현될 수 있다. 이 두 사례 모두는 치환의 사례이다. 이것은 프로이트의 이론이 이현령비현령(耳懸鈴鼻懸鈴)식이라는 비판을 받게 하는 예에 속할 것이다: 모든 사람은 육식가이거나 채식가이기 때문에, 결론적으로 모든 사람은 무의식적으로 자기의 부모를 먹어 치우고자 하는 욕구를 가지고 있다고 볼 수 있을 것이다. 실제적인 문제로, 건전한 상식을 가진 어떤 정신분석가도 단순히 육식가인지 아니면 채식가인지에 기초하여 환자를 진단하지는 않을 것이다. 그러나 만약 당신이 열광적인 육식가이거나 열광적인 채식가라면, 그리고 특히 같은 방향을 가리켜 주는 다른 특성들을 가지고 있다면, 정신분석가는 그 사실을 진단을 위한 안내로 볼 수 있을 것이다.

(8) 동일시

동일시라는 단어는 우리가 매일 사용하는 어휘의 일부가 되어 왔다. 영웅과의 동일시—인기스타, 영화배우, 축구 선수, 또는 그 무엇과의 동일시—는 잘 알려진 현상이다. 그러나 단지 영웅을 숭배하는 것이 아니라 그와 동일시하는 것은 자신을 그 사람으로 보는 것, 즉 그의 복장 스타일, 헤어스타일, 그리고 태도와 가치들을 채용하는 것을 포함한다. 아이들은 종종 자기가 원하는 것을 획득하는 수단으로서 자기의 부모를 모방한다. 그러므로 동일시는 어떤 경우에 퇴행의 형태일 수 있다.

(9) 반동 형성

반동형성은 정신세계의 균형을 되찾고자 하는 시도인데, 그렇지만 이것은 보복적인 것이다! 그것은 하나의 과잉 대상작용이다. 만약 특정한 본능적 욕동이 불안을 산출한다면, 자아는 그 반대의 것을 발전시키는 데 지나치게 관심을 집중할 수 있다.

예를 들면, 프로이트는 기초적이고 대극을 이루는 두 본능적 욕동이 있다고 믿었다. 하나는 삶의 본능(프로이트는 이것을 '에로스'라고 불렀다)이고, 다른 하나는 죽음의 본능(프로이트는 이것을 '타나토스'라고 불렀다)이다. 삶의 본능에는 성적인 욕구뿐 아니라 생명을 위한 욕구, 또는 생명의 보존이나 향상을 위한 욕구들이 포함된다. 죽음의 본능은 그 삶의 본능과 상반된 것이다. 이 본능은 죽음을 향한 충동, 자궁으로 돌아가려는 욕구(즉, 태어나지 않았더라면 하는 원망 願望)이다. 만약 어떤 경험으로 인하여 삶의 본능의 일부를 억압하게 된다면 (예를 들면, 만약 자신의 성욕에 대해 겁을 먹는다면), 죽음 본능(예를 들면, 모든 야심을 포기하는 형태로, 즉 무엇을 성취하거나 행하거나 되고자 하는 모든 욕구를 포기하는 형태로)이 강력하게 고조될 수 있다. 이것이 반동 형성의 한 사례일 것이다. 더욱 흔한 사례로는 자신의 강력한 성욕에 대한 두려움으로 인하여 포르노 영화, 매춘, 혼외정사, 학교의 성교육 등에 반대하는 단호한 운동가로 변신하는 경우가 있다.

(10) 증상(症狀)

심지어 신체적 증상들도 일종의 방어기제라고 말할 수 있다. 대부분의 꿈들과 마찬가지로, 그러한 증상들은 억압된 욕구의 위장된 표현일 수 있다: 예를 들면, 마비된 팔이나 다리는 전방으로부터 후퇴하려는 군인의 억압된 욕구를 표현할 수 있다; 남자의 발기 불능은 자신의 파트너를 체벌하려는 욕구의 위장된 표현일 수 있다. 다른 말로 하면, 신체적 증상들은 억압된 욕구로 인하여 고통스럽고 견딜 수 없는 정신의 혼란이 생기는 것을 방지하기 위한 시도들이다.

(11) 신경증과 정신병

신경증과 정신병 또한 방어기제라고 볼 수 있다. 프로이트는 신경증을 억제되거나 억압된 본능적 충동이나 욕구를 충족시키기 위한, 불안정하고 불확실한 시도라고 설명한다. 예를 들면, 칼에 대한 공포증(비합리적인 두려움)은 깊이 자리한 파괴적 소망을 숨기는 것일 수 있다. 이 파괴적 소망은 강박관념으로 대체된다.

더구나, 프로이트는 모든 신경증이 현실세계로부터 환상세계에로의 철수를 나타낸다고 주장한다. 이러한 철수의 완전한 성취는 정신병으로 나타난다. 이 정신병은 환상과 현실 사이를 구별하지 못하는 신경증의 가혹한 형태이다. 이 철수란 견딜 수도 없고 피할 수도 없는 상황이나 관계로부터 물러나는 것이다: 예를 들면, 결혼 준비가 되어 있지 않은 여성이 부모나 환경에 의해서 결혼을 강요받게 되면, 그녀는 (무의식적으로) 도피의 방법으로 신경증에 빠질 수 있다.

## 프로이트의 이론을 이용하는 것에 대하여

프로이트의 사고 안에 당신의 꿈을 밝히는 데 유용한 것들이 있으면 그 모든 것들을 취하라. 언제나 억압된 원망들, 특히 억압된 성욕들, 그리고 부모나 형제나 자매들에 대한 적대적이고 억압되어 있는 원망들을 경계하라. 다른 한편으로, 모든 꿈에는 위장된 원망들이 들어 있다고 가정하지 말아라. 어떤 꿈은 불안을 표현하고, 다른 꿈은 경고를 주거나, 문제에 대한 해답을 준다; 어떤 꿈은 당신의 성격의 깊은 곳에 자리하여 지금껏 알려지지 않은 자원을 나타내 보여줄 수 있다. 사실, 꿈들에서의 (상징과 구별되는) 위장은 프로이트가 생각하는 것보다 그렇게 흔하지는 않다. 어떤 꿈들은 최근에 있었던 사건들(예를 들면, 당신의 사장이나 아버지와의 만남)을 있는 그대로 표현하는데, 이것은 때때로 당신으로 하여금 관계와 그것이 안고 있는 문제들 및 긴장들에 의식적으로 주의할 것을 촉구하기 위해서이다; 또 다른 꿈들은 전혀 위장하지 않은 채 숨어 있는 어떤 욕구를 표현한다.

우리가 살펴본 대로, 프로이트는 종종 모든 꿈들은 성욕 충족의 표현으로 여긴다는 인상을 준다. 만약 당신이 마지못해 꿈을 성적으로 해석한다면, 다음을 경계해야 할 것이다: 당신이 마지못해 하는 것, 그 자체가 억압된 성을 지적해 주는 것일 수 있다. 다른 한편으로, 꿈이 성적인 해석뿐 아니라 다른 모든 종류의 해석을 허용하는 경우에는, 그 모든 해석들을 시험해 보고 그 해석들 중에 어느 해석이 적합한 것인지를 알아 보라. 아마도 꿈은 한 가지 이상의 차원에서 볼 때에 적절하게 이해될 수 있을 것이다. 꿈이 분명히 성적인 경우, 중요한 것은 성교나 그 꿈속에 나타나 있는 성적 감정에 대한 태도이다.

## 융의 꿈 이해

꿈에 대한 프로이트의 견해로부터 융의 견해로 눈을 돌리는 것은, 곧 매우 다른 세계로 진입하는 것을 의미한다. 칼 구스타프 융(Carl Gustav Jung, 1875-1961)은 프로이트의 제자요 동료였다. 그러나 융은 나중에 프로이트의 가르침 중에 많은 것을 거부했다. 그는 자신의 접근방법을 프로이트의 접근방법과 구별하기 위하여 '분석심리학'이란 이름을 사용했는데, 그 '분석심리학'이란 이름은 프로이트의 '정신분석적 심리학'이나 '정신분석학'이란 이름에 대비(對比)되는 개념이다. 여러분 가운데에는 융을 더 좋아하는 사람들도 있고, 프로이트를 더 좋아하는 사람들도 있을 것이다. 그러나 나는 당신이 마음을 열어 놓고, 어느 접근방법이 당신과 당신의 꿈들에 더 적합한지를 살펴보기를 권한다. 당신의 꿈들 가운데 어떤 것들은 당연히 프로이트 학파의 해석을 요구할 것이고, 반면에 다른 꿈들은 융 학파의 방법으로 해석하는 것이 더욱 적절할 것이다.

## 융 이론과 프로이트 이론의 대비

    융의 꿈 해석 방법과 프로이트의 방법은 어떻게 다른가? 첫째로, 융은 프로이트가 모든 정신장애의 근본 원인은 성에 있고, 따라서 성은 모든 꿈의 의미를 풀어내는 유일한 열쇠라는 점을 크게 강조하는 것에 반대한다. 둘째로, 융은 프로이트가 무의식을 단순히 쓰레기통의 역할을 하는 것으로 여긴다고 보았다. 즉 프로이트가 생각하는 무의식은 거부된 정서들과 욕구들을 수용하는 역할을 한다는 것이다. 융에게 있어서 꿈들은 단순히 정신적으로 잘못된 문제를 보여주는 것으로 해석되어서는 안된다. 확실히 꿈들은 그러한 역할을 한다. 그리고 그것은 그 자체로서 중요하고 가치 있는 기능이다. 그러나 꿈들은 그보다 더 많은 역할을 할 수 있다. 무의식은 우리가 가지고 있는 정신적인 문제들의 원인들에 대하여 우리가 알아야 할 필요가 있는 모든 것들을 보여준다: 그것은 우리에게 우리의 현상태—병자, 고통받는 사람, 성교불능자 등—의 원인을 말해 줄 수 있다. 그러나 그것은 또한 우리에게 우리의 병에 대한 치료방법을 보여줄 수 있다. 무의식은 꿈을 통하여 이 두 가지의 기능을 수행한다.

    융이 말하는 무의식은 단지 우리 안에서 잘못된 것들을 고치는 것에만 관련되어 있지는 않다. 그것은 최대한으로 우리의 안녕을 겨냥한다; 그것이 목표하는 것은 순전히 완전한 인격발달이다. 우리 개개인이 본래부터 타고난 인생의 '원안'(原案) 또는 '숙명'에 포함되어 있는 잠재능력을 창조적으로 전개하는 것이다. 이것은 단지 치유를 의미하는 것만이 아니라 온전성을 이룩하는 것을 의미한다.

    융에게 있어서 무의식은 단지 굶주림, 성교, 그리고 생존을 중심으로 하는 본능의 덩어리가 아니다. 그것은 삶의 의미에 대한 비밀을 포함한다. 그것은 의식적인 지성으로부터는 숨어 있는 것이다. 무의식은 만약 우리가 충분히 수용적이기만 하다면, 즉 충분히 겸손하기만 하다면 그 비밀을 우리의 꿈으로 나타낼 것이다.

    융은 우리가 꿈을 꿀 때는 검열사의 활동으로 인해 숨겨진 내용과 명시된 내용 사이(즉, 그 꿈이 주는 메시지와 그 꿈의 실제 이야기 사이)에서 위장과 왜곡을 일으킨다고 하는 프로이트의 견해를 따르지 않는다. 융에 의하면, 무의식이 꿈으로 우리에게 말하고 있는 것은 전혀 위장되지 않은 방식으로 드러난다. 그러므로 우리가 꾸는 꿈들을 이해할 수 없다면, 그것은 우리가 현대를 살면서 상징의 언어와 접촉하는 방법을 상실했기 때문이다. 그것은 꿈들의 언어이다. 상상의 세계에 익숙해 있는 사람—소위 '원시적인' 사람들—은 누구나 꿈을 이해하는 데 큰 어려움은 없다.

프로이트는 꿈의 상징들이 그 꿈의 메시지에 의식적으로 주의하지 못하도록 숨기는 것으로 보았다. 그러나 융에게 있어서 꿈의 상징들은 '표현적'인 동시에 '인상적'이다. 그것들은 정신의 무의식적인 차원에서 일어나고 있는 것을 표현한다; 그리고 그것들은 꿈꾸는 사람에게 인상, 즉 흔적을 남긴다. 그 순간부터 인격발달의 방향에 영향을 주는 것이다. 예를 들면, 꿈에서 시들어 버린 나무는 너무나 이지적으로, 즉 머리로만 살아왔던 삶을 상징—표현—할 수 있다. 그리고 그 상징이 꿈을 꾸는 사람에게 준 인상은 그 꿈을 꾸는 사람의 삶을 본능이나 자연에 뿌리를 내리게 함으로써 그의 성격을 재형성하게 한다.

융은 프로이트의 자유연상법을 사용하지 않았다. 융은 자유연상법은 언제나 우리를 '콤플렉스'로 인도한다고 말한다(융은 프로이트가 신경증이라고 불렀던 것을 콤플렉스로 말한다). 그러나 콤플렉스는 꿈의 원천으로 인도하지는 않는다고 보았다. 실로 꿈은 때때로 그 꿈을 꾸는 사람에게 정신의 어떤 부분이 사용되고 발달한다면, 그가 콤플렉스로부터 해방될 수 있음을 가르쳐 주기 위하여 콤플렉스를 사용하기도 한다.

자유연상이란, 일련의 연상들에 대하여 어떤 의식적인 통제도 행사하지 않는 것을 의미한다. 당신은, 꿈에 들어 있는 한 단어나 사건으로 시작하여 당신이 그것과 곧바로 연관시키는 것은 무엇이나 말한다(또는 적는다): 그 다음엔 당신이 그것과 연관시키는 것을 말한다. 당신이 이어지는 연상의 마지막에 도달할 때—혹은 당신이 자신의 감정적 반응들을 통해서 자신의 내적 상태의 드러남에 이르렀다는 확신을 얻게 될 때—에, 당신은 그 내용이 처음에 출발했던 꿈의 내용으로부터 멀리 떨어져 있다는 사실을 발견할지 모른다.

다른 한편으로, 융의 방법은 그 꿈을 시야에서 결코 놓치지 않는다. 이 방법—융이 '확충'이라고 부르는 것—은 꿈속에 들어 있던 각각의 소재(단어, 사람, 사물 등)를 취하고, 그 각각의 소재를 가지고 차례로 연상하는 것이다: 당신은 단순히 그 특정의 소재가 당신에게 암시하는 모든 것을 말하거나 적는다. 아니면 그것이 당신에게 생각나게 하는 어떤 회상들을 말하거나 적는다. 예를 들면, 꿈 속에서 붉은 꽃이 나타났다면, 당신은 자신에게 다음과 같은 것을 질문해야 한다: (a) 꽃은 당신에게 무엇을 의미하는지; (b) 붉은 색이 당신에게 무엇을 의미하는지; (c) 만약 그 꽃이 명확하게 모양이나 구조를 가지고 있다면, 말하자면 원형이거나 네 조각으로 갈라져 있다면, 당신은 그 모양이나 구조가 자신에게 무엇을 의미 또는 암시하는지를 자신에게 질문해야 한다; (d) 만약 그 꿈 속에 들어있는 꽃이 향기롭다면, 그 특정의 향기가 당신에게 무엇을 의미하는지를 질문해야 한다. 꿈 속에 들어 있던 모든 소재들을 이런 식으로 연상한 다음에 당신은 그 꿈 전체에 대해 연상해야 한다.

융이 '적극적 상상'이라고 부르는 것은 당신이 연상하는 것을 돕기 위한, 즉 꿈속에 들어 있던 이런 저런 소재가 당신에게 무엇을 의미하는지를 발견하는 것을 돕기 위한 기술이다. '적극적 상상'이라는 명칭이 암시하는 것처럼, 이 모든 기술들에는 어떤 종류의 활동과 당신의 상상력을 발휘하게 하는 모든 것들이 들어 있다. 이러한 기술들 가운데 하나는 당신의 꿈에 드러난 상징들을 사생하거나 그림으로 그리는 것이다. 그러한 기술들 가운데 다른 하나는, 당신은 배우이고 당신이 맡은 역할은 자신의 꿈속에 들어 있던 이런 저런 사람이 되는 것이라고 상상하는 것이다. 즉 꿈에 들어 있던 사람을 이해하고 그 사람과 동일시되는 것이다. 꿈속에 들어 있던 사람은 거의 언제나 소홀하게 여겨왔던 당신의 일부분이다. 그러므로 자신의 일부분과 동일시하고 감정이입(感情移入)하는 능력은 분명히 개발할 만한 가치가 있다. 융은 심지어 자기 꿈에 나타나는 대상들과 실제로 같은 크기의 물리적인 모델들을 만들기까지 했다.

'적극적 상상'의 약간 다른 형태는 명상이다: 이것은 당신의 의식을 무의식에 투입시킴으로써 당신의 무의식을 탐구하는 것이다. 만약 당신이 명상을 하는 동안, 자신의 꿈속에 들어 있던 소재들을 하나하나 심상으로 떠올린다면, 이러한 것들은 실제로 당신의 의식적인 자아가 무의식을 탐구하도록 안내해 줄 수 있다. 즉 의식적인 자아를 그때에 그것이 가장 알고싶어 하는 것으로 인도할 수 있다.

융은 특정한 꿈에 어떤 상징이 들어 있든지 그 상징이 담고 있는 의미는 모든 사람들에게 반드시 동일한 것이 아니며, 심지어는 동일한 사람일지라도 그의 삶의 단계가 다를 경우에는 동일하지 않다는 점을 프로이트보다 더 강하게 주장했다. 융은 말하기를, 지금 당장에 당신에게 적용할 수 있는 의미를 알아내는 단 하나의 확실한 방법은 '확충'(擴充)의 방법을 사용하는 것이라고 한다.

이 사전은 그러한 경고에 유의하면서 만들었다. 거의 모든 경우에 하나의 상징이 가지는 의미는 한 가지 이상일 수 있다: 그리고 그 주어진 의미들 가운데 어느 것이 당신에게 가장 적절한 의미인지를 찾아내는 것은 독자인 당신이 스스로 풀어야 한다. 어떤 의미를 선택할 것인가 하는 문제는 당신에게 달려 있다. 만약 어느 꿈의 상징이 당신에게 있어서 본 사전에 제시되지 않은 의미를 암시하는 강력한 연상들을 가지고 있다면, 그 의미를 버리지 말라. 나는 본 사전에 나오는 어느 상징도 그것이 가질 수 있는 모든 의미들이 제시되었다고 주장하지 않는다. 다른 한편으로, 특별히 그러한 의미들 가운데 하나가 당신에게 강한 인상을 준다고 해도 본 사전에 제시된 의미들을 너무 미리 거부하지 않기를 바란다. 강한 인상은 강하고 유쾌한 것이거나 강하고 불쾌한 것일 수 있다; 당신이 원하는 것이 위로보다는 당신 자신에 대한 사실이라면, 당신은 제시된 어떤 해석이 강력하게 당신의 감정을 상하게 하거나, 비위에 거슬리거든 그 해석에 특별한 주의를 기울여야 한다.

꿈 해석 연구에 있어서, 융은 젊은 사람들과 나이든 사람들을 구별했다: 그는 대략 35세까지의 사람들에게는 프로이트 학파의 해석으로 충분할 수 있지만, 35세 이상의 사람들에게는 프로이트 학파의 해석으로 충분하지 못할 것이라고 생각했다. 그러나 이러한 구별을 너무 엄격하게 또는 너무 협의적으로 적용해서는 안된다. 융은 35세 이상의 사람들 가운데에는 성적인 문제를 가진 사람이 하나도 없으며, 그러므로 우리의 생의 중간 지점에 이르게 되면 프로이트가 말하는 것을 잊어버려도 된다고 말하지 않는다. 그는 또한 35세 이하의 사람들 가운데에는 비성적인 문제를 가진 사람이 하나도 없다고 말하지도 않는다. 예를 들면, 융이 말하는 것은 이것이다: "인생의 전반기에 속한 대부분의 사람들은 일반적으로 외적인 것들—직업에서의 성공, 만족스런 성생활, 집을 사고 빌리고, 가구를 들여놓는 일, 그리고 그러한 것들이 세상에서 나타내는 자신에 대한 평판— 등에 마음이 사로잡혀 있다." 대략 35세를 넘으면 사람들은 내적인 것들을 살펴보기 시작하고, 자신이 지금 올바른 방향으로 가고 있는지 어떤지, 그리고 자신이 가지고 있는 가치들이 정말 올바른 것인지 어떤지를 자신에게 물어 보는 경향이 있다. 생의 후반기에 속한 사람들은 종종 죽음을 더욱 진지하게 생각하기 시작하고, 따라서 생의 의미와 목적의 문제에 대해 더욱 깊고 더욱 빈번하게 관심을 갖게 된다.

이러한 이유들에 근거하여, 융은 동일한 꿈의 상징은 꿈을 꾸는 사람이 생의 전반기에 속해 있느냐 아니면 후반기에 속해 있느냐에 따라 다른 의미 또는 의미의 다른 측면을 가질 수 있다고 말한다. 이에 대한 간단한 예로 태양을 생각해 보자. 어린이의 꿈에서 태양은 아마 상징적인 가치를 전혀 가지지 않을 것이다: 그것은 대개 그 아이가 낮 동안에 이루어진 태양에 대한 경험을 있는 그대로 재생하는 것에 지나지 않을 것이다. 청장년의 꿈에 있어서 태양은 꿈을 꾸는 사람의 아버지, 혹은 이성의 '빛'을 상징한다. 나이가 더 많은 장년에게 있어서 태양은 꿈을 꾸는 사람의 진정한 자기에 대한 상징, 또는 사람들이 '하나님', '자연', '궁극적 실재', '진리의 원천'이라고 부르는 것에 대한 상징이다.

이 모든 것들은 융이 '개성화 과정'이라고 부르는 것을 이해하게 될 때에 더욱 분명해질 것이다. 한편, 융의 구별법을 너무 교조적으로 적용하는 것은 주의를 해야 할 것이다. 35세 이하의 사람은 누구도 생의 깊이 있는 문제에 대하여 관심을 갖지 않는다고 생각하는 것은 아마 우스꽝스러운 일이 될 것이다; 그리고 중년을 인격성숙과 동등시하거나, 노년을 영성(靈性) 및 심원한 지혜와 동등시하는 것은 더욱 어리석은 일이 될 것이다.

융은 제도화된 종교의 형식들을 멸시했지만, 프로이트의 교조적인 무신론에는 동의하지 않았다. 프로이트는 모든 종교들과 형이상학적인 사상들은 유해한 환각들이며, 현실도피의 신경증적인 형태, 즉 실제 세계로부터 환상의 세계로 물러나는 것이라 하여 그러한 것들을 거부했다. 그가 말하는 '종교는 인류가 보편적으로 가지고 있는 강박 신경증'이었다.

다른 한편으로, 융은 생의 후반기에 속한 자신의 환자들 대부분이 고통을 겪는 원인은 기본적으로 종교의 부재에 있다는 결론을 내렸다. 프로이트에게 있어서 종교는 하나의 신경증이었다; 그러나 융에게 있어서 종교는 치료법이었고, 정신적인 문제를 가진 사람을 치료하기 위한 근원적인 방법이었다. 융에게 있어서 진정한 자기를 탐구하는 것과 하나님을 탐구하는 것은 동일한 것이었다.

더구나 융은 생의 후반기에 속한 사람들의 꿈에 종교의 상징들—종교의 신화들과 제의들—이 들어 있는 것을 빈번하게 보았다고 한다. 지금까지 우리가 보았던 것(태양의 경우에서)처럼, 종교적일 수 있는 상징이 종교적인 의미를 전혀 갖지 않은 채, 또는 몇몇의 경우들에서처럼 단지 종교적 의미의 흔적을 가진 채로 꿈에 나타날 수 있다. 그러나 융에 의하면, 중년과 노년에 속한 사람들의 꿈에서는 더욱 빈번하게 그러한 상징들이 종교적 의미를 풍부하게 지닌 것으로 표현된다. 그리고 정말로 융은 때때로 모든 상징들은 종교적인 기능을 가지고 있다고 말한다: 그는 말하기를, '상징들의 역할은 인간의 삶에 의미를 부여하는 것이다'라고 한다.

꿈 해석에 대한 융의 접근방법을 더욱 잘 이해하기 위하여, 우리는 그가 '개성화 과정'이라고 부른 것을 고찰할 필요가 있다. 그리고 그것을 이해하기 위한 준비로서, 우리는 융이 말하는 '심리적인 유형들'과 무의식에 대한 그의 견해를 알아야 한다.

## 심리적인 유형들

융은 이 심리적인 유형들을 '태도적인 유형들'과 '기능적인 유형들'로 나눈다.

### 태도적인 유형들

이제 모든 사람들은 '외향적인 사람'과 '내향적인 사람'이란 용어를 잘 알고 있다. 이 단어들은 융이 두 개의 기본적인 심리유형들을 구별하기 위하여 만들어 낸 것들이다.

내향적인 사람은 어떤 상황이든 그 상황에 대하여 그것으로부터 도피하는 반응을 보인다. 그는 새로운 얼굴들이나 새로운 상황들을 환영하지 않는다; 오히려, 그는 그러한 얼굴들과 상황들을 두려워한다. 그는 조만간 정중함이나 사람들과의 좋은 관계를 위하여 그 두려움을 통제하고 감추는 방법을 터득할 수 있을지라도, 그러한 얼굴들과 상황들을 싫어하는 것이다. 내향적인 사람은 자신의 가치들과 기준들, 그리고 생의 방향을 다른 사람들—외부 세계—로부터 찾지 않고, 개인적인 사상과 감정이라는 내적 세계로부터 찾는다.

다른 한편으로, 외향적인 사람은 새로운 사람과 상황에 대하여 모두

"좋아요"라고 하면서 환영과 신뢰의 자세를 가지고 두 팔을 벌린 채 그러한 사람들과 상황들을 만난다. 그는 생에 대한 자신의 태도와 방향을 주로 외부 세계와 반응하는 데에서, 즉 다른 사람들이 말하거나 생각하거나 행하는 것으로부터 찾는다. 이러한 사교성이 가져다 주는 한 가지 결과는, '외향적인 사람은 거대한 사회나 자신이 속한 특정의 사회-경제적 집단의 가치들과 기준들을 문제삼지 않는 순응자가 되기 쉽다'는 것이다. 여기에서 여러분이 특히 주목할 것은, '이 두 유형들을 구별하는 것이 가능할—유용할—지라도, 그리고 대부분의 사람이 틀림없이 내향적이거나 외향적인 범주에 들지라도, 백 퍼센트 외향적이거나 백 퍼센트 내향적인 사람은 아마 한 사람도 없을 것'이라는 점이다.

### 기능적인 유형들

대략 사람들을 '기능'에 따라서 분류하는 것은 사물들의 의미를 이해하는 두드러진 방법에 따라서 그들을 구별하는 것이다. 융은 네 개의 주요 기능적인 유형들로 구별한다.

(1) 사고 유형

만약 당신에게 있어서 가장 효과적으로, 가장 확신 있게, 그리고 가장 성공적으로 기능 하는 부분이 사고(思考), 즉 이성을 사용하는 것이라면, 당신은 사고 유형에 속한다. 이런 경우, 융은 사고를 당신의 우월한 기능이라고 부른다.

(2) 직관 유형

만약 당신이 직관 유형에 속한다면, 당신의 가장 유능한 정신 능력은 직관에 있다. 직관이란 당신이 이성의 도움 없이 사태를 '파악하는' 것이다.

(3) 감정 유형

융이 사용하는 '감정'이란 말은 도덕적인 감정뿐 아니라 다른 온갖 종류의 정서들(예를 들면, 사랑과 다정함)을 포함한다. 이 경우에, '감정'은 분명히 감각과 구별되어야 한다. 감각은 신체적인 것이다. 만약 당신이 감정을 가장 잘 활용한다면, 당신은 감정 유형에 속한다.

(4) 감각 유형

감각 유형에 속한다는 것은 당신이 어디를 가든지 가는 곳마다 흥분을 일으킨다는 것을 의미하지는 않는다. 그것은 단지 당신의 가장 우월한 정신적 기능, 즉 현실과의 관계를 가지는 데 있어서 가장 좋아하는 방법이 신체적인 감각이라는 것이다.

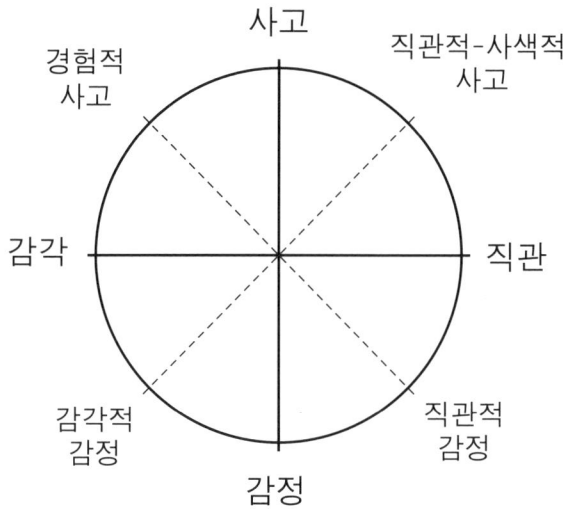

이 도표는 야코비(Jacobi)의 *The Psychology of C. G. Jung* (revised ed., Yale University Press, New Haven and London(1973)에 게재된 내용을 개작한 것이다.

이어지는 내용들과 관련하여, 당신은 앞의 도표를 참고하는 것이 유용한 일이라는 것을 알게 될 것이다. 이것은 사고 유형—꼭대기의 '사고'라는 말이 있는 유형—이 어떤 것인지를 보여준다. 만약 당신이 감각 유형에 속한다면, '감각'이 맨 위에 올 때까지 그 도표를 돌려야 할 것이다.

만약 당신에게 있어서 사고가 우월한 기능이라면, 감정은 당신의 '열등한' 기능이 되기 쉬울 것이다. 그것은 당신의 감정 능력이 개발되거나 조직화되지 않을 것이고, 그리하여 당신의 감정 능력은 비효율적으로 기능하게 될 것임을 의미한다. 과학자들은 보통 사고 유형에 속할 것이다; 융이 정치적, 사회적인 정책을 입안하는 데 있어서 과학자들에게 너무도 많은 발언권을 주는 것에 대하여 상당히 우려했는데, 이 사실을 주목하는 것은 흥미 있는 일이다. 융이 그 점을 두려워하는 이유는 사고 유형에 속하는 사람들이 지혜로운 판단, 즉 인간의 행복과 안녕이라는 견지에서 볼 때에 올바른 판단을 내린다고 기대할 수 없기 때문이다.

당신의 우월한 기능이 꼭대기에 올 때까지 도표를 회전시킴으로써, 당신은 자신의 열등한 기능이 어느 기능인지를 알게 될 것이다. 그 열등한 기능이란 신뢰성은 가장 적고, 개발의 필요성은 가장 많은 것이다.

당신은 도표에서 네 개의 주요 기능적인 유형들에다 추가로 중간적이거나 혼합된 네 개의 유형들이 있다는 것을 알게 될 것이다. 예를 들면, 융 자신과 같이 당신이 일종의 사고 유형—순수한 사고(이성적인 사고)는 아니지만 직관적인 요소들이 많이 들어 있는 사고 유형—에 속할 가능성이 많다면, 당신은 직관적-사색적인 사고의 유형에 속할 것이다. 그런 경우에, 당신의 열등한 기능은 감각적인 감정의 기능이 될 것이다. 이 감각적인 감정에는 아름다움에 대한 자각과 감상, 그리고 그러한 자각과 감상을 근거로 하여 가치판단을 내리는 것들이 포함된다. 여기에서 자각과 감상에 근거한 가치판단은 전적으로 '양심'에 근거한 판단과는 구별된다.

## 페르조나

'페르조나'는 융이 만들어 낸 또 하나의 말인데, 이것은 우리가 매일 사용하는 언어의 일부가 되었다. 페르조나는 '가면'을 의미하는 그리이스어이다. 그리이스의 극장에서 배우들은 자기들이 어느 역을 맡아 출연하는지를 보여주기 위하여 가면을 썼다. 융은 그 단어를 우리가 세상과 마주 대하는 자기 심상을 의미하는 데 사용한다.

젊은 사람이 해야 할 주요한 일은 자신의 우월한 기능을 확인하고 개발하는 것이다. 이 우월한 기능은 자신의 독특한 체질에 가장 견고하게 뿌리내려져 있고, 그러므로 그가 세상의 요구들을 충족시키는 데 있어서 가장 크게 이바지하게 될 기능이다. 여기에서 세상의 요구들은 생계를 유지하는 데 필요로 하는 것을 말한다. 예를 들면, 세상의 요구들에는 어떤 종류의 기술을 개발할 필요성이 포함되며, 따라서 페르조나가 구성된다. 페르조나는 사회가 요구하는 것들과 당신의 정신이 내면적으로 요구하는 것들 사이에서 될 수 있는 대로 큰 행복을 가져오기 위해 당신이 만들어 내는 자기 얼굴이다.

이상적으로 말하면, 페르조나는 당신의 우월한 기능에 기초하고 있어야 한다. 그러나 불행하게도 이것은 항상 그렇지 못하다: 당신의 페르조나는 부모에 의하여, 또는 당신이 받은 교육에 의하여, 또는 동배(同輩) 집단의 압력에 의하여 영향을 받을 수 있다. 예를 들면, 당신의 부모는 당신에게 학문적인 성취를 강요할 수 있다. 이것은 선천적으로 (신이 주신) 우월한 당신의 기능은, 이를테면 감정적인 기능인데 반하여, 당신의 부모는 당신에게 사고에 기초한 페르조나를 만들라고 강요하는 것이다.

만약 당신의 페르조나와 실제로 우월한 기능 사이에 부조화가 존재한다면, 당신은 곧 그 사실을 알게 될 것이다. 그것은 곧 어떤 종류의 신경증이나 콤플렉스로 나타날 것이다: 당신은 억세게 운이 없는 사람이 될 수 있다: 아니면 당신은 좌충우돌 증후군의 희생자가 될 수 있다—이것은 언제나 어려운 처지에 빠지게 되거나, 잇따르는 재앙들로 인하여 실수하는 것이다.

다시 말해서, 당신은 융이 '내적인 인물들'—영웅, 구세주, 순교자, 추방자, 복수자, 그리고 기타의 사람들—이라고 부르는 것과 자신을 동일시할 수 있다. 이것은 당신이 영웅, 순교자 등의 역할을 하는 것이 자신의 숙명이라고 생각하는 것을 의미한다. 여기에는 커다란 위험요소들이 들어 있다. 예를 들면, 당신이 자신을 너무 좋게 생각하고, 자신의 실제 능력과 균형이 맞지 않는 웅대한 야망을 품고 있다면, (날아가다가) 떨어지는 꿈을 꿀 수 있다. 이러한 꿈들은 무의식으로부터 나온 경고이며, 만약 당신이 자신을 보다 현실적으로 보지 않는다면, 그리고 당신의 야망을 실제적인 (그리고 당신이 상상하지 않은) 능력에 맞게 수정하지 않는다면, 몰락—이것은 외적인 재앙(즉 직업을 상실함)이나, 내적인 재앙(정신적 허탈), 또는 두 재앙 모두가 될 것임—을 향해 가고 있다는 것을 말하는 것이다.

(떨어지는 꿈이나 날아가다가 떨어지는 꿈에 대한 프로이트의 해석과 융의 해석의 차이를 주목하라. 30쪽을 참조하라.)

비록 당신이 진정으로 우월한 기능을 성공적으로 확인하고 개발하더라도, 그 또한 문제를 야기할 수 있다! 우월한 기능을 개발하는 일에 지나치게 집중하는 것은 성격의 불균형을 초래한다; 그리고 이러한 균형 상실은 생의 후반기에 내적인 긴장이나 갈등을 일으키기 쉬울 것이다. 페르조나는 철가면(鐵假面)이 되어서는 안된다; 그것은 항상 성장을 고려해야 한다. 예를 들면, 당신—어떤 직업도 없이 자기 가족과 함께 지내는, 은퇴한 특무상사처럼—은 자신의 직업과 자신을 지나치게 동일시해서는 안된다. 만약 당신이 단지 법무관이나 회계사일 뿐이라면, 당신은 정신의 전체 가운데 매우 피상적인 부분만을 발견하고 개발해 온 것이다; 당신이 자존감을 위해 자신의 직업에 의존하는 정도는 정신을 얼마나 적게 탐구해 왔으며, 따라서 당신의 성격이 얼마나 발달하지 못했는가에 대한 지표이다.

더구나 소홀히 여기는 기능들—당신이 천연 그대로 두어 발달부진 상태에 빠지게 한 정신의 부분들—은 조만간 반기를 들고 제어할 수 없으며, 용인할 수 없는 형태로 스스로를 표현할 것이다.

## 무의식

　무의식에 대한 융의 견해는 프로이트의 견해보다 훨씬 더 원대한 것이었다. 프로이트에게 있어서 무의식은 의식세계가 거부한 것들을 받아들이는 큰 상자인 반면, 융에게 있어서 무의식은 긍정적인 역할을 수행하는 것이었다. 즉 불안과 불행을 제거하기 위하여, 그리고 보다 나은 충일한 삶에 이르기 위하여 무엇을 행해야 하는지 보여줌으로써 치료의 기능을 수행하는 것이다.

　융에 의하면, 무의식이 가진 아주 중요한 특징들 가운데 하나는 편향적인 의식세계를 균형있게 만드는 것이다. 예를 들면, 당신의 의식이 외향적이라면, 당신의 무의식은 내향적일 것이다. 반대로 당신의 의식이 내향적이라면, 당신의 무의식은 외향적일 것이다. 만약 당신의 의식이 사고적인 유형이라면, 무의식은 대단히 감정적일 것이다.

　이것은 성격을 완성하기 위해서 당신은 정신의 무의식적인 부분을 의식 속으로 끌어와야 한다는 것을 의미한다. 그리고 정확하게 말해서, 이것은 꿈에서 일어나는 것이다. 꿈은 무의식이 의식으로 들어가는 통로이다. 꿈은 마음의 본능적인 부분으로부터 이성적인 부분으로 전달된다. 그러므로 당신의 꿈들에 유의하라. 그리하면 당신은 점점 더 자신이 단지 정신의 일부분이 아니라 정신의 전체에 부합하게 행동하는 것을 발견하게 될 것이다.

　무의식은 개인의 온전성을 겨냥한다. 그리고 온전성은 치유를 의미한다. 일반적으로 생의 전반기에는, 즉 자신에게 어울리는 직업을 확립하기 까지는 삶의 토대를 의식의 명령에만 두는 것이 적절한 것이다. 그러나 그 이후에는 진정한 행복과 안녕을 위해서 자신의 삶의 토대를 정신 전체의 요청에 둘 필요가 있다.

　당신은 자신 ―의식적인 자아― 이 당신을 가장 잘 안다고 생각하는가? 융은 무의식이 가장 잘 안다고 말한다. 무의식은 당신에게 무엇이

유익한지를 안다. 그것은 지혜와 능력을 담고 있으며, 당신이 행복하고 자기성취적인 완전한 삶에 이르는 데 필요한 에너지를 담고 있다.

그러나 이것은 의식적인 자아가 무의식으로 하여금 정신을 대신하여 좌지우지하도록 허용해야 한다는 것을 의미하지는 않는다. 무의식은 심원한 지혜와 지칠줄 모르는 에너지를 포함하고 있다. 뿐만아니라 무의식은 또한 자신이 자유롭게 되지 않을 경우에, 정신을 파괴할 수 있는 힘, 곧 광증을 일으킬 수 있는 힘을 포함하고 있다. 융은 그러한 힘을 가리켜서 '콤플렉스'라고 불렀다. 콤플렉스는 "의식의 통제로부터 벗어나고 분리되어 나와 정신의 어두운 영역에서 분리된 삶을 살게 만드는 정신의 실재들이다. 이것들은 아무 때든 정신의 어두운 영역에서 의식의 작업을 방해할 수도 있고 도울 수도 있다." 콤플렉스는 종교 신화에서 사람의 영혼에 거주하는 선한 영들과 악한 영들에 상응한다. 이 콤플렉스가 의식과 융화되지 못하는 경우, 즉 의식의 빛 속으로 나오지 못하고 자아의 통제하에서 적절하고 창조적인 표현을 허락받지 못하는 경우, 그것은 (악한 영들이 되어) 사람을 방해한다.

신경증이나 정신병(심각한 신경증)은 무의식의 내용들이 의식세계로 범람할 때 발생한다. 신화적인 언어를 사용하자면, 영들이 그 사람을 점령할 때 (신약성서의 '마귀들'이 하는 것처럼) 신경증이나 정신병이 발생한다.

일단 우리가 의식과 이성을 구별하기만 하면, 의식과 무의식 중에 어느 것이 더 잘 아는가의 문제는 더욱 선명하게 된다. 이성—합리적인 사고—은 다리를 건설하거나 성공하거나 돈을 버는 데에 그 이성을 사용한다. 그러나 이성은 당신 자신과 '운명'에 대한 진리를 계시해 주지 않을 것이다. 그렇기 때문에 당신은 무의식의 심층을 탐구해야 한다. 무의식을 탐구하는 것은 합리적인 마음이 아니다. 합리적인 마음은 무의식을 거부한다. 합리적인 방식으로가 아니라, 다만 순전한 자각의 방식으로 탐구의 기능을 하는 것은 의식—의식적인 마음—이다. 그 의식은 추상적 추론을 뚫고 실체에 대한 직접적인 경험에 이르게 한다. 이성은 상상하고 사색하는 기능을 갖는데 반해, 순수한 의식은 실체를 직접 인지한다. 이성은 정황에 관하여 알지만, 순수한 자각은 경험적으로 정황 그 자체를 안다.

이와 관련하여 몇몇 경험주의 철학자들을 주목하는 것은 흥미있는 일이다. 주목할 만한 경험주의 철학자로는 싸르트르(Jean Paul Sartre)가 있다. 그는 심층심리학을 거부했다. 심층심리학이란, 인간의 마음에는 무의식적인 차원이 존재한다는 사실을 받아들이는 심리학이다. 싸르트르는 마음의 무의식적인 부분이나 기능에 대한 개념을 거부했는데, 그 이유는 그가 개개 인간은 자신에 대하여 책임을 져야 한다는 사실을 받아들여야 한다고 믿었기 때문이다. 책임을 진다는 것은 곧 자유롭다는 것이다: 만약 우리가 어떤 사람이 자신의 행동에 있어서 자유롭지 못하고 무엇엔가 사로잡혀 있다면, 우리는 진정한 의미에서 그에게 그의 행동에 대해 책임을 지울 수 없다. 싸르트르는 주장하기를 많은 사람들, 사실은 대부분의 사람들은 자신들이 자유로운 행위자가 아닌 것처럼 하여 자신의 책임을 외면해 버리려고 한다. 즉 그들은 자신들이 오늘의 모습에 이른 것은 사회의 책임인 것처럼 하거나, 사람의 됨됨이와 행위는 완전히 유전으로 말미암아 결정되는 것처럼 하거나, 우리 모두는 자신의 통제를 넘어 선 무의식의 힘에 사로잡혀 있는 것처럼 하여 자신의 책임을 벗어 버리려고 한다는 것이다.

이 문제에 있어서 사실은 싸르트르의 말이 옳기도 하고 그르기도 하다. 각 사람은 현재의 자기가 아닌 다른 자기가 될 수 있는 힘을 가지고 있다는 그의 주장은 옳다. 그러나 그 힘은 추론하는 기능에 존재한다고 생각하는 그의 주장은 그르다. 중요한 것은 이성이 아니라 의식이다. 그리고 의식은 정신의 무의식 심층에 들어감으로서, 또는 무의식 심층으로 하여금 의식에 들어가게 함으로서, 단 하나의 존재 이외의 다른 존재가 될 수 있다는 가능성들을 열 수 있다.

융이 권고하는 것은, 의식세계는 무의식의 종이 되어야 한다거나 그 반대로 무의식은 의식세계의 종이 되어야 한다는 것이 아니다. 의식세계나 무의식은 다른 것에 의해서 지배되어서는 안된다. 반대로 의식과 무의식은 대등한 동반자 관계에서 서로 협력해야 한다. 이것이 바로 구원과 치유 그리고 온전성에 이르는 길이다.

## 개인 무의식과 집단 무의식

융은 무의식 세계의 더욱 표면적인 층과 더욱 심원한 층을 구별하고, 그것들을 각각 '개인 무의식'과 '집단 무의식'이라고 불렀다. 개인 무의식은 의식으로부터 억압되고 거부된 것들로 이루어져 있다; 그러므로 그것은 개인의 경험이 일생 동안 축적되어진 것이다. 다른 한편으로 집단 무의식은 개인보다 그리고 의식보다 더욱 오래된 것이다: 집단 무의식은 '개인의 뇌 구조안에 있는 인류 진화를 통해 물려받은 모든 정신적 유산으로 이루어져 있다.' 여기에서 '뇌의 구조'라는 말을 오해하지 않기를 바라는데, 집단 무의식을 머리 속에 위치하는 것으로 생각해서는 안된다; 그것은 감정과 본능을 포함한다. 비록 몸의 어떤 특정한 곳에 위치한다고 말할 수는 없을지라도, 머리보다는 오히려 태양신경총(solar plexus; 역주. 위 뒤쪽에 있는 신경마디의 중심) 부위에 위치하는 것으로 생각하는 것이 더 도움이 될 것이다.

## 원형 심상들

만약 당신이, 융이 말하는 것처럼 생의 전반기에 속해 있다면, 아마 당신의 꿈들의 대부분은 자신의 개인 무의식으로부터 온 의사소통이라는 사실을 발견하게 될 것이다. 그러나 만약 당신의 꿈들이 융의 '원형 심상들'을 포함하고 있다면, 그러한 꿈들은 집단 무의식으로부터 나온 것이라고 해도 무방할 것이다.

융은 이러한 원형 심상들을 '본능의 자화상'이라고 말한다. 그것을 다른 말로 표현하면, '원형들'은 본능적인 힘들이요, 본능적인 행동전략이거나 행동방법이다; 원형 심상들은 이러한 본능적인 것들이 꿈에서 그 자체를 보여주는 데 사용되는 상징들이다.

원형 심상들은 신화에서 발생하는 상징들을 포함하는데, 그 상징들에는 하나님, 대지 어머니(Earth Mother), 죽음과 부활/재생, 그 밖의 많은 것들이 있다. 그 원형 심상들은 당신, 즉 개인보다 더 오래된 것들이다. 그것들은 집단 무의식에 속한다. 다른 한편으로 원형은 무수히 많은 심상들을 가지고 있다. 그러한 심상들 가운데에는 심원한 집단 무의식으로부터 나온 것들도 있고, 보다 표면적인 개인 무의식으로부터 나온 것들도 있다. 여성성은 그러한 원형이다. 여기에 많은 다양한 심상들 가운데 몇 개를 소개하면, 당신의 어머니; 할머니; 암소; 고양이; 마녀; 요정; 동굴; 바다; 밤 등이 있다. 꿈에 나타나는 이러한 상징들의 심상들은 모두 개인 무의식이나 집단 무의식으로부터 나왔을 것이다. 융은 말하기를, 일반적으로 심상이 명확할수록, 그것은 무의식의 더욱 표면적인 층으로부터 나왔을 가능성이 높다. 여성성을 나타내는 다양한 상징들이 갖는 의미를 알아보려면, 본 사전의 표제어 여성뿐 아니라 어머니, 암소 등을 찾아 보라.

## 개성화

개성화에 대한 융의 설명은 개인의 성장이나, 참으로 개인의 행복에 관심을 갖는 사람 누구에게나 매우 중요한 것이다. 융이 말하는 '개성화'는 자기실현, 또는 충만하고 균형 있는 인격발달을 의미한다. 개성화는 무의식이 꿈을 통하여 당신에게 '말' 할 때, 그 말에 주의를 기울이고 자신의 무의식을 탐구함으로써 실현될 수 있다.

융에 의하면, 무의식은 자체를 민담과 신화로 표현한다; 그리고 그는 모든 신화들이 개성화라는 주제를 중심으로 하고 있다고 말한다. 말하자면, 신화들은 우리에게 보다 충만한 자기실현으로 가는 길을 보여주는 길잡이라는 것이다. 그러므로 개성화 과정의 네 단계들을 설명하는 데 있어서, 이 다양한 단계들을 나타내는 신화적인 심상들을 언급할 것이다. 물론, 내가 이미 말했던 것처럼, 꿈에는 신화적인 심상들이 나타날 수 있다(사실, 예를 들면 북아메리카 인디언들 사이에서는 신화는 꿈으로부터 나왔다는 증거도 있다: 그들은 신화가 특별한 사람들, 즉 부족의 '거룩한' 남자나 여자가 꾸는 특별한 꿈들에서 왔다고 믿었다).

## 제 1단계 : 그림자

당신이 자신의 '그림자'를 만날 때, 자기실현을 향한 제 1단계가 이루어진다. 그림자는 정신의 '어두운' 측면, 즉 당신이 의식의 빛 속으로 가져오지 않았던 자신의 일부분이다. 그것은 당신 성격의 '원시적인'(미발달 상태나 초기발달 상태에 있는) 측면이다. 그것은 지금까지 당신이 자신의 안녕에 긍정적인 기여를 해 왔다고 간주하는 것들과 반대된다는 점에서, 당신 성격의 '부정적인' 측면이다.

꿈에서 그림자는 당신 자신과 동성의 인물(형이나 언니, 가장 친한 친구, 또는 이질적이거나 원시적인 사람)이거나 당신과 반대되는 사람으로 보여질 수 있다. 문학에는 이에 대한 분명한 한 예가 있는데, 그것은 로버트 루이스 스티븐슨(Robert Louis Stevenson)의 지킬 박사와 하이드이다. 이 작품 속에서 하이드는 지킬 박사의 무의식 속에 있는 그림자로 볼 수 있다. 이 그림자는 성격의 의식적인 부분과 분리되어 있으며, 의식적인 삶과는 다른 삶으로 이끈다. 늑대인간의 주제는 동일한 방식으로 문학(즉, 헤르만 헷세의 늑대 이야기 Steppenwolf)과 민간 전승의 특징을 형성한다. 문자사용 이전 사회에서는 개인 성격이 지닌 이 '다른' 측면은 때때로 '숲의 영혼'으로 묘사되었는데, 이것은 자체의 독립된 몸—대개는 근처에 있는 숲지대나 삼림지대의 동물이나 나무—을 갖는다. (특별히 주목할 것은 그러한 문자사용 이전 사회에서는 인간의 부락을 둘러싸고 있는 숲, 산림, 기타의 야생지나 불모지대는 도덕률 폐기론의 상징, 즉 인간사회의 기존의 법과 질서에 대한 위협이 되었던 모든 것들의 강력한 상징이었다. 여기에는 무의식이 지닌 어두운 힘들이 의식적인 자아의 질서 정연한 삶을 위협하는 것으로 느껴졌을 것이다.)

신데렐라는 하나의 그림자를 나타낸다. 그녀는 언니들로부터 무시를 당한다. 언니들은 밖으로 나가 세상으로 들어가지만, 신데렐라는 잠긴 방안에 갇혀 있다. 이것은 외부세계와 관련을 가지고 있는 의식적인 자아와 무의식의 부분들, 즉 자신의 의식적 활동에서 지금까지 허락되지 않았던 부분들 사이의 대조를 나타낸다. 그러나 신데렐라는 결국 자신의 감옥으로부터 탈출하여 왕자와 결혼한다. 이 결혼은 의식적인 자아(왕자)와 그림자(신데렐라)의 결합을 상징한다. 이것은 무의식이 의식세계를 뚫고 들어간 것이고, 또는 의식이 무의식을 뚫고 들어간 결과이다. 상징적으로 ―신화들에서 그리고 꿈들에서― 의식은 보통 남성으로 나타나고 무의식은 여성으로 드러난다; 그러므로 여성에 대한 남성의 성교는 의식이 무의식의 심층과 같은 어두운 동굴 속으로 내려가는 것에 대한 흔한 상징이다(여기에 프로이트와 융 사이의 차이를 보여주는 훌륭한 예가 있다: 프로이트에게 있어서 거의 모든 심상들은 성에 대한 상징들이다. 이에 반하여 융에게 있어서 성행위 자체는 그 자체 너머에 있는 무엇인가를 가리키는 상징일 수 있다).

그림자와의 만남에 대한 다른 상징들에는 회심의 주제가 들어 있다. 신약성서에서 '회개'로 번역되는 희랍어는 문자적으로 '방향전환'을 의미한다. 그리고 정확하게 말해서, 이것은 개성화의 제 1단계에서 일어나는 것이다: 당신은 정반대의 방향―외부 대신 내부―을 보기 시작하는데, 이것으로 인하여 당신은 새로운 차원을 발견하게 되고 그것을 표명하게 된다; 새로운 능력이 당신을 위해 작용하고, 당신은 '삶의 신기함'을 경험한다. 예수님은 '너희는 생명을 얻고, 그 생명을 더욱 풍성케 할 것이다'라고 말씀하셨다; 그런데 융은 이것을 개성화의 시작이라고 말했다.

세례 의식과 많은 홍수 신화들은 개성화의 제 1단계에 대한 상징일 수 있다. 일반적으로 물은 무의식에 대한 상징이다. 세례에서 물 속에 잠겼던 사람이 그 물 속에서 올라올 때, 그는 '다시 태어난다'고 한다. 이것은 의식이 무의식 속으로 내려가는 것과 그 결과로서 생겨나는 새롭고 더욱 충만한 삶을 상징한다.

또한 물이 지표면에 있는 것들을 완전히 파괴하고 물러감으로써 한 사람, 즉 유대-기독교 전통에서는 노아; 힌두교 전통에서는 마르칸데야(Markandeya)만 남게 되는 대홍수 이야기들에도 동일하게 적용된다. 만약 우리가 이것을 개성화에 대한 한 상징으로 생각한다면, 홍수(무의식)에 의해서 파괴되는 것은 페르조나이다. 페르조나는 우리가 성인생활을 시작하는 데 쓰여지는 일시적인 자기얼굴이다. 이 부분적인 자기는 (노아나 마르칸데야에 의해서 나타나는) 온전한 자기가 나타날 때, 스스로를 해체하여 길을 비켜주어야 한다.

어떤 문화들에는 바다 밑으로 들어가 보물을 건져내는 잠수부의 신화들이 있다. 물은 다시금 무의식의 상징으로 볼 수 있다. 그리고 보물은 새로운 자기로 볼 수 있다. 이 새로운 자기는 전에 묻어 두었던 자원들이 의식적인 삶에서 적절히 표현되는 때에 발견되는 것이다.

개구리 왕자의 이야기는 개구리가 3일 동안 밤마다 방문한 처녀에 대하여 말한다. 그녀는 첫 번째 밤과 두 번째 밤에는 두려워 떨었다. 그러나 세 번째 밤에는 그 개구리를 측은하게 생각하고, 개구리를 자기의 침대 속으로 들어오게 했다. 그녀가 개구리에게 입맞추는 순간 그 개구리는 잘생긴 왕자로 변했다. 프로이트의 추종자이자 그의 전기작가인 어네스트 존스(Ernest Jones)에게 있어서, 그 이야기는 성교에 대한 두려움을 극복한 한 처녀에 대한 우의적인 설명이다. 융의 추종자인 조셉 캠벨(Joseph Campbell)에게 있어서, 개구리는 단지 신화에서 보물을 지키는 역할을 담당하는 용들과 다른 무서운 괴물을 보여주는 또 하나의 예에 불과하다. 용들이나 무서운 괴물들과 마찬가지로, 개구리는 어둡고 무서운 그림자를 나타낸다; 보물은 진정한 자기이다. 키스는 그림자를 받아들이는 것을 상징한다. 그리고 그 결과는 그림자를 자신의 진정한 자기됨의 운반자로서 받아들이고, 따라서 자신의 진정한 성격을 표명하게 되는 것이다.

개성화의 제 2단계에 도달하기 위하여, 당신은 두 가지의 유혹에 저항해야 한다. 첫째로, 당신은 자신의 그림자를 다른 사람들에게 투사하는 것을 피해야 한다. 당신의 그림자는 당신의 어두운 측면이기 때문에, 그것은 아주 무서운 것일 수 있다. 그리고 심지어 당신은 그것을 악한 것으로 여길 수 있다. 그러므로 당신은 그것은 내 것이 아니라고 말할 수 있다: 그리고 그것을 행하는 하나의 방법은 그것이 다른 어떤 사람의 소유물이라고 믿는 것이다. 집단적인 차원에서 볼 때, 이것은 종족차별주의와 '이교도들'(이 문맥에서 이교도들은 우리가 가진 신앙과 다른 신앙을 가진 사람들을 의미함)에 대한 박해로 이끄는 것이다. '그들과 우리' 증후군에 관해서는 두 가지 예를 들 수 있다. 이곳에서 우리는 우리의 어두운 측면을 다른 어떤 집단에 전가한다. 그리하여 그 다른 집단은 우리의 삶에서, 혹은 우리의 사회에서 발견되는 그릇된 모든 것에 대한 비난을 짊어지는 희생양이 된다. 융은 '네 원수를 사랑하라'는 예수님의 명령에 대하여 이렇게 말한다: '그러나 그 원수가 내 안에 있다는 사실을 알게 되면, 즉 내 자신이 사랑 받아야 할 원수라는 사실을 알게 되면 어떻게 될까?' 그 대답은 당신의 어두운 측면을 통합시키는 방법을 터득해야 한다는 것이다. 그것은 어두운 측면을 수용하고, 당신의 의식세계의 통제하에서 그것을 적절히 표현하도록 하는 것을 의미한다. 그러면 그 어두운 측면은 어둡고 무서우며 적대적이기를 그만두게 될 것이다; 대신에 그것은 당신의 삶의 질을 향상시키고, 인격발달을 촉진시키며, 행복을 증진시켜 줄 것이다.

저항해야 할 두 번째 유혹은 그림자를 억압하는 것인데, 이것은 그림자를 무의식이라는 지하실에다 처넣고 문을 단단히 잠가 두는 것이다. 융은 이렇게 말한다: '단순히 그림자를 억압하는 것은 머리가 아프다고 목을 자르는 것만큼이나 어리석은 치료방법이다.' 당신의 그림자가 당신에게 어떤 고통이나 불안을 일으키든 간에, 정확하게 말해서 그것은 당신의 전체적인 자기 가운데 일부이며, 당신이 완전한 인격성장에 이르고자 하는 경우에 이용해야 하는 부분들이다. 그림자를 억압한다는 것은 단순히 출발점으로 되돌아가는 것이다: 그리하여 당신은 조만간 하는 수 없이 자신의 이 '어두운' 측면에 굴복 당하게 될 것이다.

대개, 그림자와의 첫 번째 만남은 단지 그것에 대한 부분적인 수용, 즉 그것이 존재한다는 것을 단순히 인정하는 것에 이르게 할 뿐이다. 확실히 자신의 성격의 덜 바람직한—'어두운'— 측면(처럼 보이는 것)들을 고백하는 것은 좋은 일이다: 그것 없이는 더 이상의 진전은 없다. 그러나 단순히 이러한 측면들을 인정하는 것만으로는 충분하지 않고, 더 많은 작업이 필요하다. 그러므로 개성화 과정의 다음 단계를 고찰해 보기로 하자.

제 2단계 : 아니마와 아니무스

개성화 과정의 제 2단계는 융이 말하는 '영혼 심상'을 만나는 것을 의미한다. 이 영혼 심상은 원형심상들 가운데 하나이다. 이것은 남성에게 있어서는 '아니마'이고, 여성에게 있어서는 '아니무스'이다. 아니마는 남성 정신의 여성적인 측면들로서, 예를 들면, 친절, 부드러움, 인내, 수용성, 자연에 대한 친밀감, 용서할 준비 등이다. 아니무스는 여성 정신의 남성적 측면으로서, 독단성, 통제하고 주도권을 잡으려는 의지, 투쟁성 등이다.

모든 남성의 정신에는 여성적인 요소가 들어 있고, 모든 여성의 정신에는 남성적인 요소가 들어 있다. 불행하게도, 여러 세기를 거치면서, 특히 서양세계에서는 남자들이 자기의 여성성을 억압하는 것이 하나의 미덕—관례에 맞는 일—으로 간주되어 왔다. 그리고 최근까지도 여성들이 자신의 남성성(男性性)을 보여주는 것은 부적합한 것으로 생각하도록 사회적으로 조건화되어 왔다. 이로 말미암은 하나의 결과는 남성이 여성들을 잘못 취급해 온 것이다. 남성이 자신의 여성성을 두려워하고 무시함으로써 비참한 결과들이 초래되어 왔다. 남성은 자신 안에 있는 여성성을 억압해 왔을 뿐 아니라, 여성성이 탁월한 여성들을 두려워하여 그들을 억압해 왔다. 즉 그들을 계속해서 복종적이며 무력한 상태에 있게 한 것이다.

남성 지배적인 세계에서 여성성에 대한 이러한 억압이 가져다 준 결과는 전쟁이다. 전쟁은 남성의 공격성이 사랑과 인내, 그리고 조화를 위한 감정에 의해서 균형을 이루지 못한 채 발달한 결과이다: 즉 지금까지 남성들의 아니마는 자물쇠로 채워져 있었던 것이다. 사나이다운 남성은 난폭하고 파괴적이다.

또 하나의 결과는 무감정한, 즉 영혼이 없는 성교이다. 성교는 개인이 온전성과 조화에 이르는 데 매우 귀중한 도움을 줄 수 있다: 그러므로 그것은 힌두교와 불교의 탄트릭(Tantric) 신비-명상 전통에서 인정되어왔다. 그러나 성교는 존경이 있는 곳에서만, 즉 각각의 파트너가 성적으로 자신과 반대되는 성이 지닌 가치를 인정하는 곳에서만 그러한 절정에 이를 수 있다. 사나이다운 남성은 성교를 순전히 신체적이고 감정적 차원으로 감소시키는 경향이 있다. 여기에서 그의 파트너는 단순한 성적 대상으로 전락한다.

그러므로 여러 가지 이유들 때문에, 우리는 개인적인 진보와 사회적인 진보를 위해서 자신의 아니마나 아니무스를, 즉 영혼 심상을 인정하고 통합시키는 법을 터득해야 한다는 절박성에 부딪히게 된다.

이 영혼 심상은 당신의 의식적인 자아를 안전하게 무의식 속으로 인도해 주고 다시 안전하게 인도해 나올 것이다. 테세우스(Theseus)가 괴물 미노토르(Minotaur)를 죽이기 위하여 크레테에 있는 미로를 통과해야 했을 때, 아름다운 아리아드니(Ariadne)는 테세우스에게 자신의 실을 주어, 그가 미로 속에서 자신의 탈출로를 찾을 수 있게 했다. 만약 우리가 이 이야기를 융의 견해를 따라서 심리학적인 용어로 번역한다면, 미로는 무의식의 상징이고, 괴물은 우리의 무의식에서 지금까지 무시되었고, 그러므로 '미쳐 날뛰게' 된 모든 것의 무섭고 위협적인 측면이다: 괴물을 죽인다는 것은 야만적이고 제멋대로인 힘을 길들이고, 그것을 의식의 통제하에 가져오는 것을 의미한다. 그러나 '살해'는 사랑에 의해서만, 즉 무시된 것을 수용하고, 존중하며, 그것을 우리의 의식 속으로 기쁘게 영접함으로써만 이루어질 수 있다.

그러므로 영혼 심상은 의식적인 자아와 무의식 사이에서 의사소통을 만들어 내고, 그 둘을 화해시키는 중재자이다. 종교의 영역에는 영혼의 사자가 있는데, 그는 인간의 영혼들을 안전하게 지하계로 안내한다; 또는 ―어떤 문화에서는― 무당이 있는데, 그는 죽은 사람의 영혼들을 영계로 인도하고, 그 신입자들을 적절히 돌보며, 재생을 도울 영들에게 그들을 안내한다. 그뿐 아니라 그는 치유를 위하여 병든 사람들의 영혼들을 영계로 데려간다. 영혼의 사자와 무당은 아니무스나 아니마의 형상들이다. 지하계나 영계는 무의식이다. 무의식은 치유의 능력을 가지고 있다. 그리고 의식적인 자아는 무의식 속으로 내려감으로써 새로운 삶에 도달할 수 있다.

영혼 심상은 당신의 페르조나(외부세계와 관계를 맺기 위한 특별한 목적을 위하여, 그리고 그 세계에서 명성을 얻기 위하여 당신이 구축해 온 사회적 얼굴)에 사로잡힌 자들과 정반대 되는 특징들을 가지고 있다. 예를 들면, 당신의 페르조나가 지적인 것이라면, 당신의 영혼 심상은 감정과 정서로 특징지어질 것이다; 그리고 당신이 직관 유형에 속한다면, 당신의 영혼 심상은 육감(肉感)적이고 감각적일 것이다.

이것이 의미하는 바는, 만약 자신의 영혼 심상을 인정하고 그것과 친숙하게 되는 것 대신 당신이 그것을 이성에게 투사한다면, 당신의 관계는 비참한 상태에 이를 수 있다는 것이다. 예를 들면, 정서적인 남자는 자신의 파트너에게 청색 스타킹을 선물할 수 있다; 또는 예민한 여성은 수염을 기른 지적인 사람들에게 완전히 매혹될 수 있다.

그러나 만약 당신이 자신의 영혼 심상을 수용하고 통합한다면, 그것은 당신의 페르조나가 가지고 있지 않은 것을 채워 주고, 당신이 더욱 충만하고 균형 있는 사람이 되도록 도울 것이다.

꿈에 나타날 수 있는 영혼 심상의 몇 가지 형태들을 살펴보기로 하자. 융은 '영혼 심상을 제일 먼저 전해 주는 사람은 언제나 어머니이다'라고 말한다. 이것은 남성과 여성 모두에게 적용되는데, 그것은 그러한 남자나 여자는 어머니로부터 아직 독립되지 않았다는 것을 의미한다. 그러므로 어머니가 꿈에 나타나는 것—특별히 그녀가 소유욕이 강하거나 탐식(貪食)적인 특징을 가진 채로 드러난다면—은 당신의 영혼 심상의 상징이다. 만약 그렇다면, 명심할 것이 있다. '당신을 질식하게 하는 어머니의 영향권으로부터 벗어나는 방법은 당신의 아니마나 아니무스를 의식적인 자아 속에 통합시키는 것이다.' 당신의 영혼 심상을 수용하고, 존중하며, 인격성장을 위한 창조적인 기여자로서 환영하라. 그러면 당신은 자신의 영혼 심상이 꿈에서 당신을 삼키는 어머니의 모습으로 나타나지 않게 되는 것을, 그리고 당신은 어머니로부터 적절하게 벗어나고 있다는 것을 알게 될 것이다. 덧붙여 말하자면, 어머니가 살아 계시는가라는 문제와는 아무 상관이 없다. 비록 돌아가신 어머니가 당신의 무의식 속에서 강력한 존재로 남아 있더라도, 그것은 마찬가지이다.

어머니 상 이외의 영혼 심상을 나타내는 꿈의 상징들은 언제나 꿈꾸는 사람과 반대의 성(性)을 가진 사람이다. 그러므로 남자의 아니마는 꿈에서 자신의 여자 형제로 나타날 수 있고, 여자의 아니무스는 자신의 남자 형제로 나타날 수 있다. 아니무스의 다른 상징들로는 독수리, 황소, 사자, 그리고 (발기된) 남근상 혹은 탑이나 창과 같은 남근 모양을 한 기타의 것들이 있다. 독수리는 높은 곳과 관련이 있고, 신화에서 하늘은 보통 (고대 이집트 신화를 제외하고) 남성으로 간주되고 순수한 이성이나 영성(靈性)을 상징한다. 대지는 여성으로 보여지고, 직관이 가미된 감각적인 생활, 즉 감각의 한계 안에 한정된 생활을 상징한다.

암소, 고양이, 호랑이, 동굴, 그리고 배 등은 아니마 상징에 포함된다. 이 모든 것들은 다소 분명하게 여성적인 형상들이다. 배는 바다와 연관이 있다. 그런데 그 바다는 흔히 여성성을 상징하고, 텅 비어 있는 배는 자궁 같은 것을 상징한다(배를 진수시킬 때, 아직도 우리는 '그녀를 항해하는 모든 자에게 복이 있도다' 라고 말한다). 동굴은 텅 비어 있고 자궁 같다. 때때로 동굴은 물로 채워지는데, 이것은 여성성에 대한 또 하나의 상징이다; 그 동굴은 땅에서 음푹 꺼진 곳으로서, 그것은 —우리가 보는 것처럼— 여성의 성(性)에 대한 상징이요, 대지의 자궁이거나 자궁으로 들어가는 질(膣)의 입구이다.

아니마에 대한 보편적인 표현에 관해서 언급한다면, 이것은 곤경에 처한 처녀의 형상으로, 소위 '영웅' 신화라고 부르는 것들에서 빈번하게 드러난다. 여기에서 마음에 다시 떠오르는 주제가 있는데, 그것은 아름다운 처녀를 구출하고, 몇몇 경우에는 그녀와 결혼하는 영웅에 대한 주제이다(즉, 그리스의 영웅 페르세우스 Perseus는 에티오피아의 공주 안드로메다 Andromeda를 바다 괴물로부터 구출하고, 나중에는 그녀와 결혼한다). 동일한 주제를 다양하게 말하는 민간설화에서, 영웅은 키스로써 죽음의 잠을 자는 처녀를 깨운다(잠자는 공주). 곤경에 처한 처녀는 남자의 아니마이다. 그것은 무시당하거나 억압을 당해 왔기 때문에 —은유적으로 말하자면— '죽은' 것이거나 '곧 죽게 될' 위험 속에 있다. 생명을 구출하거나 그녀에게 입맞추는 것은 자신의 여성성을 어두운 감방으로부터 건져 올리고, 그것을 자신의 삶과 행복에 있어서 필수 불가결한 요소로 기꺼이 맞이하는 것을, 그리고 참으로 그것에 복종하는 것을 의미한다.

왕자가 잠자는 공주를 깨우는 데 성공하면, 수 백년 동안 잠을 자고 있던 궁궐에 있는 다른 모든 사람들이 잠에서 깨어난다. 이것은 남자의 아니마를 '깨우는' 것이 그의 정신의 '잠자는'(억압되고, 무시된) 모든 측면들을 깨우기 위한 첫 단계라는 사실에 대한 상징으로 볼 수 있다.

또 하나의 아니마 형상은 매력적인 처녀이다. 온디네(Ondine)가 바로 그런 사람이다. 온디네는 영혼이 없다. 그녀는 한 남자가 포옹해 줄 경우에만, 영혼을 얻을 수 있다. 항해자들을 물속에 있는 자기 침대로 유혹하는 인어들에 대한 이야기들이 많이 있다. 여기에서 우리는 다음의 두 메시지를 얻게 된다: 남자여, 그대의 아니마에 생기를 주라; 그렇지만 그대의 무의식 심층에 빠지지 않도록 조심하라. 거기에 있는 보물을 찾아라. 그런 다음엔 그것을 다시 표면화 시키라. 다른 말로 하면, 의식의 통제를 유지하라.

민간설화의 아니무스 형상은 난쟁이이다. 난쟁이와 기타의 '작은 사람들'은 광산의 지하에서 일한다. 그들은 광산으로부터 금과 기타의 귀중한 물질들을 캐낸다. 이것은 (백설공주가 일곱 난쟁이들을 돌보았던 것처럼) 한 여인이 아니무스를 보살피고 양육하는 경우에, 그 아니무스가 어떻게 그녀의 무의식으로부터 귀중한 것들을 많이 가져다 줄 것인지를 보여준다. 그 귀중한 것들은 그녀가 일상생활을 영위하는 데, 그리고 자기실현을 추구하는 데 도움을 줄 것이다.

덧붙여 말하자면, 결혼이나 성교(또는, 비교적 현대적이고 불온한 부분이 삭제된 민간 전승에서는 입맞춤이나 포옹)는 의식적인 자아와 무의식적인 영혼 심상의 합일과 혼합을 상징한다. 그것은 또한 개성화의 마지막 단계인 의식과 무의식의 완전한 합일을 상징한다. (세 번째 가능성은 아니마나 아니무스가 그림자와 구별되지 않는 곳, 즉 '구출되지' 않은 곳에서, 영혼 심상과 그림자는 신부와 신랑에 의해서 상징될 수 있다.)

### 제 3단계 : 마성인격(魔性人格; Mana Personality)

제 3단계는 남자가 지혜노인을 만나고 여자가 대모(大母)를 만나는 단계이다. 이러한 원형 심상들은 능력과 지혜의 상징들이다. 융은 그러한 원형들에 사로잡혀 있는 사람들을 '마성인격'이라고 불렀다. 그 이유는 원시 사회에서는 누구나 비범한 능력이나 지혜를 가진 사람들은 마성(mana; 멜라네시아 말로 '거룩함'이나 '신성' 神性을 의미함)으로 충만하다고 믿었기 때문이었다.

융은 우리에게 이러한 마성에 사로잡히는 것은 위험하다고 경고한다. 그것은 흔히 과대망상증으로 끝난다. 예를 들면, 자신의 의식세계가 대모에 의해서 침입되고 정복되는 것을 허용하는 여인은 자신이 온 세상을 보호하고 양육할 수 있을 뿐 아니라 그렇게 해야할 운명이라고 믿기 시작할 것이다. 유사하게, 지혜노인이 자신을 대신하는 것을 허용하는 남자는 자기가, 영웅적인 능력이나 사물의 의미를 간파하는 우월한 통찰력으로 충만한, 어떤 종류의 초인이거나 위대한 교사라고 확신하게 될 것이다.

이러한 마성인격은 정신의 깊은 부분들에 자리하고 있는 능력과 지혜의 상징이다. 그러나 우리의 무의식에 있는 다른 것들과 마찬가지로, 그러한 것은 투사될 수 있다. 예를 들면, 우리는 능력과 지혜가 들어 있는 내부의 창고와 접촉하는 대신에, 그것을 내 것이 아니라고 말하고, 그것을 누군가 다른 사람, 즉 국가의 지도자나 현대신화에 나오는 초인적인 인물의 소유로 여길 수 있다.

그러나 마성인격을 올바르게 다루는 방법은 그것을 투사하거나 계속해서 억압하는 것이 아니라, 그것을 당신의 의식 속에 통합시키는 것이다. 이것은 당신의 삶을 지성으로는 접근할 수 없고, 다만 무의식으로부터 나오는 지혜로 풍요롭게 하는 것을 의미한다. 그것은 또한 의식과 무의식을 더 이상 대극들로 보지 않고, 정신의 협력적이고 보완적인 두 부분들로 보는 것을 의미한다.

융은 이 제 3단계에서 어머니로부터 두 번째로 해방된다고 말한다 (어머니로부터의 첫 번째 해방은 제 2단계로서, 아니마와 아니무스가 의식적인 삶에 통합되는 때를 말한다). 이 두 번째, 그리고 보다 완전한 해방은 자신의 진정한 개체성에 대한 순수인식에 도달하는 것을 의미한다.

지혜노인의 공통적인 상징들로는 왕, 마법사, 예언자, 도사, 그리고 안내자가 있다. 대모의 공통된 상징들로는 여신이나 다산성(즉, 큰 유방, 많은 유방들, 넓은 궁둥이, 또는 탁월한 질을 가진 나체의 여성상 女性像)과 관련된 여성의 형상, 여사제, 그리고 여예언자가 있다. 여기에서 '예언자'와 '여예언자'란 말은 신이나 여신이 누군가를 통하여 말한다는 의미에서 사용된 것이다.

## 제 4단계 : 자기(自己)

제 4단계는 개성화 과정의 마지막 단계이다. 융은 대부분의 사람들이 이 단계에 도달하지 못한다고 말한다.

융은 때때로 이것을 '자기실현'의 단계라고 부른다; 때때로 그는 이 용어를 개성화의 전 과정을 포괄하는 용어로 사용한다. 그 의미를 분명히 하기 위하여, 우리는 이 마지막 단계를 '완전한 자기실현'의 단계로 불러도 좋을 것이다; 그리고 그 완전한 자기실현이란 말은, 그것이 마지막 단계라 할지라도 하나의 단계라는 사실을 기억하는 한, 그리고 이 단계 안에 여전히 성장과 발달의 여지가 있다는 사실을 기억하는 한, 잘못된 것은 하나도 없을 것이다.

제 4단계는 융이 '자기'(自己)라고 부르는 것을 만나는 데 자리한다. 이 자기는 자아(Ego)와 구별되어야 한다. 자아는 의식세계이다. 자기는 전체적이고 완전히 통합된 정신이다. 이 통합된 정신에서는 상반적이고 갈등적인 요소들이 결합되고 조정된다. 융이 의식과 무의식 사이의 관계에 대하여 말하는 것을 명심하라: 무의식에는 성격의 의식적인 차원에 분명하게 나타나는 것들과는 상반된 특징들과 역량들이 들어 있다(즉, 만약 당신이 외향적인 유형에 속한다면, 당신의 무의식은 내향적일 것이다). 개성화의 이 마지막 단계에서 의식과 무의식은 완전히 통합되어 하나의 조화로운 전체를 형성한다. 이 조화로운 전체는 이전에는 상반적이었고, 그러므로 —적어도, 잠재적으로는— 상충적이었던 것들이 변화되어 형성되었다.

(완전한) 자기실현의 경우에, 사람의 의식은 더 이상 사고(사태를 머리로 풀어내는 추리)와 공상(이렇게 저렇게 생각하는 것)으로 이루어지지 않을 것이다: 완전한 자기실현에는 전에는 무의식만의 소유였던 실재에 대한 직접적인 지식이 들어 있을 것이다. 다른 말로 하면, 사람의 전체적인 정신은 이제 의식적이고, 느끼고, 경험하고 있는 것이다.

당신이 이것을 표현하는 다른 하나의 방법은 당신의 몸을 충분히 의식하고, 당신의 몸은 충분히 의식적이라고 말하는 것이다. 그 결과 당신의 인생관, 즉 가치들과 목적들에 철저한 변화가 온다. 당신은 자신의 몸을 아주 편안하게 느낄 것이며, 기쁨과 사랑스러움을 느낄 것이다. 당신은 이제 더 큰 자기를 중심으로 살아가게 되며, 더 이상 이기적이지 않다. 특별히 당신은 순전한 의식에서, 그리고 올바른 존재에서 더할 나위 없는 기쁨을 발견하게 되어, 성취하는 것에 대해 염려하지 않게 될 것이다. 이제 당신은 원하는 것을 모두 가지고 있다.

융은 이러한 자기실현의 상태를 다음과 같이 설명한다:

> 이 넓혀진 의식은 더 이상 무의식의 반대 경향들에 의해서 보상되고 교정되는 개인의 욕망, 두려움, 희망, 그리고 야심으로 어우러진, 이기적인 덩어리가 아니다. … 대신에, 그것은 대상세계와 가지는 하나의 관계이다. 그런데 이 대상세계는 개인을 거대한 세계와의 절대적이고 결속적이며 분리될 수 없는 친교 속으로 데려간다.

융이 설명하는 것처럼, 이 개성화의 마지막 단계는 신비가들이 오랜 명상을 통하여 도달한 의식상태와 유사하다. (명상이 자신의 전체적인 정신에 대한 탐구가 아니라면, 도대체 무엇이란 말인가?) 융의 '자기'(自己)는 개인의 한계를 초월한 실재이다. 그것이 비록 당신 성격의 궁극적 실재라고 하더라도, 그것은 단지 그것만이 아니라 그보다 더 큰 것이다. 그것은 만물과 만인의 궁극적 실재이다. 그것은 사람들이 하나님(God)으로 부르는 것이거나 동양의 신비명상 전통에서의 범신(凡神)이다. 이 범신은 실재의 기초를 형성하는데, 존재하는 모든 것들은 바로 그 실재의 현시(顯示)들이거나 (부분적인) 화신(化身)들이다.

그러나 자기실현이 어떤 더 큰 실재에 빠져 버리거나 그것에 의해 삼켜지는 것을 의미한다고 생각하지는 말라(여기의 더 큰 실재는 인도 사상에서 한방울의 물이 대양과 합쳐지는 이미지에 의해 암시될 수 있다). 또한 자기실현은 무의식에 압도당하는 것(정신병의 상태,

'사로잡힘'의 상태)을 의미하지 않는다. 도리어 그것은 당신이 지금 충분히 의식적인 상태에 있으며, 다만 당신 '자신의' 의식이 만물 어디에나 존재하는 의식(때때로 신비명상 전통에서 '우주 의식'으로 언급되는 것)임을 깨닫는 것을 의미한다.

자기는 정신에 대한 당신의 경험에 있어서 궁극적인 것이다. 자기를 경험한다는 것은 당신 자신, 당신의 삶, 숙명, 의미, 그리고 삶에 대한 일반적인 의미에 대하여 알아야 할 모든 것을 아는 것을 의미한다.

나는 지금까지 자기실현의 이 마지막 단계에서 정반대의 것들이 어떻게 결합되고, 그럼으로써 그것들이 어떻게 변형되는가에 대하여 말했다. 이 사실에서 특별히 흥미 있는 한 가지 측면은, 우리가 선하다고 하는 것과 악하다고 하는 것으로 이루어진 한 쌍의 대극들과 관계된다. 무의식의 내용이 처음에는 악한 것—어둡고 위협적인 것—으로 보일 수 있다. 그러나 이 무의식의 동일한 부분들은 우리의 성격을 풍요롭게 하고 확장시킬 수 있다. 이것이 바로 그것들이 목적하는 바가 아닌가! 무의식은 개인으로 하여금 충만한 삶을 살게 할 수 있는 가능성들을 보유하고 있다. 무의식의 내용이 선한 것이 될 것인지 아니면 악한 것이 될 것인지는 그것들이 통합되고, 진지하게 고려되고, 존중되고, 그리고 의식생활에서 적절한 표현이 허용되는가에 달려 있다.

개성화의 제 4단계는 의식과 무의식의 완전한 통합과 상호 침투가 일어나는 단계이다. 그러므로 이 단계는 전에는 악했던(악하게 보였던) 모든 것이 이제는 선하게 되는 단계, 또는 선한 것으로 인정되는 단계이다. 만약 비유적이고 극적인 언어를 사용한다면, '자기실현의 이 마지막 단계에서는 마귀가 하나님이 된다'고 말할 수 있다. 그 대신에, 전에는 깨닫지 못했을지라도, 이제 마귀는 줄곧 하나님이었던 분으로 보일 것이다. 동일한 사실을 표현하는 또 하나의 방법은 '마귀는 더 이상 존재하지 않는데, 그 이유는 정신에는 더 이상 악한 것이 존재하지 않고, 그럼으로써 그 악을 어떤 외부적인 존재에 투사할 필요가 없기 때문이다'라고 말하는 것이다.

개성화 과정의 이 제 4단계의 상징들을 살펴보면, 그러한 상징들 대부분에 대해서 다양한 해석이 가능하다는 사실을 알게 된다: 그러한 상징들은 자기실현의 마지막 단계나 제 1단계로부터 제 4단계에 이르는 개성화 전 과정의 상징들이거나, 네 단계들 가운데 한 단계의 상징일 수 있다. 이것은 처음에 나타났던 것처럼 그렇게 당황하게 하는 것이 아니다. 무의식에 대한 부분적인 탐구는 이미 하나의 (부분적인) 자기실현이고; 우리가 보았던 것처럼, 융 자신은 개성화의 마지막 단계에 대해서뿐 아니라 네 단계 전 과정에 대하여 '자기실현'이라는 이름을 붙인다.

융은 개성화 과정을 균형 있게 네 부분으로 나누었는데, 그것은 너무도 경직되고 교리적이라고 비판받고 있다. 잘 알려진 대로 '4'라는 수(와 그것의 배수)는 완전함, 즉 온전성을 의미하는 상징수이다. 융은 그것 때문에 개성화 과정을 4개의 단계로 나누는 것일까? 그는 확실히 네 가지로 나누는 것을 좋아했다. 그는 인간 정신이 담당하는 가장 중요한 기능을 다음 네가지로 보았다 : 사고, 직관, 감정, 감각. 그는 방해받지 않은 모든 꿈은 장면 설정, 문제 진술, 절정을 향한 이동, 문제 해결의 네가지 부분으로 되어 있다고 주장했다.

네 개의 단계들에 대한 융의 생각을 맹목적으로 수용하는 것은 바람직하지 않다. 어떤 사람들에게 있어서 제 1단계와 제 2단계는 서로 겹칠 것이다: 그들이 처음으로 자신의 그림자를 자각하는 것은 자신의 영혼 심상에 대한 느낌을 수반할 수 있다. 유사하게, 어떤 사람들은 제 3단계와 제 4단계가 어느 정도 서로 겹치는 것을 발견하게 될 것이다: 그들의 무의식 속에 있는 심원한 지혜 및 능력과의 만남은, 그들 정신의 궁극적인 기초는 하나님이라는 자각인 동시에, 그들의 정신은 우주적인 차원—단지 개인적인 차원이 아닌—을 가진다는 자각이 될 것이다. 그리고 심지어 제 4단계는 제 1단계의 완성일 뿐이다: 개성화의 전 과정은 자신의 그림자에 대한 연속적인 탐구라고 말할 수 있다. 그리고 그림자는 융이 제 4단계라고 말하는 것에 이르기까지 완전히 사라지지—완전히 통합되지— 않는다.

제 4단계의 상징들은 흔히 신화와 종교의식으로부터 기원한다. 어떤 상징들은 개인의 영혼과 하나님의 궁극적인 합일을 표현한다: 예를 들면, 어린이의 모습으로 나타나는 당신의 영혼이나 정신에서의 신성(神性)의 '태동'; 당신의 자기의 심층에 자리하는—왕좌에 앉아 있는— 거룩함; 신혼부부나 성행위를 하는 부부; 또는 남성과 여성 모두의 신체적 특징들을 가진 한 형상. 그러나 마지막의 두 상징들은 영혼 심상의 통합(정신의 남성적인 측면과 여성적 측면의 '결합')이나 정신의 의식적인 부분과 무의식적인 부분의 일반적인 상호 침투를 나타낼 수 있다.

　이러한 심상들이 꿈에 나타날 때, 그 심상들이 개성화의 어느 단계를 상징하는지는 당신 스스로 판단해야 할 것이다. 이것은 자기실현을 향한 진보가 어느 상태에 있는가 하는 문제만이 아니다. 상징이 말하는 것은 당신이 지금 어디에 있느냐가 아니라 당신이 지금 어디를 가야 하는지에 관한 것이다.

　'죽음과 부활'의 상징—홍수, 또는 물에 잠김, 고래가 삼켰다가 나중에 토해 냄, 태양이 바다 속에 잠기고 새벽에 다시 떠오름, 또는 시체를 일어나게 하는 생명의 키스 등—은 의식적 자아가 무의식 속으로 내려갔다가 새롭고 변형된 존재로 다시 떠올라 오는 것을 나타내는 것으로 이해될 수 있다. 그리고 꿈에 드러난 그러한 상징이, 당신이 자기실현 과정의 끝 가까이에 있는 것을 말해 주는지, 아니면 자기실현 과정을 이제 막 시작했거나 또는 시작하라는 권면을 하고 있는 것을 말해 주는지는 당신이 판단해야 할 일이다.

　자기실현은 못생긴 오리 새끼가 아름다운 백조로 변형되고, 개구리가 멋있는 왕자로 바뀌는 것과 같은 변형 과정들에 의해서 상징될 수 있다.

　만다라(Mandala; 역주. 신상이나 신의 속성이 그려져 있는 기하학적 도형)는 자기를 나타낸다. 만다라는 정사각형이나 원으로서 대개 분명한 중심점이 있고, 때때로 여러 조각들로 나누어지는데, 명상에 사용되는 힌두교와 불교의 만다라들(만다라들이 얀트라 yantra로 알려진 명상과 관련하여)처럼 고차원의 양식을 가지고 있을 수 있다. 예를 들면, 쉬리 얀트라(Shri yantra; '최고의 얀트라'를 의미함)에는 성전 설계도가 들어 있다. 그 설계도에는 4개의 벽과 4개의 현관 외에도, 꼭지점이 위를 향하는 삼각형과 아래로 향하는 삼각형이 있다. 이 삼각형들은 각각 정신의 요소들인 남성다움과 여성다움—또는 의식과 무의식—을 나타내거나 모든 실재에 결합 또는 혼합되어 있다고 믿어지는 정반대의 것들을 나타낸다. 어떤 교회나 사찰 혹은 어떤 방은, 그것이 정사각형이나 원으로 되어 있는 한, 만다라의 형상일 수 있다. 특별히, 정원도 정사각형이나 둥근 모양으로 되어 있으며 중심점—예를 들면, 샘 또는 새를 위한 물 쟁반이나 수영장 같은 것—이 있다면, 만다라의 형상일 수 있다.

4라는 수 자체가 일종의 만다라이며, 그러므로 그것은 자기의 상징이다. 왜냐하면 그것은 정사각형의 4면을 나타내거나, 나침반에서 주요한 지리적 4방향을 나타내기 때문이다. 그 나침반은 전체적인 실재, 온전성, 완전을 나타낸다.

어떤 만다라에서든 대칭적 균형은 대단히 중요하다. 그것은 자기실현에 도달한 사람의 질서와 조화를 상징한다.

## 융의 통찰들을 활용하는 것에 대하여

자기실현에 대한 이 모든 이야기는 너무도 거리가 먼 것이어서 당신의 관심을 끌지 못하는 것처럼 보일 수 있다. 만약 그렇다면, 부디 명심해야 할 것이 있는데, 그것은 모든 꿈은 당신의 현재 상황에 대하여 무엇인가를 말해 주는 것으로 이해되어야 한다는 것이다. 자기실현의 상징들은 당신에게 미래에만 완전히 도달될 수 있는 목표를 가리키고 있을 수 있다. 그럼에도 불구하고, 그러한 상징들은 지금 당신의 상황에 대하여 무의식이 반응하는 것이다. 그러한 상징들은 당신이 해야 할(하기 시작해야 할) 필요가 있는 것에 대하여 말하는 것이다. 만다라 꿈의 메시지에 있어서 거리가 먼 것은 아무것도 없다.

　동일한 것이 과거로부터 유래된 꿈들에게도 해당된다: 그러한 꿈들의 주안점과 목적은 당신의 현재 문제를 풀어 줄 무엇인가를 말하는 것이다. 미국의 꿈 해석가인 에드거 케이스(Edgar Cayce)는 심지어 어떤 꿈들은 전생(前生)에서 온다고 믿었다; 그러나 그는 주장하기를, 그러한 꿈들의 메시지는 항상 그 꿈을 꾸는 사람의 현재 환경과 관련되어 있다고 한다.

　대체로 말하면, 혹자는 이 세상에는 두 종류의 사람들이 존재한다고 말한다. 첫째로는, '자수성가(自手成家)' 유형의 사람들이다. 그들의 불타는 단 하나의 야심은 세상에서의 성공을 향해 있다. 둘째로는, 자신이 세상에서 성공을 성취하는 것이 아니라, 다만 자신을 발견하고자 하는 사람들이 있다. 꿈 해석은 첫째 유형의 사람보다는 둘째 유형의 사람에게 더욱 호감을 줄 것이다. 그러나 모든 사람이 자신의 꿈에 유의함으로써 얻어지는 일종의 자기인식을 필요로 하기 때문에, 꿈 해석은 모든 사람에게 중요하다. 모든 사람에게는 자신의 내면을 기꺼이 들여다 볼 경우에만 해결될 수 있는 문제들이 있기 때문이다.

　첫 번째 범주에 든 사람들, 즉 스스로의 힘으로 이룬 것에 의하여 생각하고 기능하는 사람들은 두 개의 하위 범주로 나누어진다.

　㈎ '자수성가'한 사람들. 이들은 성공적으로 살아 온 사람들이다

　㈏ '실패'한 사람들. 이들은 세상적인 눈으로 보거나 그들 자신의 눈으로 볼 때, 성공적으로 살아오지 못한 사람들이다.

　하위 범주 ㈏에 속한 사람들의 마음은 보통 분노와 격렬한 불만으로 채워지거나, 계속해서 일종의 희망—아마 내주에는 도박에서 따겠지, 아니면 무엇인가 좋은 일이 갑자기 생기겠지—을 걸고 있을 것이다.

　하위 범주 ㈎에 속한 사람들, '자수성가'한 남자들과 여자들은 마침내 물질의 소유, 경제적 안정, 또는 부(富)에 대한 자랑으로는 충족되지 않는 심원한 갈망을 발견할 수 있다. 이러한 것들은 그들에게 당분간 즐거움과 행복을 주지만, 소유와 관계없고 주식 시세나 은행 잔고에 영향을 받지 않는 내적인 행복과 기쁨을 주지는 못한다.

두 번째 범주에 든 사람들은 성공하기보다는 자신을 발견하는 데 더욱 관심을 갖는 사람들이다. 이들은 융이 개성화 과정이라고 부르는 것을 시작할 준비가 된 사람들이다. 개성화 과정은 자기 자신 속으로의 여행을 말하는데, 이 여행은 그들을 풍성한 지혜와 기쁨으로 인도하고, 마침내는 어떤 사람들이 하나님이라고 부르는 그들 자신의 핵심, 즉 생명이나 자연, 또는 초월자와의 합일의 실현으로 인도하는 여행이다.

(당신이 이 궁극적인 것을 무엇이라고 부르느냐—그것에 대한 이름을 어떻게 부르느냐—하는 것은 중요하지 않다. 사실, 이름이 이런 것보다는 차라리 저런 것이 낫다고 고집 하는 것은 순전한 교조주의이다. 이것은 종종 제도화된 많은 종교들에게 해독을 끼쳤던 교리주의와 동일한 것이다. 흥미롭게도, 융은 제도화된 모든 형태의 종교를 거부했다. 그는 그 이유에 대하여 이렇게 말했다: "그러한 종교들은 신화의 상징적인 시를 지적 교리로 만들고 그것을 경화(硬化)시킨다. 그렇게 함으로써 그 지적 교리가 종교의 출발점이자 존재이유였던 실재에 대한 실제 경험을 대신하는 결과를 가져왔다." 다른 말로 하면, 융은 종교들이 사람들로 하여금 참 종교를 경험하지 못하도록 감추어 버렸기 때문에 종교들을 반대했다. 그 경험된 실재는 대단히 중요하다. 그리고 그 실재를 경험한 사람은 말하기를, 그것은 형식이나 형태를 가지고 있지 않다고 한다. 이것은 그 실재는 어떤 오감(五感)에 의해서도 감지될 수 없다는 사실을 의미한다. 그 실재는 감각 인식과 관련된 뇌의 어떤 간섭도 없이, 단지 느껴지고, 직접 경험될 수 있을 뿐이다. 이러한 경험에서는 아는 자와 알려진 것 사이의 구별은 사라진다: 당신이 그 실재이고, 그 실재가 곧 당신이다. 간단히 말해서, 이것은 하나의 신비 경험이다.)

그렇다면 분명히, 두 번째 범주에 든 사람들은 꿈 해석에 대한 융의 접근방법에 더욱 매료될 것이다. 그러나 첫 번째 범주에 든 사람들도 마침내 자신의 내적 세계를 철저하게 탐구할 준비가 되어 있다고 느낄 때가 올 것이다. 융의 접근방법은 실재의 가장 심원한 곳—또는 그 중심—을 살펴보고 있는 사람들뿐 아니라, 자기 자신에 대하여 더 많이 알아야 한다고 생각하는 사람들을 위한 방법이다.

## 게슈탈트 심리학(Gestalt Psychology)의 꿈 이해

당신이 꿈을 해석할 때나 본 사전을 사용할 때 너무 지적으로만 접근하는 것은 잘못이다. 당신이 본 사전을 머리만 가지고 한 단어의 의미를 취하는, 옥스포드 영어사전을 사용하는 방식으로 사용해서는 안된다. 각각의 꿈 심상과 동일시하는 것과 관련하여 앞서 말했던 것을 명심하기 바란다. 그것은 느낌과 자각의 문제이지 사고의 문제가 아니다. 융이 '적극적 상상'이라고 부르는 것은 각각의 꿈 상징을 마음속으로 경험하는 과정이다.

꿈 해석의 이러한 측면은 특히 프릿츠 펄스(Fritz Perls)가 창안한 게슈탈트 심리학에서 강조된다. 그는 —융과 마찬가지로— 당신의 꿈은 오로지 당신 한 사람에게만 해당되는 것이라고 주장한다. 그 결과로서, 펄스는 '당신은 꿈의 모든 부분을 자신의 일부, 즉 성격의 어떤 측면으로 보아야 한다'고 말한다. 다른 말로 하면, 꿈의 어떤 부분도 투사되어서는 안된다: 꿈의 모든 부분은 당신의 일부이므로 당신은 그것이 다른 누군가를 나타내는 것처럼 가장하려고 해서는 안된다.

예를 들면, 어떤 꿈에 아이들과 어른들, 반대의 성을 가진 사람, 지혜롭고 거룩한 사람, 그리고 사나운 늑대가 들어 있다면, 당신은 먼저 어른들과 동일시한 다음, 그 꿈에 들어 있는 다른 인물들이 당신에게 말하고 있는 것이 무엇인지를 물어 보려고 할 것이다. 그렇게 함으로써 당신은 이 다른 인물들을 당신 자신밖에 있는 것들로 보려고 할 것이다. 펄스는 그러한 유혹을 물리쳐야 한다고 말한다. 확실히, 꿈에 들어 있는 모든 인물들, 또한 대상들과 장소들은 당신에게 무엇인가를 말한다: 그러나 모든 경우에 있어서 '이야기'를 하는 것은 당신의 일부분이다.

예를 들면, 늑대는 아마 당신에게 말하는 당신의 동물성, 즉 의식적 자아에게 말하는 무의식 세계의 일부분일 것이다. 유사하게도, 지혜롭고 거룩한 사람은 당신 밖에 있는 어떤 사람(의 상징)이 아니다. 그가 비록 당신이 실제로 알고 지내는 누군가의 심상일지라도, 꿈에 들어 있는 그 심상의 출현은 당신 안에 있는 어떤 것의 상징—당신의 무의식 심층에 들어 있는 직관적이거나 본능적인 지혜—으로 보아야 한다.

꿈에 등장한 아이들은 아마 아직도 남아 있는 당신의 어린애 같은 행동이나 삶에 대한 순진한 사랑을 나타낼 것이다(당신이 상실했던 그 삶에 대한 사랑이 이제는 의식적인 삶에서 한 역할을 가질 것을 요구한다). 동일한 것이 그 꿈에 들어 있는 반대의 성을 가진 사람에게도 해당된다. 비록 그가 당신이 알고 있는 누군가의 특징들을 가지고 있을지라도, 그 꿈에서 그가 담당하는 기능은 상징적 기능이다. 즉 당신의 의식적 자아에게 당신의 영혼 심상 또는 당신의 그림자를 나타내거나 지혜노인이나 대모(大母)를 나타내는 것이다. 이 모든 것들은 당신 자기의 부분들, 즉 꿈이 당신의 의식적인 일상생활에서 활성화시키고 사용하라고 말하고 있는 부분들이다.

꿈 해석에 대한 이러한 접근방법의 뿌리는 프로이트의 방법에 두고 있는 것으로 볼 수 있다. 인간 정신에 대한 프로이트의 이론은 극적인 이론이다: 원본능, 자아, 그리고 초자아는 연극의 등장인물들처럼 상호작용하는 것으로 생각된다. 꿈 해석에 대한 게슈탈트 접근방법은 단순히 당신에게 이러한 인물들 각각의 역할을 차례로 떠맡을 것을 권하는 것이다. 그렇게 함으로써 당신은 (그것은 당신으로 하여금 불결함, 부끄러움 등의 느낌을 갖게 하기 때문) 자신의 어떤 부분에 대하여 내 것이 아니라고 말하는 대신에, 그것과 동일시하고, 실제로 그것이 되어 그것을 —역할극으로— 표현함으로써 그것이 당신에게 말하는 것에 유의하게 된다.

꿈 해석에 대한 게슈탈트 접근방법은 전형적으로 집단적인 접근방법이다: 그들의 '만남'(encounter) 그룹은 잘 알려져 있다. 그 방법의 기본 개념은 당신의 꿈에 들어 있는 각각의 요소를 차례로 취하여 그것을 그룹의 다른 사람들 앞에서 실연하는 것이다. 그렇게 함으로써 그들은 당신이 동일시하려고 애쓰고 있는 '인물'이 되도록 당신을 격려해 줄 것이고, 그리하여 당신이 특정의 꿈 소재에 의해서 표현된 자신의 숨겨진 부분을 찾아낼 수 있도록 저항감을 극복하는 데 도움을 줄 것이다. 또한 그 집단의 격려와 질문은 당신이 그 숨겨진 부분을 억압했던 이유를 이해하는 데 도움을 줄 것이다. 프로이트가 지적했듯이, 당신의 꿈에 들어 있는 무엇과 동일시하는 것에 저항감을 표현하면 할수록, 당신은 자신의 일부분을 버리고 있다는 사실을 확인할 수 있으며, 그 일부분은 당신이 지금까지 내 것이 아니라고 말했던 것이다. 그러므로 당신은 잃었던 부분을 되찾아서 자신의 삶에 원상복귀시켜야 하는 것이다.

펄스가 체계화한 다른 하나의 기술―융이 말하는 '적극적 상상'의 확장―은 한 꿈에 들어 있는 두 요소들(사람들, 동물들, 대상들, 또는 심지어는 색깔들이나 냄새들) 사이의 대화를 시작하게 하는 기술이다. 이를 행하는 가장 효과적인 방법은 의자 두 개를 서로 마주보도록 놓고, 당신의 꿈에 들어 있는 한 요소(예를 들면, 소녀)의 역할을 맡는 동안 한 의자에 앉아 있다가, 당신이 다른 요소(말하자면, 소년이나 뱀)로서의 역할을 담당할 때는 다른 의자에 앉는 방법이다. 이 의자에서 저 의자로 이동하는 것은 한 인물에서 다른 인물로의 완전한 변화를 확인하는 데 도움이 된다. 뱀의 역할을 하면서, 당신은 자신이 그 소녀가 생각하는 것처럼 무섭고 악한 존재가 아니고, 다만 그녀의 삶을 풍성하게 할 수 있는, 완전히 선천적인 하나의 능력임을 그녀에게 확신시키려고 애쓰는 자신을 발견할 수 있을 것이다. 소녀의 역할을 하면서, 당신은 뱀에 대한 공포의 느낌을 표현하고, 그 이유를 말하는 자신을 발견할 수 있을 것이다. 그리하여 결국 이 뱀은 당신으로 하여금 성적인 불안을 발견하게 해 줄 수 있을 것이다.

꿈에 들어 있는 두 소재들 사이의 대화들은 종종 펄스가 말하는,

'누르는 자'와 '눌리는 자' 사이의 대화가 될 것이다. 그것이 의미하는 것은, 당신의 꿈에 들어 있는 요소들 가운데 하나는 당신의 성격 가운데 억압되었거나, 무시되었거나, 과소평가됨으로써 완전히 활용되지 않았던 부분을 나타내 줄 것이고, 다른 요소는 당신의 일부인데, 그것은 당신의 다른 부분이 지금까지 두려워했거나 소스라치게 놀람으로써 넌더리가 났던, 그리하여 지금까지 억압하고 내 것이 아니라고 말했던 자신의 일부—의식적인 자아나 초자아(양심)—일 것이라는 사실이다. 이런 종류의 대화에서 '눌리는 자'는 자신의 견해를 표현하고, 당신이 영위하는 의식적 생활에서 자신이 차지할 정당한 지위를 주장할 것이다; 결국 그 대화는 전에는 갈등관계에 있던 당신 성격의 두 부분이 서로 협조적인 합의에 이르는 것으로 끝맺어야 한다.

정신적인 문제를 해결하는 방법은 그 문제를 일으키는 것을 제거하는 것(이것은, 마치 두통을 제거하기 위하여 머리를 베어 내는 것과 같을 것이다)이 아니라, 그 문제를 일으키고 있는 부분의 권리를 인정하는 것이다: 그 부분은 문제의 야기자이기를 그만두고 당신의 행복과 전반적인 실현에 대한 창조적인 기여자—이것은 항상 잠재적으로 존재했던 것임—가 될 것이다.

특히 주목해야 할 사실은, 펄스는 무의식에 대하여 말하기를 꺼렸다는 것이다. 그 대신에 그는 성격 가운데 감추어졌던, 즉 의식세계로부터 숨겨졌던 부분들에 대하여 말했다. 그리고 그는 꿈의 주된 목적을 '통합'으로 보았는데, 이 '통합'은 융이 사용했던 용어로서, 성격 가운데 지금까지 거부되었거나 무시되었던 부분들을 원상회복시킴으로써 개인의 온전성에 도달하는 것을 의미한다.

당신이 꿈 이야기를 할 때면 언제나 현재 시제를 사용해야 한다고 주장했던 사람은 펄스였다: '나는 동굴 입구에 있습니다. 그 동굴의 심층으로부터 빛이 비쳐 오고 있습니다. 나는 무섭지만 아주 조심스럽게 한 걸음 한 걸음 그 동굴 안으로 들어갑니다…' 이런 식으로 당신은 실제로 그 꿈을 재생하고 있다. 이것은 꿈을 단순히 과거 사건이나 당신 밖에 있는 것으로 보는 것이 아니다. 펄스는 모든 꿈은 당신의 현재 상황, 현재 생활, 마음의 현재 상태에 들어 있는 것을 언급하고 표현한다고 믿었다. 현재 불안의 원인들은 먼 과거—어쩌면, 유아기—에 있을 수 있지만, 당신이 해야 할 일은 그 불안을 지금 여기에서 다루는 것이다. 프로이트가 생각했던 것처럼, 당신은 그 불안의 출발점을 밝힐 필요가 없다; 당신은 현재의 자신을 예리하게 살펴봄으로써 그 불안에 대하여 알아야 하는 모든 것을 발견할 수 있다.

꿈 해석에 대한 다른 어떤 접근방법과 마찬가지로, 게슈탈트 방법에서도 당신이 유용하다고 생각하는 것 전부를 받아들이기를 바란다. 꿈에 들어 있는 것들 전부가 당신의 일부분이라고 생각할 필요는 없다. 당신의 꿈들 가운데 대부분은 당신이 살아가면서 알게 된 실제의 사람들, 그리고 그들과 가지는 관계에 대한 꿈일 것이다. 그러나 많은 꿈들—우리가 상상하는 것보다 더 많은 꿈들—은 순전히 내향적인, 내적인 것과 관련을 가진다. 이러한 꿈들에서 외부적인 대상이나 사람으로 직접적으로 표현되는 것은, 사실 당신의 정신의 어떤 부분, 즉 두려움이나 욕망, 본능적인 충동, 또는 좌절되거나 무시된 능력을 나타내는 것이다.

되풀이하여 꾸는 꿈들은 거의 언제나 다소 오래 계속되는 내적인 어떤 갈등과 불안을 표현하는 것으로 취급되어야 한다는 사실을 주목하라.

다시 한 번 말하건대, 꿈 해석은 집단적으로 행해져야 한다고 생각하지는 말라. 만약 가까운 곳에 집단이 있다면, 반드시 그러한 집단의 도움을 이용하라. 그러나 펄스가 개발한 기술들은 개인적인 용도를 위해 쉽게 개작될 수 있다. 다른 사람들이 당신 앞에서 당신의 꿈 이야기를 실연한다면, 그 꿈에 들어 있는 소재들은 분명히 당신의 마음속에서 무엇이 일어나고 있는지를 이해하는 데 많은 도움이 될 수 있다. 그리고 꿈에 들어 있는 다양한 '인물들'이 앉을 의자를 바꾸는 것과 같은 물리적인 책략을 사용함으로써, 당신은 게슈탈트 방법을 당신 자신의 꿈에 아주 효과적으로 적용할 수 있다.

## 결론

  이런 저런 꿈 이론가(프로이트, 융, 또는 다른 이론가)만이 진실을, 그리고 모든 진실을 가지고 있다고 생각하는 교조주의에 빠지지 말기를 바란다. 당신에게 의미 있는 것은 —어떤 사람으로부터이든— 무엇이나 취하라. 만약 하나의 방법이 당신에게 큰 효력을 발휘하지 못한다면, 다른 방법으로 바꾸라. 본 사전을 조심스럽게—이해력 있게, 그리고 정직하게— 사용하라. 그리하면 당신의 꿈이 나머지를 수행할 것이다. 본 사전은 당신의 꿈에 대한 해석의 가능성을 말해 줄 것이다; 당신의 꿈은 당신이 어떤 해석을 해야 하는지를 말해 줄 것이다—만약 당신의 첫 번째 해석이 틀린것이라면, 당신의 무의식은 당신이 바르게 해석할 때까지 다시 시도할 것이다.

  당신의 무의식을 신뢰하라: 그것은 가장 잘 아는 것이다. 융의 말처럼, '무의식은 자연이고, 자연은 결코 거짓말을 하지 않는다.'

# 꿈의 상징

ㄱ ~ ㅎ

# ㄱ

## ■ 가라앉음(Sinking)

(1) 가라앉는 것은 죽음을 상징한다. 또한 죽은/죽음(Dead/Death)을 참조하라.

(2) 가라앉는 것은 우울한 상태나 절망을 상징한다.

(3) 가라앉는 것은, 당신이 적절하게 분리된 실존에 이르거나 독립적인 정체성을 갖는 것을 방해하고 있는 어머니 또는 어머니의 애착에 의해 '삼키움 당하는 것'을 상징한다.

(4) 물은 정서나 무의식을 나타낼 수 있다; 그러므로 가라앉는 것은 정서나 무의식적인 과정(보통 정서적일)들에 의해 궁지에 빠지거나 압도당하는 것을 나타낼 수 있다.

(5) 만약 배나 보트가 가라앉고 있다면, 당신의 삶에서 무엇인가―예를 들면, 관계―가 끝나는 것을 상징한다

## ■ 가면(Mask)

(1) 가면은 당신 자신을 세상에 나타내는 얼굴인 페르조나(persona)를 상징할 수 있다. 그 꿈은 당신에게 그 상을 새롭게 보여줄 뿐 아니라 그것의 이면을 살펴볼 것을 요구하는 것이다. 과거에 그것은 당신에게 기여해 왔고, 당신의 자아를 지원해 왔다. 그러나 지금 당신은 자신을 새로운 방식으로 보기 시작하거나 그렇게 볼 것을 강요받고 있다. 페르조나에 대해서는 서론 65쪽을 참조하라.

(2) 동물이나 다른 이상한 가면은 당신의 주의를 요구하는, 무의식 속에 있는 어떤 것을 상징한다. 그것으로부터 연상되는 광포의 느낌은 그 가면에 의하여 묘사된 것이 의식적인 자아로부터 통제권을 인수할

우려가 있다는 것을 시사해 줄 것이다. 안전을 위하여 당신은 심리치료사와 상담하는 것이 좋을 것이다.

■ 가방(Bag)
또한 수하물(Luggage)을 참조하라.
가방은 수용적이며 자궁이나 질(膣)과 유사하기 때문에 성적인 것을 상징한다. 당신의 꿈에 드러난 가방의 의미가 무엇이냐 하는 것은 그 가방 안에 무엇이 들어있는지, 또는 그 가방이 무엇을 위한 것인지에 대한 당신의 느낌에 달려 있다.

■ 가슴(Chest)
사람의 가슴
(1) 사람의 가슴은 정서를 상징한다. 답답하고 쑤시는 가슴은 감금된 정서들이나 긴장을 나타낼 수 있다; 그러한 상징을 가지는 원인들 가운데 하나가 순전히 육체적인 것—기관지염을 촉진하는 것 등—일 경우에서조차 그럴 수 있다.
(2) 여성의 가슴은 어머니, 모성애/양육, 또는 성적인 욕구를 나타낼 수 있다.
나무로 만든 가슴이나 상자
나무상자/박스는 당신의 진정한 자기를 상징한다. 그 상자 속에 보물이 있다는 암시가 있다면, 그 보물은 아직까지 탐구되지 않고 통합되지 않은, 당신 자신의 부분에 내재하고 있는 대단히 놀라운 잠재력이다.

■ 가슴/유방(Bosom/Breast)
(1) 그 상징은 직접적으로 사랑이나 성교에 대한 욕구를 지시하고 있을 수 있다.
(2) 가슴이나 유방은 당신을 낳아서 길러준 어머니를 상징한다. 당신

은 지나치게 그녀에게 매어있는 것은 아닌가? 당신이 그녀에게 매어 있음으로 해서 적절히 독립된 개성화를 실현하지 못하는가?

(3) 가슴이나 유방은 새로운 생명의 원천인 대지 어머니(Earth Mother)의 것들일 수 있다. 이런 경우에, 그 꿈은 당신에게 갱신과 성장의 원천들을 샅샅이 찾아 보라고 손짓하고 있는 것인지 모른다. 대모(大母)는 우리안에 거주한다: 그것은 의식이 아니라, 다만 삶과 성장과 치유의 원천인, 무의식의 심층들 속에 거주할 수 있다.

■ **가을(Autumn)**

(1) 가을은 여름과 추수기로부터 겨울, 즉 죽음의 계절로 가는 과도기이다. 그러므로 그것은 특별한 성취의 종말: 돈벌이를 중단하고 존재에 관심을 쏟을 때; 성숙을 상징한다.

가을은 또한 내년의 새로운 성장을 위해 정원을 깨끗이 하고 흙을 파고 거름을 줄 때이다. 그러므로 개인이 발전해 가는 과정에서 가을이 주는 메시지는 어떤 활동의 중단이 그의 인생의 다른 분야에서 일어나는 성장의 서막일 수 있다는 것이다; 그리고 새로운 성장을 위하여, 쌓여 있는 '쓰레기', 즉 비생산적이거나 반생산적인 습관들과 태도들을 제거해야 한다.

(2) 꿈에서 가을의 장면들이 나타나는 것은 당신 자신의 '성숙기', 즉 인생의 후반기에 부합할 수 있다. 그렇다면, 나무는 가을에 열매를 맺고, 가을은 자기 나름대로의 아름다움을 지니고 있다는 점을 기억하라.

■ **가지진 뿔(Antler)**

가지진 뿔은 남자의 성(性)이나 (남성의) 공격성의 상징이다.

■ **갈가마귀(Raven)**

까마귀(Crow)를 참조하라.

■ 갈등(Conflict)

싸움(Fighting)을 참조하라.

■ 갈색(Brown)

(1) 갈색은 땅의 색깔이다. 그러므로 그것은 본능적이거나 감각적인 것을 상징한다.

(2) 갈색은 또한 가을의 색깔이므로 그 자체로는 쇠퇴(의 감정); 저급한 영성이나 우울한 상태를 의미할 수 있다.

■ 감옥(Prison)

(1) 꿈에서 당신이 감옥에 갇혀 있는가? 이것은 당신이 자유롭지 못하다—당신의 행동은 어느 정도로 강박적이라는 것, 즉 의식의 통제하에 있지 않다—는 것을 의미할 수 있다. 만약 그렇다면, 당신은 자신의 무의식으로부터 넘쳐 흐르고 있는 억압된 정서나 본능을 자신의 눈에 보이는 행동 속에 통합시켜야 한다.

(2) 그밖의 다른 사람이 감옥에 갇혀 있다면, 그 사람은 아마도 어떤 외상적 경험(아동기 시절)의 결과로서 무의식 속에 갇혀 있는 당신의 어떤 부분을 나타낼 것이다. 그런데 그것은 해방되고 당신의 의식적인 삶에서 적절하게 사용되어야 할 필요가 있다는 것을 의미할 수 있다.

■ 감정(Feeling)

당신이 꿈에서 가지는 감정, 그리고 특정한 소재들이나 환경에 대한 감정의 경향은 대단히 중요하다.

(1) 꿈에서 가지는 감정은 상징적인 것이 아니다: 그러한 감정은 단지 그 자체를 나타낸다. 당신이 그 감정들을 의식 밖으로 추방시킬지라도, 그러한 것들은 당신이 실제로 가지는 감정이다.

(2) 꿈에서의 감정과 분위기들은 긍정적이기보다는 부정적이고, 쾌활

하기보다는 우울하며, 평화롭기보다는 난폭한 경향이 더 많다. 이것은 꿈이 두려움 때문에 억압되어 있는 감정을 표현하기 때문이다. 꿈은 치료적인 목적을 가지고 있는데, 이러한 목적 때문에 꿈은 당신의 주의를 고통스런 부분들로 끌어들이는 것이다.

(3) 그러나 경우에 따라서 꿈은 영화롭고 달콤한 성취; 삶에서의 지복적인 합일; 심지어는 당신에게 상처를 준 사람들까지도 사랑하는 사랑 등의 아름답고 긍정적인 감정을 표현할 수 있다. 그러한 꿈은 보통 당신이 지금 어느 방향으로 나아가고 있는지를 가리켜 주는 것으로 이해될 수 있다.

### ■ 갑옷(Armour)

갑옷은 불안에 사로잡히게 하는 정서들로부터 우리를 보호하려는 노력을 상징한다. 동물이나 탱크의 갑옷은 외적인 위험들로부터 보호하는 데 반하여, 우리가 입고 있는 갑옷은 내적인 위협들로부터의 방어이다. 두말할 필요 없이, 그러한 작업은 그릇된 방향의 수고이다: 안에 있는 '적들'은 무장해제되어야 하지만, 무장해제는 적들을 받아들임으로써만 이루어질 수 있다. 그것은 첫째로, 적들의 존재를 인정하는 것을 의미하고, 둘째로는 적들과의 대화를 시작하여 동정심을 가지고 적들의 말을 충분히 들어주는 것이다.

### ■ 강(River)

(1) 강은 정서적 에너지 또는 성의 흐름을 상징한다.

(2) 배를 타고 강을 건너는 것은 죽음을 상징하거나, 또는 생활방식이나 태도의 근본적인 변화를 상징한다. 다리를 건너는 것은 이와 같은 변화를 나타낼 수 있다: 아니면, 넘쳐나는 열정을 피하는 것에 대한 상징이거나, 사심없는 관찰자의 유리한 처지에서 열정을 관찰하는 것에 대한 상징이다. 만약 강이 정서를 나타낸다면, 정서를 확인(예를 들면, 강에게 여러 개의 질문을 던지고, 강에 대한 역할극을 통하여 답

을 얻는 것에 의하여)하라. 그런 다음 그 정서를 어떻게 할 것인지를 결정하라. 죽은/죽음(Dead/Death)을 참조하라.

■ 강간(Rape)

(1) 여성의 꿈에서 강간은 성교에 대한 무의식적인 두려움이나 강간당하는 것에 대한 자학적인 공상을 나타낼 수 있다.

(2) 남성의 꿈에서 강간하는 것은 아마 성적인 욕구, 그렇지만 가학적인 욕구에 대한 솔직한 상징이다. 당신은 자신의 여성적인 특질들—관계를 맺는 능력, 인내, 온유 등—과 친숙한 사이가 되고, 그러한 특질로 하여금 당신의 삶 속에서 더욱 커다란 역할을 하도록 할 필요가 있을 것이다. 당신은 무엇을 복수하려고 하는가? 어렸을 때에 어머니가 당신을 사랑해 주지 않는 것처럼 보였는가?

■ 강도(Robber)/강도질(Robbery)

(1) 그 어떤 사람이라도 강도일 수 있다. 또한 당신이 독립적인 인간이 되거나 개인적 성취를 발견할 기회를 위협하는, 당신 자신의 일부분이 강도일 수도 있다. 보물을 도둑맞았는가? 그 보물은 바로 당신의 진정한 자기이다.

(2) 여성의 꿈에서 강도는 아버지나 어머니일 수 있다. 그런 경우에 그녀가 강탈당한 것은 그녀의 남성의 성기일 수 있다! 프로이트에 의하면, 여자 유아는 남자 유아의 생식기를 보면서, 자기가 어머니의 사랑을 차지하는 것을 막기 위해서 자신의 생식기가 거세되었다고 생각한다.

유사하게도, 남성들은 아버지가 강도로 나타나는 꿈을 꿀 수 있다. 프로이트에 의하면, 남자 유아는 어머니를 원하는데, 아버지가 질투심 때문에 자기의 생식기를 거세할지 모른다는 두려움을 가지게 된다. 그러한 꿈들을 반복해서 꾼다면, 꿈꾸는 자의 외디푸스 콤플렉스가 해결되지 않은 채로 잔존하고 있다는 것을 시사해 줄 것이다. 외디푸스 콤플렉스에 대해서는 서론 46쪽을 참조하라.

■ 가시(Thorn)
가시들은 고통을 나타낼 수 있다.

■ 개(Dog)
(1) 개는 당신의 '동물적인' 본성을 상징할 수 있는데, 이것은 특히 당신이 동물적인 본성을 가지고 있다는 사실을 아직 받아들이지 않았을 경우에 그러하다.
(2) 만약 개가 격노하여 거품을 내뿜고 있다면, 이것은 당신의 어떤 억압된 부분이 이제 '막다른 지경에 이르러' 있고, 그리하여 그것에 주의를 기울이고 그것에게 삶의 적절한 위치를 차지하게 하지 않으면, 많은 문제가 야기될 것임을 나타낼 것이다.
(3) 만약 개가 늑대와 짝을 이루고 있다면, 늑대는 당신의 동물적 본성을 상징할 것이고, 개의 정서적인 '분위기(feel)'가 늑대의 정서적인 분위기와 대조를 이루고 있다면, 개는 당신의 본성 가운데 '더 높은' 어떤 부분을 나타낼 것이다.
(4) 개는 당신이 알고 있는 어떤 사람을 의미할 수 있다. 그런 경우에, 그 꿈은 당신에게 그 사람의 성격에 대한 것을 말해주거나, 당신이 그 사람(그 사람은 '암캐'이거나 '수캐'이다)에 대해 느끼고 있는 것을 표현하는 것이다. 또한 동물(Animal), 늑대(Wolf)를 참조하라.

■ 개구리(Frog)
(1) 개구리는 남성의 생식기를 나타내는 성적인 상징이다. 그러한 것으로서 여성의 꿈에 나타날 것이고, 그리하여 성교에 대한 두려움, 또는 성교에 대한 두려움과 매혹의 양면적인 감정을 표현할 수 있다.
(2) 개구리는 무의식, 또는 당신의 무의식 속에 묻혀 있는 정신의 어떤 부분이나 기능을 상징한다. 아마 당신이 그것을 무섭거나 역겹게 느끼는 것은 불안/또는 죄책감을 야기시켰던 어떤 외상적 경험들 때문이다.

(3) 당신의 꿈에 나타난 개구리는 개구리 왕자의 이야기에서 비롯된 것인지도 모른다. 한 젊은 여성이 침대에 누워 있을 때, 개구리 한 마리가 그녀를 방문한다. 처음에, 소녀는 두려워서 개구리를 밀어 제친다. 그러나 세 번째 밤에 그녀의 마음은 누그러지고, 그 다음에는 개구리를 포옹한다. 그러자 개구리는 잘생긴 왕자로 변한다는 이야기이다.

프로이트의 추종자이며 전기작가인 어네스트 존스(Ernest Jones)에 의하면, 이것은 한 처녀가 자신의 성에 대한 두려움을 극복하는 이야기라고 말한다.

신화의 권위자이자 융 학파인 조셉 캠벨(Joseph Campbell)은 이야기 속에 나오는 개구리는 무의식을 상징한다고 본다. 이 무의식은 처음에는 무섭게 보이지만, 의식적인 자아의 이해를 얻게 되면 자신의 정체—아름답고 진실된 정신 전체—를 드러낸다.

이 두 해석들 모두에서 정신의 변화를 일으킨 것은 성적인 포옹이지만, 두 번째 해석에서는 내면적인 포옹, 즉 당신 정신의 남성적 측면과 여성적인 측면의 혼합과 상호침투이다. 아니마/아니무스에 대해서는 형제/자매(Brother/Sister) 항목 (4), 그리고 서론 76쪽을 참조하라.

■ **거룩한/거룩(Holy/Holiness)**

(1) 꿈에 나타난 거룩한 사람은 무의식에 내재하는 영적인 지혜와 능력을 나타내는 것이며, 그것은 정신의 깊은 핵이다. 그 거룩한 사람은 무엇을 말하고 있는가? '마성인격'에 대해서는 서론 81쪽을 참조하라.

(2) 거룩한 장소는 위의 항목 (1)에서처럼 정신의 깊은 핵을 상징한다. 또한 교회(Church)를 참조하라.

(3) 거룩은 어떤 신성불가침의 원리나 전혀 오류가 없는 권위를 의미할 수 있다. 유의해야 할 것이 있는데, 이 거룩은 투입된 아버지-심상으로부터 야기된, 지나치게 발달한 양심(초자아)이 만들어 낸 것일 수 있다는 사실이다. 초자아에 대해서는 서론 25쪽을 참조하라.

■ **거미(Spider)**

거미는 흔히 두려움이나 혐오의 대상으로서의 어머니를 상징한다. 그리고 특히 남성의 꿈에서 그러하다. 프로이트는 그것을 남근을 지닌 두려운 어머니로 본다; 그러므로 거미에 대한 두려움은 어머니와의 근친상간에 대한 공포와 여성 생식기에 대한 공포를 표현한다. 어머니뿐 아니라, 어머니가 당신에게 무엇을 의미하는지—더욱 중요함—를 알아보라. 이것을 실행하는 단 하나의 방법은 거미와 대화하는 것이다. 즉 그것을 마음에 간직한 채, 그것에게 날카롭게 질문하라.

■ **거부(Refuse)**

무엇인가를 거부하는 것이 지닌 중요성은, 당신이 꿈 속에서 무엇을 거부하느냐에 달려 있을 것이다. 당신은 삶이 당신에게 제시하는 것을 거부하고 있는가?

■ **거세(Castration)**

또한 거세와 외디푸스 콤플렉스에 대해서는 서론 46쪽을 참조하라.

(1) 남자의 꿈에서 거세는 그가 자신의 성적 충동이나 남성다움을 상실했다고 느끼는 것, 또는 상실할 수 있는 것을 의미할 수 있다. 자기 거세(self-castration)는 흔하지 않다. 그것은 성교에 대한 어떤 외상적 경험에서 생겨난 두려움의 결과이거나, 어린 시절에 주입된 죄책감이나 역겨움의 결과이다.

(2) 경우에 따라, 남자의 꿈에서 거세는 동성애적인 경향, 또는 자신의 남성다움에 대한 각성을 표현할 수 있다. 여기에서 말하는 남성다움은, 성적인 것들보다는 다른 측면들, 즉 가슴보다는 주로 머리에 의존하는 것—야망, 충동, 공격성, 경쟁심—을 포함한다.

■ **거울(Mirror); 자기 이미지**

(1) 당신이 거울에서 보는 것은 아마 당신 자신일 것이다. 단지 당신

의 무의식에 의하여 보여지는 때에 그러하다. 그런 이유로 그것은 당신을 깜짝 놀라게 할지도 모른다; 그러나 자기인식을 원한다면 그것을 진지하게 생각하라.

(2) 거울은 당신이 자신을 보는 방식; 또는 다른 사람들이 당신을 보아주기를 원하는 방식; 또는 당신이 삶 속에서 하는 역할극을 나타낼 수 있다. 당신은 조만간 업무적인 상황에서조차 삶의 태도들, 신념들, 가치관, 관계들, 그리고 행동을 더욱 본질적인 것, 즉 당신 존재의 실제적인 중심에 토대를 두고자 할 수 있다. 그런데 이것은 당신의 진정한 자기를 발견하고 당신의 '숙명'을 실현하는 것을 의미한다. 그것은 당신이 꿈을 꾸면서 거울 속에서 행하고 있는 것, 즉 당신 자신을 찾는 것일 수 있다. 페르조나(persona)에 대해서는 서론 65쪽을 참조하라.

### ■ 거절(Rejection)

(1) 꿈 속에서의 거절은 억제나 억압에 대한 상징일 수 있는데, 이 억제나 억압은 우리가 정신 속에 들어 있는 것이면 무엇이나 제거하려고 하는 행동이다. 이것은 대개 우리의 도덕관념을 위반하거나 징벌을 수반하는 욕구를 제거하려는 행동을 말한다. 꿈 속에서 거부하는자뿐 아니라 거부당한 것과의 동일시를 시도하라; 그리고 거부된 정서나 본능으로 하여금 당신의 의식 속에서 적절한 역할을 하게 하라. 억제, 억압에 대해서는 서론 32쪽을 참조하라.

(2) 꿈 속에서 거부당한 자가 바로 당신이라면, 그 거부 행위를 하는 자는 바로 당신일지도 모른다는 점을 명심하라. 자기 거부의 경우들에서 거부 행위를 하는 것은 대개 '양심'이나 초자아—사회로부터 받아들인 관습들과 태도들—이고, 그 희생자는 종종 성적인 욕구이다. 그러한 거부 행위는 초기아동기에 시작되었을 수 있다. 초기 아동기에 행동이나 —가능성이 더 많은— 욕구를 거스르는 것은 아주 자연스럽고 무해하였음이 거의 확실하다. 그러나 그것은 당신이 지금까지 당신 자

신에게 부과해 온 징벌과 비난을 정당화하는데 전혀 도움이 되지 않는다. 또한 포기(Abandonment)를 참조하라.

- **걸려 넘어짐(Stumble)**
  미끄러짐(Slip)을 참조하라.

- **걸음(Step)**
  상승(Ascent), 하강(Descent), 계단(Staircase), 층(Story)을 참조하라.

- **검(Sword)**
  (1) 검은 남근을 상징한다.
  (2) 검은 의식을 상징한다. 융이 개성화의 제 1단계라고 불렀던 사춘기 초기에, 의식적인 자아는 이전엔 포괄적이던 무의식으로부터 자신을 해방시켜야 한다. 이렇게 해야 하는 것은 개인이 자신의 독특한 숙명을 실현하기 위해서이다. 의식적인 자아가 '살해'해야 하는 것은 그와 같은 무의식이 아니라, 무의식의 '집어 삼키는 어머니'의 측면이다. 그리고 그런 일이 이루어지게 되면, 자아는 무의식을 존중해야 하며 무의식과 협력해야 한다. 믿을 만한 자신의 검으로 용을 살해하는 영웅을 묘사하는 민간설화들을 참고하라. 창조신이 태고의 대양에서 여성적인 괴물과 싸우고, 그것을 살해하고, 그리하여 혼돈으로부터 질서를 회복하는 창조신화들에서 동일한 주제가 나타난다. 또한 용(Dragon)의 항목 (2)와 (3)을 참조하라.

- **겨울(Winter)**
  또한 죽은/죽음(Dead/Death), 얼음(Ice)을 참조하라.
  겨울은 신체적인 쇠퇴나 죽음, 또는 비유적인 쇠퇴나 죽음을 상징한다.

■ 결투(Duel)

결투는 거의 확실히 내적인 갈등, 또는 다른 사람과의 적대 관계를 의미할 것이다. 만약 후자의 경우라면, 당신은 이미 그 적대자들을 알고 있을 것이다; 만약 전자의 경우라면, 당신은 그것들을 각각 상상으로 확인하기 위한 노력을 기울여야 한다. 그 둘 사이에 대화를 시작하게 하라. 즉, 각자로 하여금 자신의 입장을 제시하게 하라. 그런 다음 각각에게 당신의 의식적인 삶 속에서 해야 하는 적절한 역할을 분담시키라.

그러한 갈등은 당신의 의식적인 자아와 무의식 사이에서 일어나는 것임이 거의 확실하다. 그것은 보통 당신이 확인해야 하는 적대자가 하나 생길 것이라는 사실을 의미한다.

■ 결혼하는 남녀(Bridal Pair)

결혼(Marriage)을 참조하라.

■ 결혼(Marriage)

결혼은 정신의 상반된 힘들의 통합과 그로 말미암은 온전성의 성취를 상징한다. 상반된 힘들에 대한 남성적/여성적 상징에 대해서는, 한 쌍의 남녀(Couple), 자웅동체(Hermaphrodite), 남성(Man), 여성(Woman)을 참조하라. 가장 분명한 예는 당신 성격의 남성적인 측면들과 여성적인 측면들을 결합시키는 것이다. 또한 서론 81, 87쪽을 참조하라.

■ 결혼식(Wedding)

신부(Bride), 신랑(Bridegroom), 결혼(Marriage)을 참조하라.

■ 경주(Race)

(1) 당신은 항상 내적인 원천으로부터 자신의 가치들을 획득하기보다는 언제나 다른 사람들과 힘을 겨루고 있지는 않는가?
(2) 중요한 것은 상인가? 상(Prize)을 참조하라.

■ 경찰(Policeman)
 ⑴ 경찰은 아동기로부터 시작된 금기들을 나타내는 초자아의 상징이다.
 ⑵ 꿈 속에 있는 사람 누군가가 경찰에 체포된다면, 이것은 죄책감들에 의하여 억제된 성이나 정서들을 상징한다.

■ 계곡(Valley)
 계곡은 여성의 몸에서 움푹 들어간 곳, 즉 두 유방 사이나 두 허벅지 사이의 움푹 들어간 곳을 나타내는 성적 상징이다.

■ 계단(Staircase)
 프로이트에 의하면, 계단은 성교를 상징한다.

■ 계란(Egg)
 계란은 당신의 삶에 있어서의 새로운 어떤 것의 가능성, 즉 새로운 시작, 심지어는 당신의 진정한 자기의 출현까지도 나타낸다. 무엇인가가 자신의 껍질을 벗고 나오려고 하는데, 그 껍질은 아마 당신의 무의식일 것이다.

■ 고기잡이(Fishing)
 ⑴ 고기잡이는 무의식의 내용들을 의식속으로 끌어 올리는 것을 상징한다.
 ⑵ 당신은 어부의 그물에 잡힌 물고기인가? 이것은 '구원'의 약속을 의미할 수 있다; 당신을 이롭게 하기 위하여 작용하는 어떤 에너지의 원천이 존재하는 것을 의미할 수 있다. 서양의 기독교 세계에서는 그러한 연못을 물고기 연못이라고 불렀다; 그 곳에서 세례를 받은 사람들은 그리스도의 그물에 잡힌 물고기들로 간주되었다.
 ⑶ 당신은 작고 둥근 물고기를 잡으려 하는가? 융은 이에 대하여, 이것이야말로 당신이 진정한 자기를 찾기 시작했음을 의미한다고 말할 것이다.

■ 고드름(Icicle)

또한 얼음(Ice)을 참조하라.

고드름은 남성 성기의 상징이다.

■ 고래(Whale)

(1) 고래는 어머니 또는 일반적인 여성성을 상징한다. 고래가 만약 당신을 삼키려고 한다면, 지배적인 어머니를 상징하거나, 당신이 독립적인 인간으로 발달하는 것을 방해하는 어머니의 집착을 상징한다.

(2) 고래에 의하여 삼켜지는 것은 대단히 무섭게 느껴질 수 있는 무의식으로 내려가는 것을 상징한다. 그 결과는 꿈에서 보석이나 기타의 보물로 표현될 당신의 진정한 자기를 발견하는 것일 수 있다.

■ 고양이(Cat)

(1) 고양이 꿈에 대한 의미는 당신이 고양이에 대해서 무엇을 연상하느냐에 달려 있다. 당신이 실제 생활에서 고양이를 두려워한다면, 꿈에서 고양이는 본질적으로 당신이 두려워하는 것을 나타낼 수 있다. 그러나 실제 생활에서 고양이를 두려워하는 것은 일반적으로 고양이가 상징하는 여성성의 어떤 측면에 대한 두려움을 보여주는 증상일 수 있다. 고양이가 상징하는 여성성은 어머니, 당신이 가지고 있는 여성성(당신이 남자이든 여자이든간에), 당신의 무의식, 자연의 에너지나 지혜, 삶과 죽음과 재생에 대한 궁극적인 신비 등이다.

(2) 여성성의 여러 측면들은 긍정적으로 경험될 수도 있고, 부정적으로도 경험될 수도 있다. 고양이는 여성성의 긍정적이고 창조적인, 즉 다산적인 측면을 나타낼 수 있다. 신화에서 고양이들은 종종 여신들의 다산력과 관련을 가진다. 그 꿈은 당신의 성격에 있어서의 새로운 성장 가능성을 가리키고 있을 것인데, 이 성장은 당신 아니마(당신이 남성이라면)의 더욱 완전한 통합을 통한, 또는 직관이나 꿈 메시지에 대한 더욱 많은 의존을 통하여 이루어지는 것이다.

그러나 고양이는 여성성의 부정적인 측면, 즉 교활하거나 파괴적인 측면을 상징한다. 만약 당신의 여성적인 특징들이 억압된다면, 그 억압된 여성적 특징들은 아마 꿈과 깨어있는 삶 모두에서 부정적인 방식으로 자신을 나타낼 수 있다. 예를 들면, 자신의 여성성을 의식적인 자신의 삶에 통합시키지 못한 남성은 다른 사람들에게 파괴적이고 교활한 방식으로 행동할 수 있다.

(3) 검은 고양이는 행운과 번영, 또는 악과 관련될 수 있다. 고양이들은 마녀들과 관련이 있는데, 마녀들은 그 마녀들에 대한 당신의 견해가 얼마나 견문이 넓은 것이냐에 따라서 대지 어머니의 여사제들과 그로 말미암은 자연의 능력과 지혜를 나타내거나, 사탄 숭배자들과 모든 나쁜 것들에 대한 상징들을 나타낸다. 또한 마녀(Witch)를 참조하라.

(4) 고양이의 눈이 달처럼 생겼기 때문에, 고양이가 상징하는 의미는 달과 같다. 고양이는 아니마 또는 다산적인 자궁—(새)생명의 풍성한 원천—으로 보이는 무의식을 의미할 수 있다. 또한 달(Moon), 여성(Woman)을 참조하라.

■ 고치(Cocoon)

(1) 고치는 잠재적인 새로운 삶을 나타낸다. 그러므로 고치는 새로운 정신적인 삶과 발전의 가능성을 상징한다.

(2) 고치는 외피이다. 그러므로 고치는 당신의 진정한 자기를 노출시키거나 정면으로 대면하기 싫어하는 사실을 상징한다.

(3) 당신이 고치 속에 있는가? 만약 그렇다면, 그것은 당신을 현실과 단절시키고 있는 무의식적인 신경증에 의해서 만들어진 환상의 함정을 나타낼 수 있다.

■ 고통(Pain)

꿈에서 느끼는 고통은 육체적인 데서 기인할 수 있다. 모든 고통이 순전히 육체적인 데서 기원한다고 말하는 것은 어느 정도의 논쟁의 여지가 있지만, 아마도 억압된 정서가 모든 고통의 뿌리라고 말할 수 있을 것이다. 또는 그것은 정서적인 박탈감을 표현할 수 있다. 그 고통스런 곳이 어디인가? 몸의 특정부분이 연상시키는 어떤 정서(예를 들면, 목구멍 부위는 자기표현과 관련되어 있다)를 적절히 표현하는 것을 지금까지 허용하지 않았을 수 있다. 그러나 몸의 부분과 정서의 유형 사이에는 단순한 일대일의 대응관계가 존재하는 것은 아니다. 예를 들면, 어떤 정서적 장애라도 가슴의 고통을 야기시킬 수 있고; 그리고 동일한 것이 배에도 적용되는 것이다. 여기에서 고통은 변함없이 성취되지 않은 성적 욕구를 가리킨다고 생각해서는 안된다.

■ 곡선(Curves)

굽은 것은 무엇이나 여성적인 것, 즉 여성; 아니마(남성에 있어서); 성(性, 보통 남자에게 있어서의); 또는 더욱 기본적인 수준에서 삶에 활력을 주거나 삶을 향상시켜주는 에너지의 상징이다. '용맥들'(Dragon-lines)은 언제나 곡선이지 직선이 아니다. 용맥에 관해서는 용(Dragon) 항목 (6)을 참조하라.

■ 곤경에 처한 처녀(Damsel in Distress)

(1) 신화와 민간전승에서 영웅은 감옥 속에 있는 아름다운 처녀를 감금하고 있는 용이나 다른 괴물을 살해하고, 그녀를 구출한다. 만약 남성의 꿈에서 이러한 시나리오가 나타난다면, 그 꿈은 그에게 다음과 같은 요구를 하고 있을 수 있다: 무의식에 감금되어 있는 자신의 아니마를 구출하고, 전에는 숨겨져 있고 학대를 당했던 자신의 본성의 여성적 측면을 활용하라. 그렇게 함으로써 그의 성격이 적절한 균형을 유지하게 하라는 요구로 볼 수 있다. 아니마에 대해서는 서론 76쪽을 참조하라. 또한 용(Dragon)을 참조하라.

(2) 테세우스(Theseus)가 괴물로부터 아리아드니(Ariadne)를 구출했을 때, 그는 미로를 빠져나가는 길을 찾아내야 했다; 페르세우스

(Perseus)는 안드로메다(Andromeda)를 구출하기 위하여 메두사(Medusa)의 머리를 잘랐다. 미로와 메두사는 부정적인 임무를 맡고 있는 어머니 상징이다. 만약 영웅이 처녀를 구출하는 꿈에 그러한 심상이 나타난다면, 그것은 그 꿈꾸는 사람이 어머니에게 얽매어 있는 상태나 어머니에게 완전히 의존된 상태로부터 자유롭게 될 필요가 있다는 것을 보여주는 것으로 생각될 수 있다. 그 때에만 그는 자신에게 내재된 여성적인 것으로 하여금 자신을 표현하게 할 수 있을 것이다. 만약 그가 그렇게 하지 않는다면, 그 여성적인 것이 자신을 표현하게 될 것이고, 그것은 파괴적인 정서의 폭발로 나타날 것이다.

### ■ 곤충(Insect)

거미(Spider)를 참조하라.

(1) 비록 곤충은 생각없이 기계적으로 행동하는 동물처럼 보일지라도, 그 곤충은 당신의 본능적인 충동이나 무의식적인 힘(그 힘에 대한 당신의 태도)을 상징한다. 그런데 이런 충동이나 무의식적인 힘은 이성의 통치에 대한 위협이 되는 것처럼 보인다. 이 두 경우에서, 당신은 자신의 혐오감을 극복할 필요—적어도 조사할 필요—가 있을 것이다.

(2) 만약 단 한 마리의 벌레가 있다면, 당신의 내적 자기로부터 하나의 메시지를 가지고 오는 것일 수 있다. 당신의 내적 자기가 그런 역설적인 변장으로 나타나거나, 경멸할만하고 마음에 들지 않은 그런 대리자들을 사용하는 것은, 당신이 자신의 내적 자기를 의식적인 삶으로부터 배제시키는 데서 나타나는 것으로, 당신의 내적 자기를 지혜롭지 못하게 경멸하고 있다는 사실을 반영해 준다. 피노키오의 모험에 나오는 귀뚜라미를 기억하는가?

### ■ 곰(Bear)

(1) 곰은 남성 정신의 여성적인 측면을 상징한다. 또한 서론 76쪽을 참조하라. 형제/자매(Brother/Sister) 항목 (4)~(6)을 참조하라.

(2) 곰은 또한 실제 어머니나 무의식에서 유용한 지혜를 상징한다. 또한 어머니(Mother)를 보라.

(3) 또 하나의 접근방식은, 곰을 단순히 무의식의 상징으로 여기고 꿈의 행동으로부터 무의식의 어떤 특별한 측면(예를 들면, 사고나 공상과 다른 감정의 기능들; 또는 자연과의 직관적인 합일)이 당신의 주의 속에 있는지를 풀어내는 것이다.

### ■ 공격성(Aggressiveness)

(1) 만약 꿈 속에서 당신이 공격적으로 행동한다면, 무의식은 지금까지 충분히 인지하지 못하던 어떤 공격성이 당신 안에 존재하고 있거나, 또는 어떤 의미에서 당신은 공격적일 필요가 있거나 공격적이어야 한다는 것을 당신에게 말하고 있는 것이다. 여기에서 공격적이라는 말은 자기주장이 더욱 강해지는 것, 당신의 삶과 환경을 더욱 의식적으로 관리하는 것, 덜 수동적인 것, 덜 비굴해지는 것, 덜 복종적인 것, 또는 덜 운명론적인 것 등을 말한다. 당신은 불필요하거나 부적절하게 사람들에게 공격적이 되는 경향이 있는가? 예를 들면, 가게의 점원이 당신을 보지 못했거나, 그가 당신에게 판 물건이 불량품인 것을 알았을 때, 그에게 공격적이 되는가? 만약 그렇다면, 아마도 당신에게는 과거에 거부당했거나 과소평가된 느낌을 받았던 역사가 있을 것이다. 당신은 꿈에서 당신의 아내/남편/파트너/부모/형제/자매에 대하여 공격적인가? 만약 그렇다면, 그 꿈은 그 사람에 대한 무의식적인 분노나 질투를 표현하고 있는 것일 수 있다. 아주 가까운 사람에 대한 무의식적인 적대감은 아주 흔한 경우이다.

(2) 만약 당신이 그 꿈에서 일어난 공격적인 행위의 피해자라면, 그 꿈이 주는 메시지는, 당신을 멸망시키거나 당신의 명성을 떨어뜨리고자 하는 위협적인 상황—가정에서나 직장에서—에 당신이 처해 있다는 것이 될 것이다. 그런 경우에, 당신은 실제로 그 상황에서 나와야 한다.

그러나 당신의 꿈에서 일어난 모든 것은 당신의 어떤 일부분을 나타낼 수 있다는 점을 명심하라. 그러므로 나머지 부분들에 대하여 공격적이거나, 다른 어떤 부분에 대하여 공격적인 당신의 부분을 찾으라. 예를 들면, 당신 자신이나 다른 사람들에 대하여 당신(당신의 다른 부분)을 분노하게 만드는 어떤 죄책감이 존재할 것이다. 분노와 죄책감은 종종 동전의 양면처럼 동반적인 관계에 있다; 흔히 분노는 죄책감으로부터 나오고, 죄책감은 분노로부터 나온다.

(3) 만약 꿈에서 공격자가 당신 자신이 아니라면, 그 꿈은 지금까지 무시되거나 억압되어 오다가 이제는 반발하고 있는 어떤 부분—어떤 본능적 충동—이 당신의 정신 안에 존재한다는 것을 의미할 수 있다. 본능들을 동정적으로 통제하는 것은 좋은 일이다; 그 본능들을 굴레에 씌워 억제하는 것은 좋지 않다. 그것은 문제를 야기시킬 뿐이다. 당신 안에 있는 반역적인 요소를 확인하고 그것과 친숙해지라. 그리고 정직하고 수용적인 태도를 가지고 그것과 대화하라. 또한 두려움(Fear)을 참조하라.

프로이트는 전쟁에서 뿐 아니라 성교에서, 그리고 모든 곳에서 자신을 보여준 '공격적 충동'에 대하여 말했다. 융과 동시대 사람인 알프레드 아들러(Alfred Adler)에게 있어서, 이 공격적인 힘-충동은 정신의 가장 기초적인 힘이었다. 그러나 공격적인 행위는 승화될 수 있고, 길들여질 수 있으며, 창조적인 방향으로 돌려질 수 있다. 나는 진취적인 기업에서 창조적인 것으로 간주하는 것은 어느 정도 공격적인 것이라고 생각하며, 확실히 어떤 공격성의 표현은 가장 잔인한 물리적인 공격 형태보다 약간 덜 잔인할 뿐이다. 승화된 공격성에 대한 좀더 분명한 예들을 들어보면, 모든 종류의 문제 해결, 과학적 연구, 예술작업, 그리고 구애(求愛)가 있다. 구애는 거의 변함없이 어느 정도 강력한 승화이다. 심지어 그것은 또한 부드럽거나 참으로 경건하기까지 한 승화일 경우도 있다. 다른 한편으로 야수적인 구애는 분명히 상반된 결과인데, 그것은 대개 정서적인 억압이나 성적인 억압으로부터 나온다.

■ 공구(Tool)

(1) 공구는 남성의 성기를 나타내는 성적 상징이다.
(2) 당신이 공구를 가지고 하고 있는 그 일은 당신에게 의미있는 일일 수 있다.

■ 공동묘지(Cemetery)

공동묘지는 죽음을 상징한다. 그러므로 그 꿈은 죽음에 대한 당신의 감정, 또는 어떤 죽은 사람에 대한 당신의 감정을 표현하고 있을 것이다.

■ 공무원(Officer/Official)

공무원은 당신의 초자아를 나타내는 권위적인 인물일 수 있다. 초자아에 대해서는 서론 25쪽을 참조하라.

■ 공원(Park)

정원(Garden), 만다라(Mandala)를 참조하라.

■ 공작(Peacock)

공작은 남성의 성을 상징하거나, 자만, 허영심, 또는 겉치레를 상징한다.

■ 공장(Factory/Mill)

공장은 무의식을 나타낼 수 있다. 그렇다면 기계는 무의식의 과정들을 나타낼 것이다.

■ 공포(Fright)

두려움(Fear)을 참조하라.

■ 공항(Airport)

(1) 이국 땅을 향한 출발지로서의 공항은 사적이거나 직업적인 당신의 삶에 있어서의 새출발, 새로운 모험이나, 참으로 진기한 경험을 상징한다.

(2) 외국은 무의식을 나타낼 수 있다. 그런 경우에, 그 꿈은 진정한 정체성과 진정한 목적의 수립을 위하여 당신의 정신을 더욱 충분히 탐구할 것을 충고하는 것인지도 모른다. 또한 외계인(Alien), 여행(Travel)을 참조하라.

■ 공해(Pollution)

독(Poison)을 참조하라

■ 공허/빈(Emptiness/Empty)

(1) 빈 그릇은 자궁이나 여성을 나타내는 성적 상징이다.

(2) 꿈에서 비어 있는 것은 자기를 상징하는 어떤 것—예를 들면, 방이나 집—일 수 있다. 그런 경우에, 그것은 당신의 공허감을 나타낼 수 있다. 프로이트에 따르면, 누군가가 무엇을 억제하거나 억압할 때, 그 밖의 아무것도 지금까지 억제/억압되어 왔던 것을 대신하지 않는 경우가 종종 일어난다. 그 결과 그 사람의 삶은 공허하게 되고 만다. 억제와 억압에 대해서는 서론 32쪽을 참조하라.

(3) 공허하고 한가한 풍경이나 빈 그릇은 잠재능력의 상징이다: 아무것도 없는 곳에는 무엇인가가 들어갈 만한 여지가 있다. 무의식은 때때로 빈 그릇으로, 또는 미래에 이루어질 모든 개인 성장을 위한 잠재능력을 담고 있는 것으로 가시화된다.

■ 관(Coffin)

매장(Burial), 죽음(Death)을 참조하라.

■ 관계들(Relationships)

(1) 꿈에 나타난 인간관계들은 항상 중요하다. 그것들은 첫째로, 실제로 삶을 일깨우는 관계들을 언급하는 범주들; 둘째로, 의식적인 자아와 정신의 다른 부분들 사이의 관계들을 묘사하는 범주들 두가지로 분류된다. 낯선 사람들과의 회합은 거의 언제나 두 번째 범주에 속한다: 낯선 사람들은 당신이 아직은 아주 잘 알지 못하는 당신의 정신에 속하는 부분들일 것이다. 심지어는 꿈이 현재 실생활의 관계를 진지하게 살펴 볼 것을 당신에게 요구하는 경우에서조차, 당신의 외적인 관계들이 가지는 질(質)은 당신의 의식적인 자아가 정신의 다른 부분들과 어떻게 관계하는지에 따라서 결정될 수 있다는 것을 명심해야 한다. 예를 들면, 자신의 본성 안에 여성적인 측면이 존재한다는 사실을 인정하지 않는 남성은 여성들과 매우 불만족스러운 관계 혹은 매우 피상적인 관계를 가질 수 있다. 다른 말로 하면, 꿈에서 당신이 실제 살아있는 사람과 가지는 관계를 보여준다면, 그 꿈은 당신이 자신을 더욱 잘 이해하기 위하여, 즉 당신이 다른 사람들과 어떻게 관계하는지—예를 들면, 당신은 자신이 인정하지 않는 어떤 특징을 다른 사람에게 투사하고 있지는 않은지—를 밝혀내기 위하여, 그 관계를 살펴볼 것을 권면하는 것이다. 꿈에 나타난 유형들은 당신의 의식적인 삶에서 보여주는 유형들과 일치한다. 그렇지 않다면, 경우에 따라서 꿈은 옛 유형들 대신에 당신 삶 속에서 따라야 하는 유형들을 제시해 줄 수 있다. 예를 들면, 꿈에서 한 남자가 매우 여자다운 여자들과 관계할 수 있다. 이것은 그가 깨어있는 삶 속에서 보여주는 유형을 나타낼 수 있는데, 그런 경우에 그는 그 유형을 재평가하라는 요구를 받고 있는 것이다. 그는 자신의 억압된 여성성을 여자들에게 투사하고 있고, 또한 자신의 아니마를 통합시킬 필요가 있기 때문에 매우 여자다운 여자들에게만 매력을 느낄지도 모른다. 다른 한편으로, 매우 대담하고 독단적인 방식으로 한 여성과 관계하는 꿈을 꾼다면, 그것은 그 남자에게 그 자신의 남성성을 더 많이 보여줄 필요가 있다는 것을 무의식적으로

말해주는 방법일 수 있다. 또한 성교(Sex)를 참조하라.

　꿈에 나타난 적대적인 관계나 호전적인 관계는, 대상이 다른 사람이든 아니면 당신의 다른 부분이든 간에 다른 대상과 화해해야 한다는 것을 나타낼 수 있다.

　꿈 속에서 당신은 관계를 통제하는가, 아니면 통제하고 싶어 하는가? 그 꿈은 실제로 당신이 어떻게 행동하는지를 묘사해 주는 서술적인 꿈일 수 있다: 그런 경우에, 무의식은 당신에게 자신의 상황을 검토해 볼 것을 요구하고 있는지 모른다. 당신은 자유롭게 허용하고 다른 사람들을 더 많이 신뢰하는 법을 터득할 필요가 있다. 다른 한편으로, 그 꿈은 과거에 당신이 유약하고 비독선적으로 살아왔기 때문에, 마땅히 지금 무엇을 해야 하는지를 말해주는 규범적인 꿈일 수 있다. 당신은 꿈에서 다른 사람들이 관계하는 것을 지켜보기만 하는 단순한 관찰자이기 쉬운가? 당신이 관찰하고 있는 것이 외적인 관계들이든 아니면 당신의 부분들 사이의 내적인 관계들이든간에 관찰하는 것은 좋은 일이다. 그러나 만약 당신이 장차 꾸게 될 꿈에 참여할 것을 결심한다면, 자기발견의 과정은 더욱 빨라질 수 있을 것이다. 그것을 시도하라. 당신의 그림자와 관계하는 것은 단지 그것을 살펴보는 것보다 훨씬 더 많은 것을 밝혀내는 일이 될 수 있다.

　(2) 꿈에 나타난 소재들 사이에는, 또는 어떤 꿈의 한 장면과 그 다음 장면 사이에는 비인격적인 관계들이나 시공(時空)적인 관계들이 있을 수 있다. 예를 들면, 꿈의 한 장면은 그 다음 장면에서 상징화되는 것의 원인이 될 수 있다. 그러나 이러한 인과관계가 꿈의 다른 부분들 사이에 언제나 존재한다고 가정하지는 말라.

　만약 꿈에서 누군가가 당신보다 키가 크다면, 당신이 그 사람을 자신보다 나은 사람으로 보는 것을 의미할 수 있다. 만약 꿈에 나타난 그 사람이 정신의 어떤 부분을 나타낸다면, 그것은 당신의 의식적인 자아가 정신의 다른 요소에 복종하는 경향이 있다는 것을 의미할 것이다.

### ■ 관문(Gate)

또한 문(Door)을 참조하라.

(1) 프로이트는 관문이 여성의 질을 상징할 수 있고; 그 관문을 여는 것은 남성이 성기를 질에 삽입하는 것을 나타낼 수 있다고 한다.

(2) 잠긴 문(프로이트의 꿈에서 반복되는 형상)은 아직까지 해답을 찾아내지 못한 문제를 상징한다; 또는, 그것은 당신이 자신의 무의식을 간파하지 못했다는 것을 의미할 수 있다. 당신을 가로막는 것은 무엇인가? 지금까지 문을 잠가버린 사람은 바로 자신, 또는 자신의 어떤 부분이다. 그 대신에 그것은 당신이 시도하지 말아야 하는 어떤 것을 상징한다.

(3) 좁은 관문은 그리스도인들이 생명이나 구원을 향하여 나아가는 길을 상징한다. 좁은 통로는 기독교적인 상징으로 '생명'이나 '구원'에 이르는 길을 말하는데, 심리학적으로는 치유와 온전성을 상징할 수 있고; 자기 '숙명'의 성취를 상징할 수 있으며, 당신의 주의와 노력을 집중시켜야 하는 곳을 상징한다.

### ■ 광산(Mine)

광산은 무의식의 상징이다. 그 무의식에는 귀하고 유용한 것들이 들어 있다.

### ■ 광야(Wilderness)

(1) 광야는 그림자를 상징할 수 있다. 즉 의식이 아직 미치지 못하는 당신의 일부분이다. 그림자에 대해서는 서론 75쪽을 참조하라.

(2) 광야/미개척의 오지/미개간지에 들어가는 것은 현재의 정신상태나 생활방식을 떠나 일종의 중간 세계로 들어가는 것을 의미할 수 있다. 이 중간 세계는 모든 것이 가능하고, 원하는 것을 마음대로 가질 수 있는 곳이다. 그렇다면, 당신의 무의식은 인격 발달의 새로운 단계로 나오도록 촉구하고 있는 것이다. 예수님과 다른 영적 스승들이 받

았던 유혹과 입문자들이 황무지에서 시간을 보내는 입문식들을 비교하라. 또한 서론 72쪽을 참조하라.

■ 괴물(Monster)

무의식이 여전히 탐험되지 않는 한에 있어서, 괴물은 무의식의 무시무시함을 나타낸다. 당신이 만약 자신의 두려움을 극복한다면, 무의식에서 의식적인 자아를 보충시킬 필요가 있는 모든 것을 발견하게 될 것이다. 전설에서 괴물은 영웅이 찾는 보물을 지킨다; 종교 신화들에서 그들은 신성(神聖)으로 충만한 것들—신성한 대상들/장소들—을 지킨다. 심리학적으로 말해서, 당신은 자신의 자아를 찾고 있는 영웅이고, 신성한 장소는 당신 내면의 핵심이다; 그 괴물을 '죽이는 것'은 무섭고 억압된 욕구/충동/정서에 대하여 사랑을 베푸는 것이며, 그리하여 괴물을 당신의 의식적인 삶 속에서 창조적인 역할을 하는 요소로 변화시키는 것이다. 이제 무의식적인 모든 것이 의식적인 것으로 된다. 그것이 바로 당신이 괴물들과 '투쟁'해야 하는 이유이다.

■ 교량(Bridge)

또한 복도(Corridor), 횡단(Crossing)을 참조하라.

프로이트는 교량이 상징하는 네 가지 의미들을 열거한다:

(1) 교량은 남성의 성기를 상징할 수 있는데, 그것은 성관계에서의 남자와 여자 사이를 이어주기 때문이다.

(2) 또한 교량은 출생을 상징한다. 즉 '저 세상'으로부터 이 세상으로 건너오는 것, 또는 자궁으로부터 독립된 실존으로 건너감을 상징한다.

(3) 교량은 죽음(으로 인도하는 어떤 것)을 나타낼 수 있다. 즉 자궁으로의 복귀, 또는 '저 세상' 곧 '다른 측면'으로의 복귀를 나타낼 수 있다.

(4) 교량은 꿈꾸는 사람의 삶에 있어서의 어떤 종류의 변천이든 변천을 상징할 수 있다. 프로이트는 남자가 되기를 원하고, 그리하여 강의 저편까지 닿을 듯한 교량의 꿈을 꾸는 한 여성의 예를 든다. 그러

나 그 상징화된 변화는 더욱 쉽게 성취될 수 있지만 여전히 의지와 결단을 요구하고 있을 수 있는 어떤 것의 변화일 수 있다. 예를 들면, 생활양식의 변화, 또는 중년으로부터 노년으로의 변화일 수 있다.

우리는 프로이트가 열거하는 의미들에다 다음의 의미들을 덧붙일 수 있다:

(5) 교량은 강을 건너는 데 사용되는 수단이다. 심지어 한 나라에서 다른 나라—외국, 신생국, 생소한 나라—로 건너는 데 사용되는 수단일 수도 있다. 그러므로 그것은 꿈꾸는 사람의 삶에서의 중대한 접합을 상징한다. 즉 대단히 중요한 결정을 요구하는 상황, 즉 비유적으로 신생국으로 들어가는 것으로 기술될 수 있는, 결정을 요구하는 상황에서의 중대한 접합을 상징한다.

(6) 당신이 건너가고 있는 교량이 곧 붕괴될 것처럼 위험하게 보인다면, 이것은 삶에 있어서의 변화에 대한 불안을 반영할 수 있다: 예를 들면, 당신은 혼자서 영위하던 삶으로부터 파트너와 함께 영위하는 삶으로의 변화, 또는 그 반대로, 파트너와 함께 영위하던 삶으로부터 혼자서 영위하는 삶으로의 변화를 겪게 될 것인지 어떤지에 대한 불안; 직업의 변화에 대한 불안; 가치기준의 변화에 대한 불안을 반영할 수 있다.

■ 교수(Professor)

교수는 지혜노인의 형상일 수 있는데, 원시적인 정신 에너지, 그리고 지혜를 나타낸다. 또한 지혜노인/지혜노파(Wise Old Man/Woman)를 참조하라.

■ 교차로(Crossroads)

(1) 교차로는 거의 변함없이 위기, 즉 당신이 방향을 결정해야 하는 인생의 기로에 있음을 상징한다. 보통 그것은 위기상황을 확인하는 것이다. 그리고 선택하는 행위가 지극히 어렵고 고통스러울지라도, 선택

하는 것은 당신에게 달려 있다.

(2) 드물지만, 교차로는 죽음을 나타낼 수 있다. 고대 풍습에는 종종 사람들을 교차로에 매장했다. 또한 죽은/죽음(Dead/Death)을 참조하라.

## ■ 교회(Church)

교회에 적용되는 것은 성전이나 돌들로 이루어진 하나의 원, 또는 다른 어떤 신성한 장소에 마찬가지로 적용될 수 있다.

(1) 교회는 자기(自己)를 상징할 수 있는데, 여기에서 자기는 전체적으로 통합된 정신이다. 이 정신의 모든 요소들은 조화있는 통일체를 이루고 있는데, 당신의 개인적인 성격과 '숙명'의 견지에서 보면, 그것은 진리라고 하는 최상의 가치를 구성하는 모든 것들을 중심으로 하고 있다. 자기에 대해서는 서론 83쪽을 참조하라.

그러므로 그 심상은 무의식이 당신에게 당신 자신을 '중심으로 할 것', 결국 정반대 방향으로 행동하는 분열을 중단할 것을 촉구하고 있다는 징조로 볼 수 있다. 즉, 그 심상은 현재 갈등 중에 있는 당신의 모든 부분들을 창조적이며 실현성 있는 협력이나 혼합을 통하여 통합시킬 것을 촉구하고 있는 징조로 볼 수 있다.

다른 건물들—집 또는 방—은 당신의 정신을 나타낼 수 있다. 당신의 꿈이 정신을 교회의 모습으로 나타낸다는 사실이 의미하는 것은 당신이 자기(自己)를 신성한 것, 즉 최고의 가치를 지니며 초월적일 수 있는 것으로 인지할 것을 권유하고 있는 것이다.

(2) 교회는 정신 전체를 상징하는 것이 아니라, 가장 귀한('신성한') 어떤 부분을 상징한다. 이 부분은 삶의 의미—진정한 숙명의 열쇠—를 쥐고 있는 부분이다.

(3) 원시 시대에는 신성한 곳을 부족의 최초의 조상(들)—신적인—의 출생지로 간주했다. 동일한 방식으로, 당신의 꿈에 나타난 신성한 곳에 대한 심상은, 당신은 무의미한 삶을 살고 있는 무가치한 피조물이 아니라는 것; 당신의 자기는 신적인 실재, 곧 최고의 가치를 지니

고 있으며, 가장 진지하게 고려되어야 하는 것; 당신은 자신을 사랑할 뿐 아니라 경외해야 한다는 것일 수 있다.

(4) 교회 또는 교회 안에서 일어나고 있는 것, 혹은 당신이 그 꿈에서 반응하는 것은 종교나 제도화된 어떤 종교 형태에 대한 당신의 감정을 나타낼 수 있다.

(5) 교회의 토굴(crypt)에 대해서는 동굴(Cave), 지하실(Cellar)을 참조하라.

(6) 교회 안에 누군가—사제나 (다른) 성직자, 또는 당신이 극진히 사랑하고 가슴 깊이 존경하는 사람(예를 들면, 아버지나 형)—가 있는가? 만약 그렇다면, 그 형상은 자기, 즉 자아를 초월하는 당신의 부분을 나타낼 수 있다. 자기에 대해서는 서론 83쪽을 참조하라. 또한 지혜 노인/지혜노파(Wise Old Man/Woman)를 참조하라.

## ■ 구(Sphere)

또한 만다라(Mandala)를 참조하라.

구(球)는 자기, 즉 완전한 균형과 조화를 갖춘 진정하고 충만한 자기를 상징한다. 당신의 꿈은 당신에게 잠재되어 있는, 가능한 어떤 것을 보여주고 있다.

## ■ 구(9, Nine)

(1) 숫자 9는 완성의 상징으로서, 개인의 충만을 나타낼 수 있다.

(2) 다른 한편, 9는 '10 중의 9', 즉 '완전하지 못함', '전부가 아님'이라는 의미를 가질 수 있다.

## ■ 구두(Shoe)

또한 발(Foot/Feet)을 참조하라.

프로이트는 구두나 슬리퍼가 여성 생식기에 대한 상징이라고 말한다.

## ■ 구름(Clouds)

(1) 꿈에 나타난 구름들은 다양한 기분들, 즉 밝은 기분이나 어두운 기분, 낙천주의나 우울한 상태 등을 상징한다.

(2) 곧 폭풍우가 될 구름은 임박한 정신적 장애에 대한 경고이다. 혹시 당신의 삶에 적절한 자리를 주지 않을 경우에, 곧 문제를 일으킬지 모르는 당신의 좌절되고 무시된 부분이 존재하는가?

(3) 구름들은 땅을 비옥하게 한다. 그러므로 그것들은 당신 자신 안에 있는 성장의 필요성을 상징한다.

(4) 구름은 고정된 형태가 없기 때문에 잠재력을 상징한다.

(5) 만약 구름이 태양을 가리고 있다면, 그 태양은 당신의 진정한 자기를 상징한다. 당신의 진정한 정체성을 인지하는 것을 방해하고 있는 것이 무엇인지를 찾아내기 위하여 구름과 친숙하도록, 즉 구름 속으로 들어가도록 힘쓰라. 또는 위의 항목 (1)에서처럼 기분을 나타내는 꿈일 수 있다.

## ■ 구멍/구덩이(Hole/Pit)

(1) 구멍은 여성의 질이나 자궁을 나타내는 성적 상징이다.

(2) 땅의 깊고 어두운 구멍이나 끝이 없어 보이는 구멍은 무의식을 상징할 수 있는데, 그것은 우리가 그 무의식과 친숙하지 않은 채로 지내왔을 때 무의식이 보여주는 두려운 측면이다.

## ■ 구석/구석(궁지)에 몰린(Corner/Cornered)

또한 막다른 길(Cul-de-sac)을 참조하라.

(1) 만약 꿈에서 당신이 구석에 있다면, 또는 구석에 있다는 느낌이 든다면, 당신 자신의 어떤 좌절감을 상징한다. 이 좌절감의 원인은 내부적일 수도 있고 외부적일 수도 있다. 어느 경우에나 당신은 결단할 것을 요구받고 있다. 궁극적으로 선택은 신경증에 빠지느냐 아니면 (내부적이거나 외부적인) 상황을 통제하느냐 하는 것이다.

(2) 다른 한편으로, 구석을 돌아 나오는 것은 삶의 새로운 방향을 취하는 것; 더 나은 방향으로의 전환을 의미할 수 있다. 또한 왼쪽(Left), 오른쪽/왼쪽(Right/Left)을 참조하라.

- **구세주(Saviour)**

  구원(Salvation)을 참조하라.

- **구원(Salvation)**

  꿈에서 구원을 상징하는 모든 것들은 아마 다음 두 가지 중 하나를 언급할 것이다:

  (1) 자신의 죄와 그 결과로부터 구원받는다는 종교적인 개념이 꿈에 나타난 구원이라는 주제에 대한 '느낌'이라면, 그 꿈은 무의식적인 죄책감들로부터의 해방에 대한 갈망을 표현하고 있을 수 있다; 무의식은 형이상학적인 차원보다는 오히려 심리학적인 차원에서 기능하기 때문에(무의식은 형이상학이 학설로 사용하는 것들을 상징들로 사용함), 그 꿈은 또한 당신이 현재 있는 그대로의 자신을 용납할 만한 사랑을 자신 속에서 찾을 것을 요구한다.

  (2) 치유와 온전성에 대한 심리학적인 개념은 갈등을 해결하고 정신의 균형과 충만에 이르는 것이다.

- **구출(Rescue)**

  (1) 당신은 무엇인가/누군가를 구출하고 있는가? 그 사람이나 그것은 아마도 지금까지 무시되어 온 당신의 어떤 측면을 나타낼 것이다. 그것을 구출하는 것은 그것에게 적절한 표현 수단을 허용하는 것을 의미한다. 꿈을 꾸는 당신이 남성이라면, 한 젊은 여인을 구출하고 있는가? 곤경에 처한 처녀(Damsel in Distress)를 참조하라. 꿈을 꾸는 당신이 여성이라면, 젊은 남자를 구출하고 있는가? 형제/자매(Brother/Sister) 항목 (4)를 참조하라.

(2) 당신이 구출되고 있는가? 무엇으로부터 구출되고 있는가? 어떤 위협적인 동물로부터인가? 물에 빠진 상태로부터의 구출인가? 그것은 무의식의 세력이 사람을 사로잡을 만큼 위협적이라는 사실을 시사해 준다. 동물(Animal) 항목 (4)를 참조하라.

(3) 누가 당신을 구출하고 있는가? 심리학적으로 말해서, 당신을 구출해 줄 수 있는 사람은 단 한 사람, 바로 당신 자신이다. 신적인 구원자나 슈퍼맨 같은 인물들은 자신 안에 있는 구원의 능력을 언급한다. 그 구원의 능력은 단순히 사랑의 능력이다. 즉 자신을 사랑하고, 그러므로써 다른 사람들을 사랑할 수 있는 능력이다. 이것은 사람들이 '하나님'이라고 부르는 대상의 실재를 부인하는 것이 아니다. 그러나 그러한 하나님이 하나의 존재로서 '저편에' 계시는지 어떤지는 알 수 없다; 알 수 있는 것은 사랑의 구원하는 능력이다. 그런데 이 사랑의 구원하는 능력은 당신이 감정들과 생각들을 멈추고 단순히 존재할 때마다, 또는 깨달을 때마다 당신 안에서 느낄 수 있는 것이다.

### ■ 군중(Crowd)

당신의 꿈에서 군중이 특징을 이루고 있다면, 그 군중에 대한 당신(그 꿈에서의 자아)의 반응과 군중 자체의 분위기를 기록하는 것이 중요하다.

(1) 군중은 일반적으로 사람들에 대한 당신의 감정을 나타낼 수 있다. 이런 경우에, 당신은 자신의 일상생활에서 되풀이되는 하나의 양식, 보통 자신을 해방시킬 필요가 있는 부정적인 양식을 보고 있을 것이다.

(2) 군중은 당신의 정신을 채우고 있는 많은 힘들, 본능들, 관심거리들 등을 나타낼 것이다. 그런 경우에, 당신의 무의식은 당신이 '그 아래에서' 무엇이 일어나고 있는지에 유의할 것을 촉구하고 있는 것일 수 있다.

### ■ 굴(Oyster)

굴은 질(膣)을 나타내는 성적인 상징이다.

■ 굶주림/배고픈(Hunger/Hungry)

(1) 꿈에서 굶주림이 의미하는 것은 상징적인 것이 아닐 수 있다. 즉, 당신은 정말 배고픔을 느끼고 있다.

(2) 굶주림이 상징적이라면, 그것은 대개 정서적인 갈망이나 성적인 갈망을 나타낼 것이다: 그러나 또한 굶주림은 의미, 개인의 성공, 개인의 발달 등에 대한 갈망을 나타낼 수 있다. 당신은 지루한가? 삶이 성취적이지 못한가? 이것으로 인하여 그 꿈에서 '굶주림'이 나타났을 수 있다.

(3) 만약 꿈에서 배고파하는 대상이 다른 어떤 사람이나 어떤 것이라면, 당신의 어떤 억압된 부분이 주목받기를 갈망하고 있거나, 당신의 의식적인 삶 속에서 적절한 표현의 기회를 박탈당하고 있을 것이다. 또한 신데렐라(Cinderella)를 참조하라.

■ 권총(Pistol)

권총은 남성의 성기를 나타내는 성적 상징이다. 그러므로 권총을 쏘는 것은 성행위를 상징한다.

■ 귀(Ear)

(1) 귀는 무의식으로부터 나온 경고일 수 있는데, 그 경고는 무의식이 말하려고 하는 것에 '귀를 기울이라'는 것이다. 이것은 내적인 자기에게 귀를 기울이도록 하기 위하여, 문화적으로 조건화된 당신의 뇌와 양심에 안식을 주는 것을 의미할 수 있다.

(2) 귀는 질(膣)을 나타내는 성적 상징이다.

■ 귀신(Demons)

또한 마귀(Devil), 악(Evil)을 참조하라.

꿈에 나타난 귀신은 지금까지 억압되고 무시되어 오다가 지금은 그 정신을 분열시키거나 불구로 만들 우려가 있는, 당신의 무의식 세계의 부분들을 나타낼 수 있다. 당신은 그 부분들을 사랑으로 접근하여 주의를 기울이며 자신의 의식적인 삶에 통합시켜야 한다. 이렇게 하면, 그러한 부분들은 '전향'(轉向)하게 될 것이다. 즉 그 부분들은 위협적인 것을 그만두고 자신들의 활성화된 에너지들을 자기(自己)를 성장시키는 데 쏟게 될 것이다.

우리가 무의식 중에 무엇을 수반하고 있는지를 아는 자기지식이야말로 고대시대의 귀신들림이라고 불렀던 것을 방어하는 유일하고 확실한 수단이다. 심리학적으로 말해서, 이 귀신들림은 무의식적인 힘들(강박적인 두려움이나 분노 등)이 의식적인 자아를 점유하는 것을 의미한다.

## ■ 그리스도(Christ)

자신은 종교적이지 않다고 생각하는 사람들의 꿈에서조차 종교적인 상징들이 나타날 수 있다. 여기에는 적어도 두 가지의 이유가 있다. 첫째로, 종교적인 가르침들은 대개 비종교적인 사람들에게조차 어느 정도로 영향을 끼쳐왔다는 것이다. 둘째로, 종교는 본능적인 토대를 가지고 있는 것으로 보인다는 점이다. 우리가 정신의 무의식적인 부분과의 접촉을 하지 않고 지내왔기 때문에, 이 토대는 지금 우리가 정신의 무의식적 부분이라고 부르는 것이다.

혹자는 그리스도의 형상은 그것이 어떤 것이든 당신에게 의미하는 바로 그것을 의미한다고 할지도 모른다. 그것은 사실일 수 있다; 그러나 당신은 그 다음의 가능성들을 고려해야 할 것이다.

(1) 그리스도의 형상은 당신에게 있어서 완전을 나타낼 수 있다. 그렇다면, 그것은 꿈에서 당신의 진정한 자기의 표현으로서 기능한다. 어떤 의미에서 그리스도/최상의 가치는 우리들 바깥과 너머에 존재할 수 있다. 그러나 꿈에 나타난 그리스도는 당신의 무의식으로부터 나오며, 최상의 가치를 지닌 것이 당신 안에서 실현된다는 것을 의미한다: 정말로 그것은 당신 자신, 즉 아직 실현되지 않았지만 잠재적인 당신의 자기를 의미한다.

(2) 만약 그 형상이 어린 아이로서의 그리스도의 형상이라면, 위에 제시된 해석은 강화된다. 또한 어린이(Child) 항목 (3)과 (4)를 참조하라.

(3) 꿈에 나타난 그리스도와 동성연애나 양성연애간의 연상이 존재한다면, 이것은 다시 위의 항목 (1)의 해석을 확증해 주는 데 도움이 될 것이다. 남신 헤르메스(Hermes)와 여신 아프로디테(Aphrodite)가 결합한 자웅동체는 종교적 상징—예를 들면, 힌두교에서 시바(Shiva)를 부분적인 남자와 부분적인 여인으로 표현하는 것—에 자주 나타나는 형상이다. 그것은 대극들의 연합을 나타낸다. 정신적인 용어로 말하면, 그러한 형상은 의식과 무의식, 사고와 감정, '정신'과 '몸', 외향성과 내향성 같은 갈등적인 힘들을 불러 모으는 것을 나타낸다. 또한 결혼(Marriage)을 참조하라.

(4) 꿈에 나타난 그리스도가 십자가에 못박힌 그리스도라면 순교의 상징이다. 만약 당신이 이 형상과 관련이 있다면, 그러므로 당신이 누명을 쓴 수난자라면, 당신 자신에게 이 역할을 받아들임으로써 어떤 목적을 달성하게 되는지를 물으라. 그것으로 인하여 당신은 행복하게 되는가? 만약 고통이 우리로 하여금 '다른', 그리고 우월한 느낌을 갖게 하는 데 도움을 준다면, 아마 그 고통은 기쁨을 줄 수 있을 것이다. 그런데 그것은 순교 콤플렉스의 이면인 경우가 종종 있다: 이것은 환상에 의해 스스로 부풀린 팽창적 견해이다. 그러나 자신을 불행하게 만듦으로써 행복을 얻고자 하는 것은 자기모순이다.

꿈은 당신에게 자신을 객관적으로 살펴보고, 지금까지 당신을 사로잡고 있던 환상을 제거할 것을 말하고 있을 가능성이 가장 많다. 만약 당신이 이 자기책벌의 도식을 처음 시작했던 이유를, 또는 그 도식을 강화시켜준 나중의 이유—실패—를 확인할 수 있다면, 당신이 그것으로부터 벗어나는 데 도움을 줄 수 있을 것이다. 첫 번째 요인은 아마 아동기에 가졌던 어떤 죄책감일 것이다; 그런데 그것은 상상된 죄의식이었음이 거의 확실한데, 그 죄의식은 정당성이 거의 없거나 전혀 없는 것이다. 예를 들면, 당신은 어린 아이 시절에 이성 부모에 대하여

성적인 사랑의 욕구를 가진 적이 있는가? 사실 우리 모두 그랬다.
 무엇보다 당신은 어떤 움직일 수 없는 운명에 사로잡혀 있지 않다는 사실을 자각하라. 우리가 운명이라고 부르는 것은 사실상 무의식적으로 자기 도식화된 것들인데, 이러한 것들은 우리의 욕구들이 (실제의 또는 상상된) 부모나 권위적인 사람의 불찬성과 상충될 때 일어나는 불안한 두려움을 물리치려고 할 때 시작된다.
 (5) 꿈에 나타난 그리스도는 무엇을 하고 있는가? 아니면 무엇을 말하고 있는가? 그가 누군가―당신―를 치유하고 있는가? 그렇다면, 그 형상은 당신 속에 존재하는 자연적인 치유 능력을 나타낼 것이다. 이 내적인 치유능력이 자신을 상징으로 보여준다는 사실은 그것이 당신의 무의식 속에 존재한다는 것을 의미한다. 당신은 그것을 활성화시킬 필요가 있는데, 이것을 위해 맨 먼저 취해야 하는 조치는 당신 자신―무의식적인 자기―을 더욱 잘 알게 되는 것으로 이루어진다. 특별히 당신은 자신 안에서 작용하는 상호 적대적인 힘들, 즉 긍정적인 힘들과 부정적인 힘들을 알아야 한다. 그것은 당신안에 내재해 있는, 오랫동안 무시된 요소로서, 치유를 위해 대단히 중요하다. 심리학적인 용어로, 치유는 '온전성'과 조화, 즉 마음에 일고 있는 모든 심각한 갈등들이 해결된 상태를 의미한다. 당신에게 있어서 일생동안 온전성을 가져올 필요가 있는 것은 무엇인가? 당신의 어느 부분이 지금까지 무시되어 왔는가?
 그러나 치유하는 그리스도가 당신의 꿈에 나타났다는 사실은 매우 좋은 징조이다. 그것은 무의식이 당신에게 치유능력을 제공하고 있다는 것을 의미한다. 그것을 거부하지 말라.
 (6) 그리스도의 형상이 용서를 선언하고 있는가? 만약 그렇다면, 그것은 당신이 죄책감 때문에 고통을 겪고 있고, 그 죄책감을 내적 갈등의 증상으로 확인했으며, 이제는 죄의식과 긴장을 풀어버릴 준비가 되어 있다는 것을 의미할 수 있다: 아니면, 무의식이 지금 당신에게 죄책감과 그와 관련된 마비시키는 불안을 단호하게 풀어버릴 수 있는 수단을 제공하고 있다는 것을 의미할 수 있다.

본질적으로 용서는 죄의식과 불안, 즉 처벌에 대한 두려움을 푸는 것이다: 그리고 푸는 행위자는 죄책감으로부터 그것들의 동기까지를 살펴보는 객관적인 지성이다. 순수한 동기가 어떻게 죄책감을 일으킬 수 있는가? 그 대답은 환상의 능력에 있다. 특별히 초기 아동기(피아제 Jean Piaget에 의하면, 초기 아동기에는 환상과 현실 사이의 구별이 없다)에는 환상의 능력이 자연적이고 피할 수 없는 욕구들로부터 도덕적인 죄를 만들어 내며, 온 세상은 '범죄자'를 처벌하는데 열심이라는 신념으로 인도한다.

(7) 꿈에 나타난 그리스도 형상이 복종과 자기포기를 시사하거나 아니면 무저항을 시사하는가? 만약 그렇다면, 그 꿈은 변화시켜야 할 필요가 있는 삶의 양식—통제를 벗어나 있는 '운명'이나 환경에 복종하는 부정적인 양식—을 보여주는 것으로 이해될 수 있다. 그것은 당신에게 그것과는 달리 일종의 적극적인 복종을 훈련할 것을 촉구한다. 이 적극적인 복종이란, 자아가 무의식의 더 큰 지혜에 자리를 양보하고, 거짓된 야심들은 진정한 내적 자기의 격려들에게 자리를 양보하는 것이다. 이 내적 자기는 당신의 진정한 '숙명'을 나타낸다. 운명(fate)과 숙명(destiny)을 혼동하지 말라: 운명은 외부적인 것이고, 숙명은 내부적인 것이다.

(8) 꿈에 나타난 그리스도는 부활하신 그리스도인가? 만약 그렇다면, 이것은 잠재적인 자기갱신이나 자기초월의 길조(吉兆)로 생각될 수 있다: 깊이 자리한 모든 내적인 갈등, 불안 그리고 불만족을 그대로 둔 채, 새롭고 더욱 충만한 자기됨으로 나아갈 가능성을 뜻한다.

(9) 꿈에 나타난 그리스도는 네 형상들(네 복음전도자들, 또는 그들의 상징들, 즉 천사, 사자, 황소, 독수리)로 둘러싸여 있는가? 이것은 정신의 온전성을 나타내는 만다라이다. 만다라(Mandala)를 참조하라.

주의. 우리 바깥에 있는 존재를 지나치게 의존하는 것은 위험할 수 있다. 예를 들면, 우리의 죄가 외부의 그리스도에게 전가되고 있다는 생각은 그러한 개념을 문자적으로 생각하지 않는 한, 즉 죄를 해결하는 행위자가 지성적인 '나'인 내적 과정들을 상징적으로 표현하는 것으로 보는 한, 유용하고, 정말로 건강한 전략일 수 있다. 그렇지 않으면, 우리는 우리의 행동들과 미래에 대한 책임을 포기하는 위험에 처하게 된다.

꿈에 자주 나타나는 다른 모든 형상들과 같이, 그러한 그리스도 형상은 무의식에 의하여 끌어 올려지고, 정신의 심층에 있는 것들이 형상화된 것이다.

그리스도를 보편적인 실재로 보는 종교적인 견해를 논박하지는 않는다. 개인의 소유는 아니지만 그와 같이 자연에 속한 개인 정신의 어떤 층이 존재하고 있으며, 그 자신을 실재하는 모든 존재물에 나타내는 것 같다. 심리학과 신학은 그리스도를 보편적인 '나'—존재하는 유일한 주체—로 보는 신비적인 이해에서 함께 만난다. 이것은 모든 사물들과 사람들을 동일한 실재의 화신(化身)이나 구현(具現)으로서 보는 것이다. 이러한 신비적인 견해는 위대한 모든 종교 전통들에서 발견된다. 만약 이 견해가 사실이라면, 그것은 개인과 하나님 사이의 직접적이고 친숙한 관계, 즉 확실성과 확신의 원천으로서, 곧 올바른 자존감과 불안에 대한 방패로서 적절히 사용될 수 있는 관계를 위한 토대를 제공해 준다.

■ 그림(Picture)

그림은 사상이나 관념을 나타낼 수 있다; 아니면, 그림의 내용이 무엇을 상징하든간에 그것은 당신의 주의를 무엇인가에 맞추게 하는 하나의 방법일 수 있다.

■ 그림자(Shadow)

그림자에 속하는 모든 것은 본성의 어두운 측면, 즉 사용되지 않았거나 거부된 역량들, 특질들과 정서들과 같이 잘 모르는 측면을 상징한다. 당신이 이 '제 2의 자아'에 대하여 알지 못하는 한, 그것은 다른 사람들에게 투사될 것이다.

■ 근육질의 남자(Muscular Man)
남성적인 사나이(He-Man)를 참조하라.

■ 근친상간(Incest)
꿈에서의 근친상간 행위는 물론 당신이 실제의 삶에서 목격했거나 관련했던 사실일 수 있다. 만약 그렇다면, 당신은 그 문제를 가지고 좋은 친구나 심리치료사와 상담한 적이 있는가? 그렇게 하지 않았다면, 그 이유는 무엇인가? 그것의 상징적인 의미는 다음과 같을 것이다:

(1) 남성의 꿈에서 딸과 근친상간이 이루어졌다면, 그것은 대개 실제로 딸에게 느끼고 있는 성적인 감정에 대한 두려움을 나타낼 것이다. 그러나 욕망에 대한 솔직한 표현일 수 있다.

(2) 남성의 꿈에서 근친상간의 대상이 여자 형제라면, 그녀는 당신 본성의 여성적인 측면을 나타내는 아니마의 형상일 수 있다. 만약 아니마에 대한 긍적적인 측면—지혜와 포괄적인 사랑의 원천으로서—이 나타난다면, 무의식은 좋은 것들을 당신의 의식적인 삶 속에 수용하고 통합시킬 것을 권하는 것일 것이다. 만약 아니마의 형상이 부정적인 측면—소유욕이 강하고 침울한—을 나타낸다면, 그 꿈은 당신에게 사랑은 부정적인 것을 긍정적인 것으로 변화시킬 수 있다는 사실을 말하고 있을 것이다. 이런 경우에, 사랑은 당신의 정신에 내재된 여성적인 요소들을 적절하게 존중하는 것이다. 아니마에 대해서는 형제/자매(Brother/Sister) 항목 (4)~(6), 그리고 서론 76쪽을 참조하라.

(3) 남성의 꿈에서 근친상간의 대상이 어머니라면, 그것은 어린 아이 시절에 어머니에 대하여 느꼈던 욕구의 표현일 수 있다. 비록 억압되었을지라도, 그런 욕구는 경우에 따라서 표면으로 떠오를 수 있다. 그것을 자연스럽고 순진한 것으로 받아들이도록 노력하라. 또한 외디푸스 콤플렉스에 대해서는 서론 46쪽을 참조하라. 때때로 어머니는 아니마를 상징한다. 또한 위의 항목 (2), 그리고 아래의 항목 (7)을 참조하라.

(4) 여성의 꿈에서 근친상간의 대상이 아버지라면, 그것은 어린 시

절의 아버지에 대한 억압된 욕구를 표현하는 것일 수 있다. 이러한 경우에, 당신은 그런 감정이 순수하다는 사실을 알 필요가 있다.

(5) 여성의 꿈에서 근친상간의 대상이 남자 형제라면, 그것은 당신에게 당신의 아니무스, 즉 당신 본성의 남성적인 측면에 대하여 무엇인가를 말하는 것일 수 있다. 만약 아니무스의 형상이 긍정적인 것이라면, 그것은 당신 정신의 여성적인 요소들과 남성적인 요소들이 의식적인 수준에서 충분히 결합될 경우에, 당신이 온전성을 획득하는 데 필요한 모든 것들의 원천을 나타낼 것이다. 만약 아니무스의 형상이 부정적인 것—완고하고 고집 센—이라면, 그것은 당신이 지금까지 자신의 남성적인 특질들을 억압해 오고 무시해 왔고, 그러므로써 그것들은 통제되지 않고 위협적인 방식으로 자신을 표현시킨다는 것을 의미한다. 사랑만이 부정적인 것을 긍정적인 것으로 변화시킬 수 있는데, 사랑은 특질들을 충분히 존중해주고, 그것들로 하여금 당신의 의식적인 삶 속에서 적절한 자리를 가지도록 허용하는 것이다.

(6) 다른 한편, 여성의 꿈에서 아들과의 근친상간 행위나 그러한 욕구가 나타난다면, 그것은 그를 보거나 만지는 데서 오는 당신의 자연스러운 감각적 쾌락에 대한 불안을 표현하는 것일 수 있다.

(7) 남자가 어머니와 성행위하는 것에 대한 꿈을 꾸거나 공상을 한다면, 그것은 죽음에 대한 원망(願望), 즉 자궁 속으로 복귀하려는 욕구를 나타낼 수 있다. 이것은 당신의 어머니가 대지의 어머니 특성들 가운데 부정적인 측면, 곧 탐욕스러운 측면을 가지고 있다는 것을 의미하고; 정말로 당신은 자신의 개체적인 자기(自己)의 표현을 가로막고 있는, 어머니에 대한 집착으로부터 벗어나기 위하여 온갖 노력을 다 할 필요가 있다는 것을 의미할 것이다. 서론 79쪽을 참조하라.

꿈에서 어머니와의 근친상간에 대한 또 다른 해석은, 새로운 삶을 위한 욕구, 말하자면 재출생을 위하여 대지의 어머니의 자궁 속으로 들어가는 것을 표현하는 것일 수 있다.

■ 글 쓰기(Writing)

(1) 만약 꿈에서 당신이 글을 쓰고 있다면, 당신은 무엇인가를 표현하려고 하는 것이다. 당신은 누구에게, 그리고 무엇을 표현하거나 전달하려고 하는지를 물어보라.

(2) 다른 사람이 글을 쓰고 있다면, 그 사람은 실생활에서의 누군가를 나타낼 수 있다; 아니면 당신 자신의 어떤 부분을 나타낼 수 있는데, 이것은 주의를 요구하고 있고, 당신의 의식적인 삶 속에 들어가기를 간청하고 있는 부분이다. 어느 경우이든지, 글쓰는 이가 당신에게 말하고자 하는 것에 주의를 기울이라.

■ 금/황금빛의(Gold/Golden)

(1) 금색은 상징적으로 태양과 연관을 가지는데, 이것은 새로운 삶, 즉 자기 갱신: 정신의 새로운 발전을 나타낼 수 있다. 또한 태양(Sun)을 참조하라.

(2) 귀중품으로서의 금은 의식적인 자아와는 구별되는 진정한 자기를 상징하거나, 정신 속에 있는 어떤 능력을 상징한다. 일단 받아들여지고 활성화 된다면, 그것은 당신으로 하여금 실제의 자기에게로 더욱 가까이 나아갈 수 있게 할 것이다.

(3) 신화에서 금빛 양털 또는 금으로 된 열매는 괴물이나 다른 악한 것들을 무찌른 영웅에게 주는 상으로서의 특징을 지닌다. 이것은 무의식의 내용들에 정면으로 맞서고, 무시당했기 때문에 지금까지 거칠고 호전적이었던 것들을 길들이며, 그것들을 당신의 의식적인 삶 속에 통합시킨 것에 대한 보상을 상징한다.

■ 금고(Safe)

금고는 대단히 귀중한 것들이 들어 있는 자기에 대한 상징이다.

■ 금속(Metal)

용해(Melting) 항목 ⑵, 금(Gold) 등을 참조하라.

■ 기관차(Locomotive)

⑴ 기관차는 능력, 에너지, 본능적 충동을 상징한다.
⑵ 기관차는 남성의 성기를 나타내는 성적인 상징이다. 터널로 들어가는 기관차는 성행위를 나타낼 수 있다.

■ 기능공(Workman)

만약 꿈에서 건축가나 배관공이 당신의 집에 일하러 온다면, 그 꿈은 당신의 문제나 삶의 문제를 상징적으로 지적해 주는 것일 수 있다. 그리고 아마 그 문제에 대하여 당신이 어떻게 해야 하는지를 보여 주고 있을 것(집=당신)이다. 이것은 노동자가 거리에서 일하고 있을지라도 마찬가지이다. 예를 들면, 만약 그가 배수관을 뚫으러 왔다면, 당신에게 반드시 해결되어야 할 정서적 장애가 있다는 것을 의미할 수 있다.

■ 기둥(Pole)

기둥은 다산 제의의 특징을 갖는 5월제의 기둥과 마찬가지로 남근의 상징이다.

■ 기수(Jockey)

말(Horse)을 참조하라.

■ 기적(Miracle)

마술(Magic)을 참조하라.

### ■ 기차(Train)

(1) 기차는 성적인 것에 대한 상징으로, 남성의 성기를 나타낸다; 터널을 지나가는 것은 성교를 나타낸다.

(2) 기차를 놓치는 것은 죽음을 피하거나(프로이트), 기회를 놓치는 것을 의미할 수 있다. 당신은 너무 심한 죄책감 때문에 삶이 제공하는 것을 받아들일 수 없는가?

### ■ 길(Road)

꿈 속에서 당신이 여행하고 있던 길이 굽어 있고 오르락 내리락 하는 것은 아마 당신의 생에 반복해서 일어나는 유형을 나타낼 것이다. 당신은 올라가지만 목적지에는 결코 도달하지 못하는가? 그렇다면, 당신은 목적지에 도달하지 못하게 방해하고 있는 것이 무엇인지; 그것이 바른 목적지인지; 당신으로 하여금 기대에 못미치게 하거나 일을 망쳐버리게 하는, 또는 주어지는 기회들을 거절하게 만드는 내적인 콤플렉스나 부정적인 태도들이 존재하는지를 물어야 한다. 그 길은 시계바늘 방향으로 되어 있는가? 시계바늘 방향(Clockwise)을 참조하라.

### ■ 길들인/길들이기(Tame/Taming)

야생동물을 길들이는 것은 무의식의 어떤 측면—예를 들면, 제멋대로 행동하는 본능, 또는 억압되고 그리하여 반항적인 정서—을 의식의 통제하에 두는 것을 상징한다.

### ■ 길떠남(Journey)

또한 여행(Travel)을 참조하라.

(1) 길떠남은 당신의 현재 상황으로부터 탈출해야 할 필요성이나 그렇게 하고자 하는 욕구를 표현하는 것일 수 있다. 그러나 꿈에서 길을 떠날 때에는 보통 목적지가 있다. 아래의 항목 (2)와 (3)을 참조하라.

(2) 신성한 곳을 향하여 길을 떠나고 있는가? 심리학적으로 말해서,

이것은 아직 실현되지는 않았지만 당신이 이제 자신의 진정한 자기를 가장 중요한 목적으로 알고 있다는 것을 의미하거나, 만약 그 목적지가 치유의 효력이 있는 신성한 우물이나 신성한 장소라면, 당신은 이제 정신의 치유와 온전성에 대한 필요를 느끼고 있음을 의미할 수 있다.

(3) 아직 목적지에 이르지 못했는가? 당신은 전에 가 본 적이 있는 곳인데도 그곳을 찾지 못했는가? 그 꿈은, 당신이 진정한 자기를 흘끗 보기는 했지만, 그것을 성취하도록 인도하지는 못했다는 것을 말한다.

(4) 전에 방문한 적이 없는 미지의 땅을 찾아가는 항해는, 무의식이 자기와 아는 사이가 될 것을 권하고 있다는 것을 의미할 수 있다. 바다는 무의식에 대한 공통적인 상징이다.

(5) 친구(만약 그가 동성일 경우에는 당신의 제 2의 자아이고; 이성일 경우에는 당신의 아니마/아니무스이다)와 함께 길을 떠나는 것이나, 친구 하나 없이 두렵고 예측이 불가능하다는 느낌이 드는 생소한 지역으로의 길떠남은 '숙명'의 성취를 향한 당신의 전진에 대한 우화이다. 이 숙명의 성취는 무의식의 '그림자'와 화해하고, 내적 갈등들을 치유하며 온전성을 향하여 확장해 가는 것이다. 그런 우화적인 길떠남과 같은 것들은 당신이 꾸는 대부분의 꿈에 나타나고, 계속해서 그렇게 진행될 것이다.

(6) 꿈에서의 길은 현재의 삶에서 실제로 무엇이 일어나고 있는지, 또는 좀 드물지만 당신이 어떻게 살아야 하는지를 당신에게 말해줄 수 있다. 예를 들면, 만약 그 길이 나선형으로 올라가 정상 부근에 이르렀는데, 표지판을 보고 혼란이 생겨서 결코 목적지에 이르지 못하는 경우라면, 그것은 아마 당신 자신의 삶에서 자주 반복되는 유형을 반영하는 것일 수 있다. 그런 경우에, 당신은 그 꿈을 상기시키는 것이 유익하다는 것을 알게 될 것이다. 왜냐하면 당신은 그 꿈을 상기시킬 때 비로소 그 꿈 이야기에서의 중요한 고비때마다 취할 수 있는 다양한 선택들을 발견하게 되기 때문이다. 이것은 당신이 보다 긍정적이고 효과적인 행동 유형을 구축하는 데 도움이 될 수 있을 것이다.

### ■ 깊은 곳들(Depths)

땅 속 깊은 곳, 깊은 우물, 깊은 바다, 지하실 등 온갖 종류의 깊은 곳들은 무의식을 나타낼 수 있다. 만약 당신이 여러 문제를 야기시키고 있는, 당신 성격에 들어 있는 어떤 것의 '밑바닥에 이르고자' 한다면, 반드시 당신의 무의식 속으로 내려가, 지금까지 당신이 거기에 매장시켜 왔던 원망들이나 두려움들을 파낼 준비를 해야 한다.

### ■ 까마귀(Crow)

(1) 까마귀는 죽음이나 불행을 상징한다. 또한 죽은/죽음(Dead/Death)을 참조하라.

(2) 아마 까마귀는 당신의 삶을 풍성하게 하거나 새롭게 할 수 있는 정신 안의 어떤 것을 나타낼 것이다. 때때로 까마귀들은 높이 난다. 그러므로 그것들은 신의 사자들로 간주되어 왔다: 또는 다산력의 표상으로 간주되었다. 꿈에 나타난 까마귀가 당신을 무섭게 할 때조차도 이것은 사실일 수 있다: 우리는 종종 정신의 어두운 부분을 두려워 한다. 그럼에도 불구하고, 그 어두운 부분에는 우리가 더욱 충만한 삶을 위하여 필요로 하는 모든 것들이 담겨 있다.

### ■ 깜깜함/검정색(Black)

(1) 깜깜한 구멍이나 어두운 심연들—예를 들면, 불이 켜 있지 않은 지하실이나 깊은 우물 또는 대양의 심해들—은 무의식을 나타낼 수 있다. 무의식이 여전히 소외되고 친숙하지 않은 것으로 남아있는 한, 이 깜깜함은 두려운 것일 수 있다. 그러나 깜깜함은 또한 따뜻하고 위로를 주는 것일 수 있다—그러한 이유로 불면증 환자들은 때때로 눈을 감고 검정 벨벳으로 덮여 있는 자신을 상상해 보라는 충고를 받는다. 만약 당신이 무의식을 신뢰(자연을 신뢰하는 것을 의미함)하기 시작한다면, 당신의 무의식 가운데 이전에는 소름을 끼치게 하거나 메스껍게 하던 각각의 부분은 자신을 새로운 빛 안에서, 당신의 개인실현

을 위하여 필요한 어떤 것을 보여줄 것이다. 당신의 의식을 무의식 속에 투입하는 것—그 무의식을 의식화하는 것—, 점점 더 많은 빛을 어둠 속에 비추는 것을 의미한다. 만약 별이나 기타의 밝은 빛이 어둠 속에서 드러난다면, 이것은 '터널 끝에 있는 빛', 즉 '조명'—새로운 지혜나 통찰력—의 상징으로 보여질 수 있다. 이 '조명'—새로운 지혜나 통찰력—은 당신이 잠시 무의식에 머무르면서 그 무의식과 더 친숙하게 됨으로써 성취될 수 있을 것이다.

(2) 검정색이 특히 백인들에게는 악을 상징한다. 만약 그렇다면, 대체적으로 당신의 꿈에 나타는 것은 언제나 당신의 어떤 부분이라는 것을 명심하라. 그리고 소위 '악하다'고 하여 억압된 그 부분들은 무시되기 때문에 반역적이 되는 경우에, 또는 그 부분들이 당신의 의식적인 자기의 통제를 벗어나는 경우에만 실제로 악하다는 것을 명심하라. 의식과 무의식이 상호작용을 하고, 조화있는 실용적인 관계를 수립할 때, 이 '악한' 것들은 선한 것들—창조적이고 더욱 충만한 삶, 즉 행복과 온전성을 가져다 주는 것들—로 변화된다.

주의. 유대교, 기독교, 그리고 이슬람교만이 선과 악에 대한 철저한 이원론과 이에 걸맞는 도덕적 교리를 가지고 있다. 원시종교의 형태에서, 그리고 원시종교에 뿌리를 둔 세계종교(가령 힌두교, 불교, 그리고 도교의 전통들과 같은)의 전통들에서, 선과 악은 서로 대립적이기는 하지만 실재를 구성하는 데 동등하게 필요한 요소들이다; 그리고 신비적인 전통들(유대교 신비주의, 기독교 신비주의, 그리고 이슬람교 신비주의 포함)에서, 심지어 하나님은 대립적인 것들로, 즉 선과 악이 함께 생기게 할 뿐 아니라 남성적이며 여성적인 존재로 서술된다.

(3) 검은 옷을 입은 사람은 자신의 그림자를 나타낼 수 있다. 서론 72쪽을 참조하라.

(4) 만약 당신이 흰 피부라면, 피부가 검은 사람은 자연의 그림자나 그것에 대한 친밀성을 나타낼 수 있다.

(5) 검은색 동물은 무의식의 어떤 억압된 충동이나 정서를 나타낼

수 있다. 그 동물이 사납다면, 이것의 의미는 당신이 억압해온 어떤 것이 그것에 주의하고 깨어 있는 당신의 생활에서 그것을 표현하라는 긴급한 요청일 수 있다.

(6) 깜깜한 밤처럼 검은색은 시계(視界)의 감소를 의미할 수 있다. 그와 같은 경우에, 그 꿈은 당신의 삶에서 방향상실을 의미할 수 있다. 당신은 어느 길로 가야 할지를 모르고 있는가; 또는 어느 방향으로든 갈만한 힘이나 의지가 없다고 생각되는가? 만약 그렇다면, 당신은 무의식이 당신에게 삶의 방향을 선택할 수 있는 잠재능력과 그 필요성이 있는 곳을 가리켜 줄 것이다. 그때 당신은 무의식과 계약을 체결하라. 그런 다음 이어지는 꿈들에 세심하게 주의하라. 만약 당신이 며칠 밤을 꿈을 꾸지 않는다면, 또는 좀더 정확하게 말해서 꿈을 기억하지 못한다면, 그것은 아마 당신이 그 계약으로부터 후퇴하고 있고, 무의식이 말하는 것에 대해서 방어하고 있다는 것을 의미한다.

(7) 검정색은 절망이나 깊은 우울증을 나타낼 수 있다. 만약 그렇다면, 위의 항목 (6)에 제시된 충고를 따르라.

(8) 세계의 여러 지역에서 검정색은 죽음과 관련이 있다. 그러므로 그 색깔이 꿈에서 의미하는 것은 죽음일 수 있다. 그러나 꿈에서의 죽음은 내면적인 어떤 것을 의미할 수 있다는 점을 명심하라. 즉, 이 죽음은 당신의 내면에 있는 어떤 것(예를 들면, 어떤 비합리적인 두려움, 또는 기타의 부정적인 태도나 정서)의 죽음이나 포기를 의미할 수 있다. 또한 죽음(Death)을 참조하라.

■ 깡패(Gangster)

(1) 특히 지식인이나 이상주의자의 꿈에 나타난 깡패는 강제로 자신의 목적을 성취하고자 하는 무의식적인 욕구를 나타낸다.

(2) 깡패는 무의식 속에 있는, 다루기 힘들고, 난폭하고, 파괴적인 잠재적 요소를 상징한다.

■ 깨어남(Awakening)

만약 당신이 잠에서 깨어나는 꿈을 꾼다면, 이것은 이미 당신의 삶에 나타나기 시작했거나 나타나야 할 필요가 있는 새로운 자각의 상징이다.

■ 껍질(Shell)

(1) 바다 조개껍질은 여성의 질과 유사한 모양을 하고 있고, 바다와 연관되어 있기 때문에, 여성적인 것에 대한 상징이다. 어떤 경우에는 어머니나 어머니에 대한 당신의 애착을 나타낼 수 있고, 남성에게 있어서는 아니마를 나타내거나 성교에 대한 직접적인 상징이다. 아니마에 대해서는 형제/자매(Brother/Sister) 항목 (4)~(6)을 참조하라. 또한 어머니(Mother)를 참조하라.

(2) 바다 조개껍질은 바다와 연관성이 있기 때문에 무의식을 상징한다.

(3) 거북이나 달팽이의 껍질은 보호, 또는 은신처; 현실로부터의 후퇴 혹은 사회적인 접촉이나 감각적인 접촉들로부터의 후퇴, 또는 '방어기제'를 상징한다. 서론 48쪽을 참조하라.

(4) 계란 껍질은 연약성, 상처받기 쉬운 것을 상징한다. 또한 계란(Egg)을 참조하라.

(5) 대포의 탄피는 로케트와 마찬가지로 성적인 것을 상징한다. 또한 폭탄(Bomb)을 참조하라.

■ 꽃(Flower)

또한 만다라(Mandala)를 참조하라. 그리고 특정의 꽃들에 대한 표제어: 즉 장미 등을 참조하라.

(1) 꽃은 융이 말한 '자기'(自己), 즉 진정한 자기를 상징할 수 있고; 정신의 기본적인 질서와 아름다움을 상징한다. '자기'에 대해서는 서론 83쪽을 참조하라. 꽃에 대한 명상은 동양의 신비명상 전통들, 특히 도교와 선불교에서 내면의 치유를 촉진하는 수단으로 권한다.

(2) 한 꽃잎이 다른 꽃잎들보다 훨씬 크거나, 꽃의 중심에 있어야 하는 것이 실제로는 중심에서 멀리 있거나 하는 것처럼 균형이 잡히지 않은 꽃은 당신의 정신적 균형이 결핍되어 있다는 것을 나타낼 것이다: 어떤 부분/기능은 다른 부분/기능을 희생시키면서 발달해 왔다: 아니면 당신은 전체적으로 자신의 '중심'을 상실한 상태일 수 있다. 즉, 방향을 잃고 혼란에 빠져 있을 수 있다. 만약 그렇다면, 당신은 외적으로나 지적으로 강요된 가치들을 비우고 내면의 중심을 재발견할 필요가 있을 것이다. 그 내면의 중심에서 당신은 적절한 가치들을 발견하게 될 것이다. 이것은 가치들이 철저히 상대적이라는 사실을 의미하지는 않는다. 당신의 개인적 '숙명'에 상응하는 가치들은 사랑을 축으로 하는 중심에 나타나게 될 것이다. 그것은 모든 생명의 하나됨에 대한 자각을 의미하고, 다른 사람들을 존중하는 것을 의미한다.

(3) 당신의 꿈에 나타난 꽃은 자연의 아름다움과 평온함을 생각나게 하고, 기본적으로 그 아름다움과 평온함으로 되돌아갈 필요가 있음을 일깨우는 것일 수 있다: 단지 존재한다는 것, 그리고 당신의 생의 설계도를 전개한다는 것은 외적으로 성취하는 것보다 더 중요하다.

■ 끈을 푸는 것(Untying)

또한 포장을 푸는 것(Unwrapping)을 참조하라.

(1) 만약 당신이 묶여 있지 않다면, 그 꿈은 당신에게 일어날 예정인 것, 또는 당신에게 반드시 일어나야 하는 것, 즉 지금까지 당신을 제지하고 좌절시키고 있는 모든 것들과 성공이나 행복을 억누르고 있는 모든 것들로부터의 해방을 묘사한다.

(2) 만약 어떤 물건이나 다른 사람이 묶여 있지 않다면, 그것은 당신이 지금까지 억압해 왔던 부분에 표현의 자유를 줄 필요가 있다는 것을 의미할 수 있다.

(3) 매듭을 푸는 것은 문제를 해결하는 것이나 어떤 관계를 해체시키는 것을 의미할 수 있다.

# ㄴ

■ 나(I)

꿈에서의 '나'는 거의 변함없이 의식적인 자아이다. 꿈에 나타나는 다른 사람들, 동물, 그리고 사물은 보통 의식적인 자아가 관계를 가지고 협력할 필요가 있는 부분들이다.

■ 나귀(Ass)

(1) 나귀는 자신의 우둔함을 의미할 수 있다! 그것을 찾아내라. 어떤 점에서, 즉 생의 어느 분야에서 당신은 바보가 되는가?

(2) 나귀는 공격적이거나 야만적인 측면에서의 어떤 의미가 아니라 이성이나 지성에 앞선다는 의미, 즉 무의식적이고 직관적이라는 의미에서 동물적인 충동에 대한 상징이다.

민간전승에서 동물들은 볼 수 있고 대단히 지혜롭게 말할 수 있다. 꿈에 나타난 겸허한 나귀나 당나귀는 당신에게 본성으로 돌아와서 당신 존재가 가지고 있는 본성의 법을 준수해야 할 필요가 있다는 것을 말한다.

(3) 토니 크리스프(Tony Crisp; Dream Dictionary)는 나귀를 '꾸준히 일하고 참을성 많은 몸'에 대한 상징으로 말한다. 그러나 당신이 계속해서 몸을 무시하고 학대할 경우, 마침내 몸은 당신을 차버릴 수 있다는 것을 기억하라.

■ 나누는/나누기(Dividing/ Division)

자름/절단(Cutting) 항목 (3)을 참조하라.

## ■ 나락(那落 Abyss)

(1) 나락은 사실적이거나 상상적인 위험이 임박해 있다는 것을 상징한다. 여기에서 중요한 것은, 그 꿈이 당신의 불안을 표현하고 있다는 사실이다. 당신의 현 상황―가정이나 직장―에서 무엇이 불안을 불러일으키고 있는지 살펴 보라. 만약 이런 종류의 꿈을 되풀이해서 꾸게 된다면, 불안을 일으키는 요인들을 당신의 내면세계에서 찾으라.

(2) 어두운 나락은 무의식을 상징한다. 무의식을 아무리 깊이 탐구할 지라도 탐구해야 할 심층이 더 많이 남아 있기 때문에, 무의식은 바닥이 없는 것처럼 보인다. 꿈에 나타난 나락의 정서적 '분위기'에 주목하라. 당신은 그 나락에 들어가고 있는가, 아니면 두려움으로 그 나락의 가장자리에서 단지 서성이고 있는가? 당신이 무의식과 친숙하지 않기 때문에, 또는 도덕적으로 수용할 수 없거나 견딜 수 없는 고통스러운 어떤 경험을 거기에 묻어두기 때문에 무의식을 두려워하게 된다. 여기에서 앞으로 나아가는 유일한 방법은 묻어두었던 당신의 부분들을 노출시키고, 그 부분들이 말하는 것을 적절하게 들어주며, 마지막으로는 그 부분들이 일상적이고 의식적인 당신의 삶에서 자리를 갖도록 하는 것이다.

(3) 어두운 나락은 죽음을 의미할 수 있다. 이것은 육체적인 죽음이나 어떤 형태의 정신적 죽음일 수 있다. 현재의 자아는 더욱 충만하고, 더욱 긍정적인 자기의 단계에 길을 내주기 위하여 해체되어야 할 때가 있다.

만약 꿈의 메시지가 육체적인 죽음과 관련이 있다는 것이 확실하더라도, 그 '죽음'을 은유적으로 해석할 수 있는 여러 가능성들을 진지하고 철저하게 고려하고 난 후에 당신의 죽음에 관한 것이라고 확신해야 할 것이며, 그 죽음이 곧 닥쳐올 것이라고 성급하게 결론 내리지 말라. 당신의 꿈은 삶을 새롭게 바라볼 수 있게 하기 위하여, 즉 자유롭게 하기 위하여 당신으로 하여금 죽음을 생각하게 하고 있을 수도 있다. 또한 죽은/죽음(Dead/Death)을 참조하라.

■ **나룻배(Ferry)**

또한 배(Boat)를 참조하라.

(1) 나룻배는 생의 한 단계로부터 다른 단계로의 이동을 상징한다; 아니면 과거를 뒤로 한 채 새롭고 더 나은 미래를 향하여 떠나기로 결심하는 것을 상징한다.

(2) 만약 나룻배가 외국 땅으로 건너가는 것이라면, 상징화된 '여행'은 자아가 정신의 무의식적인 영역들 속으로 들어가는 것일 수 있다.

(3) 나룻배를 타고 강이나 다른 좁은 시내를 건너는 것은 죽음을 상징한다. 이러한 상징은 그리이스 신화, 이집트 신화, 그리고 다른 신화에서 발생한다. 또한 문자적이며 회화적인 이해를 위해서는 죽은/죽음(Dead/Death)을 참조하라.

■ **나무(Tree)**

(1) 나무는 생명의 원리나 성장의 힘을 상징한다.

(2) 나무는 당신이 내적인 성장의 힘들과 무의식으로부터 나오는 안내에 따름으로써 숙명을 성취하는 것을 상징한다. 이 무의식으로부터 나오는 안내는 의식적으로 계획을 세우는 것이나 성취하고자 하는 의지와는 구별된다.

(3) 나무는 개인적인 편중(예를 들면, 지적 편중이나 도덕적인 편중)에 대한 대책(교정수단)을 나타낼 수 있다. 나무가 땅 속에 뿌리를 깊이 내리고 있기 때문에 하늘 높이 자랄 수 있는 것처럼, 관능성을 경유하지 않고는 영성에 도달할 수 없을 것이고, 의식을 충분히 개발하는 데에는 무의식의 도움이 필요할 것이다.

(4) 시든 나무는 아주 건조한 마음의 상태를 상징한다. 예를 들면, 본능이나 자연적인 성장의 힘을 사용하는 대신에 교리들이나 엄격한 규율들을 사용하여 지나치게 지적인 삶을 살아온 사람의 아주 메마른 상태를 상징한다.

### ■ 나무(Wood)

숲(Forest)을 참조하라.

### ■ 나비(Butterfly)

나비는 당신의 실제적인 자기, 즉 진정한 자기를 상징하는 것일 수 있다.

### ■ 나사못(Screw)

나사못은 남성의 성기와 남성의 성을 상징한다. 또한 나사를 돌리는 행위는 성행위를 상징한다.

### ■ 나선형의(Spiral)

(1) 나선형으로 움직이는 것의 상징적 의미는, 부분적으로는 그것의 속도에 달려있고, 부분적으로는 그것에 대한 느낌―좋은지 나쁜지―에 달려있다. 또한 시계바늘 반대 방향(Anticlockwise)을 참조하라.

나선형으로 돌아서 위로 올라가는 것은 진보와 달성을 상징한다. 야코비(Jacobi) 박사는 개성화를 나선형의 과정으로 기술한다. 그러나 그것의 움직임이 매우 급하다면, 너무 많은 것을 달성하려고 함으로써 통제에서 벗어나는 것을 상징한다. 개성화에 대해서는 서론 71쪽을 참조하라.

나선형으로 돌아서 아래로 내려가는 것은 부정적인 것을 상징한다. 예를 들면, 파멸을 향하여 미끄러져 내려가는 것, 또는 파멸을 향하여 쏜살같이 달려가는 것을 상징한다.

(2) 계단, 초, 소라류 등 움직이지 않는 나사모양의 사물은 질이나 남성의 성기를 나타내는 성의 상징, 또는 다산력, 성장, 행복의 상징이다.

### ■ 나체(Nudity)

(1) 나체는 아동기의 천진난만함에 대한 갈망과 인위적인 금제(禁

制)들로부터의 자유에 대한 무의식적인 갈망을 표현할 수 있다.

(2) 나체는 당신의 실제 겉모습, 즉 당신 자신에 대한 '있는 그대로의 사실' 이상을 의미할 수 있다. 그러므로 그것은 노출되는 것에 대한 불안을 수반할 수 있다. 다시 말해서, 상처받기 쉬운 것일 수 있다.

(3) 당신이 벌거벗고 있는 것에 대하여 부끄러워하거나 소스라치게 놀란다면, 그래서 사람들이 당신을 알아 볼 수 없도록 도망친다면, 성관계에 대한 두려움이나 당신의 내면의 감정을 보여주는 것에 대한 두려움을 나타낼 수 있다.

(4) 만약 당신이 자신의 나체를 보여주고 있다면, 이것은 성교에 대한 욕구의 표현이거나; 자신에 대하여 안심하고 있고, 그리하여 현재의 당신에 대하여 변명할 필요가 없다는 느낌을 갖고 있다는 사실을 나타내거나; 당신이 다른 사람들과의 관계에서 완전히 정직하고 개방적이라는 사실을 표현할 수 있다.

■ **나침반(Compass)**

당신은 지금까지 방향감각을 상실한 채 지내 왔는가? 나침반은 새로운 방향의 필요성: 새로운 목표들을 가려내야 할 필요성을 나타낼 수 있다.

■ **나팔소리(Tattoo)**

나팔소리는 당신의 삶이나 인격 발달에서 새로운 자리가 열리는 것을 상징한다. 원래 나팔소리는 시작을 알리는 신호였다.

■ **낙원(Paradise)**

(1) 낙원은 초기 아동기의 천진스럽고 아무 문제가 없는 단순성으로 복귀하려는 욕구를 나타낼 것이다.

그러나 이것은 비현실적이기 때문에 방향이 잘못된 것이다. 아담이 타락하기 이전의 에덴동산은 만물이 아직 의식하지 못하는 상태에 있을 때의 만물의 합일(合一)과 조화(調和)를 나타낸다. 의식적인 사고가 시작되면서 차별과 진퇴양난의 문제가 발생하고, '내가 이것을 해야 하는지 아니면 저것을 해야 하는지'(즉, 아담이 선과 악을 알게 하는 나무의 실과를 먹는 것)를 고심하게 되었다. 꿈속에서 아동기로 복귀하려는 욕구는 신경증적일 수 있다: 현실이 너무도 고통스러울 때, 꿈 속에서 현실은 환상에 의해 추방된다. 당신은 어떤 특정의 현실이나 경험을 지워버리려고 하는 것은 아닌가?

(2) 보다 현실적인 의미로 낙원은 처음부터 보이지 않게, 그리고 잠재적으로 존재해 온 균형과 온전성을 정신 속에서 성취하려는 욕구를 나타낸다.

(3) 만약 당신의 꿈이 낙원 같은 느낌뿐 아니라, 에덴동산에 대한 실제적이고 물리적인 표현(즉, 네 개의 강들이 네 지역으로 나뉘는 것)을 담고 있다면, 이것은 위에 있는 항목 (2)의 예일 수 있다. 또한 만다라(Mandala)를 참조하라.

■ 낙지(Octopus)

낙지는 당신이 독립적인 사람이 되는 것을 방해하는 소유욕이 강한 어머니나 어머니의 애착을 상징할 수 있다.

■ 난쟁이(Dwarf)

(1) 정상 이하의 체격을 가진 난쟁이는 제대로 자라지 못한 성격을 상징한다. 그런 경우에 당신은 자신 가운데 지금까지 경시된/억압된 부분들을 활용해야 한다.

(2) 난쟁이는 때때로, 아직은 분명히 나타나지 않은 진정한 자기를 상징한다. 당신 자신(당신의 자기)에게로 더욱 가까이 나아가는 길에 관한 더 많은 계기들을 만들기 위하여 앞으로 꾸게 되는 꿈들에 유의하라. 자기에 관해서는 서론 83쪽을 참조하라.

몇몇 원시 사회에서는 두렵게도, 난쟁이들이 비범한 신적 능력을 가지고 있는 것으로 간주되었다.

(3) 그 난쟁이(들)는 백설공주와 난쟁이 이야기를 연상시킬 것이다. 백설공주 이야기에서 난쟁이들은 광부들이다. 그들은 땅의 우묵한 곳으로 내려가서 금을 가져온다. 이것은 자기의 진정한 본성을 발견하기 위하여 무의식, 즉 자기의 심층들로 내려가는 것을 상징한다. 그러므로 난쟁이들은 자기인식을 위한 탐구여행의 안내자로 나타날 수 있다. 금은 진정한 자기의 상징이다. 그러나 꿈 속의 난쟁이들이 무의식으로부터 가져오고 있는 것은 생의 초기 어떤 단계에서 당신이 도덕적인 이유들 때문에, 또는 먹고 살기에 바빠서 거부했지만, 지금은 성격을 완성하는 데 필요한 당신의 특질들일 수 있다.

■ **난파(Wreckage)**

파선하는 꿈은 아마 불안을 표현할 것이다. 당신을 암석이 있는 곳으로 몰고가는, 통제되지 않는 무의식적인 정서가 존재하는가? 그것과 아는 사이가 되라; 그것을 수용하라; 그리고 그것의 정당한 요구들을 충족시켜 주라.

■ **날개(Wings)**

날개는 초월의 상징이다. 날개 달린 생물이나 사람은 당신을 의식의 더욱 '높은', 즉 더욱 영적이거나 초연한 전망으로, 그리고 '더욱 높은' 수준의 의식으로, 또는 억압된 상황으로부터 해방으로 오라고 손짓하고 있는 정신의 일부분을 나타낼 수 있다.

■ **날씨(Weather)**

또한 가을(Autumn), 회색(Grey), 비(Rain), 무지개(Rainbow), 봄(Spring), 폭풍(Storm), 태양(Sun), 바람(Wind), 겨울(Winter)을 참조하라.

대부분의 날씨와 관련된 꿈들은 내적 갈등이나, 두려움과 같은 부정적인 감정을 표현하거나 경고하는 기능을 하기 때문에, 꿈에서 배경으로 나타나는 날씨는 대개 좋지 않을 것이다. 이 좋지 않은 날씨로는 우중충하거나, 비가 내리거나, 폭풍우가 몰아치거나, 가을 또는 겨울 날씨 등을 들 수 있다. 그러나 얼마간의 봄 날씨와 햇살, 그리고 경우에 따라서는 무지개도 있게 될 것이다.

■ **남성의 성기(Penis)**

남성의 성기는 직접적으로 성적인 것일 수 있다; 아니면, 그것은 성적, 영적, 또는 우주적 에너지의 능력을 상징한다. 종교적인 성상(聖像) 연구에서 똑바로 서 있는 남근상은 우주에 현존하고 내재적이지만 형언할 수 없는 어떤 궁극적 실재로부터 흘러나오는 신성한 생산적 에너지를 상징하거나, 훈련된 요가 수행자가 성적 에너지를 영적 에너지로 변화시키는 것을 상징한다.

■ **남성적인 사나이(He-Man)**

여성의 꿈에 나타난 남성적인 사나이는 그녀의 본성, 아마도 강력하게 예술적이거나 직관적인 본성의 남성적인 측면을 나타내는 아니무스의 형상일 수 있다. 아니무스에 대해서는 형제/자매(Brother/Sister) 항목 (4), 그리고 서론 76쪽을 참조하라.

■ **남자(Man)**

또한 도사(Guru), 지혜노인/지혜노파(Wise Old Man/ Woman)를 참조하라.

(1) 남자의 형상은 자기(自己)의 온전성, 완전함을 나타내는 상징이다. 그것은 또한 당신이 이룩해야 할 정신의 설계도를 나타낸다. 서론 83쪽을 참조하라.

(2) 다른 한편으로, 남성은 전체의 절반을 나타낼 수 있다. 여성은 인간의 온전성의 다른 절반을 상징한다. 그 전체는 대극적인 것들의 통합이다. 정신의 절반인 남성성은 의식, 숙고, 합리적인 지성, '가슴'보다는 '머리', 경쟁심과 공격성, 분석과 차별, 수동성이나 수용성보다는

목적이 있는 활동, 야망, 이익과 성취를 포함한다.

그러나 그 형상이 부처나 시바(Shiva)처럼 명상하는 자세를 취하고 있다면, 수동성과 초연함을 나타낸다. 힌두교의 전통에서 신의 샤크티(Shakti)―여성 파트너―는 활동, 자연의 모든 에너지와 과정을 나타낸다: 그 신은 회전하는 수레바퀴의 움직이지 않는 중심을 나타낸다. 또한 자웅동체(Hermaphrodite), 여성(Woman)을 참조하라.

(3) 여성의 꿈에서, 남성의 형상은 자신의 아니무스나 아버지를 나타낼 수 있다. 남성의 꿈에서, 그 형상은 자신의 제 2의 자아나 그림자-자기; 또는 지혜노인을 나타낼 수 있다. 아니무스에 대해서는 형제/자매(Brother/Sister) 항목 (4)~(6)을 참조하고, 그림자에 대해서는 서론 72쪽을 참조하라. 또한 지혜노인/지혜노파(Wise Old Man/Woman)를 참조하라.

### ■ 남편(Husband)

(1) 특별한 상징성이 없다면, 그 꿈은 당신의 남편과의 관계나 그에 대한 당신의 무의식적인 감정에 대해 말하고 있을 수 있다.

(2) 꿈에서, 당신의 남편은 어떤 식으로든 당신의 아버지를 닮지 않았는가? 아니면 꿈에서, 남편에 대한 당신의 감정은 실제의 아버지에 대하여 느끼는/느꼈던 것을 되풀이 하고 있는가? 이런 경우에 당신은 아버지의 심상을 남편에게 투사하고 있다고 할 수 있다; 그리고 이것은 본래적인 당신 자신이 되는 것을 방해하고 있는 강력한 아버지 애착으로부터 당신을 해방시킬 필요가 있다는 것을 의미한다.

(3) 꿈에 나오는 남편은 아니무스, 인간 본성의 남성적인 측면을 상징한다. 그 아니무스(남성에게 있어서는 아니마)는 거대한 투사의 원천이다. 아니마/아니무스에 대해서는 형제/자매(Brother/Sister) 항목 (4), 그리고 서론 76쪽을 참조하라.

### ■ 낯선 사람(Stranger)

(1) 낯선 사람을 만나는 것은 거의 언제나 성격의 무의식적인 어떤

부분과의 만남, 즉 그림자와의 만남을 상징한다. 서론 72쪽을 참조하라. 또한 외계인(Alien)을 참조하라.

(2) 낯선 사람에 대한 두려움은 신경증적인 막연한 불안을 표현한 것일 수 있다. 이것에 대하여 프로이트는 자극되었지만 충족되지 않고 사용되지 않은 성적흥분 때문에 생기는 불안이라고 말한다. 모든 종류의 억압된 정서는 불안으로 바꾸어질 것이다.

### ■ 내리막길(Downhill)

또한 하강(Descent)을 참조하라.

내리막길을 내려갈 때의 '느낌'이 중요하다.

(1) 내리막길은 쇠퇴의 상징이거나 '내리막길'을 가는 것에 대한 두려움을 표현한다. 그러한 두려움들은 중년이나 노년으로 접근하고 있는 사람들에게 흔히 드러난다.

(2) 다른 한편으로, 내리막길을 가는 것은 놓아주는 것, 풀어주는 것, 스트레스를 푸는 것을 의미할 수 있다.

### ■ 냄새(Smell)

꿈에서 냄새들은 매우 깊은 의미를 갖는다; 그러므로 그것들에 주의를 기울이는 법을 터득하라. 만약 당신의 삶에서 냄새들이 특별한 중요성을 차지하고 있다면, 그것들은 특별히 아동기의 사건들과 연관을 짓는 데 유용할 수 있다.

### ■ 냉장고(Refrigerator)

차가운(Cold), 얼음(Ice)을 참조하라.

### ■ 넥타이(Tie)

넥타이는 남성의 성기를 나타내는 성적 상징이다.

## ■ 노란색(Yellow)

노란색은 소심함('겁 많은 성격'); 의식이나 인식이나 지성; 또는 특히 금빛일 경우, 삶을 향상시켜 주는 좋은 것에 대한 약속이나 진정한 자기를 암시한다.

## ■ 노래 부르는 것(Singing)

노래를 부르는 것은 감정의 표현을 상징한다. 그 감정은 부분적으로 무의식적일 수 있다. 그러므로 그 노래의 가사가 있다면, 그것을 적어 두라.

## ■ 노송나무(Cypress)

(1) 노송나무는 죽음과 아침을 상징한다. 또한 죽은/죽음(Dead/Death)을 참조하라.

(2) 그러나 늘 푸르다면, 그것은 또한 불멸성; 죽음 저편에 있는 새로운 삶에 대한 희망을 상징한다. 또한 죽은/죽음(Dead/Death)을 참조하라.

## ■ 녹(Rust)

(1) 노쇠와 퇴보의 상징인 녹은 당신이 원기회복을 위한 대청소, 즉 부정적인 태도들이나 쌓여있는 기타의 쓰레기를 마땅히 버릴 때가 되었거나 또는 그럴 때가 지났다는 것을 의미할 수 있다.

(2) 녹이 슨 것은 지금까지 무시하고 사용하지 않음으로써 녹슬어 온 정신의 어떤 요소―본능, 재능, 성격의 특징 등―를 상징한다.

## ■ 녹이기(Melting)

(1) 눈이나 얼음을 녹이는 것은 아마 억압된 정서들이 삶에서 표현의 자유를 허락받아야 하고, 또 그렇게 될 수 있다는 것을 의미할 것이다. 녹일 수 있는 것은 오직 하나, 사랑이다. 이 사랑은 무의식의 모든 내용들을 모두 받아들이고, 격려하며, 필요한 경우에는 용서하는 것이다.

(2) 불로 금속을 녹이고 있는가? 그것은 당신의 어떤 저급한(경멸적인? '동물적인'/육체적인?) 부분이 고귀하거나 영적인 것으로 바뀌는 변화를 상징한다. 또한 불(Fire) 항목 (4)를 참조하라.

■ 농담(Joke)

농담을 하는 꿈을 꾸거나, 그 꿈 자체가 농담같아 보인다면, 무의식이 당신의 주의를 끌려고 하거나 자신의 메시지가 내부의 검열자를 통과하도록 하기 위한 노력일 수 있다. 꿈에서 나타난 가장 작은 소재들이 상징하는 것들에게까지 주의를 집중하라. 왜냐하면 그러한 것들은 치환에 의하여 정서적으로 비중이 큰 메시지를 지니고 있을 수 있기 때문이다. 치환에 대해서는 서론 34쪽을 참조하라.

■ 높이(Height)

또한 상승(Ascent), 등산(Climbing), 언덕(Hills), 사닥다리(Ladder), 산(Mountains)을 참조하라.
(1) 높이는 성취의 수준을 상징한다.
(2) 높이 올라갈수록 전망이 좋아진다. 당신은 개인적인 문제들을 전망함에 있어서, 감정에 얽매인 채 내다 보는가?
(3) 그러한 상징은 '승천'이나 '부활', 즉 당신의 현재나 이전의 자기를 초월하여 새롭고 더욱 풍성한 상태를 향하여 나아가는 것을 의미할 수 있다.
(4) 꿈 속에서 떨어지는 것을 두려워하고 있는가? 이것은 실패에 대한 두려움을 표현하고 있거나, '교만은 패망의 선봉'이라는 것, 즉 당신은 절대로 자신의 힘이 미치지 않는 어떤 것을 얻으려고 하고 있다는 경고를 나타낼 수 있다. 왜냐하면 그것은 자신의 진정한 본성에 어울리지 않기 때문이다. 그 대신에 자기를 발견하는 데 힘을 쏟으라. 그렇게 하면 당신의 노력들은 당신 개인이 소유하고 있는 정신의 기본 구조와 조화를 이루게 될 것이다.

■ 눈(Snow)

또한 얼음(Ice)을 참조하라.

눈은 얼어붙은 정서를 상징할 뿐 아니라 새롭고 깨끗한 출발을 상징한다.

■ 눈(Eye)

(1) 눈은 지혜의 상징, 즉 지식, 지각력의 상징일 수 있다. 만약 꿈에서 누군가가 이마 중심에 세 번째 눈을 가지고 있거나, 단 하나의 눈을 가지고 있다면, 그 사람은 지혜나 자기인식의 내적 원천을 나타내 주는 지도자의 상으로 생각될 수 있다.

(2) 눈은 자신의 생각과 욕구와 행동에 대해 판결을 내리는 내부 검열자로서, 초자아를 나타낼 수 있다. 이러한 이해를 통해서 꿈에 나타난 눈이 하나님의 눈처럼 보이는지를 알 수 있다. 아래의 항목 (3)을 참조하라. 자아, 원본능, 그리고 초자아에 대해서는 서론 25쪽을 참조하라.

(3) 눈은 검열자로서가 아니라 진정한 자기의 상징으로서 하나님의 눈일 수 있다. 이 자기는 숙명이 도달해야 하거나, 오히려 발전시켜야 하는 것이다.

(4) 눈은 사물들, 자기 자신, 그리고 다른 사람들을 살펴보는 방법이다. 그것은 황달에 걸린 눈인가? 슬픈 눈인가? 이런 식으로 눈들은 자신을 나타낸다; 이런 의미에서 모든 눈들은 숭고하다―그러한 눈들을 통해서 자신의 내적 자기를 볼 수 있다.

(5) 눈의 모양은 중요한 요소일 수 있다. 눈은 물고기와 같은 모양을 하고 있기 때문에 물고기의 상징을 지니고 있을 수 있다: 예를 들어서 다산력, 즉 성장과 새로운 생명을 위한 잠재능력; 여성성; 또는 특별히 갱신, 창조적 변화와 관련된 무의식의 상징일 수 있다. 또한 물고기(Fish)를 참조하라.

■ 눈이 먼(Blind)

만약 꿈에서 눈 먼 사람이 나타난다면, 그것은 거의 확실히 자신의 내면에 있는 맹목, 즉 자각이나 이해의 결핍을 언급할 것이다.

(1) 당신이 못 보고 있는 것이 무엇인지를 자신에게 물으라. 그것은 외부적인 것, 즉 직장에서의 문제인가? 가정 협력에서의 문제인가? 어떤 직업이나 어떤 관계에서 성공하지 못한다고 해서 반드시 실패자를 의미하지는 않는다. 그것은 단지 당신이 특정의 직업이나 관계에서 실패하고 있거나 목적을 실현하지 못하고 있다는 것을 의미할 뿐이다. 그러므로 다른 직업이나 관계, 즉 좀더 적합한 직업이나 관계를 찾으라. 다른 한편으로, 외적인 삶에서 잘못되어 온 것은 무의식 안에 들어 있는 어떤 억압된 요소가 가져다 준 결과일 수 있다. 그러므로 아래의 항목 (2)를 참조하라.

(2) 당신은 내면에서 무슨 일이 벌어지는지에 대해 알기를 거부하고 있는가? 분명히 말하건대, 정서적 갈등과 같이 당신의 내면에서 벌어지고 있는 일은 당신이 현재 하고 있는 일이나 가정적인 환경의 결과일 수 있다. 그것은 오랜 역사를 가지고 있을 수 있다: 갈등, 또는 죄책감과 실패자 의식, 또는 자기모욕 등은 아동기에 시작된 것인지도 모른다. 그것이 무엇이든 그것과 대면하라; 그것을 무시하거나 피하지 말라. 우선, 그것을 확인한 후 당신의 생애 가운데 그것이 처음으로 모습을 나타냈던 때로 돌아가기를 힘쓰라. 심리치료사의 도움 없이 억압된 요소를 추적하여 그것의 기원에까지 도달하기란 어려울 것이다. 그러나 당신의 무의식으로 하여금 꿈에서, 또는 그 문제에 관해서는 명상에서 무의식 자체를 더 많이 그리고 더욱 분명하게 나타낼 수 있도록 현실적인 노력을 기울이라. 무의식은 당신의 적이 아니다. 당신이 행복과 온전성을 추구하는 데 도움과 안내를 주기 위하여 존재하는 것이다. 당신이 알기를 거부하고 있는 것은 무의식 안에서 곪고 있는 억압된 욕구들이다. 그것들은 당신이 계속해서 무시하고 소홀히 여길 경우에 당신의 적들이 된다.

(3) 눈이 멀어 앞을 보지 못하는 것은 당신이 어디로 가고 있는지 그리고/또는 속수무책이라는 것을 깨닫지 못하는 것을 의미한다. 그런 경우에는, 자신의 삶을 통제하지 못하는 것에 대하여, 그리고 당신의 삶에 대한 책임을 수용하지 못하는 것에 대하여 변명하고 있는 '당신'에게 도전해야 한다. 이 '당신'을 훈련하라. 당신은 눈 멀지 않았다: 당신이 원한다면, 정신에서 벌어지고 있는 일을 아주 잘 볼 수 있다.

■ 눈가리개(Blinkers)

말(Horses) 항목 (4)를 참조하라.

■ 늑대(Wolf)

(1) 늑대는 당신이 두려워하는, 자신 속에 있는 모든 것, 특히 당신이 '동물적'이고, 공격적이며, 파괴적이라고 생각하고 있는 것을 상징한다. 아마 당신의 두려움은 비합리적인 것이고, 아동기의 외상적인 경험(예를 들면, 이성 부모를 향한 욕구와 그로 말미암은 징벌에 대한 두려움)에서 비롯될 것이다. 이 늑대인간에 대한 불안은 문학에서 아주 흔히 쓰이는 소재이다. 헷세의 늑대이야기가 한 예이다. 그것은 거의 언제나 억압된 성적 본능의 결과이다. 또한 서론 72쪽을 참조하라.

(2) 여성의 꿈에서 늑대는 위협적으로 보이는 남성의 성을 상징한다. 그 꿈을 꾸는 여성은 자신의 성욕과 화해해야 할 것이다. 이것이 바로 원작 '빨간 모자 꼬마 아가씨'(Red Riding Hood) 이야기의 요점이다; 동물(Animal) 항목 (6)을 참조하라.

(3) 늑대는 무서운 것으로 보이는 당신의 무의식을 상징한다. 또한 동물(Animal), 그리고 서론 72쪽을 참조하라.

(4) 늑대를 마귀로, 어린 양을 그리스도인으로 여기는 기독교의 상징이 당신의 꿈에 반영되었을 가능성이 있다. 그런 경우에, 그 꿈은 당신의 도덕적 또는 성적 순수함을 잃는 것에 대한 두려움을 표현할 수

있다. 아니면 그 꿈은 삶의 의미와 목적의식, 신앙체계나 신념을 잃어 버리는 것에 대한 두려움을 표현할 수 있다.

■ **늙은/오래된(Old)**

오래된 것은 무엇이나 무의식의 더 깊은, 더 원시적인 층들에 있는 것을 상징한다. 노인에 대해서는 지혜노인/지혜노파(Wise Old Man/Woman)를 참조하라.

# ㄷ

■ **다리(Legs)**

또한 발/발들(Foot/Feet) 항목 (1)~(4)를 참조하라.

(1) 강한 다리를 가지고 있다는 것은 강력한 지원과 신뢰를 받고 있다는 것을 상징한다.

(2) 허약하고 불안정한 다리는 지반이나 확고한 토대가 결여되어 있다는 것, 그리고 중심이 결여되어 있다는 것을 시사해 준다.

(3) 이동의 방향이 상징하는 것에 대해서는 왼쪽(Left), 오른쪽/왼쪽(Right/Left)을 참조하라.

■ **다이빙(Diving)**

(1) 다이빙은 남성의 성기의 삽입을 나타내는 성적 상징이다. 물은 종종 여성성을 상징한다.

(2) 깊은 물은 때때로 무의식을 상징한다; 그러므로 다이빙은 무의식으로의 하강을 상징한다. 만약 그런 경우라면, 그것은 보통 꿈이 당신에게 무의식과 접촉할 것을 권면하고 있다는 징표일 것이다. 당신으로 하여금 비능률적으로 기능하게 만들고 있는 무의식적인 동기, 욕구, 또는 두려움들; 당신이 더욱 충만한 만족이나 기쁨에 이르고자 할 경우에 반드시 존중하고 활용하는 법을 터득해야 하는, 무시되거나 과소평가된 당신의 어떤 부분이 있을 수 있다.

(3) 깊은 바다에 들어가 보물을 가져오는 잠수부 신화들이 있다. 심리학적인 용어로 말해서, 이것은 위의 항목 (2)에 기술된 것이나 무의식으로 하강하여 자기(自己)를 발견하는 자아(ego)를 나타낸다. 서론 74쪽을 참조하라.

■ 다이너마이트(Dynamite)

폭탄(Bomb), 폭발(Explosion)을 참조하라.

■ 다이아몬드(Diamond)

또한 수정(Crystal)을 참조하라.

다이아몬드는 자기; 절대자/하나님; 또는 영원의 상징이다.

■ 단 것들(Sweets)

단 것들은 성적인 쾌감이나 기타의 감각적인 쾌감을 상징한다. 실제 생활에서 그것들은 성적 쾌감이나 감각적인 쾌감의 대용품일 수 있다

■ 단도(Dagger)

또한 자름/절단(Cutting), 입문식(Initiation), 희생제물(Sacrifice)을 참조하라.

(1) 단도는 남근상(男根像)을 나타내는 성적 상징이다.

(2) 단도는 공격성이나 분노를 나타낼 수 있다. 당신의 억압된 분노의 원인을 발견할 수 있도록 단도와 그것의 소유자, 그리고 그것의 희생자가 각각 무엇을 의미하는지를 찾아보라. 억압에 대해서는 서론 32쪽을 참조하라.

■ 단두대(Guillotine)

참수(斬首; Beheading)를 참조하라.

■ 달(Moon)

(1) 선사시대(先史時代)로부터 달은 모든 다산력의 원천으로 간주되어 왔다. 그것은 대양의 조수와 강우, 월경과 출생을 지배한다. 남성적으로 보이는 때조차, 다산력과 관련을 가지고 있다: 예를 들면, 오스트레일리아의 토착 전통에서, 달은 여성을 임신시킨다. 그러므로 그것은 개인의 성장(의 가능성)을 상징한다.

■ 달리기(Running)
　추적(Chase); 도주(Flight=Fleeing)를 참조하라.


■ 담(Fence)
　⑴ 담은 어떤 종류의 장벽을 나타낼 수 있다. 그것은 사회적인 계급 차별과 같이 외부적인 것일 수도 있고, 스스로 부과한 것, 즉 당신이 자신을 표현하거나 어떤 기본적인 욕구를 표현하는 것을 제한하는 어떤 내적 콤플렉스일 수도 있다.
　⑵ 담은 당신이 지금까지 의식적으로나 무의식적으로 채용해 왔으나, 당신이 통상적으로 누리게 될 만족을 빼앗아가고 있는 일련의 금기(禁忌)들일 수 있다.
　⑶ 담은 가정이나 직장의 상황일 수 있다: 가정이나 직장의 상황이 너무 제한적이기 때문에, 당신은 그런 상황에서 탈출하기를 원하고 그렇게 해야 할지도 모른다.
　⑷ 물론, 당신이 담 위에 앉아 있다면, 그것은 결단을 내리는 시간이다.


■ 담배(Cigar/Cigarette)
　⑴ 꿈에서 담배에 대한 당신의 반응은 대단히 중요하다. 예를 들면, 꿈에서 당신이 훈계를 받는 감정을 갖게 되면, 그 메시지는 당신에게 흡연을 그만두라는 것을 의미할 수 있다.
　⑵ 흡연은 불안의 증상일 수 있고, 그리고 이것은 그 꿈의 핵심 사항일 수 있다. 흡연은 또한 자기만족의 대체 형태일 수 있는데, 이런 경우에 당신의 기본적인 필요들, 즉 사랑, 성교, 인정, 또는 일의 성취 가운데 어느 것이 충족되지 않고 있으며, 그 이유가 무엇인지를 물어야 한다.
　⑶ 담배는 성적인 상징(남성의 성기)일 수 있다. 프로이트는 자신이 게걸스럽게 담배를 피우는 것은 아마 수음(手淫)의 대체 행위였을 것이라는 점을 인정했다. 대상(代償)에 대해서는 서론 50쪽을 참조하라.

■ **당나귀(Donkey)**

나귀(Ass)를 참조하라.

■ **당신(You)**

꿈에 나타난 당신은 대개 당신의 의식적인 자아를 나타낸다. 당신 자신의 무의식적인 부분들은 사람, 동물, 사물들과 같은 다른 형상들에 의해서 표현될 것이다.

■ **닻(Anchor)**

(1) 닻은 당신이 살아가는 데 있어서 의지할만한 사람이나 물건에 대한 욕구를 표현할 수 있다.

(2) 아마도 닻은 당신 자신을 실현하지 못하게 방해하는 속박을 상징할 것이다. 예를 들면, 만약 당신이 여전히 어머니에게 매어 있거나, 그녀의 지배를 받고 있거나, 아니면 지나치게 의존되어 있다면, 그리하여 지금까지 당신의 개성이나, 감추어진 측면들을 탐구하고 해방시키지 못했다면, 그리고 당신을 그와 같이 만든 무의식의 다른 어떤 도식을 발견하거나 표현할 수 없었다면, 그것은 당신의 어머니를 상징한다. 바다는 무의식 또는 어머니를 상징할 수 있다.

■ **대극들(Opposites)**

꿈에서 오른쪽과 왼쪽, 새것과 옛것, 남자와 여자, 빛과 어둠 등과 같이 대극들로 이루어진 짝들은 어느 것이나 정신의 정반대적인 힘들이나 특질들, 의식과 무의식, 남성적인 요소들과 여성적인 요소들, 외향적인 경향들과 내향적인 경향들 등을 나타낼 수 있다. 융은 신경증의 맨 밑바닥에는 해결되지 않은 대극들의 문제가 있는데, 그 문제는 대극적인 것들 둘 다를 선택하고, 그것들을 통합하고 조화를 이루게 함으로써만 해결될 수 있다고 말한다. 남성과 여성은 대극적 존재들이지만 바로 그 이유 때문에 하나됨을 동경한다. 이것은 당신의 정신적

대극들에도 동일하게 적용된다. 당신의 의식적인 자아는 이 대극들이 상호간에 끌어당기는 것을 방해하지 말아야 한다.

■ **대머리수리(Vulture)**

또한 새(Bird) 항목 (8)을 참조하라.

대머리수리는 당신에게 나쁜 감정을 가지고 있는 사람 누군가를 상징한다.

■ **대양(Ocean)**

바다(Sea)를 참조하라.

■ **대청소(Spring-Cleaning)**

대청소에 대한 꿈은 아마 당신이 새롭게 시작할 것을 권하는 것일 것이다. 다시 말해서, 부정적인 습관들과 태도들, 에너지를 소모시키는 불안, 가학적-자학적인 죄책감 등 구태의연한 잡동사니와 쓰레기를 제거함으로써 당신이 새로운 삶을 시작할 것을 권하는 것일 것이다.

■ **댐(Dam)**

당신의 꿈에 나타난 댐은 갇혀지고 억압된 어떤 정서가 석방될 필요가 있다는 것을 의미할 것이다.

■ **도깨비(Goblin)**

또한 땅 신령들(Gnomes), 영들(Spirits)을 참조하라.

(1) 민간 전승에서, 도깨비들은 장난기가 있고 파괴적인 영들이다. 꿈에서, 그들은 무의식적인 힘, 정서, 본능적인 충동으로 이해되어야 한다. 이 본능적 충동들은 지금까지는 억압되어 있었지만, 이제 그동안 무시되어 온 것에 대한 보복을 하고 있거나, 당신의 의식적인 자아에게 자기들을 주목하라고 강요하고 있는 것이다. 그것들이 하는 말에

귀를 기울이라. 그것들은 자기들이 언제, 그리고 어떤 이유로 억압되었는가를 말한다. 그것들의 요구사항들을 고려하라. 그리고 그것들에게 당신의 삶에서 유용한 역할을 하도록 하라.

(2) '세 마리의 염소 이야기'에 나오는 트롤(troll), 즉 도깨비는 무성한 초원으로 이어지는 다리를 지키다가 그 다리를 건너려고 하는 사람들을 위협한다. 꿈에 나타난 도깨비는 당신이 행복하게 되는 것, 또는 자신을 실현하는 것을 방해하는 모든 것을 상징한다. 또한 교량(Bridge)을 참조하라.

### ■ 도끼(Axe)

(1) 도끼가 어쩐지 사형집행자의 도끼처럼 느껴지는가? 그렇다면, 도끼는 형벌과 심판의 상징이다. 당신은 지금까지 해온 것이나 의도하는 것, 또는 하고 싶어 하는 것에 대하여 도덕적으로 불안해 하고 있다.

(2) 또는, 도끼는 지금 해고 위기에 있는 당신의 직업일 수 있다. 당신은 실직의 위험 속에 있는가? 아니면 실직을 두려워하고 있는가?

(3) 그 도끼는 나무를 넘어뜨리는 데 사용되고 있는가? 그렇다면, 그것은 잠재되어 있는 새로운 성장을 위하여 낡은 성장을 중단하는 것을 상징한다. 여기에서 '성장'은 어떤 분야의 노력과 그 성취를 의미할 수 있다.

### ■ 도둑-주거를 침입한(Burglar)

또한 강도(Robbery)를 참조하라.

주거를 침입하는 도둑은 아마 당신의 정신에 있으면서 의식세계로 침입하려고 애쓰고 있는 어떤 것을 나타낼 것이다. 분명히, 당신은 도둑의 형상을 한 사람과 이야기를 나눌 필요가 있는데, 그것은 당신이 무엇에 유의해야 하는지를 알기 위해서, 그리고 당신의 삶에서 표현하라는 그것의 합리적인 요구를 들어주기 위해서이다.

- **도둑질(Theft)**

  훔치는 것(Stealing)을 참조하라.

- **도마뱀(Lizard)**

  (1) 도마뱀은 당신의 무의식 속에 있는, 당신이 주목하고 싶지 않은 어떤 것을 나타낼 수 있다.

  (2) 그 도마뱀은 냉혈의 원시 동물이기 때문에, 집단 무의식의 어떤 부분, 또는 그것으로부터 온 어떤 메시지를 나타낼 수 있다. 집단 무의식에 대해서는 서론 70쪽을 참조하라.

- **도망자/건달(Runaway/Rogue)**

  방랑자(Vagrant/Vagabond)를 참조하라.

- **도사(Guru)**

  또한 어머니(Mother), 지혜노인/지혜노파(Wise Old Man/Woman)를 참조하라.

  도사는 당신 안에 있는 지혜를 나타낼 수 있다. 그/그녀가 하는 이야기에 주의를 기울이라. 도사가 등장하는 영적 전설들에서는 언제나 내면의 도사에 대해 이야기한다. 개인의 성장이나 치유에 관한 한, 종종 무의식이 주도하게 될 것이다. 자아는 자신의 구태의연한 방식을 고집하거나 무의식이 가장 잘 알고 있으리라는 사실을 인정하지 않음으로써, 그러한 창조적 과정을 방해하는 경우가 종종 있다.

- **도살(Slaughter)**

  살해(Killing), 희생제물(Sacrifice)을 참조하라.

- **도살장(Abattoir/Slaughterhouse)**

  당신은 꿈에서 도살장을 실제로 방문하거나 도살장 사진을 본 것을 상기하고 있을 것이다. 그런 경우에는 당신이 직접 방문해서 보았거나 사진에서 보았던, 또는 자막에서 읽었던 것이 줄곧 당신의 마음을 괴롭혀 왔을 수 있다. 어떤 경우이든지, 그 의미를 이해하기 위해서는 당신의 정서적 반응을 알아볼 수 있도록 그 꿈을 성찰하는 것이 필요하다. 일반적으로 다음과 같은 가능성들이 있다:

(1) 가죽이 벗겨진 동물의 몸은 '있는 그대로의' 정서들이나 본능적 충동들을 의미할 수 있다.

(2) 죽은 동물들은 분명히 죽음을 의미한다.

(3) 당신의 반응이 혐오감이라면, 당신은 먹기 위하여 동물들을 죽이는 것에 대한 반감을 표현하고 있을 수 있다. 당신의 꿈은 당신에게 채식주의자가 되라고 강요하고 있을 수 있다.

그러나 다른 한편, 당신이 혐오스러움을 발견하는 것은 있는 그대로의 자신의 본성, 즉 사회적-도적적-문화적인 침전물에 의해서 형성된 두꺼운, 또는 얇은 겉치레—가죽 밑에 있는 동물성—일 수 있다. 그러한 경우에는 위의 항목 (1)과 같다.

(4) 꿈이 동물을 죽이는 것을 중심으로 하고 있다면, 그 동물을 죽이고 있는 사람이 바로 당신인가? 그렇다면 그 동물들은 아마도 당신의 동물성(현저하게도 성)의 측면들을 나타낼 수 있다; 그리고 당신이 자연스런 충동을 억제하거나 억압하는 데 대한 무의식의 경고이다.

(5) 아마도 그 꿈은 당신이 모든 육적인 것을 버리고 '더 높은 차원의' 영적인 것들을 추구해야 한다는 것을 암시한다. 이 말은, 영성은 성적인 즐거움과 기타 감각적인 즐거움을 버림으로써만 추구될 수 있다는 것은 아니다; 고양된 관능성은 신비가들 가운데 아주 전형적인 것이다. 그러므로 인디안의 어떤 전통과 동양의 신비-명상 전통에서 영성은 육적인 것 안에서 그리고 육적인 것을 통해서 추구된다.

(6) 아직도 세계의 일부 지역에서 행해지고 있는 것처럼, 여러 마리의 동물들이 일시에 종교적인 제물로 도살된다면, 희생제물(Sacrifice)을 참조하라.

■ 도시(City)

  (1) 도시는 자기의 상징이다. 또한 만다라(Mandala)와 서론 83쪽을 참조하라.

  (2) 도시로 들어가는 것은 무의식을 탐구하고 거기에서 일어나고 있는 것과 친숙하게 되려는 의향, 또는 필요성을 상징한다.

  (3) 매장된 도시, 또는 해저에 있는 도시는 무시된 자기를 상징한다. 이것은 무의식을 깊이 조사할 필요가 있다는 것을 나타낼 수 있다. 자기에 대해서는 서론 83쪽을 참조하라.

  (4) 꿈에서 강조되고 있는 것이 도시의 분주함이라면, 일상생활이나 사람들에 대한 당신의 감정에 비추어서 이것이 무엇을 의미하는지를 자신에게 물으라. 또는 예를 들어서, 혼란스럽고 혼돈되게 상반된 방향으로 움직이는 것과 같이, 그 도시에서 일어나고 있는 것은 당신 안에서 일어나고 있는 것의 상징이다.

  (5) 도시에서 길을 잃었는가? 이것은 아마도 삶의 방향상실을 나타낼 것이다.

■ 도주(Flight)

  꿈에서 무엇인가로부터 혹은 누군가로부터 달아나고 있다면, 이것은 당신이 실생활에서 어떤 것을 두려워하고 있고, 그것으로부터 도망치려고 하고 있다는 것을 의미한다. 그것은 당신 밖에 있는 것이거나 안에 있는 것일 수 있다. 만약 그것이 당신 밖에 있는 것이라면, 그 두려움을 해소시켜 줄 전망을 찾아내기 위하여 당신의 내면을 들여다 보라; 당신이 내면에 있는 불멸의 생명을 경험한다면, 죽음에 대한 두려움조차 해소될 것이다; 실패의 두려움은 성공을 중요하게 여기는 한에서만 존재할 수 있다. 만약 그 무서운 것이 당신 내면에 존재한다면, 그것과 정면으로 맞서라; 그것을 알고, 그것이 원하는 것을 알라; 그리고 그것에게 당신의 삶에서 적절한 위치를 갖게 하라. 도주(Flight=Fleeing)에 대해서는 비행(Flying)을 참조하라.

## ■ 도피(Escape)

(1) 도피는 외적인 상황이나 지금까지 자신을 엄하게 제한해 왔던 내적인 태도로부터 해방시키는 방법을 상징한다.

(2) 다른 한편으로, 도피는 어떤 문제나 그 문제의 원인을 피하고 있다는 것을 의미할 수 있다.

## ■ 독(Poison)

독은 당신에게 해로운 것을 나타낸다. 그 꿈의 상황은 당신에게 무엇이 해로운지를 말해 줄 수 있을 것이다.

## ■ 독수리(Eagle)

(1) 독수리는 아니무스의 형상일 수 있다. 아니무스에 대해서는 형제/자매(Brother/Sister) 항목 (4)~(6), 그리고 서론 76쪽을 참조하라.

(2) 독수리는 높은 곳에 살며, 원시사회에서는 태양신과 연관되어 있었다. 그러므로 꿈에서 독수리는 무의식의 유익한 원천으로부터 온 사자로 나타날 수 있다. 그 독수리가 무엇을 '말' 하고 있는가? 그렇다면, 그 말을 진지하게 받아들이고, 그 말에 따라 행동하라. 태양은 진정한 자기를 상징한다. 또한 태양(Sun)을 참조하라.

(3) 독수리는 강한 날개를 가지고 있다. 그러므로 당신을 우울한 상태로부터 빛으로 들어 올릴 수 있는, 당신 안에 있는 어떤 힘을 상징한다.

(4) 태양은 의식의 상징이다. 그러므로 독수리는 의식적인 자각을 확장시켜야 하는 필요성을 의미할 수 있다. 자신의 무의식의 내용들과 더욱 친숙하게 되고, 그리하여 그것들을 의식적이고 실제적인 삶에 통합시킬 필요가 있을 것이다. 또한 태양(Sun)을 참조하라.

(5) 독수리들은 때때로 다산력과 연관되어 왔다. 심리학적으로, 다산력은 정신에 잠재된 능력들을 소생시키는 것을 의미한다.

(6) 독수리가 발톱으로 뱀을 찍고 있는 것처럼, 어떤 방법으로든지

독수리가 뱀과 짝을 이루고 있는가? 신화에서 독수리와 뱀은 상반된 갈등을 나타낸다. 심리학적인 의미에서, 그 대극들은 의식/무의식; 사고/본능; 영적인 것/동물적인 것; 남성성/여성성일 수 있다. 그 꿈은 의식적인 주의를 필요로 하는 내적인 갈등의 영역을 지적한다. 그렇다면, 갈등의 영구적인 해결은 결코 갈등 관계에 있는 양편 가운데 어느 한 편의 권리를 부정하는 것으로는 이루어질 수 없다는 사실을 명심하라. 어떤 정신적 힘의 균형이 요구되는데, 이를 위해서는 모든 정신적인 요소들이 다른 요소들의 권리를 위협하지 않고도 적절하게 주의를 받고, 적절하게 자신을 표현할 기회를 얻어야 한다.

독수리와 사자, 또는 어떤 다른 동물은 동일한 것을 상징한다.

■ **돈(Money)**

보물(Treasure)을 참조하라.

돈은 때때로 배설물을 나타낼 수 있다. 또한 배설물(Excrement)을 참조하라.

■ **돈 지갑(Purse)**

(1) 돈 지갑은 자궁을 나타내는 성적 상징이다.

(2) 돈 지갑은 당신의 '보물'이 있는 곳으로서, 실제적인 자기를 상징한다.

(3) 그러므로 돈 지갑을 잃어버리는 것은 실제적인 정체성을 상실하는 것에 대한 상징이다.

■ **돌(Stone)**

바위(Rock)를 참조하라.

돌은 진정한 자기; 자기 존재의 근본적이고 영구한 중심을 상징한다.

■ 돌고래(Dolphin)

물에서 솟아오르고 다시 물속으로 뛰어드는 돌고래는 무의식(바다, 물)과 의식(공중) 사이의 의사소통을 상징한다. 특별히 그것은 현재 당신에게 말하고 있는, 또는 말하려고 애쓰는 무의식의 어떤 특별한 내용을 상징할 수 있다.

■ 동굴(Cave)

동굴은 여성성을 상징할 수 있다.

(1) 프로이트 학파의 사람들에게 있어서, 동굴은 여성의 생식기를 나타낸다.

(2) 또한 남성의 꿈에서 나타나는 동굴은 어머니; 또는 그의 아니마를 나타낼 수 있다. 아니마에 대해서는 형제/자매(Brother/Sister) 항목 (4)~(6), 그리고 서론 76쪽을 참조하라.

(3) 동굴은 잉태와 해산의 장소인 자궁을 나타낼 수 있다. 동굴은 대지 어머니에게 있어서 움푹 들어간 곳이다. 르네상스의 그림은 동굴에서의 예수의 잉태를 묘사하는 데, 그것은 수태행위를 나타내는 한 차례의 번갯불 섬광으로 이루어진다. 여기에서 우리는 '하늘=아버지, 땅=어머니'라는 거의 우주적인 상징을 보게 된다.

꿈에서 드러난 잉태나 출생은 육체적인 것이 아닐 수 있다. 은유적으로 말해서, '임신의' 상황은 새로운 무엇, 즉 새로운 질서를 출현시킬 수 있는 상황이다. 그러므로 그것은 의식적인 자아가 내버려 두기만 한다면, 새로운 것을 출현시키는, 또는 출현시키려고 노력하고 있는 상황일 수 있다.

(4) 동굴은 무의식을 상징한다. 워즈워드(Wordsworth; 3권의 '서문' 246~7행)는 '동굴 … 태양이 결코 침투할 수 없는 마음 속'에 대하여 말한다. 무의식은 태양으로 상징되는 의식의 너머에 있다. 그러므로 그것은 '어둡고' 무서운 것이다. 그러나 우리는 의식의 빛이 무의식에 침투하게 만들 수 있다. 바위는 영속성과 태고성(太古性)을 시사한다.

유사하게도, 무의식은 인간정신에 있어서의 지성적인 부분보다 훨씬 더 고대적인 부분, 즉 사물의 원천에 훨씬 더 가까이에 있는 부분이다.

(5) 꿈에서 동굴에 누군가가 있다면, 그 사람은 지혜노인/지혜노파의 형상일 수 있다. 그것은 무의식 속에 들어있는 인격화된 지혜일 수 있다. 그는 당신을 숙명의 비밀 속으로 들어가게 해주거나, 또는 당신을 괴롭히는 것이나 당신의 삶을 망치고 있는 것들을 드러내 줄 것이다. 지혜노인/지혜노파(Wise Old Man/Woman)를 참조하라.

(6) 동굴에는 사납게 보이는 괴물, 뱀, 또는 용이 있을 수 있다. 또한 거기에는 괴물이 지키고 있는 보물이 있을 수 있다. 그렇다면, 그 보물은 당신의 진정한 자기, 또는 당신에게 삶의 비밀을 풀어주게 될 열쇠이다. 그러나 무엇보다 먼저, 자신의 무의식(무서운 괴물)을 극복해야 한다. 당신의 무의식 속에 있는 무서운 것은 아동기에 만들어진 어떤 외상 경험일 수 있다. 이것은 견딜 수 없기 때문에 억압되었던 것, 즉 의식으로부터 추방되었던 것이다. 당신은 성 죠지(St. George)처럼 용을 죽이고, 무의식에 대한 두려움을 극복하고, 그것을 신뢰하고, 그것으로 하여금 당신에게 봉사하도록 하는 법을 터득해야 한다. 또한 괴물(Monster), 보물(Treasure)을 참조하라.

(7) 꿈에 드러난 동굴은 삶의 문제들로부터의 은신처, 즉 피난처를 의미할 수 있다. 그런 경우에는 꿈에 그런 해석을 암시해 주는 다른 특징들이 있을 것이다.

## ■ 동물(Animal)

또한 특정의 동물들에 대한 표제어 곰(Bear), 고양이(Cat)를 참조하라.

(1) 꿈에서 부모는 동물들로 가장하고 나타날 수 있다. 그 동물은 꿈꾸는 사람의 부모에 대한 사랑과 증오의 양면적인 감정을 위한 하나의 초점이 될 것이다. 예를 들면, 거미나 고양이는 당신이 그 영향력으로부터 해방시킬 필요가 있는 어머니의 위협적인 측면을 의미할 수 있다.

잘 알려진 프로이트의 환자들 가운데 두 사람과, 산도르 페렌치(Sandor Ferenczi; 프로이트 측근 가운데 한 사람)의 환자 가운데 한 사람은 동물 공포증이 있었다. 한 사람은 자기 침실의 창문 밖에 있는 호두나무 가지에 하얀 늑대들이 있는 꿈을 꾸었다. 그리고 다른 한 사람은 말에 대해 두려움과 매력의 강력한 양가적인 감정을 가지고 있었다. 그리고 세 번째 사람은 집에서 기르는 짐승들 때문에 괴로움을 당했다. 프로이트는 이 모든 경우들에서 동물들은 아버지의 대리자들이었다고 결론을 내렸다: 각각의 경우에서, 자기 아버지에 대한 감정이 동물들로 대치되었던 것이다.

　(2) 동물들은 부모 이외의 다른 사람들을 나타낼 수 있다. 교활함이나 공격성과 같이 그 특정의 동물에게서 연상되는 것은 그 특정한 사람의 특질일 수 있다; 꿈 속에서 그 동물에 대해 반응하는 방법은 그 사람에 대한 무의식적인 감정을 표현할 수 있다.

　(3) 꿈에 드러난 동물들은 정신 가운데 본능적인 충동과 같이 어떤 원시적인, 즉 '동물적인' 또는 심지어는 '야수적인' 부분을 나타낼 수 있다. 그러므로 꿈에서 동물에 대한 정서적인 반응이 두려움 가운데 하나라면, 이것은 두려움 때문에 지금까지 억압되었던 본능적 충동에 대한 두려움 가운데 하나를 나타내는 것이라고 할 수 있다.

　만약 동물의 외양이 위협적이라면, 정신의 어느 부분이 무시되어 '지하실'—무의식의 심층들—에 감금되고, 의식의 차원에서의 적절한 표현이 허용되지 않음으로써, 그 정신의 평화가 위협을 받게 되는 위험성을 상징한다. 이러한 상황은 또한 감금되고 상처를 입은 동물에 의해서 상징될 수 있다: 우리는 때때로 본능을 너무 강하게 통제하거나 심지어는 학대한다. 그러면, 동물들이 상처를 입을 때에 더욱 사나워지고 위험해지는 것처럼, 우리의 '상처입은' 본능들은 더욱 사나워지고 위험하게 된다.

　우리가 고려해 볼만한 하나의 견해는, 우리는 손해 없이 우리의 동물적인 본성을 불필요한 것으로 만들 수 없다는 것이다. 그것은 '고차원적'이거나 '영적인' 본성을 불필요한 것으로 만드는 것과 마찬가지라는 것이다. 평화와 행복에 이르는 길은 우리 본성의 두 측면으로 하여금 서로를 개발시켜 주고, 서로 안에서 그리고 서로를 통하여 모두의 실현을 모색하도록 하는 것이다. 이것은 몸과 영이 서로 분리되는 대신에 서로를 존중하면서 협력하는 것으로, 각자가 상대편의 충만을 위해 상대편의 부족을 채워주는 것을 의미한다.

(4) 위협적이거나 사나운 동물은 무의식에 매장되어 있는 분노의 공격성을 나타낼 수 있다. 아마 당신이 격노를 비합리적이고 불균형적으로 폭발시키는 경향이 있을지도 모르기 때문에 만약 이 경우에 해당되는 것으로 생각되면, 그 공격성의 기원을 찾아 참조하라. 그것은 초기 아동기로 거슬러 올라갈 수 있다: 어린이의 부모에 대한 욕구와 그 결과로 말미암은 다른 부모에 대한 질투와 분노는 죄책감으로 귀결될 수 있다. 이 죄책감은 번갈아 자신을 징계하고 싶은 욕구의 근원이 된다. 이러한 자기 자신에 대한 공격성, 즉 자학증은 다른 사람, 특히 사랑하는 사람들이나 아주 가까운 사람들에 대한 공격성 혹은 적의, 즉 가학으로 번질 수 있다. 전형적으로, 해결되지 않은 외디푸스 콤플렉스(유아가 부모에 대해 갖게 되는 사랑-증오의 양가적인 감정)는 생의 후반기에 배우자에 대한 유사한 양가감정—누군가를 사랑할 때에는 동시에 그를 벌하고자 하는 것—으로 나타날 수 있다.

다른 사람들에 대한 모순된 감정은 내적인 갈등, 즉 대개는 욕구와 양심 사이에서 일어나는 갈등의 징조이다. 그리고 우리가 양심이라고 부르는 것은 아동기의 형벌에 대한 두려움이 작용하는 심리과정을 병적으로 검열하고 금지하는 것일 수 있다. 이것은 건강한 양심과 구별될 필요가 있다. 건강한 양심은 우리가 자신에게 합리적인 숙고에 의해서 제공하는 모든 도덕적인 지침들로 이루어져 있다. 욕구들과 사회적으로 생존하고 성공해야 하는 필요 사이의 어떤 타협은 거의 필수불가결한 것이다; 그러나 합리적으로 협상된 타협은 도덕률인 체하는 비합리적인 공포에 굴종함으로써 생겨난 위험을 잠재하고 있는 내석 긴장보다는 훨씬 건강한 것이다.

(5) 길들여진 동물, 또는 동물을 길들이는 행위는 문명사회의 일부분으로서의 삶이나 자신의 행동들을 통제함에 있어서 당신이 '성주(城主)'라는 감정에 어울리는 본능의 통제된 표현의 필요성을 상징한다.

(6) 빨간 모자 꼬마 아가씨 이야기에 나오는 늑대는 다른 동물 상징주의의 좋은 예가 된다. 여기에서 늑대는 성적 경험이 없는 여인에게 있어서의 남성의 무서운 측면, 즉 성적 접촉에 대한 두려움을 나타낸다. 본래 그 이야기는 아마 어린 소녀들이 남자들과 성급하게 성관계를 가지는 것에 대한 경고로서 사용되었을 것이다. 꿈에 드러난 동물들은 확실히 성적인 의미를 가질 수 있는데, 늑대는 이에 대한 명백한 예이다. '늑대'라는 말은 억제할 수 없는, 순전히 '동물적인' 성욕을 가진 남자들에게 공통적으로 적용된다. 또한 개구리(Frog), 늑대(Wolf)를 참조하라.

(7) 만약 꿈에서 어떤 동물에 의해서 쫓기고 있다면, 그 동물은 아마 어떤 억압된 정서나 본능을 나타낼 것이다. 그런 것들을 무의식에 묻어 두는 한, 계속해서 자신을 괴롭히고 어지럽게 할 것이다. 그것이 무엇이든간에 정면으로 맞서라. 그리고 그것과 수용적이고 인내심 있는 대화를 시작하라.

(8) 동물을 죽이는 것은 인간본능의 어떤 본질적 요소의 실제적인 파괴를 상징한다. 또는 인간의 본성에 대한 어떤 두려움이나 몸, 감각들, 성교에 대한 과소평가를 나타낼 것이다. 당신은 이러한 대안—본래적인 자기를 비합리적으로 도살(억압)하는 것(상징적인 거세), 또는 정신이 균형을 위협하고 있는 본능을 합리적으로 길들이는 것—들 가운데 어느 것이 자신의 경우에 해당되는지를 밝혀내는 데 정직해야 할 것이다.

■ 동쪽(East)

(1) 동쪽은 태양이 뜨는 곳이다. 그러므로 동쪽은 일종의 '재생'을

의미할 수 있다: 당신은 자신을 철저하게 재교육시킴으로써 선하고 삶의 질을 높여주는 모든 것들과 직면하고, 그것들을 받아들이게 될지 모른다. '동방의 별'은 현인들을 그리스도에게로 인도했는데, 심리학적으로 그리스도는 진정한 자기의 상징이다.

(2) 동쪽은 당신에게 깊이 호소하고 있는 동방의 나라들/문화/가치관/영성인가? 이것은 당신은 거기로 가야 한다/독서해야 한다/명상을 시작해야 한다는 것을 의미할 수 있다. 또는 단순히 당신이 지금까지 당신의 삶을 지배해 왔던 목적이나 가치관보다 더욱 현실적이고 적절한 목적과 가치관을 어딘가에서, 궁극적으로는 당신의 내적인 자기에서 찾을 필요가 있다는 것을 의미할 수 있다.

■ 돼지(Pig)

(1) 돼지는 본능적인 생활, (짐승 같고 역겹게 보이는) 성, 육욕, 탐욕, 수성(獸性)을 상징한다.

(2) 돼지를 죽이는 것은 영적 품위를 획득하기 위하여 자신의 '동물적'인 본성을 극복하려는 충동을 상징한다. 두말할 필요도 없이, 이것은 파괴적인 것일 수 있다. 그러나 자신의 동물성을 전멸시키는 것이 아니라 '길들이고', 의식적인 삶에서 그것에게 적절히 표현할 기회를 줌으로써, 더 나은 인격발달을 위한 확고한 토대가 만들어지게 될 것이다.

■ 두꺼비(Toad)

개구리(Frog)를 참조하라.

■ 두려움(Fear)

또한 불안(Anxiety), 도망(Escape), 도주(Flight=Fleeing)를 참조하라.

두려움은 꿈의 공통된 주제이며, 악몽이라고 부르는 것의 본질이다. 그것의 중요성은 부분적으로는 당신이 꿈에서 두려워 하는 대상이 무엇인가에 달려 있다. 그러나 거의 언제나 어떤 정서나 본능적인 충동과 같이 자신 안에 있는 어떤 것을 나타낼 것이다.

(1) 꿈에서의 두려움은 대체로 탐구되지 않은 무의식, 또는 그 무의식과의 만남을 의미한다. 융에 의하면 무의식은 의식세계를 대상(代償)하고, 그러므로써 의식세계의 특질들과 상반된 특질들을 담고 있기 때문에, 무의식을 무섭게 느낄 수 있다. 그러나 그러한 상반된 특질들은 자신의 생을 살아가면서 온전성에 도달하게 되고; 그리하여 두려움을 극복하고 무의식이 담고 있는 것들과 친숙하게 될 때까지 자신의 성격을 완성시켜 주는 것들이다. 꿈에서 무의식은 깊고 어두운 것(지하실, 우물, 바다, 검은 하늘 등)이나 어머니의 형상, 또는 형제/자매로 나타날 수 있다. 그림자에 대해서는 서론 72쪽을 참조하라. 또한 어머니(Mother); 형제/자매(Brother/Sister)를 참조하라.

(2) 꿈에서 두려운 것들은 무의식의 어떤 특정한 내용을 나타낼 수 있다. 이러한 것들은 보통 죄책감, 형벌에 대한 두려움, 성욕, 분노 등 자신이 억압해 왔던 것들이다. 꿈에서 성욕과 분노는 때때로 야생동물로 표현되기도 한다. 억압에 대해서는 서론 32쪽을 참조하라. 또한 동물(Animal)을 참조하라.

(3) 아버지나 다른 권위있는 사람의 형상은 두려움이나 죄의식을 표현하는 꿈의 특징을 나타낸다. 이것은 자기비난과 불안으로 인하여 아버지의 실제, 또는 상상된 불찬성, 금지, 예상에 대한 두려움이 파생되기 때문이다. 프로이트에 따르면, 형벌에 대한 기타의 모든 두려움들은 거세에 대한 두려움에서 비롯될 수 있다. 남자 아이에게 있어서, 거세에 대한 두려움은 외디푸스 콤플렉스의 일부를 형성한다. 꿈에서 거세는 신체의 일부분을 잘라내는 것으로 나타날 수 있다. 외디푸스 콤플렉스에 대해서는 서론 46쪽을 참조하라. 또한 거세(Castration)를 참조하라.

(4) 꿈에서 어머니에 대한 두려움이 나타날 수 있는데, 두려움의 대상으로서의 어머니는 거미, 물, 악어, 또는 용으로 표현될 수 있다. 당

신은 지금 어머니나 어머니의 애착에 의해 압도당하는 위험에 처해 있는가?

(5) 여성들에게는 거세에 대한 두려움이 나타나지 않지만, 대신에 어머니의 사랑을 상실당할지 모른다는 두려움으로 나타난다. 그리하여 인생 후반에 사랑, 즉 배우자의 사랑을 상실당할지 모른다는 두려움은 어머니와 관련된 가장 초기의 두려움을 불러일으킬 수 있다.

(6) 남성의 아니마나 여성의 아니무스는 꿈에서 두려운 것으로 나타날 수 있다. 이것은 인간의 정신은 양성(兩性)적이라는 사실을 인정하기 어렵기 때문에, 당신은 지금까지 자신의 아니마/아니무스를 억압해 오거나 무시해 왔다는 것을 암시해 줄 것이다. 여성의 무의식은 이성(理性), 경쟁심 등 강력한 남성적 특질들을 가지고 있고, 남성의 무의식은 감정, 관계성 등 강력한 여성적 특질들을 가지고 있다. 만약 당신이 두목 기질이나 논쟁적인 경향을 가진 여성이라면, 자신의 아니무스를 지금까지 의식에 받아들이지 않았을 것이다. 그렇다면 그것은 가끔씩 폭발한다. 만약 당신이 자주 감정을 폭발시키는 남성이라면, 의식적인 삶 속에서 자신의 아니마를 위한 적절한 위치를 마련해 주어야 한다; 그러면 그것은 당황하게 하는 방식으로 행동하는 것을 멈추고, 대신에 창조적인 협력으로 당신의 남성성을 보완시켜 줄 것이다. 아니마/아니무스에 대해서는 형제/자매(Brother/Sister) 항목 (4)~(6)을 참조하라. 그리고 서론 76쪽을 참조하라.

(7) 두려움의 대상이 악이라고 생각되는가? 만약 그렇다면, 그것은 내적 평화 또는 외적 능률을 파괴하고 있거나 파괴할 우려가 있는 자신의 어떤 부분을 나타낼 것이다. 무의식 속에 있는 거의 모든 것은 다음과 같은 두 가지 측면을 가지고 있다는 사실을 명심하라: 하나는, 무의식을 격리시키거나 무시할 때 일어나는 위협적이거나 위장적인 측면이다. 그리고 다른 하나는, 무의식을 의식적인 삶 속에서 인정하고 그것에 적절한 위치를 부여할 때에 일어나는 적극적인, 즉 창조적인 측면이다. 또한 귀신(Demons), 마귀(Devil), 악(Evil)을 참조하라.

(8) 프로이트에 따르면, 불안을 나타내는 꿈들은 변함없이 위장된 원망성취들이다. 예를 들면, 당신이 어떤 사람의 건강에 대하여 불안해 하는 꿈을 꾼다면, 그 꿈은 그 사람에 대한 무의식적 분노나 증오를 나타낼 수 있다. 이러한 가능성을 진지하게 생각하라: 억압된 부정적인 정서들은 매우 흔히 불안한 꿈들로 표현된다. 또한 불안(Anxiety)을 참조하라.

(9) 추락에 대한 두려움은 꿈에 흔히 나타나는 주제이다. 추락(Falling)을 참조하라.

(10) 꿈에서 느껴지는 두려움 때문에 그 꿈이 조급하게 끝을 맺고 있는가? 추락(Falling) 항목 (2) 이하에 제시된 충고를 참조하라.

### ■ 두 얼굴을 한/양면적인(Two-Faced)

(1) 두 얼굴의 형상은 무엇이나 누군가의 양면가치, 자신의 양면가치를 상징한다. 예를 들면, 자신의 무의식 속에 있는, 그리고 꿈에서만 볼 수 있는 것은 처음엔 악하게 보일 수 있지만, 더 알게 되면 삶을 향상시켜는 주는 것으로 드러날 수 있다.

(2) 그 사람이 실제로 알고 지내는 사람이라면, 물론 두 얼굴의 형상은 그 사람이 성실하지 못하고 신뢰해서는 안되는 사람임을 의미할 수 있다.

### ■ 둑(Bank)

또한 저장실(Vault)을 참조하라.

둑은 재물로 가득한 창고와 같이, 축적되어 있지만 아직 사용되지 않은 정신의 잠재력을 상징한다.

### ■ 둥근 것(Round)

만다라(Mandala)를 참조하라.

- 둥근 천장(Dome)
  ⑴ 둥근 천장은 지성 혹은 의식적인 자아를 상징할 수 있다.
  ⑵ 둥근 천장은 전체적인 진정한 자기, 즉 완전을 상징한다. 또한 만다라(Mandala)를 참조하라.
  ⑶ 둥근 천장은 여성의 가슴을 나타내는 성적인 상징일 수 있다.

- 뒤, 등(Back)
  ⑴ 건물이나 몸의 뒷부분들과 같이, 무엇이든지 뒷부분들은 성격 가운데 인정받지 못하고 열등하거나 역겨운 것으로 거부당하기 때문에, 또는 무섭고, 혼란스러우며, 위협적이기 때문에 숨겨져 있는, 즉 무의식 속에 묻혀 있는 부분들을 상징한다. 이러한 부분들은 실제로 열등하거나 부끄러운 것들인가?: 그리고 당신이 그렇게 생각하도록 만든 것은 무엇인가? 우리는 자신의 깊은 정서적 욕구들과 접촉하는 법을 터득해야 하는데, 이것은 지금까지 마음의 '후방'으로 밀어 놓았던 자신의 부분들과 의사소통하는 것을 의미한다.
  ⑵ 사람의 등은 굽지 않았다면 도덕적인 올바름과 신체적이거나 도덕적인 힘을 나타낼 수 있다. 굽은 등은 아마 당신이 지금 너무 무거운 짐에 눌려 있거나 풀이 죽어 있다는 것, 또는 그렇다고 느껴지는 징후일 것이다. 당신으로 하여금 당당하지 못하게 하고, 삶에 대하여 자신을 개방하지 못하게 만드는 것은 무엇인가? 당신이 자신을 벌주게 만드는 죄책감인가? 부모, 상사, 또는 '일에서 해방되지' 못하게 하고 계속해서 자신의 선택과 가치를 당신에게 강요하는 다른 어떤 사람인가? 만약 상황이 점점 나빠지고 있다면, 실제로 그 상황으로부터 벗어날 것을 진지하게 고려하라.

- 뒤범벅(Jumble)
  뒤범벅된 상태는 아마 마음의 혼란된 상태, 즉 정신적인 갈등을 반영하는 것일 것이다. 또한 폐물(Junk)을 참조하라.

■ 뒤쪽으로 향한(Backward)

발, 기차, 자동차 등이 뒤쪽으로 이동하는 것은 자신의 진정한 목표로부터 점점 더 멀어지고 있는 것을 의미할 수 있다. 당신은 지나치게 과거, 그리고 그와 관련된 실패, 거부, 죄책감, 분노들에 사로잡혀 있을 수 있다. 현재 삶에 대한 당신의 반응은 과거의 외상(外傷)적 사건들에 의해서 조건화되는 한, 평화나 개인적인 실현의 가능성은 존재하지 않는다. 과거의 경험들에 의해 만들어진 상처들은 미래에 대하여 불안해 하지 않거나 과거의 어떤 것에 대하여 분노하지 않고, 현재에 사는 법을 터득할 때에만 치유될 것이다.

■ 들판(Fields)

(1) 넓은 들판에 있는 꿈은 자연과 더욱 친밀해지려는 욕구나 그 필요성에 대한 표현일 수 있다: 들판은 사회의 관습들이나 지나치게 발달된 초자아로부터 나온, 스스로 만들어낸 신경증적인 금기들을 던져버리는 것일 수 있다. 초자아에 대해서는 서론 25쪽을 참조하라.

(2) 다산력(多産力)은 개인 성장의 가능성; 새로운 삶을 상징한다.

(3) 꿈에서 들판은 일반적으로 현세적인 느낌을 가질 수 있는데, 이것은 존재의 무의식적이거나 본능적인 수준을 상징한다; 또는 어머니를 상징한다. 또한 어머니(Mother)를 참조하라.

■ 등대(Lighthouse)

(1) 바다는 무의식에 대한 상징이고, 빛은 의식을 상징한다. 등대는 선원(船員)들이 바다를 안전하게 항해하도록 돕는 것처럼, 당신이 무의식을 탐험할 때 의식을 계속 깨어있게 함으로써, 재난을 피하도록 도울 것이다.

(2) 등대가 상징하는 것은 남근의 상징이다. 그리고 바다는 여성성을 상징한다.

■ 등불(Lamp)

빛(Light)을 참조하라.

■ 등산(Climbing)

또한 상승(Ascent), 높이(Height), 사닥다리(Ladder), 산(Mountain)을 참조하라.

(1) 등산은 야심이나 성공의 상징이다. 당신은 등산에 대한 두려움이 가득한가?; 당신은 정상에 이를 때 현기증을 느끼는가? 만약 그렇다면, 이것은 '큰 실패'에 대한 무의식적인 두려움을 상징한다. 당신은 열등의식을 가려낼 필요가 있을 것이다. 다른 한편으로, 너무 높이 올라가는 것과 같은 일에 대한 하나의 경고일 수 있다. '자만은 패망의 선봉이다.'

(2) 당신은 사나운 동물로부터 도망치거나 범람하는 강물로부터 자신을 구하기 위하여 어디론가 올라가고 있는가? 예를 들면, 나무를 올라가고 있는가? 이것은 어떤 정서, 어떤 내적 장애로부터 도망치려는 시도; 가정이나 직장의 어떤 외부적인 상황으로부터 도망치려는 시도를 상징한다.

(3) 산에 오르는 것은 당신에게 전경을 보여줄 수 있다. 이것은 당신 또는 당신의 상황에 대한 더욱 공평한 견해를 바라거나 필요로 하고 있다는 것; 사태를 조화있게 만들 필요가 있다는 것; 또는 자신을 단순한 물질적인 가치 이상으로 고상하게 만들 필요가 있다는 것을 의미할 것이다.

(4) 다른 한편으로, 산에 오르는 것은 어떤 형태의 도피주의일 수 있고, 그 산은 세상과 자신의 외부적이거나 내부적인 문제들을 뒤로 할 수 있는 상아탑일 수 있다. 두말할 것 없이, 불안, 분노, 내적인 갈등은 뒤로 할 수 없다; 아무튼, 당신이 그것들을 대면하고, 그것들과 기탄없이 이야기하기까지는 잊어버리지 못한다. 그렇지 않으면, 당신이 어떠하든 간에 그러한 것들은 그대로 남아 있게 된다. '기탄없이 이야기

하는 것'에 대해서는 서론 93쪽을 참조하라.

(5) 프로이트는 남성에게 있어서, 특별히 잡을 수 있는 튀어나온 벽돌들이나 돌들이 있는 벽을 오르는 꿈은 성교를 나타낼 수 있다고 말한다. 돌출된 것들은 여성의 엉덩이와 유방의 상징이다.

다른 한편으로, 그것은 해방의 필요성을 표현할 수 있다. 예를 들면, 비합리적이거나 신경증적인 속박들로부터의 해방; 자기모욕의 습관으로부터의 해방; 또는 삶의 병적인 상태로부터의 해방을 의미한다.

### ■ 땅(Earth)

(1) 땅은 하늘과 대조적으로 당신이 '현실적이 되거나', 아니면 당신 존재의 '세상적'이거나 성적인 측면들에 유의할 필요가 있다는 것을 상징한다.

(2) 땅은 어머니를 상징하는 '대지 어머니'일 수 있다. 땅은 사물들을 낳을 뿐 아니라, 그것들이 죽을 때 다시 삼켜버릴 수 있다는 사실을 명심하라. 유사하게도, 어머니—또는 어머니에 대한 애착—는 애착적인 측면, 즉 당신이 개체로서 발달하는 것을 방해하는 측면을 가지고 있을 수 있다.

(3) 대지 어머니는 또한 무의식을 나타낼 수 있다. 생명을 주는 에너지는 무의식에서 나온다. 이것은 한층 더 높은 발달을 위한 잠재능력을 포함하고 있는 '자궁'이다. 다시 말해서, 부정적인 측면을 표현할 수 있다: 삶의 질서를 유지하려는 의식적인 자아의 시도들을 무의식이 위협하고 있는 것처럼 보일 수 있다. 이처럼 무의식의 협박이 나타나는 것은 그러한 '질서'가 위험하다는 징후일 수 있다. 즉, 지금까지 정신의 중요한 부분들을 경시하는 대가를 치르면서 유지되어 왔던 질서가 위험에 처한 것임을 알리는 신호일 수 있다. 여기에서 생각하게 되는 것은 온전성이다.

또한 대지 어머니는 이성이나 지적 영리함만을 의지할 것이 아니라 무의식/본능/몸의 지혜에 대한 신뢰가 보완되어야 한다는 것을 상징한다.

(3) 우주에 떠 다니고 있는 구체(球體)처럼 보이는 지구는 아직은 실현되지 않은, 즉 생각이나 이상으로부터 행동과 사실로 옮겨지지 않은 진정한 자기; 온전성, 통합 등을 상징한다. 또는 당신을 자신의 개인적 '숙명'의 실현으로 나아가게 해 줄 생명력을 지닌 채 가볍게 자유로이 '떠 다니는 어떤 것'을 상징한다.

■ 땅 신령들(Gnomes)
또한 도깨비(Goblin), 영들(Sprits)을 참조하라.
민간 전승에서 땅 신령들은 땅의 보물을 지키는 땅 속의 영들이다. 심리학적인 용어로, 그들은 내면적인, 진정한 자기(보물)를 발견하기 위하여 무의식(땅)에 들어가서 그것과 친숙한 사이가 되는 것을 가로막는 모든 것을 상징한다.

■ 떠 있는 상태(Floating)
(1) 물 위에 떠 있는 상태는 해방의 상징; 무거운 짐, 문제, 제한, 또는 야심 등을 놓아버리는 것의 상징; 단지 존재함의 상징이다.
(2) 물은 긍정적인 측면에서 여성성의 상징이다. 그러한 경우에, 당신이 물 위에 떠 있는 것은 '여성'에 의존되어 있음/여성에 의해 유지되고 있음을 의미할 것이다. 만약 당신이 남성이라면, 다시금 물위에 떠 있는 상태는 실제의 한 여성이나 여성들; 어머니; 또는 정신의 여성적인 측면을 의미할 수 있다. 마치 여성의 정신에 남성적인 차원(아니무스)이 존재하는 것처럼, 남성의 정신에도 여성적인 차원(아니마)이 존재한다. 형제/자매(Brother/Sister) 항목 (4), 그리고 서론 76쪽을 참조하라. 그 꿈은 아마도 당신이 자신의 여성성을 더욱 신뢰할 것을 권하고 있을 수 있다.
(3) 물에 의해 표현된 여성성은 어머니 자연(Mother Nature)일 수 있다; 그러므로 물 위에 떠 있는 것은 자연과의 동일시나 그 자연에 따르는 것, 또는 진정한 내면의 자기를 나타낼 것이다. 이것은 경제적, 도

덕적, 정서적인 압력이 있는 인간이 만든 세계에서 밀려나는 것과는 구별된다.

- **똑바른/일직선의(Straight)**
 (1) 일직선으로 움직이는 것은 결연하고 의미심장한 행동을 상징한다.
 (2) 직선은 남성적이다. 그러므로 여성에게 있어서 직선은 성을 상징한다. 또한 곡선은 여성적이다. 그러므로 남성에게 있어서 곡선은 여성을 나타낸다.

# ㄹ

■ 렌즈(Lens)

꿈에 나타난 렌즈의 형상은 아마 자신의 주의를 무엇엔가에 맞추어야 한다는 요구가 있다는 것을 의미할 것이다.

■ 로케트(Rocket)

로케트는 남성의 성기를 나타내는 성적 상징이다; 또는 에너지의 분출을 상징한다.

■ 루비(Ruby)

(1) 모든 붉은 것들이 그렇듯이, 루비는 열정, 즉 사랑이나 분노를 상징한다.

(2) 다른 모든 보석과 마찬가지로, 루비는 진정한 자기에 대한 상징이다. 꿈의 상황은 대체로 이러한 의미들 가운데 어떤 것이 적합한지를 말해 줄 것이다.

## ㅁ

### ■ 마귀(Devil)

(1) 유대-기독교-이슬람교 전통에서 사탄은 본래 뿔이 있는 다산신, 즉 풍성하게 하는 자연의 능력을 인격화한 것이었다. 심리학적인 용어로, 풍성하게 하는 자는 개성화 발달에서 새로운 단계의 막을 열 수 있는, 정신 안에 있는 무엇이다.

(2) 마귀의 모양을 한 것이 가지는 악한 의미는 꿈을 꾸는 사람의 억압된 무의식의 내용들에 대한 두려움을 반영할 수 있다. 사실 이 무의식은 만약 활성화되고 사용된다면 새롭고 더욱 충만한 삶을 가능하게 할 수 있는 힘들이다. 우리가 억압하는 것은 언제나 우리에게 큰 가치가 있지만, 과거에 종종 죄책감이나 형벌에 대한 두려움을 일으켰던 것이다. 우리의 두려움들로 인하여, 무의식은 악한 괴물들이 살고 있는 어두운 지하세계의 무서운 특징들로 덮여 있다. 사실 무의식은 치유와 온전성에 필요한 모든 에너지와 지혜를 담고 있다. 우리가 인간으로서 해야 하는 기본 임무는 우리 자신 안에 있는 마귀를 전향시키는 것이다.

이것은 곧 부정적으로 작용하는 정신의 반체제적이고 파괴적인 힘들을, 긍정적으로 작용하여 삶을 향상시키고 통합시키는 능력들로 전향시키는 것을 말한다. 그러나 야만적인 힘으로는 마귀를 전향시키지 못하고, 다만 사랑으로만 전향시킬 수 있다. 부정적으로 작용하는 힘들은 당신이 무시하고 멸시하거나 두려워하는 힘들이다. 그 힘들은 존재를 인정하고, 그것들을 의식적인 삶 속에 통합시킬 때 비로소 긍정적으로 작용하게 된다.

만약 우리가 자신 안에 있는 '마귀'를 인정하지 않으면, 다른 사람들에게 투사하게 될 것이고, 그렇게 함으로써 우리는 세상에서 증오와 파괴(실제의 마귀!)의 기회를 더 많이 제공하게 될 것이다. 또한 악(Evil)을 참조하라.

(3) 어떤 상황들—예를 들면, 마귀가 뿔을 가지고 있거나 나체의 여인들과 성적인 관계를 가진다면—에서 마귀는 성적인 상징이다. 만약 여성의 꿈에서 성(性)이 그러한 외양으로 나타난다면, 그것은 아마 그녀가 성관계에 대한 두려움을 가지고 있기 때문일 것이다. 남성의 꿈에서 그러한 징후가 나타난다면, 그가 자신의 성에 대하여 죄스러운 태도를 취하고 있다는 것을 말해 줄 것이다. 프로이트는 그것을 추적해 본 결과, 정상적인 남아가 자기 어머니에 대하여 갖게 된 성적 감정에서 야기된 불안이라고 했다.

### ■ 마녀(Witch)

마녀들이 상징하는 의미를 이해하려면, 마녀들은 대지 어머니의 여사제들이라는 사실, 그리고 그들은 심술궂은 것으로 보여진다는 사실을 명심하라. 이러한 대중적인 견해는 마녀들의 역사에 대하여 아무것도 모르는 동화작가들이나 교사들에 의하여 영구화되었다. 그러한 견해는 기독교가 마녀들을 악마 숭배자들로 박해한 데서 비롯되었다. 그리고 기독교의 하나님과 자연을 분리하고, 내재적인 땅의 여신보다는 초월적인 하늘의 신을 예배하려는 경향에서 비롯되었다. 그러므로 꿈에 나타난 마녀는 아래의 가능성들 가운데 하나를 나타낼 수 있다.

(1) 마녀는 지혜, 치유, 그리고 성장의 내적인 원천일 수 있다.

(2) 또는 무의식의 파괴적인 힘, 예를 들어서 자신의 억압된 부분일 수 있다. 남성의 꿈에서 마녀는 그의 아니마의 부정적인 측면을 상징한다. 아니마에 대해서는 형제/자매(Brother/Sister) 항목 (4)~(6)을 참조하라. 당신은 우울함과 나에게는 잘 되는 일이 아무것도 없다는 생각으로 고통을 당하는가? 이것은 어머니가 실망하게 된다는 생각을 하기 때문일 것이다. '대체로 남성 아니마의 특징은 그의 어머니에 의해 형

성된다'(M. L. von Franz,「인간과 그의 상징들 Man and His Symbols」에서). '요부'(femme fatale)에 대해서는 여성(Woman)을 참조하라.

주의. 외관상 파괴적인 것으로 보이는 정신의 힘들은 그것들과 더욱 친숙하게 되면, 언제나 긍정적이고 삶을 향상시켜 주는 힘으로 드러난다. 또한 귀신(Demon), 마귀(Devil), 악(Evil)을 참조하라.

■ 마법사(Wizard)

또한 지혜노인/지혜노파(Wise Old Man/Woman)를 참조하라.
마법사는 지혜노인/지혜노파의 형상일 수 있다.

■ 마비(Paralysis)

(1) 만약 꿈에서 마비된 사람이 바로 자신이라면, 그 마비는 아마 성공적으로 행동할 수 없거나 의사결정을 할 수 없다는 것을 상징할 수 있다. 그 원인을 찾으라. 그 원인은 보통 어떤 묻혀 있는, 무의식적인 두려움이나 죄책감 또는 내적인 갈등일 것이다.

(2) 만약 다른 사람이 마비되어 있다면, 그 사람은 거의 확실히 당신이 지금까지 표현의 자유를 주지 않았던 자신의 어떤 측면일 것이다. 꿈에서 그 사람이 하는 역할을 흉내내어, 그것이 당신의 어떤 측면인지를 발견하라: 그 사람의 감정과 불평을 표현하고, 그 사람의 미래를 새롭게, 더욱 긍정적으로 만들라.

■ 마술(Magic)

마술은 당신의 자아보다 더 강한 능력, 즉 좋거나 나쁜, 무의식적인 어떤 힘을 상징한다.

■ 마술사(Magician)

마술사는 지혜노인의 상징이다. 지혜노인/지혜노파(Wise Old Man/Woman), 그리고 서론 81쪽을 참조하라.

■ 마시는 것(Drink)

　꿈에서 무엇인가를 마시는 것은, 대개 무의식을 받아들이기만 한다면, 무의식이 삶의 질을 개선시켜 주게 될 무엇인가를 제공한다는 것을 의미할 것이다. 만약 꿈에서 당신이 그 음료수를 받아들이지 않는다면, 다음 기회에는 그것을 받아들이도록 하라; 그 꿈을 재연하면서 이번에는 그 음료수를 들이키라. 이런 식으로 꿈에서 당신에게 주어진 것이 무엇인지를 확인할 수 있을 것이다.

■ 마취제(Anaesthetic)

　(1) 마취제는 죽음에 대한 어떤 종류의 원망(願望)이나 고통스러운 환경으로부터의 도피에 대한 갈망을 상징한다. 또한 죽은/죽음(Dead/Death)의 항목 (4)를 참조하라.

　(2) 경우에 따라서, 꿈은 무의식으로 하여금 하고 싶은 말을 하도록 하기 위하여, 자신의 의식을 잠재우는 습관을 가질 필요가 있다는 것을 말한다.

■ 막다른 길(Dead End, Blind Alley, Cul-de-sac)

　(1) 막다른 길은 전혀 이롭지 못한 행동 과정을 상징한다. 당신은 야망들을 바꾸고 생을 위한 새로운 계획을 세우는 것, 더 적절하게 말하자면, 정신의 심층들 안에 있는 원래의 계획을 발견할 필요가 있다는 것을 의미할 수 있다.

　(2) 꿈에서 막다른 길로 쫓기고 있다면, 쓸데 없는 일로 자신의 시간과 에너지를 낭비하게 하는 것이 무엇인지를 물으라. 그것은 의식하고 있는 삶 속에 통합될 필요가 있는 무의식의 어떤 것일 것이다.

■ 막대기(Stick)

　막대기는 남근의 상징이거나, 능력 또는 권위의 상징이다.

- **만남(Encounter)**

관계들(Relationships)을 참조하라.

- **만다라(Mandalas)**

만다라들은 대칭의 형태를 이루고 있는데, 보통 사각형이나 원형이고 중심점을 가진다. 어떤 만다라들은 순전히 기하학적이지만, 기독교 교회들의 원화창(圓花窓, rose window)이나 인도 전통에서의 연꽃과 같은 만다라들은 그렇지 않다. 심리학적으로, 그 만다라들은 자기(自己)의 상징들로 기능할 수 있다. 즉 완전하고 온전한 자기; 인간의 충만; 정신의 근본적인 질서; 대극적인 정신의 특질들이나 힘들의 통합에 대한 상징들로 기능할 수 있다.

(1) 꿈에 나타난 만다라는 이미 정신 속에 숨겨져 있기 때문에 질서가 가능하다는 것을 보여주는 것이다. 혼란을 일으키는 요소들을 '제거하라', 즉 그것들을 정신의 다른 부분들과 조화시키라. 그러면 질서는 회복될 것이다.

(2) 꿈에 혼란스러운 만다라가 나타난다면, 이것은 정신의 무의식적인 부분이 가진 치유―온전하게 하는―의 능력이 일시적으로 작동하지 않고 있다는 것을 나타낼 것이다. 죄와 그로 말미암은 분노, 또는 열등감 등의 어떤 파괴적인 태도는 자연적인 치유능력의 흐름을 차단하고 있다.

- **만자 십자상(Swastika)**

(1) 만자 십자상은 보통 생명, 또는 생명을 주는 창조적인 능력에 대한 상징이다. 종교 전통들에서는 때때로 시계바늘 방향으로 도는 자선적인 만자 십자상과 시계 바늘 반대 방향으로 도는 파괴적인 십자가상 사이의 구별이 이루어지기도 한다. 그러나 언제나 그런 것은 아니다.

(2) 만자 십자상은 히틀러 및 나찌즘과의 연관성 때문에, 시계바늘 방향으로 움직이는 형태에서조차 악을 상징하기도 한다.

■ **만화경 이미지(Kaleridoscopic Image)**
　뒤범벅이 된 잡다한 파편들을 모아서 균형 있고 아름다운 심상을 형성하는 것은 정신의 모든 요소들이 '중심'을 갖게될 때, 즉 그것들이 진정한 내적 자기에 봉사하는 도구들로 기능하거나 또는 자기의 표현으로 봉사할 때, 정신에 미치게 되는 질서를 상징한다.

■ **말(Horse)**
　(1) 말, 특히 종마(種馬)는 성(性)의 상징이다. 말을 타는 것은 성행위를 상징한다.
　(2) 말은 인간의 동물성, 즉 '당신의 마음을 사로잡을 수 있는' 본능적인 활력을 상징한다.
　(3) 질주하는 말은 땅에 거의 닿지 않는 것처럼 보이기 때문에, 황홀경을 상징하거나; 육욕/물욕에 빠지지 말아야 될 필요성; 세상 안에 살지만 세상에 속하거나 호색함/물욕에 빠지지 않아야 할 필요성, 그리고 '세상'에 속하지 않는 것을 상징한다.
　(4) 그 말의 눈은 가리개로 가려져 있는가? 삶이 당신의 방식으로 고정되어 있는가? 새로운 가능성들, 더 넓은 지평들을 향해 눈을 뜨라.
　(5) 밧줄에 매여 있는 말은 본능적 차원에게 자신을 표현할 수 있는 자유가 더 많이 허락되어야 한다는 것을; 또는 자신을 죄책감으로부터, 또는 자신에게 주어지는 삶의 즐거움을 차단하고 있는 다른 무엇으로부터 해방시킬 필요가 있다는 것을 의미할 수 있다.
　(6) 말은 감정을 상징한다. 만약 꿈에서 말들이 날뛰고 있다면, 정서들이 곧 폭동을 일으키게 될 것을 의미하거나, 당신이 그 정서들의 요구를 진지하게 주의하지 않을 경우에는, 그러한 정서들이 당신을 지배하게 될 것을 의미한다. 그 말들이 고삐나 밧줄에 단단히 매여 있다면, 그것은 당신의 정서들이 너무 지나치게 억압되어 있다는 것을 의미할 수 있다.
　(7) 말은 당신의 무의식이나 정신 전체를 상징한다. 신화들이나 민

간설화들에서 말들이 종종 말을 하는 경우가 있다. 만약 꿈에 나타난 말이 말을 한다면, 그것은 무의식의 소리, 또는 그것의 일부분의 소리, 또는 진정한 자기, 즉 내면의 중심의 소리이다. 자기에 대해서는 서론 83쪽을 참조하라.

(8) 말이 위협적이라면, 당신의 무의식을 조사하여 거기에서 당신을 위협하고 있는 것이 무엇인지를 확인하라. 당신을 섬뜩하게 하는 것은 무의식 전체인가; 아니면 당신의 성(性)인가; 아니면 어떤 억압된 다른 욕구인가? 위협은 소름끼치는 두려움까지 포용할 수 있는 사랑에 용해될 때 사라지게 된다.

(9) 만약 당신이 말이나 말들이 끄는 마차를 타고 있다면, 그것들은 당신의 정서들을 의미할 것이다. 당신이 그 말들을 통제하는가, 아니면 말들이 당신을 통제하는가?

(10) 검은 말은 장례와 관련을 가진다. 당신의 어느 부분이 죽어있거나 죽어가고 있는가? 그것이 죽도록 내버려 두어야 하는가? 당신 내면에서 죽어 있는 것이 무엇인가? 그것은 당신으로 하여금 현재 자유로운 삶을 살지 못하게 하는 과거로부터 온 어떤 것은 아닌가?

(11) 말발굽은 다산력이나 성을 상징한다. 심리학적으로 말해서, 다산력은 한 인간으로서 성장할 수 있는 힘이다.

■ 망치(Hammer)

(1) 망치는 남성성을 나타낼 수 있다. 망치로 못을 박는 것은 성행위를 상징한다.

(2) 망치를 무기로 사용는 것은 공격성을 나타낸다. 또한 공격성(Aggressiveness)을 참조하라.

■ 매(Hawk, Falcon)

또한 독수리(Eagle)를 참조하라.

(1) 매는 공격성, 강탈, 사나움을 상징한다.

(2) 매는 자신의 깊은 중심으로부터 나온 메시지를 전해 줄 수 있다. 매는 '영'에 대한 고대적인 상징으로서, 태양과 관련을 가지고 있다. 또한 태양(Sun)을 참조하라.

■ 매듭(Knot)

(1) 매듭은 문제, 즉 외적이거나 내적인 문제를 상징한다.

(2) 매듭은 여러 가지를 결합시키는 것일 수 있다. 이런 경우에, 당신은 서로 대립적인 힘들을 화해시키고, 그 양편의 힘들로 하여금 당신의 온전성에 기여하게 함으로써 내적 갈등을 끝내버리라는 요구를 받고 있는 것이다. 또한 한쌍의 남녀(Couple)를 참조하라.

■ 매장(Burial)

또한 죽은/죽음(Dead/Death)을 참조하라.

(1) 누가 매장되고 있는가? 만약 파트너처럼 당신과 가까운 사람이라면, 그 사람에 대해 매장되어 있는 분노가 표현되는 것이다. 그 사람에 대한 당신의 정서가 양면적이라는 사실을 발견하더라도 놀라지 말라: 정서는 종종 양극 사이를 왔다갔다 한다. 다만 당신이 분노하는 것이 무엇인지를 물으라. 만약 그것이 실제로 그 사람 안에 있는 것이라면, 그 문제를 끝까지 토론해서 결말을 지으라. 그렇지 않다면, 그것은 당신이 지금까지 그 사람에게 투사해온 것—아동기로부터 당신에게 있어왔던 것, 즉 일반적으로 삶에 대한 어떤 분노—은 아닌가? 투사에 대해서는 서론 50쪽을 참조하라.

(2) 꿈에서 어머니나 아버지와 같은 실제 인물을 매장하는가? 그렇다면, 아마 그 사람에게 속한 모든 고통스러운 감정들—죄책감, 증오 기타 등—로 이루어진 당신의 정서체계를 풀어야 할 것이다. 죽은 사람들이 당신의 내면에 살아있는 것은 좋다. 그러나 그들이 당신의 평화를 방해하지 못하게 하라. 만약 당신이 그 사람을 사랑한다면, 아무런 문제가 되지 않는다. 당신이 그 사람을 미워한다면, 용서하는 법—그는 아마 자

신이 할 수 있는 한 최선을 다했을 것이다—을 터득하라. 그러한 감정이 죄책감이라면, 자신을 용서하라. 왜 불가능한 것을 기대하는가?

(3) 꿈에서 매장되고 있는 사람이 당신인가? 이것은 무의식의 힘에 압도당하는 것에 대한 두려움을 상징적으로 표현하는 것일 수 있다. 그렇다면, 취해야 할 첫 번째 조치는 당신을 제어하기 위하여 위협을 주고 있거나 위협을 주고 있는 것처럼 보이는 억압된 정서들과 더욱 친숙하게 되는 것이다. 이렇게 한 다음, 취해야 할 조치는 그러한 정서들에 대한 통제를 확립하는 것이다. 그러나 이것은 그러한 정서들을 단순히 매장시키는 것을 의미하지는 않는다. 당신은 그러한 정서들이 어디에서 비롯되었는지를, 즉 그러한 정서들을 처음 야기시킨 경험을 추적해야 할 것이다. 이러한 객관적인 사정(查定)을 통해서 그러한 정서들로부터 그것들이 지닌 위협적인 힘을 제거할 수 있을 것이다. 만약 당신이 그러한 정서들을 처리할 수 없다고 생각한다면, 심리치료사나 이해심 있는 친구와 상의하라.

(4) 매장되고 있는 사람이 당신이라면, 그 무덤은 자궁일 수 있다. 말하자면, 그 매장은 당신이 적절하게 독립적인 삶을 영위하고 개인적인 '숙명'을 성취하는 것을 방해하는 어머니의 애착을 상징할 수 있다.

(5) 그 매장은 자기의 철저한 재건—죽음과 부활—의 필요성을 나타낼 수 있다. 모든 피조물은 파괴를 수반한다: 토기장이가 찰흙을 가지고 바람직한 형태의 그릇을 만들기 위해서는 먼저 기존의 형태를 부수어야 한다. 이것은 개인의 재건에도 동일하게 적용된다: 때로는 고통스럽지만, 새로운 자기가 태어나기 위해서 옛 자기는 죽어야 한다.

(6) 매장되고 있는 사람이나 사물은 당신이 지금까지 거부해왔고, 당신의 무의식 속에 묻어왔던 자신의 어떤 부분을 상징한다. 억압과 억제에 대해서는 서론 32쪽을 참조하라.

■ 머리(Head)

(1) 머리는 지성의 상징이다. 이것은 직관적 사고와는 다르게 합리

적인 성격을 가진다.

(2) 머리는 무의식과 구별되는 의식적인 자아를 상징한다. 이 무의식은 배나 명치로 표현될 수 있다.

(3) 머리는 남성성의 상징이다.

(4) 기괴하고 무시무시하게 생긴 머리는 억압되어 부정적인 성향을 갖게 된 무의식의 충동들이나 과정들을 나타낼 수 있다. 페르세우스(Perseus)처럼 되기 위해 노력하라. 고르곤(Gorgon)의 두 눈은 자기를 보는 사람을 모두 돌로 만들어 버려지만, 페르세우스가 메두사(Medusa)의 목을 자르는 데 성공했을 때, 그녀의 몸에서 날개 달린 말, 즉 페가수스(Pegasus)가 튕겨져 나왔다. 이것은 무의식에서 무시무시하게 생각되던 모든 것들과 대면함으로써 얻어지는 정신적인 발전이나 영적인 발전을 상징한다.

(5) 두 개의 머리를 가진 생물은 이중성, 즉 정신세계 안에 존재하는 대립적인 것들이나 서로 대립적인 성향을 가진 정신의 특질들, 기능들, 힘들—예를 들면, 남성성과 여성성; 의식과 무의식—을 통합시키는 것의 필요성을 상징한다. 또한 참수(Beheading)를 참조하라.

■ **머리털(Hair)**

(1) 풍성한 머리털은 사내다움이나 남자의 성(性)을 의미할 수 있다.

(2) 헝클어진 머리나 길고 흰 수염은 무의식의 심층들에서 이용할 수 있는 지혜를 상징한다. 또한 도사(Guru), 지혜노인/지혜노파(Wise Old Man/Woman)를 참조하라.

(3) 머리를 깍는 것은 사내다움의 상실, 또는 거세를 상징한다. 또한 거세(Castration)를 참조하라.

(4) 음모(陰毛), 그리고 여성의 꿈에서 겨드랑이나 다리에 난 털은 성욕을 상징한다.

(5) 털이 빠지는 것/대머리는 늙어가는 것, 또는 원하지 않는 모습으로 변해가는 것에 대한 두려움의 표현일 수 있다.

## ■ 먹는 것(Eating)

(1) 먹는 것은 자기만족의 대체 형태일 수 있다. 그러므로 먹는 것은 지금까지 배제되어 왔던 기본적인 욕구, 예를 들면, 성교, 사랑, 일의 성취를 나타낼 수 있다.

(2) 만약 어떤 것이나 어떤 사람이 당신을 먹을 우려가 있다면, 그것은 아마 당신의 무의식 속에는 콤플렉스, 공포증, 고착 등 유의하지 않으면 당신의 삶 전체를 점유할 수 있는 어떤 것이 들어 있다는 것을 의미한다.

(3) 당신에게는 '마음 속으로 소화'시켜야 할 무엇이 존재하고 있는지 모른다; 즉 그것은 당신이 자신의 존재 속에 동질화해서 받아들일 필요가 있는 어떤 적극적인 생각이나 태도일 수 있다.

## ■ 먼지(Dust)

(1) 먼지로 덮혀 있는 것은 오랫 동안 건드리지 않았거나 사용하지 않았던 것이다. 당신의 성격에는 격리되어 망각된 부분이 존재하는가? 이것은 당신이 어떤 불균형을 바로잡기 위하여, 또는 정신의 경시된 부분에서 일어나는 반란을 미리 막기 위하여, 활용하기 시작해야 하는 것이다.

(2) 먼지로 덮힌 사람은 당신일 수 있다. 그런 경우, 당신은 원기회복을 필요로 한다. 아마 당신은 과거에 지배를 당한 채 힘겨워 하고 있을 수 있다. 그러므로 당신은 옛 분노들을 풀고, 그 분노들 하나 하나가 말하고 있는 것이 무엇인지를 알아보기 위하여, 수용적인 자세를 가지고 미래, 또는 오히려 현재와 내적인 자기를 성찰해야 한다.

(3) 먼지는 죽음이나 죽음을 면할 수 없는 운명의 상징이다. 그것은 자신이 죽어 있다고 느끼고 있는 사실을 반영해 주는 것일 수도 있다. 그런 경우, 위의 항목 (2)를 참조하라. 또한 죽은/죽음(Dead/Death)을 참조하라.

■ 메시지/사자(使者; Message/Messenger)
꿈에 나타난 메시지는 무엇이나 무의식으로부터 온 것으로 이해될 수 있다.

■ 멜로디(Melody)
음악(Music)을 참조하라.

■ 명치(Solar Plexus)
명치는 정신의 중심이나 정신의 가장 깊은 차원들로 들어가는 것을 상징한다.

■ 모자(Hat)
(1) 모자는 여성이나 남성의 생식기를 나타내는 성적 상징이다.
(2) 어떤 종류의 모자인가에 따라, 그것은 특별한 소질, 역할, 또는 생활방식을 나타낼 수 있다. 그러므로 모자를 바꾸는 것은 태도나 방향 또는 가치관의 변화(혹은 변화의 필요성)를 의미할 수 있다; 모자를 던지는 것은 '세속적인' 삶을 줄이고 자각과 개인의 온전성을 늘리는 일에 몰두할 것을 결단하는 것을 의미할 수 있다.

■ 목(Neck)
목이 어떤 느낌을 주느냐에 따라 의식과 무의식 사이의 관계, 즉 지성과 정서 사이의 관계가 얼마나 좋은가를 보여줄 수 있다.

■ 목구멍(Throat)
(1) 아마도 당신의 어떤 부분이 표현될 필요가 있음을 나타내고 있다.
(2) 목구멍에서의 아픔이나 긴장은 머리와 가슴 사이, 지성과 감성이나 충동 사이, 또는 의식세계와 무의식 세계 사이의 갈등을 나타낼 수 있다. 또한 목(Neck)을 참조하라.

■ 목욕(Bath)

(1) 목욕은 세례의 상징이다. 세례(Baptism)를 참조하라.

(2) 꿈에서 미역을 감거나 몸을 씻는 형상이 반복적으로 나타나면, 그것은 거의 확실히 신경증적인 죄책감을 나타낸다.

(3) 그와는 달리, 단지 손을 씻는 것이 아니라 특히 몸을 씻는 것이라면, 그것은 낡고 부정적인 태도들/습관들/정서적 반응들을 제거하는 것을 상징한다.

■ 목조르기(Strangling)

(1) 당신이 만약 목을 조르고 있다면, 그것은 아마 당신의 어떤 부분이 자신을 표현하거나 달성하는 것을 허용하지 않고 있다는 것을 의미할 것이다.

(2) 누가 당신의 목을 조르고 있다면, 당신이 원하거나 필요로 하는 것의 실현과 만족을 거부하도록 하는 무엇인가가 당신의 삶 안에 있다는 것을 의미할 수 있다.

■ 목자(Shepherd)

(1) 목자는 우리 내면에 자리한 사랑의 능력을 상징한다. 사랑의 능력은 정신의 모든 부분들을 통제하고 통합시킬 수 있는 능력이다.

(2) 목자는 아니무스의 형상일 수 있다. 형제/자매(Brother/Sister) 항목 (4)~(6), 그리고 서론 76쪽을 참조하라.

■ 몸(Body)

(1) 만약 그 몸이 옷을 입고 있는 당신의 몸이라면, 그것은 거의 확실히 당신의 자아, 즉 당신의 의식적인 자기를 나타낸다.

(2) 만약 당신의 몸인데 옷을 입지 않았다면, 그 의미는 대개 상황, 즉 꿈 속에서의 상황에 의해서, 또는 꿈에서 당신이 느끼고 있는 것에 의하여 결정될 것이다. 예를 들어서, 당신이 지금 사적인 부분들을 이

성의 사람들에게 노출시키고 있다면, 성관계의 욕구를 나타낼 수 있다; 또는 당신이 '공개되고' 있는 사실에 당혹감을 느낀다면, 이성에 대한 두려움을 나타낼 수 있다. 만약 성적인 의미가 없다면, 벌거벗은 몸은 취약성이나 그 느낌을 나타낼 것이다. 또한 나체(Nudity)를 참조하라.

(3) 만약 그 몸이 다른 사람의 몸이라면, 그것은 당신의 숨어있는 어떤 부분을 나타낼 가능성이 있다. 만약 그 몸이 당신과 다른 이성의 것이라면, 당신의 영혼, 즉 당신의 아니마나 아니무스를 나타낼 수 있다. 형제/자매(Brother/Sister) 항목 (4)~(6)을 참조하라. 그리고 서론 76쪽을 참조하라.

(4) 죽은 몸은 대개 당신이 억제하거나 억압했기 때문에, 당신의 어떤 부분이 죽은 것이나 다름이 없다는 것을 나타내거나, 당신이 누군가에 대해 무의식적인 적대감정을 품고 있다는 것을 나타낸다. 또는 당신은 죽음에 대해 불안해 하고 있다는 것을 나타낼 수 있다. 억압, 억제에 대해서는 서론 32쪽을 참조하라. 또한 죽은/죽음(Dead/Death)을 참조하라.

(5) 몸의 각 부분들에 대해서는 배(Abdomen), 머리(Head) 등 특정의 표제어들을 참조하라. 일반적으로, 몸통 아래부분은 성, 본능, 또는 무의식을 상징하고, 가슴은 정서를 상징한다; 다만 여성의 유방은 성이나 모성애, 또는 어머니를 나타낼 수 있다. 머리는 직관적인 사고와 구별되는 지성적, 합리적인 사고를 나타낼 수 있다. 만약 몸의 이러한 부분들 가운데 단 하나만이 꿈에 드러난다면, 그것은 당신이 그 부분, 그리고 그와 관련된 기능들에게 훨씬 더 유의하고 훨씬 더 많은 기회를 주어야 한다는 것을 의미하거나, 아니면 당신은 정신 가운데 다른 부분들은 희생시키고, 그 부분에만 배타적으로 주의하고 있으며 기회를 부여하고 있다는 것을 의미한다. 예를 들어서, 머리가 단독으로 나타나면, 당신은 너무 배타적으로 지성적이며, 자신의 필요, 감정, 또는 본능을 표현하는 것이 충분하지 않다는 것을 의미할 수 있다.

■ 몸통(Trunk)

또한 상자(Box)를 참조하라.

코끼리의 몸통은 행복이나 자기실현을 가로막고 있는 모든 장애물들을 제거하는 데 도움이 될 수 있는 어떤 사람이나 당신의 어떤 부분을 상징한다.

■ 무감각(Numbness)

무감각한 느낌은, 너무도 충격적이라 의식세계에서 받아들일 수 없는 어떤 강력한 정서를 당신이 억압하고 있다는 것을 의미할 수 있다.

■ 무거운 짐(Burden)

(1) 당신은 어떤 무거운 짐을 지고 있는가? 아동기로부터 수집된 죄책감이 상처를 주고 있는가? 무엇이든 그것을 버리라. 수난자(受難者) 놀이를 그만두라.

(2) 실제로 당신을 괴롭히는 사람이 있는가? 그렇다면, 그에게 주의를 기울이라!

■ 무기(Weapon)

무기는 공격성이나 남성의 성을 나타낸다. 공격성의 희생자는 당신의 일부분일 수 있고, 공격자는 자신의 또다른 부분일 수 있음을 기억하라. 다르게 말하면, 당신의 내적갈등을 분류할 필요가 있다.

■ 무덤(Tomb)

(1) 무덤은 죽음, 즉 문자적인 죽음이나 비유적인 죽음을 상징한다. 또한 죽은/죽음(Dead/Death)을 참조하라.

(2) 무덤은 재출생, 즉 문자적인 재출생이나 은유적인 재출생(예를 들면, 새롭게 받아들인 삶, 또는 새로운 질의 삶)을 상징한다. 켈트족의 종교와 같은 고대종교에서 매장총(埋葬塚: 흙무덤)은 대지 어머니의

자궁이었다: 무덤은 자궁이었고, 죽음은 단지 재출생을 위한 서막에 불과했다.

(3) 만약 무덤이 자궁의 모양을 하고 있다면, 그 꿈은 자궁으로 복귀하려는 욕구를 표현하는 것일 수 있다. '죽음의 본능'에 대해서는 서론 52쪽을 참조하라.

■ 무법자(Outlaw)

방랑자(Vagrant/Vagabond)를 참조하라.

■ 무지개(Rainbow)

무지개는 보통 어두움의 날이 끝나고, 따스한 태양이 다시 등장하는 것을 알리는 희망의 징조가 될 것이다. 태양이 자기의 상징일 수 있기 때문에, 무지개는 현재의 당신과 당신의 진정한 자기 사이의 틈을 이어주는 것을 상징한다. 그러나 아프리카의 어떤 사람들에게 있어서 무지개는 나쁜 징조이다. 왜냐하면 무지개는 폭풍우가 끝나는 것을 의미하고, 가뭄은 곧 죽음을 의미하기 때문이다.

■ 무질서(Disorder)

혼돈(Chaos)을 참조하라.

■ 묶여있음(Tied-up)

사슬(Chain)을 참조하라.

■ 문(Door)

(1) 문은 당신의 외적인 환경들이나 당신 자신 속에서 삶의 새로운 국면 혹은 새로운 발전이 시작되는 것을 나타낼 수 있다.

(2) 문은 정신의 아직 탐구되지 않은 부분들을 의식적인 통제하에 두기 위하여 그 영역 안으로 들어가라는 권유를 상징한다.

(3) 만약 누군가가/어떤 것이 문의 반대쪽에 있다면, 이것은 아마 무엇인가를 당신의 무의식으로부터 빠져나오게 하여 의식세계 속으로 들어가게 할 필요가 있다는 것을 의미할 것이다.

(4) 문의 상징은 그리스도인들에게 적용할 수 있는 것—'구원'의 길, 즉 치유와 온전성—일 수 있다. 요한복음 10:9과 비교하라: '내가 문이니 누구든지 나를 통하여 들어가면 구원을 얻을 것이다'.

(5) 닫힌 문은 '출입금지'의 상황을 상징한다. 당신이 지금까지 자신의 가장 깊이 자리한 가치관들이나 필요들과 일치하지 않는 좁은 길을 따라가고 있었기 때문에, 당신은 그 막다른 골목을 더 이상 피할 수 없으므로 받아들여야 하는 것인지, 아니면 비합리적인 죄책감들과 불안의 결과로 당신이 인위적으로 자신을 위하여 만들어 왔고, 그렇게 함으로써 자신의 의지적인 행동에 의해서는 제거될 수 없는 것인지를 결정해야 한다. 후자의 경우, 지금까지 장애물을 만들어 온 무의식의 부분적인 정신 과정들을 조사하기 위한 많은 준비작업이 요구될 것이다.

■ 문지방/입구(Threshold)

또한 문(Door)을 참조하라.

(1) 문지방은 당신이 새로운 생활방식이나 마음상태나 가치관을 발견하고 그 안으로 들어갈 예정이라는 것, 또는 그렇게 될 것이 틀림없다는 것을 의미할 수 있다.

(2) 문지방은 당신이 자신의 무의식적인 영역들에 들어갈 필요가 있다는 것을 나타낼 수 있다.

■ 물(Water)

또한 세례(Baptism), 목욕(Bath), 물에 빠짐(Drowning), 샘(Fountain), 강(River), 바다(Sea), 해일(Tidal Wave), 벽(Wall)을 참조하라.

(1) 물은 정서나 정신 에너지를 상징한다. 그러므로 물이 자유롭게 흐르는지 아니면 정체되어 있는지, 또는 얼어 있는지, 깨끗한지 아니면

더러운지를 아는 것이 중요하다. 얼음(Ice)을 참조하라.

(2) 물은 흔히 다산성, 성장, 특히 저수지나 잔잔한 호수의 형태를 하고 있을 경우, 잠재적인 창조력, 새로운 삶, 또는 치유를 상징한다.

(3) 특히 깊은 물은 무의식을 상징한다.

(4) 물은 남성이든 여성이든 관계 없이 자신의 여성성이나, 어머니를 나타내는 여성적인 것에 대한 상징이다. 그러므로 꿈에서 당신이 그 물에 대하여 어떻게 반응하는지를 아는 것이 중요하다. 당신은 실생활에서 물을 두려워하는가? 남성인 경우에는, 당신이 여성, 어머니, 또는 당신의 무의식을 두려워 한다는 것을 의미할 수 있다.

### ■ 물고기(Fish)

(1) 물고기는 다산력에 대한 흔한 상징이다. 심리학적인 용어로, 이 다산력은 개인성장(의 약속)을 의미한다.

(2) 물고기가 바다의 물고기라면, 바다는 무의식을 상징하고, 물고기는 무의식적인 충동들을 상징한다.

(3) 융에 의하면, 냉혈이며 원시적인 피조물인 물고기는 무의식의 깊은 차원을 상징한다.

(4) '물고기와 뱀은 무의식으로부터 갑작스럽게 뛰쳐나와서 때로는 두려움을 주기도 하고 때로는 안심을 주기도 하는 사건들이나 경험들에 대한 가장 좋은 상징들이다'(융).

(5) 융은 물고기들이 리비도나 탐욕을 나타낼 수 있다고 한다.

(6) 물고기는 그리스도의 상징이다. 그러므로 물고기는 진정한 자기의 상징으로서 심리적인 기능을 할 수 있다.

### ■ 물기(Bitting)

(1) 무는 것은 공격성의 상징이다. 만약 당신이 무는 행동을 하고 있고, 그것이 기분 좋게 느껴진다면, 그 꿈은 억압에서 비롯된 분노를 표현하고 있는 것일 수 있다. 당신의 억압된 부분은 무엇인가? 그 억압

된 부분은 당신의 외적 삶에서 인정받으며 표현되기를 갈망하고 있다.

(2) 당신이 만약 물리고 있다면, 물고 있는 것은 무엇인가? 당신의 삶에서 당신을 괴롭히는 것, 또는 당신이 해결해야 할 내적인 문제는 무엇인가? 꿈에 드러난 모든 것은 대개 당신 자신의 측면이라는 점을 명심하라. 그러므로 물고 있는 것과 물리고 있는 것은 모두 확인되고 화해될 필요가 있다. 다르게 말하면, 거기에는 내적 갈등이 있다는 것을 의미한다. 그런데 그 내적 갈등은 대개 당신의 의식적 자아와 무의식 속에 있는 어떤 것 사이에서 일어나고 있다.

■ **물레질(Spinning)**

(1) 물레질은 시간의 경과; 삶의 길이를 상징한다.

(2) 만약 거미가 거미줄을 치고 있다면, 거미(Spider)를 참조하라.

■ **물에 빠짐(Drowning)**

또한 해난 구조(Sea Rescue)를 참조하라.

(1) 당신의 삶 가운데에서, 당신이 '곤경에서 벗어나는 일'이 불가능하거나 그렇게 느껴지는 영역이 있을 때 물에 빠지는 꿈을 꿀 수 있다. 잇따라 꾸게 되는 꿈들은 그러한 상황에서 어떻게 해야 하는지에 대하여 말해 줄 것이다. 당신은 상황을 변화시킬 수 있든지, 당신 자신을 변화시킬 수 있고, 그리하여 당신은 다른 방식으로 반응하거나 그런 상황으로부터 물리적으로 벗어날 수 있다.

(2) 물은 무의식의 상징이다. 그러므로 물에 빠지는 것은 무의식의 힘에 삼켜지거나 그것에 떠넘겨지는것, 즉 압도당하는 것에 대한 징후나 두려움을 나타낼 수 있다. 그러한 징후가 존재한다면, 억압되고 경시된 무의식의 내용들로부터 나오는 것일 것이다. 당신은 지금까지 무엇을 억눌러 왔는가? 친구와 상의하라. 필요하다면 심리치료사와 상의하라. 또한 홍수(Flood)를 참조하라.

(3) 물은 여성성을 나타낼 수 있기 때문에, 꿈은 당신이 본래 타고난

한 개인으로서 발달하는 것을 방해하고 있는 어머니의 애착에 대하여 손을 쓰라고 요구하는 것일 수 있다. 남성이 그러한 무의식적인 집착으로부터 자신을 해방시키지 못하면, 그의 여성들과의 관계에 불행한 결과를 가져올 수 있다. 그는 여성들에게서 언제나 어머니를 찾을 것이다. 남성과는 달리, 여성은 대개 어머니에 대한 근친상간적인 고착이 가져오는 결과들에 대해 크게 염려하지 않아도 된다; 그러나 프로이트와 랑크(Rank)는 어머니가 아들과 딸에게 미치는 중대한 영향을 강조했다: 모든 유아들에게 있어서, 최초의 깊은 애착은 어머니에 대한 것인데, 이것은 양육을 위한 기초가 된다. 프로이트에 따르면, 더구나 정상적인 발달이 이루어지기 위해서, 여아는 자기 리비도가 애착하는 대상을 어머니로부터 아버지로 이전하는 추가적인 과제를 수행해야 한다. 또한 융은 어머니에 의한 심리적인 속박으로부터 자신을 해방시키는 것을 자기 실현의 가장 중요한 첫 단계로 간주했다. 자기실현에 대해서는 서론 71쪽을 참조하라. 또한 어머니(Mother)를 참조하라.

(4) 물에 빠지는 것은 단순히 죽음을 의미할 수 있다; 또는 죽음과 재출생의 상징이다. 또한 세례(Baptism), 죽음(Death)을 참조하라.

■ 물의 요정(Nymph)

인어(여성; Mermaid) 항목 (3), 유혹(Seduction)을 참조하라.

■ 미끄러짐(Slip)

만약 깨어 있는 삶 또는 꿈에서 미끄러지거나 걸려 넘어진다면, 그것은 당신이 되지 않을 일을 위해 애쓰는 것을 의미할 수 있다. 즉 당신의 '숙명'이나 정신의 기본구조와 조화되지 않는 것을 하려고 애쓰고 있는 것이다.

■ 미로(Maze/Labyrinth)

(1) 미로는 무의식을 상징한다. 미로의 중심에는 귀중한 것을 지키

는 무서운 괴물이 있는가? 진정한 자기를 발견하기를 원한다면, 무의식의 무서운 내용들과 친숙해져야 한다. 서론 76쪽을 보라.

  (2) 미로는 어머니의 상징이다. 미로에서 빠져 나오는 것은 질식시키는 어머니 애착으로부터의 해방을 의미한다.

  (3) 융은 개성화 과정을, 미로를 거쳐가는 것으로 묘사했는데, 그것이 의미하는 바는 자기발견과 자기성취의 과정은 직선을 따라가는 길이 아니라, 거듭 처음의 출발점으로 되돌아 가는 것을 포함하는 길이라는 것이다. 개성화 과정을 위해서는 서론 71쪽을 보라.

# ㅂ

■ **바구니(Basket)**

(1) 다른 그릇이나 오목한 것들과 마찬가지로, 바구니는 여성을 상징한다. 여성(Woman)을 참조하라.

(2) 과일이나 식량이 가득한 바구니는 안녕을 상징한다. 텅빈 바구니는 여성을 상징하는 것 외에도 개인의 공허함에 대한 무의식적인 감정을 나타낼 수 있다.

■ **바나나(Banana)**

바나나는 남성의 성기를 나타내는 성적 상징이다.

■ **바늘(Needle)**

바늘은 남성의 성기를 나타내는 성적 상징이다.

■ **바다(Sea)**

(1) 바다는 무의식을 나타낼 수 있다. 그러므로 바다로 들어가는 것은 무의식을 탐구하는 것을 상징한다. 바다에 빠지는 것이나 그것에 대한 두려움은 의식이 무의식의 내용에 의해, 즉 억압된 정서 등에 의해 잠겨 버리는 것을 나타낼 수 있다. 그것은 또한 더 큰 풍부함과 성격의 발달을 위해 잠시동안 의식적인 자아를 무의식에 복종시킬 필요성이 있다는 것을 나타낼 수도 있다. 또한 세례(Baptism)를 보라.

(2) 바다는 어머니의 상징일 수 있다. 그렇다면, 그 바다는 어머니이거나, 또는 어머니 대자연일 수 있다. 바다에 빠지는 것이나 그것에 대한 두려움은 지배적인 어머니나 어머니의 애착에 의해서 질식당하는

것에 대한 두려움, 또는 무의식적인 죽음-원망을 나타내는 것일 수 있다. 죽음(Death)의 항목 (4)를 보라.

(3) 바다는 여성성 또는 여성성의 측면, 즉 직관이나 수용성을 상징한다. 꿈꾸는 사람이 남자라면, 바다로 가는 것은 자신 안에 있는 여성적 요소, 즉 그의 아니마와 친숙해지는 것을 의미할 수 있다. 형제/자매(Brother/Sister)의 항목 (4)~(6)을 보라. 그리고 서론 76쪽을 보라.

(4) 바다는 창조를 위한 잠재력을 상징할 수 있다. 신화에서, 물은 창조 이전에 존재했으며, 창조신은 바다의 여신들과 싸움을 했고, 그 여신의 신체의 부분으로 세상을 만들거나 그녀에게 임신을 시켜서 세상이 태어나게 했다. 그러므로 심리학적으로, 바다는 정신 안에 있는 진정된 자기와 전체적 자기(自己)를 위한 잠재력의 존재를 상징한다.

(5) 중세기의 신비전통에서, 자연현상의 다면성은 궁극적으로 진정된 하나(하나님, 브라만, 궁극적 실재, 한 분)의 다른 모습들일뿐이며, 그 하나는 보통 대양에 의해서, 그리고 한 개인이나 하나의 사물은 다시 합쳐져서 대양을 이루는 한방울의 물로 표현되었다. 프로이트 학파인 무싸예프 마쏜(Moussaieff Masson)은 그의 책 「대양과 같은 감정」(Oceanic Feeling)에서, 만약 당신의 꿈에 이런 심상이 떠오른다면, 위의 항목 (2)에서 말하는 죽음-원망의 표현이라고 말한다. 융 학파들은, 그것은 만약 당신이 삶을 그 궁극적인 하나(생명력, 하나님, 또는 어떻게 부르든지 상관없이)에 대한 인식을 토대로 하지 않고 자아를 중심으로 건설한다면, 결국은 그 환상이 깨어질 것이라는 무의식으로부터 온 메시지를 담고 있다고 말할 것이다. 프로이트 학파의 해석과 융 학파의 해석 중에 어느 것이 적합한지를 결정하는 것은 결코 어려운 일이 아닐 것이다. 또한 서론 19쪽을 참조하라.

■ 바람(Wind)

(1) 바람은 의식적이거나 무의식적인 격한 정서를 상징한다.

(2) 바람에 먼지나 부스러기가 날고 있는 꿈은 당신의 생활양식이

나 자기이미지가 변화될 가능성, 또는 그것의 필요성을 상징한다.

(3) 종교적인 상징주의에서 바람은 성령을 나타낸다. 심리학적인 견지에서, 이 성령은 우울한 상태로부터 기쁨으로, 또는 세속적이고 물질적인 관심들로부터 '더욱 높은', 또는 '더욱 깊은' 수준의 의식으로 끌어올릴 수 있는 내적인 에너지로 이해될 수 있다. 또한 회오리바람(Whirlwind)을 참조하라.

■ 바리케이드(Road Block)

만약 그 바리케이드가 무엇을 상징하는지를 확인할 수 있다면, 당신은 자신이 바라는 것을 실현하지 못하게 방해하는 것이 무엇인지를 알게 될 것이다. 만약 거기에 경찰이나 군인들이 있다면, 그들은 당신의 초자아(양심)를 나타내는 것일까? 만약 그렇다면, 우리의 금제(禁制)들이 언제나 합리적인 것이 아니며, 우리가 최상의 이익을 얻는 데 언제나 도움이 되는 것이 아니라는 사실을 명심해야 한다. 중요한 것은 그 바리케이드를 만든 자들과 대화를 시작하는 것이다: 당신이 가는 길을 가로막고 있는 이유가 무엇인지, 그리고 그렇게 하도록 선동한 자가 누군인지를 그들에게 물어보라.

■ 바위(Rock)

또한 돌(Stone)을 참조하라.

(1) 바위는 영구성이나 고대성; 인간의 정신 가운데 가장 오래된 무의식적인 부분; 자기의 토대나 본질을 상징한다.

(2) 바다에 있는 바위들은 재난의 위협을 상징한다. 그 위협은 외적인 것일 수도 있고 내적인 것일 수도 있다. 당신은 지나치게 정서적인 사람으로 변해가고 있는가? 당신은 인생의 진로를 바꿀 필요가 있을 수 있다.

■ 바퀴(Wheel)

(1) 바퀴는 당신의 내면을 살펴볼 것과 진정한 자기를 중심으로 삶을 살것을 요구하는 만다라일 수 있다. 자기에 대해서는 서론 83쪽을 참조하라. 또한 만다라(Mandala)를 참조하라.

(2) 돌아가고 있는 바퀴는 출생에서 죽음에 이르는 생의 여정; 또는 생의 흥망성쇠; 당신의 숙명을 펼쳐 보이는 것을 나타낼 수 있다.

(3) 차나 배의 바퀴처럼 조종할 수 있는 바퀴라면, 무의식은 당신이 자신의 삶을 통제하고 있다는 것, 또는 통제해야 한다는 것을 말해주는 것이다.

■ 박물관(Museum)

(1) 박물관은 당신의 과거; 무의식을 상징할 수 있는데, 이 무의식에는 지금까지 당신의 태도들과 행동을 형성해 온 정서적으로 부과된 모든 경험들이 들어 있다.

(2) 박물관은 정신 가운데 가장 오래된 부분인 집단 무의식을 나타낼 수 있다. 만약 그렇다면, 꿈은 당신의 개인적인 발달에 있어서 매우 가치있는 것을 보여주고 있는 것이다.

■ 박쥐(Bat)

야행성 동물

(1) 야행성이면서 사람들이 두려워하는 동물인 박쥐는 무의식에 있는 것, 즉 초기의 외상적 경험으로 인하여 지금까지 억압되어 왔던 당신의 어떤 부분일 수 있음을 상징한다.

(2) 또한 박쥐는 직관적인 지혜를 상징한다. 박쥐는 일반적인 시력의 도움 없이도 날아다닐 수 있는 것처럼 보인다.

■ 반란(Rebellion)

꿈에 나타난 반란은 아마 당신에게 억압된 부분들이 존재하는데, 그것들을 계속해서 무시한다면, 그것들이 당신을 지배할 우려가 있다는 것을 의미할 것이다. 억압에 대해서는 서론 32쪽을 참조하라.

■ 반인반마(半人反馬)의 괴물(Centaur)
(1) 인간의 머리와 동물의 몸을 가진 피조물의 머리와 몸은 영적인 것과 동물적인 것, 혹은 감각적인 것, 또는 의식과 무의식에 필요한 연합을 나타낼 수 있다. 그 꿈은 무의식적인 정신의 내용들을 당신이 의식하고 있는 삶 속에 통합시키라고 권고하는 것일 수 있다.
(2) 또는, 반인반마의 괴물은 정신의 남성적인 측면들과 여성적인 측면들에 필요한 연합을 나타낼 수 있다. 형제/자매(Brother/Sister)의 항목 (4)와 서론 76쪽을 참조하라.

■ 반지(Ring)
(1) 반지는 결혼을 상징한다. 그 반지가 손가락에 주는 느낌은 당신의 미래 또는 현재의 결혼생활에 대한 느낌을 나타낼 수 있다.
(2) 반지는 어떤 관계에 전념하는 것에 대한 상징이다. 반지를 끼지 않는 것은 어떤 사람에게 한정되고 싶지 않은 마음을 상징한다.
(3) 반지는 영원; 또는 완전함, 온전성; 당신의 진정한 자기를 상징한다.

■ 발(Foot/Feet)
(1) 당신의 발을 보라고 요구하는 꿈은 생의 방향, 또는 방향감각의 결핍을 새롭게 살펴볼 것을 요구하는 것이다.
(2) 발이 뒤로 움직이는 것은, 실제생활에서 당신은 전진하는 것이 아니라, 즉 한 인간으로서 성장하고 있는 것이 아니라 오히려 초기 단계로 퇴보하고 있다는 것, 또는 퇴보의 위험에 처해 있다는 것을 의미할 수 있다. 발이 오른쪽이나 왼쪽으로 움직이는 것, 또는 시계바늘 방향이나 시계바늘 반대방향으로 움직이는 것에 대해서는 시계바늘 반

대 방향(Anticlockwise), 시계바늘 방향(Clockwise), 왼쪽(Left), 오른쪽/왼쪽(Right/Left)을 참조하라.

 (3) 발은 생이 근거하고 있는 것을 상징한다. 아마 그 꿈은 당신으로 하여금 자신의 기본적인 태도들과 가치들을 비판적으로 살펴볼 것을 촉구하는 것일 수 있다.

 (4) 발은 본능적인 충동들과 본능적인 지혜를 내포하고 있는 자연과의 접촉을 상징한다. 발은 지성과 환상을 상징하는 머리와 반대로 몸의 끝에 위치한다. 지식인들은 전형적으로 자신의 무의식이 지닌 본능적인 지혜를 동화시키는 데 어려움이 있지만, 그럼에도 불구하고 무의식이 제공해야 하는 것을 절대적으로 필요로 한다: 그것이 없으면, 그들은 균형을 잃게 된다. 또는 머리가 너무 커서 불안정하게 된다. 당신의 발은 땅에 있고 머리는 공중에 있는가? 안된다. 그것은 정신의 분열을 의미한다. 오히려 당신의 머리를 발에 놓아라.

 (5) 발은 남성 또는 여성의 생식기를 상징한다. 프로이트는 그 발들이 강력한 냄새를 가진다는 점에서 생식기를 닮았다고 말한다. 그리고 성생활을 하는 성인은 코를 찌르는 그런 몸의 냄새가 불쾌하다는 것을 알고 있지만, 어렸을 적에 그 냄새들은 우리를 매혹시켰던 사실을 기억한다.

■ **발굴(Exhumation)**

 땅 속에서 무엇인가, 특히 시체를 파내는 것은 지금까지 무의식에 매장시켜왔던 것을 의식 속으로 가져오는 것에 대한 상징이다. 만약 그렇다면, 그 발굴은 당신에게 그렇게 하라는 권고일 수 있다.

■ **발효(Fermenting)**

 당신 안에서 무엇인가가 끓어오르려고 한다는 것을 뜻한다.

■ 밤(Night)

(1) 밤은 무의식; 성격의 다른 '어두운' 측면; 당신의 원시적이거나 부정적인('악한') 측면들에 대한 일반적인 상징이다. 또한 악(Evil)을 참조하라.

(2) 밤 여행, 그리고 특별히 바다 여행은 무의식 세계의 여행, 개성화 과정, 또는 개성화 과정의 제 2단계를 상징한다. 서론 71쪽을 참조하라.

(3) 달빛이 분명하다면, 달(Moon)을 참조하라.

■ 방(Room)

(1) 방은 자기, 또는 당신의 어떤 측면을 나타낼 수 있다.

(2) 방은 자궁에 대한 상징일 수 있다. 프로이트는, 한 소녀(꿈을 꾸는 자)가 어떤 방에 여섯 번 혹은 여덟 번 들어갔고, 들어갈 때마다 아버지가 그 방에 앉아 있었던 꿈에 대하여 말한다. 프로이트는 그 꿈을, 그녀가 아직 태아로 있을 때, 아버지가 어머니의 자궁 속으로 들어가는 것을 보았던 환상을 표현하는 것으로 이해했다.

(3) 만약 그 방이 지하실이라면, 무의식을 상징한다. 만약 방이 높은 빌딩의 꼭대기에 있거나 그 꼭대기 부근에 있다면, 그것은 의식; 이상주의; 고상한 포부를 나타낼 수 있다. 그럼에도 불구하고, 위층의 방―예를 들어서, 만약 성적 행위가 벌어지고 있는 침실이라면―은 물론 본능적인 삶과 욕구를 상징한다.

(4) 여러개의 작은 방을 가진 방은 꿈꾸는 남성의 일부다처적인 성적 욕구를 표현하는 것일 수 있다. 이것은 그가 실제로 일부다처의 삶을 살고 있다는 것을 의미하지는 않는다. 오히려 그는 그 꿈으로 인하여 충격을 받을지도 모른다. 그러한 꿈은 무의식이 의식적인 자기를 어떻게 대상(代償)하는지, 또는 어떻게 균형을 잡아주는지를 보여준다: 일부다처의 삶을 사는 사람은 아마 일부일처의 삶을 꿈꾸게 될 것이다!

### ■ 방랑자(Vagrant/Vagabond)

방랑자 혹은 도망친 말이나 떠돌아 다니는 코끼리는, 융이 '콤플렉스'라고 불렀던 것을 상징한다. 이 콤플렉스는 통제에서 벗어나 제 마음대로 행동하면서 정신의 균형과 질서를 파괴할 우려가 있는 당신의 일부분을 말한다.

### ■ 방망이(Bat)

야구 방망이나 방망이
방망이는 남자의 성이나 공격성을 상징한다.

### ■ 방문자(Visitor)

꿈에 나타난 방문자는 당신에게 중요한 메시지를 주거나 중요한 질문을 할 수 있다.

### ■ 방탕(Debauchery)

꿈에 나타난 방탕한 장면은 성적 만족에 대한 정상적인 욕구를 강력히 표현하는 것으로 생각된다.

### ■ (큰) 배(Ship)

(1) 배는 어머니, 다른 어떤 여성, 또는 일반적인 여성을 나타내는 여성에 대한 상징이다. 또한 여성(Woman)을 참조하라.

(2) 남성의 꿈에서, 배는 아니마를 상징한다. 특별히 이 아니마는 자아를 인도하여 안전하게 무의식의 심층들을 통과하게 하는 아니마이다. 아니마에 대해서는 형제/자매(Brother/Sister) 항목 (4)와 (5)를 참조하라.

### ■ (작은) 배(Boat)

(1) 물과의 관련성 때문에, 배는 여성성의 어떤 측면을 상징한다. 이

것은 명백하게 성적인 것을 언급할 수도 있고, 무의식과 관련하여(꿈을 꾸는 사람이 남성인 경우에, 그러한 언급은 특별히 아니마일 수 있음), 또는 어머니나 대모와 관련하여 간접적으로 여성의 측면을 언급할 수도 있다. 아니마에 대해서는 서론 76쪽, 대모에 대해서는 서론 81쪽을 참조하라. 또한 어머니(Mother)를 참조하라.

(2) 배를 타고 자기 나라를 떠나 외국을 향하여 가는 것은 알려지지 않고 낯설으며 무서운 무의식 속으로 들어가는 것을 상징한다.

(3) 만약 배가 단숨에 강을 건너고 있다면, 그것은 죽음이나 다른 어떤 변화―예를 들면, 삶의 한 단계로부터 다른 단계로의 이동, 또는 새롭게 출발하는 것과 과거로부터의 깨끗한 단절―를 상징한다. 또한 죽은/죽음(Dead/Death), 나룻배(Ferry)를 참조하라.

(4) 꿈에서 당신이 배를 놓친다면, 그것은 당신이 지금까지 주어진 기회, 또는 당신의 생애에 대한 새로운 전망들을 열 수 있는 기회를 활용하지 못했다는 것을 의미한다.

### ■ 배(Abdomen; 복부 또는 하체)

(1) 배는 성적인 감정을 나타낼 수 있다.

(2) 배는 또한 무의식을 나타낼 수 있다. 그러므로 배나 하체가 중요한 역할을 수행하는 꿈은 당신으로 하여금 본능적인 기능들에 더욱 주의하고, 당신의 삶에서 그 본능적인 기능들에 더욱 많은 기회를 제공하도록 하라는 것일 수 있다.

(3) 의미는 더욱 분명한 것일 수 있다. 예를 들면, 직업을 가진 여성에게 있어서, 그 메시지는 일만을 위해 몸을 혹사시키지 말고 몸에게 성교나 모성애와 같은 생물학적인 욕구의 충족을 허용하라는 것일 수 있다.

(4) 꿈에 배가 나타나는 것은 순전히 생리적인 이유일 수 있다: 방광이 소변으로 가득하거나 소화가 안되는 상태일 수 있다.

(5) 꿈에서 위가 아픈 느낌이 있다면, 그것은 심리적인 미숙, 즉 어떤 것을 수용하지 못하는 것을 나타낼 수 있다. 예를 들면, 당신이 대면하

기를 거부하고 있는 어떤 상황이 존재할 수 있다; 또는 인생에 대한 어떤 교훈이나 무의식으로부터 나온 어떤 지혜로운 말을 이해하지 못하고 있는 상황일 수 있다.

### ■ 배꼽(Navel)

(1) 배꼽에 대한 꿈은 당신과 어머니의 관계에 대하여 무엇인가를 말해주고 있을 수 있다.

(2) 여성의 꿈에서, 배꼽은 바람직한 모성을 나타낼 수 있다.

(3) 배꼽은 새로운 출생, 즉 정신의 새로운 발달을 의미할 수 있다. 그런데 그 새로운 발달은 당신의 의식적인 삶에 지금까지 무시된/억압된 부분을 통합시킨 결과일 수 있다.

### ■ 배설물(Excrement)

(1) 배설물은 제거할 필요가 있는 것을 나타낼 수 있다; 그것은 과거로부터 와서 지금까지 정신에 해를 끼쳐왔던 것이다. 그것은 거의 확실히 지금까지 당신이 억압해 왔던(의식세계로부터 무의식 세계로 내려 보냈던) 것이다. 우리는 우리가 대처할 수 없는 것을 억압한다. 그러나 우리의 억압된 불안이나 죄책감은 우리를 그냥 두지 않는다: 그것들은 무의식 속에 남아서 곪게 되는데, 만약 의식적으로 유의하지 않는다면, 그것들은 파괴적인 결과를 가져올 것이다. 심리학적으로, 당신 자신을 변비에 걸리게 하지 말라. 분노 등의 부정적인 정서의 창고를 제거하라.

불안과 죄책감은 종종 초기 아동기에 비합리적으로 시작된다. 그렇지만 그것들은 나중에 어떤 경험에 의해서 깨어날 때까지 여전히 잠들어 있는 상태에 있을 수 있다. 그것들이 처음 발생했던 상황을 공정하게 분석함으로써 그것들을 풀 수 있을 것이다. 만약 그렇게 하지 못한다면, 도움을 청하라. 아니면 게슈탈트 접근방법을 채용하라: '부정적인 감정의 기원에 대하여 불안해 하지 말라; 다만 현재 당신에게 그리고 다른 사람들에게 무엇이 일어나고 있는지를 살피라. 그리고 그것들을 처리하라. 다시 말해서, 그것들을 배설물같이 지금 당장 배출시키라.'

(2) 배설물은 당신이 —실수로— 인정하지 않고 있거나 경멸하는 것을 상징할 수 있다. 그것이 당신에게 있어서 무엇을 나타내는지를 정확하게 알기 위하여 잘 살펴 보라.

(3) 프로이트에 따르면, 배설물은 남성의 성기 또는 유아를 상징할 수 있다. 이것은 특히 남성의 꿈보다는 여성의 꿈에서 그러하다.

(4) 배설물은 돈— '더러운 이익' —을 상징한다('그'는 굉장한 부자이다; '그녀'는 엄청나게 돈이 많다).

■ **배심원(Jury)**
심판관(Judge)을 참조하라.

■ **백합(Lily)**
또한 죽은/죽음(Dead/Death), 연꽃(Water-lily)을 참조하라.
백합은 새로운 삶, 즉 죽음 이후의 삶을 상징한다. 왜냐하면 흰 백합꽃은 장례식과 관련이 있기 때문이다.

■ **뱀(Snake/Serpent)**
(1) 뱀은 악의 원천을 상징한다. 유대교와 기독교의 성경에서 뱀은 마귀의 형상이다.

(2) 뱀은 치유, 원기회복, 새로운 삶을 상징한다. 고대신화에서 뱀은 허물을 벗고 다른 피부가 자라게 하는 능력 때문에 불멸성을 상징한다; 뱀은 그리이스-로마의 의약의 신에 대한 표상이다; 그리고 입으로 자기 꼬리를 물고 있는 뱀은 출생, 죽음, 그리고 재출생의 순환에 대한 고대적인 상징이다.

(3) 뱀은 성; 정신 에너지나 자연의 능력; 직관적인 지혜; 무의식을 상징한다.

(4) 그 뱀이 무엇인가를 지키고 있는가? 그렇다면, 그 무엇인가는 당신의 진정하고 종합적인 자기나 다음 단계의 인격성장에 필요한 것을 상징한다.

■ 버드나무(Willow)

슬픔과 비애를 상징한다.

■ 버림받음(Deserted)

유기(Abandonment)를 보라.

■ 번개(Thunderbolt)

번개는 당신의 무의식으로부터 오는 메시지들에 유의하라는 경고일 수 있다.

■ 번개불(Lightning)

(1) 번개불은 성적인 것을 상징한다. 천상의 신이 대지의 여신들을 임신시킨다는 신화적인 심상과 번개불이 순간적으로 번쩍하는 것을 비교하라. 다른 한편으로, 번개불이 대지를 비추는 것은 의식이 무의식을 관통하는 것을 나타낼 수 있다. 그런 경우에, 아마 꿈은 당신의 숨겨진 부분들을 탐험할 것을 촉구하고 있을 수 있다.

(2) 번갯불은 '순간적인' 통찰이나 영감을 상징한다.

(3) 번갯불은 형벌, 즉 '신들의 분노'를 상징한다. 만약 그렇다면, 당신은 분류될 필요가 있는 죄책감을 가지고 있을 수 있다. 그러나 모든 죄책감들이 신경증적인 것은 아니다; 꿈은 당신에게 무엇인가 잘못하고 있다는 것을 말해주고 있을 수 있다. 만약 번개불이 당신을 향하거나, 당신을 상징할 수 있는 무엇(예를 들면, 집)을 향한다면, 그 꿈은 당신의 진정한 자기에게 더욱 잘 부합하는 자기-이미지를 획득하기 위하여 현재의 자기-이미지를 폐지시킬 필요가 있다는 사실을 전해

주는 것이다. 아니면 그 꿈은 현재의 생활방식이나 행동방식이 당신의 진정한 자기를 위협하고 있다는 사실을 전해 주는 것이다.

■ 벌거벗은(Naked)
나체(Nudity)를 참조하라.

■ 벌꿀(Honey)
(1) 벌꿀은 달콤함이나 영양분, 즉 행복과 성장을 가져다 주는 당신 내면에 있는 어떤 것을 상징한다.
(2) 벌꿀은 당신 내면에 있는 삶의 능력이나 본성의 힘을 상징한다. 신화에서 벌꿀은 만물에게 생명을 주는 액체이다; 생명을 주는 액체로는 나무의 수액, 어머니의 젖, 피 등이 있다.
(3) 신화에서 벌꿀은 신들이 먹는 음식이다. 그러므로 꿈에서 그것을 먹는 것은 신성(神聖)한 의식(意識)에 참여하는 것을 의미한다. 심리학적인 용어로, 그 신성한 의식은 무의식을 동질화시킴으로써 얻어지는 의식 전체; 정신 또는 자기 전체가 가지는 의식을 의미한다. 자기(自己)에 대해서는 서론 83쪽을 참조하라.

■ 벨벳(Velvet)
또한 깜깜함/검정색(Black)을 참조하라.
벨벳은 감각적인 욕망; 또는 번영에 대한 약속이나 욕구를 표현한다.

■ 벽(Wall)
또한 등산(Climbing) 항목 (5), 담(Fence)을 참조하라.
벽은 당신이 필요로 하는 것에 접근하지 못하도록 가로막는 무엇인가를 상징한다. 이러한 장애물은 대개 자기 스스로 만든 것이다.

■ 변형(Transformation)

 만약 무의식적인 자기의 어떤 부분을 나타내는 한 상징이 꿈을 꾸는 과정에서 변형을 겪는다면, 아마 그것은 그 부분에 대한 당신의 견해를 수정하라고, 대개 그것에 대해 좀 더 긍정적인 견해를 취하라고 요구하는 것을 의미할 수 있다.

■ 별(Star)

 꿈에 나타난 별은 착한 요정의 별과 같이, 아니면 구세주의 출생을 전달해주는 별과 같이, 치유하고 구원하는 어떤 능력이 당신 안에서 활동을 시작한다는 사실을 시사해 줄 것이다.

■ 별자리 징표(Zodiacal Sign)

 (1) 꿈에서 당신의 별자리가 나타난다면, 그것은 당신의 그림자 또는 억압된 하나의 특징을 상징한다. 여기에서 그림자는 알려지지 않았거나 아직 충분히 인정받지 못하는 당신의 부분들이다.
 (2) 그 별자리가 당신의 것이 아니라면, 그것은 여전히 당신 성격의 어떤 측면, 즉 의식적인 측면이나 무의식적인 측면을 나타낼 수 있다. 특정의 의미는 특정의 자리에 의해 결정될 것이지만, 때때로 그것은 보다 직접적인 표현일 수 있다: 예를 들면, 숫양의 자리는 남성의 성이나 공격성을 상징한다.

■ 병(Illness)

 질병(Disease)을 참조하라.

■ 병(瓶, Bottle)

 (1) 프로이트 학파를 따른다면, 병은 질(膣)을 나타낸다.
 (2) 만약 병이 비어 있지 않다면, 그 의미는 내용물—예를 들면, 포도주나 독물—에 의해 규정될 수 있다. 또한 독물(Poison), 포도주(Wine)

를 참조하라.

(3) 만약 병이 비어 있다면, 그것은 자신의 공허감을 나타낼 수 있다. 당신은 고갈되어 있다고 느끼는가? 인생의 재미있는 일들이 전부 사라져 버렸나? 만약 그렇다면, 무의식에게 당신이 적합한 내적 자원들과 접촉할 수 있게 해 줄 것을 요구하라. 그 다음 주간동안 당신의 꿈들을 조심스럽게 관찰하라.

■ 병목(Bottleneck)

병목은 정신 속에 있는, 아니면 실제로 몸 속에 있는 에너지의 자유로운 흐름을 방해하고 있는 어떤 것을 상징한다. 침술이나 지압의 대표자들이 말하는 것처럼, 신체적 긴장은 흔히 심리적인 요인들을 가지고 있다. 또한 차단장치(Blockage)를 참조하라.

■ 병약자(Invalid)

병약자는 당신이나 당신의 어떤 부분을 나타낼 수 있다. 비록 꿈에서 병약자를 의자에 밀어 앉히는 사람이 바로 당신일지라도, 후자(당신의 어떤 부분)를 적용할 수 있다. 만약 그 병약자가 당신이라면, 지금껏 당신으로부터 에너지나 능력이나 확신을 빼앗아 온 것은 무엇인가? 외적인 환경인가? 아니면 내적인 정신기제(실패-프로그래밍 등)인가? 만약 그 병약자가 당신의 어떤 부분이라면, 지금까지 무의식의 지하방에 가두어 둔 채 비생산적인 실재로 정죄해 온 당신의 일부분은 무엇인가?

■ 보물(Treasure)

보물은 대개 자기, 즉 진정한 자기와 완전한 자기를 상징한다. 또는 지금까지 무시되거나 억압되었지만, 당신을 개인의 온전성에 더욱 가까이 이르게 할 수 있는 당신의 어떤 부분을 상징한다.

■ 보석(Jewel)

보석은 진정한 자기의 상징이다. 만약 그 보석이 작은 상자(무의식) 안에 들어 있다면, 이것은 당신의 진정한 자기는 여전히 의식 안에서 발견되고 동화되어야 할 어떤 것이라는 것을 의미한다.

■ 복도(Corridor)

(1) 복도는 다른 방들과 연결된 통로로서, 삶의 한 단계로부터 다른 단계로; 하나의 자기 이미지로부터 다른 하나의 자기 이미지로; 자기 이미지를 보다 깊은 당신의 실제적인 자기로 이동시키는 것을 상징한다. 또한 교량(Bridge), 횡단(Crossing), 문(Door)을 참조하라.

(2) 그러나 만약 복도가 길고 어두우며, 당신은 결코 그 복도의 끝까지 가지 못한다면, 그것은 당신이 절박하게 외부적이거나 내부적인 어떤 상황으로부터 빠져나오려고 하는 것을 상징한다.

■ 복화술(腹話術; Ventriloquism)

복화술은 당신의 내적인 자기와, 세상이나 당신을 둘러싸고 있는 외부적인 환경에서 보여지는 당신의 이미지 사이에 일치점이 없음을 나타낼 수 있다. 당신의 내면에는 부정직한 것이나 위선이 있을 수 있다; 그러나 당신은 자신의 장점들과 약점들을 잘못 평가해 왔을 가능성이 더 많다.

■ 봄(Spring)

봄은 성격의 새로운 성장의 가능성; 새로운 사업들이나 옛 사업들에서의 새로운 발전을 상징한다.

■ 부도덕한(Immoral)

악(Evil)을 참조하라.

### ■ 부모(Parents)

또한 아버지(Father)와 어머니(Mother)를 참조하라.

꿈에서 부모는 아니무스/아니마; 정신의 남성적인 요소들과 여성적인 요소들의 결합; 지혜노인과 대모(大母); 당신과 그들과의 관계 혹은 그들에 대한 당신의 심상 등을 나타낼 수 있다.

### ■ 부엉이(Owl)

(1) 부엉이는 일반적인 지혜; 무의식에 속하는 지혜(밤=무의식); 직관(달과 관련되는 여성의 직관); 또는 무의식의 인식력(부엉이는 어둠 속에서 볼 수 있다; 어둠=무의식)을 상징한다.

(2) 신화에서 부엉이는 악이나 죽음을 상징한다. 부엉이는 호랑이와 같이 신성하고 외경스러운 특질을 가지고 있으며, 또한 모든 신성한 것들과 마찬가지로 양가적이다. 즉 부엉이는 선하기도 하고 악하기도 하며, 지혜와 죽음 모두를 가져다 준다. 그러므로 부엉이는 무의식 또는 무의식을 향한 방향지시를 나타낼 수 있다: 무의식은 변함 없이 그것과 친숙하지 않은 사람에게는 무시무시하고 심지어는 위협적이기까지 하다; 무의식은 또한 우리가 온전성을 위해 필요로 하는 모든 것을 포함하고 있다.

### ■ 부처(Buddha)

부처의 형상은 당신의 진정한 자기, 또는 무의식에 저장되어 있고 당신이 자신의 정신과 더욱 친숙해질 것을 결단할 때에 비로소 다다를 수 있는 지혜를 상징하거나, 또는 갈등에 지배된 정신이 필요로 하는 치유를 의미한다. 이런 경우에, 부처는 치유과정의 내적 결과인 온전성을 상징한다. 이 치유과정이란, 이전에는 적대시하던 정신의 모든 세력들을 조화로운 공존과 협력의 관계로 만드는 것이다.

주의. 여기에서 우리는 심리적 현상에 관심을 가지고 있지만, 내가 지금 말하는 것은 부처의 형상이나 기타 어떤 신상(神像)이 꿈꾸는 사람의 개인적인 자기 너머에 있는 것을 나타낼 수 있다는 것이다. 그러한 형상들은 초월적인 궁극적 실재를 나타낸다. 그러나 그 초월적 실재에 대한 경험은 내적인 경험일 수 있다.

■ 부활/소생(Resurrection/Resuscitation)
재생(Rebirth)을 참조하라.

■ 북쪽(North)
또한 차가운(Cold), 얼음(Ice)을 참조하라.
북쪽은 악, 또는 냉담함을 상징한다.

■ 분노(Anger)
공격성(Aggressiveness)을 참조하라.

■ 분열(Split)
또한 이혼(Divorce)을 참조하라.
분열은 외적 관계에서의 분열, 또는 지성과 정서와 같이 정신의 서로 다른 부분들 사이의 분열일 수 있다.

■ 불(Fire)
(1) 불은 리비도, 즉 열정을 상징한다. 그러므로 불을 쏘시는 것은 열정을 야기시키는 것을 의미할 수 있고, 성행위의 상징일 수 있다.
(2) 불은 열을 상징한다. 그리고 그 꿈은 실제로 열이 있는 신체적 조건에 의해서 야기되었을 수 있다.
(3) 불이 집을 파괴하고 있거나 파괴할 우려가 있다면, 집은 거의 확실히 당신 자신, 또는 위의 항목 (2)의 경우에는 당신의 몸을 나타낼 것이다. 그 꿈은 보통, 당신이 그것에 의식적으로 주의를 기울이지 않으면 파괴적으로 폭발하게 될 어떤 억압된 정서가 있다는 것을 의미

할 것이다. 만약 그 불이 당신을 위협하는 대화재—예를 들면, 산불—라면, 앞의 의미가 동일하게 적용될 것이다.

(4) 액체, 그리고 심지어는 어떤 광석들까지도 공기로 변화시킬 수 있는 불은 정화와 변화를 상징한다. 힌두교에서 시체를 태우는 관습은 정화의 상징이다. 그러므로 만약 꿈에서 타고 있는 것이 당신 자신을 상징하는 것으로 볼 수 있다면, 그 메시지는 지금까지 당신의 진정한 자기(自己)가 보다 완전한 실현으로 나아가는 길을 가로막고 있었던 것들을 제거하는 것이 될 것이다.

생각해 볼 때, 현재의 우리는 보통 과거의 사건들과 경험들에 의해서 조건화되어 온 모든 습관적인 반응들로 구성되어 있다. 실제의 우리는 영구하다. 즉, 과거에 의해서 조건화되지 않는다. 그러므로 진정한 자기를 발견하기 위해서, 우리는 그 과거를 '태워야' 한다. 불은 홍수와 마찬가지로 옛 것을 파괴함으로써 새로운 것들을 가능하게 하는 하나의 밑거름이다.

(5) 어떤 정황에서 불은 빛으로 나타나는데, 영성, 진리, 자기인식을 상징한다. 이것은 지옥의 불과는 상반된 것이다. 지옥의 불은 어떤 빛도 없이 타고 있는 것으로 서술되어 왔다. 연옥의 불에 대해서는 위의 항목 (4)를 참조하라.

- **불꽃(Flame)**

또한 불(Fire)을 참조하라.

불꽃은 리비도, 즉 태워버리는 어떤 감정을 상징한다.

- **불안(Anxiety)**

또한 두려움(Fear)을 참조하라.

꿈이 불안을 특징으로 한다면, 그것은 정말로 솔직한 불안일 수 있다. 다른 한편으로는 어떤 억압된 공격성이나 분노에 대한 위장일 수 있다.

사랑하는 사람이 죽는 꿈을 꾼다고 하자. 그러면 당신은 그 사람(파트너, 부모 기타 등)에 대한 불안으로 식은 땀을 흘리고 흥분한 채로 잠에서 깨어난다. 당신이 꿈을 꾸면서, 또는 그 꿈에서 깨어날 때 느꼈던 불안은 아마 프로이트가 방어기제라고 불렀던 것일 것이다. 이 방어기제는 우리가 견딜 수 없는, 즉 받아들일 수 없는 감정으로부터 우리 자신을 보호하기 위하여 채용하는 하나의 책략이다. 우리는 가까이에 있는 누군가에 대한 강한 거부감을 경험할 때, 제일 먼저 그것을 '마음에서 지워버리는' 경향이 있다. 그러나 실제로 그런 추방에 의해서 그러한 감정은 사라지지 않는다; 오히려, 그러한 감정은 우리에게, 즉 우리 정신의 무의식적인 부분에 머물러 있게 된다. 감정이 도덕적으로 온당하지 않거나 그 결과들이 두려워서 그 감정을 거부하는 것은 바로 프로이트가 '억압' 또는 '억제'라고 불렀던 것이다. 억제는 의식적인 행동이고, 억압은 무의식적인 행동이라는 점을 기억하라. 우리로 하여금 증오, 질투, 분노의 감정, 또는 죽이거나 상처를 주거나 사회적으로 추방하고자 하는 욕구를 억제하거나 억압하게 만드는 것은 불안, 즉 그 결과들에 대한 불안이다. 그러므로 꿈에서 불안이 반복해서 나타날 때는 언제나 제일 먼저 그러한 불안을 가져다 준 억압된 감정이나 욕구를 찾아볼 필요가 있다.

프로이트는 문명사(文明史)의 신기원을 만든 자신의 저서「꿈의 해석」에서 '꿈이란, 억제되거나 억압된 원망(願望)의 위장된 성취이다'라고 말했다. 그리고 이것을 심지어—아니, 특별히—소위 불안의 꿈이라고 하는 꿈에까지 적용했다. 물론 프로이트가 이러한 해석을 과도하게 일반화한 것은 잘못된 것이다: 많은 불안의 꿈들은 누군가를 위한, 또는 어떤 상황에 대한 두려움을 위장하지 않고 아주 솔직하게 표현한 것들이다. 그러나 당신이 꿈에 드러난 불안을 숨기고 있는 장식 뒤에 잠복하고 있을 수 있는 부정적인 욕구를 찾아내기 위해('찾아낸다'는 것은 '수집한다'는 것을 의미할 수 있다), 꿈과 당신 자신 모두를 정직하게 조사하기 전에는 프로이트의 해석이 틀렸다고 가정하지 말라.

프로이트가 '전형적인' 꿈으로 분류했던 꿈의 범주들 가운데 하나는 좋아하는 사람이 죽는 꿈이다. 프로이트에 의하면, 그러한 꿈들은 항상 꿈꾸는 사람의 원망, 즉 그 사람이 죽었으면 하는 원망을 나타낸다. 형제들과 자매들 사이에는 종종 질투가 존재한다. 아동기에 발생하는 악한 원망(願望)들은 아주 오랫동안, 즉 우리가 그 원망들을 그 무의식에 방치하고 싶어하는 동안 무의식에 잠복한다. 이것은 어린이가 부모에 대하여 느낄 수 있는 질투와 증오에도 동일하게 적용된다.

사랑하는 사람의 죽음에 대한 꿈은 최근에 사랑하는 사람에 대하여 불안해 한 것에 의해서 촉발될 수 있다. 그러나 최근의 경험들에 의해서 그 내용이 결정되는 꿈들은 당신의 생애에서 오랜 역사를 가지는 감정들을 표현할 수 있다. 정말로, 꿈에서 사랑하는 사람이 당신의 파트너라면, 당신이 그 사람에 대하여 느끼고 있을 수 있는 모든 질투나 증오는 어린 시절에 당신의 이성(異性) 부모—지금은 자신의 파트너로 전가됨—에 대하여 느꼈던 질투나 증오일 수 있다. 억압된 적대적인 감정은 다른 상황에서, 다른 사람을 동원하여 자신을 되풀이한다. 서론 31쪽을 참조하라.

■ 붉은색(Red)

붉은색은 성, 열정, 분노, 혁명, 위험을 상징한다. 붉은색은 피의 색깔로서 생명을 상징한다. 이 때문에 힌두교 신자들과 중국의 신부들은 적색 옷을 입는다; 그렇지만 물론, 피는 죽음을 의미할 수 있다.

■ 비(Rain)

(1) 꿈의 분위기가 전반적으로 음울한가? 그렇다면 그 비는 아마 눈물이 날 것 같은 슬픔이나 우울한 상태를 상징한다.

(2) 비는 다산력: 성장의 상징이다. 당신의 삶에는 많은 열매를 맺을 수 있는 새로운 상황이 열리고 있는지도 모른다.

■ 비둘기(Dove)

(1) 비둘기는 잘 알려진 대로 평화를 상징한다.

(2) 비둘기는 또한 성적인 사랑을 포함하는 사랑을 상징한다. 비둘기들은 사랑의 여신들―아스테르테(Astarte), 아프로디테(Aphrodite), 비너스(Venus)―에게 바쳐지고 오늘날 발렌타인 카드에 나타나고 있다.

(3) 만약 비둘기가 말을 한다면, 그것은 당신의 무의식으로부터 나온 충고나 경고의 말로 생각할 수 있다. 고대에 비둘기들은 신비적인 능력을 가지고 있고 영의 세계로부터 메시지를 가져오는 것으로 간주되었다. 심리학적인 용어로, 그 '영의 세계'는 '무의식'이다.

■ 비열함(Meanness)

꿈에서 당신이 누군가에게 비열하게 군다면, 그 사람은 아마 당신의 삶에서 적절한 표현을 허락하지 않고 있는, 당신의 어떤 부분을 나타낼 것이다.

■ 비취(Jade)

중국의 전통에서 비취는 신비스러운 우주의 에너지를 응축된 형태로 담고 있는 것으로 간주된다. 그러므로 비취는 능력, 생명, 다산력, 불멸성을 상징한다. 당신의 꿈에 나타난 비취는 그러한 상징성을 지니고 있을지도 모른다. 그것은 심지어 비취의 색깔인 초록색을 생각할 때조차도 그렇다. 또한 초록색(Green)을 참조하라.

■ 비탈(Slope)

상승(Ascent), 내리막길(Downhill)을 참조하라.

■ 비행(Flying)

(1) 비행하는 꿈은 아동기의 그네와 시소 놀이의 즐거움으로부터 파생될 수 있는데, 그것은 즐거운 아동기와 관련된 자유와 기쁨에 대한

동경을 나타낼 수 있다.

(2) 비행은 자유—예를 들면, 아동기의 경험들에서 비롯된 (자기 스스로 만들어 낸) 족쇄들이나 비합리적인 금기들을 제거하는 것—를 상징한다.

(3) 비행은 당신이 무리하여 실패하는 것을 상징한다. 이런 경우에, 그 꿈은 계획하고 있는 것들이 너무도 숭고하거나 당신의 기본 체질과 어울리지 않는다는 사실을 경고하는 것일 수 있다. 이것은 사실상 당신이 제멋대로 만들어낸 환상을 즐기는 동안 자신의 능력들과 역량들을 간과해 왔다는 것을 의미할 수 있다. 이카루스(Icarus; 역주. 밀납으로 붙인 날개로 날다가 너무 높이 올라서 태양열에 밀납이 녹아 바다로 떨어졌다는 인물)를 기억하라! 또한 추락(Falling) 항목 (1)을 참조하라.

(4) 하늘은 의식, 지성, 영성을 상징한다. 그러므로 비행하는 꿈은 무의식의 내용들을 의식세계에 끌어올림으로써, 또는 덜 세속적인 인생관을 가짐으로써 의식 영역을 확장해야 한다는 것을 의미하거나, 아니면 이전에 무시했던 본능적인 기능들, 직관적인 기능들, 또는 감정적인 기능들에게 더욱 많은 역할을 부여해야 한다는 것을 의미할 수 있다. 후자(감정적인 기능들에 더욱 많은 역할을 부여하는 것)는 당신이 지적인 사람인 경우에, 그리고 그 꿈이 추락에 대한 어떤 두려움을 내포하고 있는 경우에 더욱 적합할 것이다.

(5) 당신이 세상을 초연하고, 무관하며, 비정서적인 방식으로 내려다보고 있으며, 그리하여 당신의 문제들이 풀리거나 당신의 가치들이 철저한 변화를 겪고 있는가? 만약 그렇다면, 그 꿈은 당신의 현재의 모습을 보여주는 것이 분명하다.

(6) 하늘이 오랜 세월동안 하나님이나 초월에 대한 상징이었으므로 날아가는 것은 당신의 순수하거나 진정한 자기에로, 또는 당신의 삶의 의미에로 더욱 가까이 나아가는 것에 대한 상징이다.

(7) 물고기가 날아가는 꿈이나 돌고래가 물을 내뿜는 꿈을 꾼다면,

그것이 의미하는 바는 무의식 속에 있는 어떤 것이 의식세계를 뚫고 들어가기를 원하고 있거나, 또는 의식적인 삶에서 적절한 자리를 갖기를 원한다는 것을 의미할 수 있다. 만약 돼지나 코끼리가 날아가는 꿈을 꾼다면, 멸시되고 거부된 당신의 어떤 '동물적인' 부분이 의식적인 삶 속에 통합되는 것, 또는 그렇게 될 필요가 있다는 것을 의미할 수 있다.

(8) 비행접시(UFO)를 참조하라. 그 비행접시들이 부엌에서 날고 있다면, 싸움(Fighting)을 참조하라.

■ 비행기(Airplane)

또한 추락(Falling), 비행(Flying)을 참조하라.

(1) 비행기는 남성의 성기가 하는 강력한 침투운동 때문에 남성의 성기를 나타내는 성적 상징일 수 있다.

(2) 비행기의 상징적 의미는 새의 상징적 의미인 해방, 해제, 초월과 동일한 것일 수 있다. 새(Bird)의 항목 (2)와 (3)을 참조하라.

■ 비행접시(UFO)

빛이 나는 둥근 모양의 '비행접시'는 우월한 지성이나 지혜를 상징한다.

주의. '우월한' 것은 틀림없이 당신 밖에 있지 않다; 그것은 당신의 '심층들' 속에 거주할 수 있다.

■ 빙산(Iceberg)

또한 얼음을 참조하라.

빙산은 무의식 세계의 한 조각을 나타내는 자기(self)의 상징일 수 있다.

■ 빛(Light)

또한 어두움(Darkness)을 참조하라.

(1) 빛, 특히 햇빛은 의식에 대한 공통적인 상징이다. 다른 한편으로, 달빛은 무의식, 직관, 여성성을 나타낼 수 있다.

(2) 어두운 터널 맨 끝에 나타나는 빛은 희망, 사후의 삶, 또는 삶의 의미를 상징한다.


■ 빵 굽기(Baking)

(1) 한 덩어리의 빵을 굽거나 케이크를 만드는 것은 임신의 상징이다.

(2) '임신' 및 그와 관련된 단어들, 가령 '출생'과 '유아'는 은유적으로 빵을 굽는 모습으로 표현될 수 있다. 꿈에서 빵을 굽는 것은 개인 발달에서의 새로운 국면, 새로운 생각, 삶에 대한 새로운 전망, 또는 자신과 삶에 대한 새로운 태도의 시작을 나타낼 수 있다.


■ 뻣뻣함(Stiffness)

(1) 뻣뻣함은 오만; 엄격함; 자신의 방식을 고집하는 것; 완고함을 상징한다.

(2) 뻣뻣함은 당신에게 어떤 정서적 장애가 있음을 의미할 수 있다. 또한 차단장치(Blockage)를 참조하라.


■ 뼈대(Skeleton)

찬장(Cupboard) 항목 (2)를 참조하라.


■ 뿔(Horn)

(1) 뿔 달린 동물은 종종 남자의 성욕, 남자의 생식력, 공격성을 상징한다.

(2) 뿔은 다산력을 상징할 수 있는데, 그것은 정신 내면에 자리한 성장의 능력이다.

(3) 뿔이 난 동물은 악한 것을 나타낼 수 있다. 심리학적으로, 그것은 무의식에 내재된 파괴적/위협적인 힘들을 의미한다. 상징적으로, 생산의 신들은 뿔이 달린 동물로 묘사되었다. 히브리인들의 본성을 초월하여 존재하는 하나님 개념―기독교와 이슬람교가 채용한―으로 인하여 생산의 신들은 사탄과 동일시 되었다. 또한 마귀(Devil), 악(Evil)을 참조하라. 또한 유니콘(Unicorn) 항목 (2)를 참조하라.

# ㅅ

■ **사(4, Four)**

또한 만다라(Mandala)를 참조하라.

4는 완전함과 온전성에 대한 고대적인 상징이다. 원시적인 전통들 속에 있는, 지구의 네 모퉁이, 기본 네 방위(동, 서, 남, 북), 사방과 네 면으로 된 형상은 실재 전체를 나타낸다. 네 방향으로 팔을 뻗고 있는 십자가 또한 전체성에 대한 고대적인 기독교 이전의 상징이다. 네 개의 떡잎을 가진 꽃이나 네 개의 둥근 돌출부로 된 잎사귀와 함께, 그러한 형상들은 온전성을 나타내는 만다라들이다.

융에 의하면, 의식은 사고, 직관, 감정, 그리고 감각의 네 가지 기능을 가진다. 그러나 보통 이러한 기능들 가운데 적어도 하나, 그리고 셋은 발달되지 않은 상태에 있으므로 여전히 전체적으로나 부분적으로 무의식적이다. 자신을 충만하게 하는 것은 이러한 기능들을 무의식적인 것으로부터 끌어올림으로써, 그리고 그러한 것들을 의식에 통합시킴으로써만 성취될 수 있다. 서론 62쪽을 참조하라.

8, 16 등 4의 배수들은 4와 동일한 상징적 의미를 갖는다. 꿈에서 그러한 상징을 본다고 해서, 항상 자신의 온전성을 성취했다는 것을 의미하지는 않는다. 오히려 꿈은 대비에 의하여, 자신의 온전성이 결핍되어 있음을 지적하는 것일 수 있다.

■ **사격(Shooting)**

또한 살해(Killing)를 참조하라.

사격은 남성의 사정(射精)과 관련된 성행위를 상징한다.

■ 사고(Accident)

　꿈에서의 사고는 자동차 충돌, 부주의로 인하여 벽돌 한 장이 어떤 사람의 머리에 떨어지는 것, 또는 곤경에 빠지는 사건에 말려드는 것일 수 있다. 그것이 무엇이든간에, 당신은 그 사고의 희생자가 누구이고 그 사고를 낸 사람이 누구인지를 물어야 한다. 대개 그것은 당신 또는 당신의 어떤 측면일 것이다.

　(1) 만약 꿈에서 일어난 그 사고가 오직 당신만을 포함한다면—예를 들어서, 당신에게 실제로 일어났던 어떤 사건의 반복이라면—, 당신 자신에게 '나는 사고를 일으키기 쉬운 사람인가?'를 물어야 한다. 만약 그렇다면, 그 꿈은 이러한 사고 가능성에 대한 당신의 불안을 표현하는 것이고, 또한 당신에게 그것에 대해 무엇인가를 할 것을 요구하는 것이다.

　사고들을 살펴보면, 우연히 발생하는 사고는 그렇게 많지 않다. 만약 정신에 무의식적 차원이 없었다면—만약 우리가 그러한 사고들을 야기시키는 어떤 무자비한 신이나 운명이 존재한다는 사실에 동의하지 않는다면—, '순수한 사고들'이라고 말하는 것이 정당할 것이다. 그러나 만약 우리가 무의식적 충동, 무의식적 욕망, 그리고 무의식적 동기들이 존재한다는 사실을 받아들인다면, 과거에는 우리가 당연하게 사고라고 생각했던 것이 이제는 바로 우리 자신 스스로 가져온 불행이었다고 말하게 될 것이다. 어떤 무의식적 수준에서, 우리는 순교자 의식이나 상상된 죄 때문에 우리 자신에게 벌을 줄 수 있다는 것이다. 이것이 당신에게도 적용되는가? 만약 그렇다면, 당신의 신경증적 자기 징계의 요인이 무엇인지를 찾아내는 데 힘쓰라. 무의식에게 그 요인들이 무엇인지를 보여달라고 요구하라. 그러한 요인은 거의 확실히 사실이라기보다는 환상인 것으로 판명될 것이다. 그 환상에 들어 있는 사실적인 요소는 거의 확실히 해를 주지 않는 것일 것이다. 예를 들면, 당신이 만약 죄책감과 그로 인한 자기학대를 가지고 있으며, 그 요인은 당신 아버지의 죽음과 관련이 있다고 결론을 맺는다면, 과연 아버지를 죽인 사람은 실제로 당신이었는가? 아니면 만약 당신이 그 요인을 아동기에 어머니나 아버지에 대하여 가졌던 당신의 성적 욕구라고 생각한다면, 그것은 인간발달의 자연스러운 한 부분이었으며 따라서 비난받을 일이 아니지 않는가?

(2) 만약 꿈이 하나의 경고로서 강력한 인상을 준다면, 그 경고에 따라서 행동하라. 무슨 행동이든 그 꿈에 묘사된 것과 같은 행동은 피하라.

(3) 당신의 꿈에서 누군가 다른 사람에게 사고가 일어났다면, 당신은 그 사람이 누구인지, 아니면 그 사람이 나타내는 것이 당신의 어느 부분인지를 판단하라.

만약 사고의 희생자가 실제로 생존하는 누군가로 확인된다면, 그 사람이 당신과 얼마나 가까운 관계이든, 그리고 당신이 그 사람을 얼마나 사랑하든 간에, 그 꿈은 그 사람에 대한 당신의 무의식적인 적대원망(敵對願望)이나 분노를 표현하고 있을 수 있다는 것을 고려해야 한다. 만약 당신이 그 꿈으로 인하여 그 사람의 안전이나 안녕을 열망하게 된다면, 그 열망은 그 사람에 대한 억압된 적개심을 감추는 가면일 수 있다. 용납될 수 없다고 생각되는 감정과 욕구는 억압된다. 그러나 그 감정이나 욕구들이 아무리 역겹거나 도덕적으로 비난받을 만한 것으로 나타나더라도, 그러한 것들을 무의식의 어두운 지하실에 알을 낳고 자라나도록 방치하는 것보다는 분명한 의식의 빛 안에서 대면하는 것이 더 낫다. 억압되는 것은 없어지는 것이 아니다(보이지 않는 것이라고 해서 마음에서 사라진 것은 아니다!); 그것은 부정적으로, 그리고 파괴적으로 기능한다.

부모와 배우자뿐 아니라 형제들도 질투의 대상이 되며, 심지어는 무자비하게 죽기를 바라는 대상이 될 수도 있다. 또한 형제들에 대해서는 형제/자매(Brother/Sister)를 보고, 부모에 대해서는 아버지(Father)와 어머니(Mother)를 참조하라.

(4) 꿈에서 일어난 약간 다른 종류의 사고들은 단지 실제로 일어난 일들을 회고하는 것일 수 있다: 당신의 배우자/부모/형제의 생일을 잊

어버리는 것, 또는 보통때 그러한 상황에서 당신이 하던 것, 즉 인사하는 것을 어떤 상황에서 하지 못한 것 등 우연하게 보일 수 있는 것은 사실 무의식적인 요인의 결과일 수 있다. 그리고 꿈에서 '방심상태'나 '설명할 수 없는 기억 착오'가 되풀이되는 것은, 사실 어떤 내적 갈등들을 추려내기 위하여 무의식으로부터 온 하나의 격려일 수 있다. 위의 항목 (1)을 참조하라.

다른 한편으로, 그러한 꿈들은 그렇게 실수하는 것에 대한 두려움을 나타내는, 순전히 불안해 하는 꿈들일 수 있다. 그렇지만 그 불안은 무의식의 분노를 위장할 수 있고, 그 불안으로 인하여 억압이 야기된다는 점을 기억하라. 프로이트는 처음에 억압으로 인하여 불안이 생긴다고 말했으나, 나중에는 그러한 공식을 뒤집어서 불안으로 인하여 억압이 생긴다고 말했다. 또한 불안(Anxiety)을 참조하라.

■ 사기꾼(Impostor)

사기꾼이 가장하고 있는 것은 실제의 당신이 가장하고 있는 것, 즉 당신의 페르조나(persona)나 자기 이미지일 수 있다. 페르조나에 대해서는 서론 65쪽을 참조하라.

■ 사나운(Rampant)

또한 동물(Animal) 항목 (3)과 (4)를 참조하라.

■ 사냥(Hunting)

(1) 사냥하는 꿈은 최근에 보았거나 읽었던 것들을 회상하고 있는 것일 수 있다. 그러나 최근의 경험에서 비롯된 꿈의 내용이라고 하더라도 그 꿈은 여전히 상징적인 의미를 가지고 있을 수 있다.

(2) 사냥꾼과 피사냥자 둘 모두와 관계를 가지거나 대화를 시도하라. 대개 그것들은 당신의 부분들일 것이다. 사냥꾼은 당신의 의식적인 자아인가? 당신은 자신의 어느 부분을 비성공적으로 죽이려고 하는가?

본능인가? 아니마/아니무스에 대해서는 형제/자매(Brother/Sister) 항목 (4)~(6), 그리고 서론 76쪽을 참조하라.

(3) 남자의 꿈에서 사슴은 젊은 여성을 나타낼 수 있다; 사냥은 성적(性的)인 추구와 성적인 '정복'을 상징한다. 그렇다면, 그 꿈이 당신의 여성들과의 관계들에 대하여, 그리고 함축적으로 말해서 당신의 아니마와의 관계들에 대하여 말하고 있는 바는 무엇인가?

## ■ 사닥다리(Ladder)

상승(Ascent)을 참조하라.

(1) 사닥다리를 오르는 꿈은 진전을 상징한다: 당신의 지위가 높아진다거나 목적을 향해 가까이 가는 것, 또는 그 목적을 성취하는 것을 의미할 수 있다.

(2) 사닥다리를 타고 하늘에 올라가는 것은 자주 나타나는 신화적인 주제이다. 그것은 개인의 온전성을 성취하는 것에 대한 상징으로 볼 수 있다.

(3) 때때로 사닥다리는 구약성서 창세기에 나오는 야곱의 사닥다리처럼, 그 위를 오르내리는 천사들에 의해서 사용될 수 있다. 이것은 자기의 영적 측면과 물리적 측면, 또는 진정한 자기와 자아 사이의 교류에 대한 상징이다. 자기에 대해서는 서론 83쪽을 보라.

(4) 불타는 집의 이층에서 탈출하기 위하여 사닥다리를 타고 내려오는 꿈은 정서적 자기로부터 탈출하는 것, 또는 탈출할 필요가 있는 것을 의미할 수 있다.

(5) 깊은 구덩이나 우물안으로 사닥다리를 타고 내려가는 꿈은 무의식 심층을 탐구하기로 작정했거나 또는 그렇게 할 필요가 있다는 것을 상징한다. 구덩이나 우물로부터 빠져 나오기 위해서 사닥다리를 타고 오르는 것은 당신을 삼키려고 위협하는 무엇인가로부터, 즉 어머니 애착이나 또는 다른 무의식적 내용으로부터 도망칠 필요가 있다는 것을 상징한다.

## ■ 사람들(People)

또한 군중(Crowd), 유명한 사람들(Famous People)을 참조하라.

사람들은 보통, 많은 경우들에서 무의식적인 자신의 다양한 측면들, 원망들, 두려움들, 충동들, 습관들, 태도들 등을 나타낸다.

## ■ 사막(Desert)

오아시스(Oasis), 광야(Wilderness)를 참조하라.

## ■ 사슬(Chains)

어떤 꿈에서 당신 혹은 다른 누군가, 아니면 다른 무엇이 사슬에 매여 있거나, 또는 어떤 식으로든 단단히 묶여 있거나 속박되어 있다면, 그것이 의미하는 바는 거의 확실히 당신의 어느 부분이 해방되어야 한다는 것, 즉 당신의 삶에 보다 많은 행동의 자유가 주어져야 한다는 것이다.

(1) 당신이 사슬에 매여있다면, 그 꿈에서의 '당신'은 당신의 의식적 자아일 가능성이 있다. 그러므로 사슬로 표현된 속박들은 당신의 가정생활, 사회생활, 또는 직장생활과 같은 외부적인 환경들 속에서 찾아보아야 한다.

(2) 꿈에서 어떤 종류의 동물이 사슬에 매여 있다면, 그 꿈은 당신의 동물적 본성이나 그 본성의 어떤 측면—예를 들면, 당신의 성욕—을 나타낼 가능성이 있다. 당신은 지나치게 고상한 분위기에서 삶을 영위하고 있으므로 현실적인 사람이 되거나, 머리(생각)로뿐 아니라 몸(삶)으로도 의식—자각—해야 한다는 것을 의미한다.

(3) 어떤 다른 사람이 사슬에 매여 있다면, 그 사람은 당신의 무의식에 들어 있는 것을 나타낼 수 있다. 그것은 죄책감 때문에 지금까지 억압해왔던 욕구일 것이다. 만약 그렇다면, 그것을 새롭게, 그리고 이번에는 객관적으로 살펴 보라. 그것이 무엇인지를 살펴 보라: 그것은 당신의 삶을 풍성하게 하는 데 사용할 수 있는 힘이지만, 당신이 반드

시 사용해야 하는 것은 아니다. 당신의 어떤 정서에도 의존할 필요가 없다. 그러나 그러한 정서들을 무시하지 말라. 그 정서들을 당신의 무의식 속에 가두어 버리지 말라. 그것들은 무의식 속에서 곪아버릴 수 있다. 그것들을 사용하거나 풀어주라.

■ 사슴(Deer)
  사냥(Hunting)을 참조하라.

■ 사자(Lion)
  (1) 사자는 당신의 '동물적'인 본성; 공격적 행위; 또는 능력을 상징한다.
  (2) 여성의 꿈에서 사자는 아니무스를 상징한다. 아니무스에 대해서는 형제/자매(Brother/Sister) 항목 (4)~(6), 그리고 서론 76쪽을 참조하라.

■ 사제(Priest)
  사제는 내면의 지혜를 상징하거나, 아니면 외적으로 부과된 명령들과 금기들을 상징한다. 꿈 속에 나타난 사제에 대한 당신의 감정적 반응, 그리고 꿈에 나타난 사제의 특징―예를 들면, 그가 권위있게 말하는가, 아니면 단지 권위적으로 말하는가?―은 이 두가지 가운데 어느 것을 적용할 것인지를 시사해 줄 것이다. 그는 애정적인가, 아니면 호전적이고 응징적인가?

■ 사진(Photograph)
  그림(Picture)을 참조하라.

■ 사탄(Satan)
  마귀(Devil)를 참조하라.

■ 사태(Avalanche)

(1) 꿈에서 표현되고 있는 사태는 재난의 두려움, 또는 임박한 재난에 대한 경고일 것이다. 두려움이나 경고의 대상을 확인하려면, 사태 그 자체와 그 꿈의 다른 심상들을 확인하라. 예를 들면, 그것이 실패에 대한 두려움인지? 또한 실패(Failure), 홍수(Flood)를 참조하라.

(2) 만약 꿈 속의 사태가 눈사태나 얼음사태라면, 그것은 '얼어붙은' 정서들을 상징한다.

■ 사형집행(Execution)

참수(Beheading), 살해(Killing), 희생제물(Sacrifice)을 참조하라.

■ 산(Mountain)

또한 상승(Ascent), 높이(Height), 하늘(Sky)을 참조하라.

(1) 산에 오르는 것은 성취를 상징하거나, 직무 또는 장기적인 일을 상징한다.

(2) 산 정상에서 사물들을 바라보는 것은 삶을 검토하는 것; 삶을 객관적으로, 즉 어떤 정서적인 관련 없이 바라보는 것을 상징한다.

(3) 산은 어머니를 나타낼 수 있다. 또한 어머니(Mother), 언덕(Hill)을 참조하라.

(4) 높은 산들은 신비롭고 초월적인 느낌을 갖도록 하므로 꿈에 나타나는 높은 산은 일상생활에서 공통적으로 추구하는 것들을 의미한다. 산 위로 올라가는 것은 진정한 자기, 또는 삶의 의미를 찾아가는 것을 상징한다.

(5) 꿈에 나타난 산은 죽음을 의미할 수 있다. 하늘에 영의 세계가 있다고 하는 종교에서, 죽은 사람들의 영은 때때로 산을 넘어 떠돌아다닌다고 했다. 또한 죽은/죽음(Dead/Death)을 참조하라.

■ 산토끼(Hare)

또한 집토끼(Rabbit)를 참조하라.

(1) 산토끼는 여성성(당신 자신의 여성의 성, 또는 당신의 어머니)이나 다산력(새로운 개인 성장)의 상징이다.

(2) 산토끼는 표면상의 영리함이나 경솔함과 같은 개인의 어떤 특징을 나타낼 수 있다.

■ 살인(Murder)

(1) 당신이 누군가를 죽이고 있는가? 그가 당신과 가까운 사람이라면, 그 꿈은 그에 대한 억압된 적대감이나 분노를 표현하는 것일 수 있고, 종종 자매들 사이의 경쟁, 또는 부모에 대한 무의식적인 적의일 수 있다. 그렇지 않다면, 당신이 죽이고 있는 사람은 당신의 의식적인 삶에서 적절한 자리를 갖지 못한 당신 자신의 어떤 부분(억압된 역량이나 본능, 또는 욕망)일 수 있다.

(2) 당신이 죽임을 당하고 있는가? 그 살인자는 당신의 무의식 안에 있는 어떤 것을 나타낼 수 있다; 그것은 이제 반란을 일으키려고 하는 억압된 정서나 본능일 수 있다.

■ 살해(Killing)

또한 희생제물(Sacrifice)을 참조하라.

(1) 꿈에 나타난 살해는 그 사람에 대한 증오심이나 시기심의 표현일 수 있다. 종종 자매들 사이의 적대감(敵對感)이나 경쟁심, 또는 부모나 배우자에 대한 무의식적 적의(敵意)의 표현일 수 있다. 외디푸스 콤플렉스에 대해서는 서론 46쪽을 참조하라.

(2) 사람이나 동물을 살해하는 것은 당신의 어떤 측면—예를 들면, 어떤 본능이나 욕구—에 대한 억제/억압을 상징한다. 억압된 무의식의 내용들은 의식적인 삶에 통합될 필요가 있다. 또는 그것은 예를 들면, 비합리적인 죄책감들과 그와 관련된 두려움들로부터 생겨난 부정적인

자기 프로그래밍에 종지부를 찍는 것을 나타낼 수 있다. 그 꿈은 당신에게 그렇게 할 것을 권고하고 있을 수 있다. 또한 희생제물(Sacrifice)을 참조하라.

(3) 만약 꿈에 나타난 살해의 희생자가 분명히 이성이라면, 그 사람은 당신의 배우자―이 경우엔 위의 항목 (1)을 참조하라―나 당신의 아니마/아니무스를 상징한다. 당신의 성격의 대극적인 특질들에게 기회를 허용하지 않고 있는가? 즉 그것이 당신의 삶에서 동등하게 역할 하는 것을 허용하지 않는가? 아니마/아니무스에 대해서는 형제/자매(Brother/Sister) 항목 (4)~(6), 그리고 서론 76쪽을 참조하라.

■ **삼(3, Three)**
(1) 숫자 3은 완전과 성취를 상징한다: 또는 개인적인 성취에 기여할 수 있는 것, 즉 정신의 대극적인 두 힘들 사이의 갈등을 해결하는 것을 상징한다.

(2) 융에 의하면, '숫자 3은 아주 완전하지는 않으나 거의 완전에 가까운 것을 상징하거나; 자신에게 결핍된 것을 무의식적인 자기의 어떤 부분이 보완할 수 있다는 것을 나타낸다. 그리고 이 무의식적인 자기에 대한 두려움 때문에 그것을 인정하고 사용하지 못한다. 융은 심지어 하나님 조차도 마귀(Devil) 없이는 완전하지 못하다고 말한다. 또한 사(4, Four)를 참조하라.

■ **삼각형(Triangle)**
(1) 꼭지점이 위로 놓인 삼각형이나 아래로 놓인 삼각형은 질(膣)을 나타낼 수 있다.

(2) 꼭지점이 위로 놓인 삼각형과 아래로 놓인 삼각형이 상호 침투한다면, 그것은 아마 성적인 결합이나 남성성과 여성성의 결합 또는 정신에 있어서의 의식과 무의식의 결합을 상징할 것이다. 인디안의 상징주의에서 그것은 영혼과 하나님의 결합을 나타낸다.

(3) 당신은 남녀의 삼각관계에 관련되어 있는가?

■ 삼거리(T-Junction)
(1) 삼거리는 결정해야 하는 때를 상징한다.
(2) 꿈에서 당신이 왼쪽이나 오른쪽으로 돈다면, 오른쪽/왼쪽(Right/Left)을 참조하라.

■ 삽(Spade)
파는 것(Digging)을 참조하라.
검은 삽은 카드놀이에서처럼 죽음을 상징한다. 또한 죽은/죽음(Dead/Death)을 참조하라.

■ 상(Prize)
경주나 등산에 대한 상으로 무엇이 수여되든 간에, 아마 그 상은 당신의 진정한 자기나 어떤 중요한 인격 발달을 나타낼 것이다. 당신은 경주나 등산이 실생활에서 무엇을 나타내는지를 생각해 보아야 할 것이다.

■ 상관(Boss)
(1) 당신의 상관이 꿈에 나타난다면, 그 의미는 당신이 그와 가지는 현실적인 관계와 관련이 있을 수 있다.
(2) 다른 한편으로, 특히 그 상관이 남자라면, 그는 당신의 초자아를 상징하는 권위적인 인물일 수 있다. 초자아에 대해서는 서론 25쪽을 참조하라.
(3) 만약 당신이 그 꿈에서의 상관이라면, 즉 다른 사람을 부리는 식으로 행동하고, 책임을 떠맡으며, 명령을 하고 있다면, 그 꿈은 당신이 실제로 어떤 사람인가를 보여주고 있을 수 있다. 당신이 사람들과 다르게 관계를 맺고, 더욱 부드럽고 수용적이며, 명령하기 보다는 도리어

기꺼이 협력할 것을 각오할 것, 또는 심지어 다른 사람의 가르침이나 안내에 따를 것을 촉구하는 것이다. 또는, 당신이 실제의 당신보다 더욱 단호할 것을 요구하고 있는 것일 수 있다. 만약 당신이 자신에 대해 정직하다면, 이 둘 중에 어느 것을 당신에게 적용할 것인지를 결정하는 것은 그렇게 어렵지 않을 것이다.

■ 상록수(Yew)

상록수는 묘지와 관련이 있으므로 죽음과도 관련이 있다; 그러나 늘 푸르다는 점에서, 상록수는 또한 영원한 삶, 또는 죽음을 통한 새로운 삶을 상징한다. 그러므로 그것은 당신이 삶의 한 단계를 끝내고 새로운 단계를 시작하는 것을 나타낼 수 있다.

■ 상승(Ascent)

또한 등산(Climbing), 사닥다리(Ladder), 산(Mountain)을 참조하라.

(1) 사닥다리나 계단이나 산에 오르는 것, 또는 풍선이 높이 날아 올라가는 것이나 무엇을 들어올리는 것은 단순히 높은 성취를 의미할 수 있다; 가파른 산이나 암벽을 오르는 것은 힘들지만 보상이 있는 일의 완성을 의미할 수 있다.

(2) 상승의 의미는 상승에 의해 획득된 상황에 대한 더욱 넓고 포괄적인, 또는 더욱 위엄있는 견해에 있을 수 있다. 상승은 일반적으로 인생관의 변화를 통하여, 또는 어떤 문제를 전망함으로써, 즉 어떤 문제를 더욱 공평하고 덜 감정적인 방식으로 봄으로써 일어날 수 있는 삶의 변화를 의미한다.

(3) 산 정상까지 올라가거나 하늘 높이 올라가는 것과 같은 높은 상승은 더욱 영적인, 즉 덜 세상적인 전망이나 생활양식에 도달하는 것 또는 그것에 대한 욕구를 상징한다.

(4) 다른 한편으로, 공중에서의 상승은 마음이 너무 이상적이거나 지나치게 환상에 사로잡힌 상태를 나타낼 수 있다. 꿈은 당신에게 정말

로 더욱 확고하게 주저앉을 필요가 있다는 것, 즉 '땅으로 내려올(현실세계로 돌아올)' 필요가 있다는 것을 말한다. 현실세계를 위하여 당신은 '몸'을 이해할 필요가 있을지도 모른다: 그 꿈은 당신이 머리─지능, 사고─를 너무 지나치게 강조하고, 감각과 본능을 아주 가볍게 취급함으로써 불균형적인 발달의 위험에 처해 있음을 말하고 있을 수 있다. 또한 비행(Flying)의 항목 (4)를 참조하라.

(5) 꿈에서 올라가고 있는 것은 무의식으로부터 의식세계로 올라오고 있는 어떤 것을 나타낼 수 있다. 이러한 해석은 사물이 깊은 곳으로부터 올라오거나 대양의 해저로부터 수면으로 올라오고 있을 경우에 타당할 것이다. 어떤 것이 무의식으로부터 올라와서 의식 속으로 들어가는 것은 좋은 일이다: 그것은 아마도 당신에게 이전에 당신이 고의적으로 무시해왔던 욕구들과 불안들을 의식할 수 있는 기회를 주는 것일 수 있다.

주의. 불안들은 종종 억압된 욕구들과 연관이 있다. 욕구들이 억압되는 것, 즉 의식세계로부터 거부당하는 것은 그 욕구들이 죄책감이나 형벌에 대한 두려움의 형태로 불안을 야기하기 때문이다.

(6) 위의 항목 (5)의 특별한 한 예는 올라오고 있는 것이 리비도나 정신 에너지를 상징하는 경우이다. 이러한 해석은 올라오고 있는 것이 뱀이었을 경우에 가능할 것이다. 힌두교 사상에서 뱀 쿤달리니(Kundalini)는 여성 복부 아래에서 똬리를 튼 상태에 있다: 그 쿤달리니는 명상과 호흡조절에 의하여, 생식기 부위들로부터 정신적인 여러 중추부들을 거쳐 머리 꼭대기까지 이르도록 유도될 수 있다. 이것은 성적-정신적인 에너지를 의식─남성으로 생각됨─으로 가져와서 의식과 하나되게 하는 것을 나타낸다. 그런데 정반대의 과정이 유도될 수 있다: 의식적인 자아가 무의식의 심연으로 내려간다. 그러므로 그것은 정신적-영적인 요소들과 정신적-신체적 요소들의 완전한 혼합이 이루어질 때까지 올라가고 내려가는, 이중의 과정이 계속될 수 있다.

■ 상자(Box)

(1) 프로이트에게 있어서, 상자와 그 외에도 음푹 들어간 것은 무엇이나 자궁 또는 질을 나타낸다. 그러므로 상자는 여성성의 상징이고, 원칙적으로는 성교의 상징이다.

(2) 상자는 또한 당신 자신, 즉 당신의 정신을 나타낼 수 있다. 상자를 여는 것은 당신 자신을 알기로 결단하는 것을 나타낸다. 만약 그 상자에 귀중한 것이 들어 있다면, 그것은 당신의 진정한, 본질적인, 또는 심오한 자기를 나타낼 수 있다. 이 자기는 에너지들과 능력들, 그리고 지혜와 사랑이 풍부한 저장소이다.

(3) 만약 꿈에 드러난 상자가, 마치 온갖 유해한 것들이 나오는 판도라 상자(Pandora's box)처럼 당신을 두렵게 한다면, 거기에는 적어도 세 가지의 가능성이 존재한다:

(a) 상자는 당신의 무의식을 상징한다. 정신의 무의식 층들에 보이지 않게 보존되어 있는 능력들, 본능적 충동들, 그리고 묻혀있는 정서들은 과거―아동기―에 당신이 무서워 했거나 당신의 무서운 경험들과 관련이 있던 것들이다. 이에 대하여 앞으로 취해야 하는 방법은 의식적인 삶 속에서 그러한 것들과 사귀려고 노력하고 그것들에게 적절한 자리를 제공하는 것이다.

(b) 만약 당신이 남자라면, 그 상자는 당신을 유혹하여 파멸시키는 무서운 요부같은 여성 혹은 여성성의 부정적인 측면을 나타내거나, 당신의 독립심을 빼앗는 독점적이고 맹렬한 어머니를 나타낼 수 있다. 그런 경우에, 당신은 자신의 본성의 여성적 측면(아니마)과 친숙해질 필요가 있으며, 어머니에 대한 묻혀있는 감정과 타협을 하고 그것을 처리할 필요가 있다. 남자에게 있어서, 여성은 원하면서도 두려운, 양면적인 실재이다. 신화에서 판도라는 ―대부분의 여신들이 하는 것처럼― 이러한 양면성에 대한 좋은 예를 보여준다. '판도라'는 '완전히 줌' 또는 '모든 선물'을 의미한다. 그리고 이것은 원래, 모든 생명의 수여자인 대지의 여신이었을 것이다. 판도라가 악의 원천으로서의 여성을 상징

하는 것으로 보이게 된 것은 단지 더 뒤에, 즉 남성 신들이 최고의 신들이었고 여성 신들은 보조적인 역할로 강등되었던 발달 단계에 일어난 일이었다. 아니마에 대해서는 서론 76쪽과 형제/자매(Brother/Sister)를 참조하라. 또한 여성(Woman)을 참조하라.

(c) 상자는 모든 재앙의 원천을 나타낼 수 있다. 당신의 내면에, 또는 당신의 가정이나 직장에 당신을 위협하거나 불안하게 하는 것이 존재하는가?

### ■ 상처(Hurting)

(1) 꿈에 나타난 신체적인 상처는 상처입은 감정을 상징한다. 이 점에서 꿈은 종종 구체적일 수 있다. 예를 들면, 그 꿈이 당신에게 굴욕에 유의할 것을 원한다면, 당신은 꿈에서 굴욕감을 느끼게 될 것이다.

(2) 상처 입은 사람/동물, 그리고 그 상처를 가한 자 모두와 관계를 가지며 그들과의 '대화'를 시도하라. 또한 상처 자체 또는 사람/동물의 상처입은 부분과도 그렇게 하도록 노력하라. 이런 방식으로, 결국 당신은 그 꿈이 의미하는 바를 찾아낼 수 있을 것이다.

### ■ 새(Bird)

또한 특별한 새들에 대한 표제어, 즉 독수리(Eagle), 매(Falcon)를 참조하라.

(1) 새는 자연이 지니고 있는 기분 좋은 솔직함과 단순함, 즉 전혀 꾸밈이 없고 만족해 하는 성질을 나타낼 수 있다. 이 경우에 꿈에 나타난 새는 당신의 삶과 기본 태도에 자리를 줄 필요가 있는 어떤 것을 말하는 것이다. 예를 들면, 새는 당신에게 복잡하지 않으면서도 통전적인 존재의 상태를 요구하는 것일 수 있다. 이 복잡하지 않으면서도 통전적인 존재의 상태는 의식과 몸, 영과 물질이 완전히 조화를 이루는 것이다. 의식(두뇌)이 보다 원시적인 존재(몸, 본능, 자연)의 층들로부터 분리되어 있다면, 꿈은 의심의 여지없이 그와같이 요구할 것이다.

(2) 새는 하늘로 상징되는 영적인 능력의 세계로 초대하는 것을 의미할 수 있다. 고대 시베리아에서처럼 최고의 천신(天神)에 초점을 맞추는 종교 전통들에는 변함없이 무당이 있게 마련인데, 그는 인간계와 영계 사이의 의사소통을 유지시킴으로써 인간 공동체와 개인의 질서와 안녕을 유지하는 사람으로 간주된다. 무당은 영들이나 천신과 접촉하기 위하여 날아 다니는 것으로 알려져 있다. 그리고 그의 상징은 종종 새이다. 때때로 무당은 새의 가면을 쓴다. 영(Sprit)을 참조하라. 또한 비행(Flying)을 참조하라.

(3) 새는 샤먼의 형상(形像)과 관련을 가지고 있기 때문에 무의식 안에 있는 어떤 에너지나 기능을 상징한다. 그 에너지나 기능은 치유, 온전성, 그리고 균형을 가져다 줄 수 있다.

(4) 만약 꿈에 나타난 새가 날아가고 있다면, 당신 또는 당신의 어떤 부분이 날아갈 필요가 있는지를 자신에게 물으라. 당신은 환경에 속박 당하고 있는 것을 느끼기 시작하고 있을 수 있다. 아마 그것은 자유를 필요로 하는 무의식의 특별한 요소일 것이다. 즉 의식 속에 수용되고 외적 삶에 통합될 필요가 있는 요소이다. 하늘은 종종 의식을 상징하는데, 이것은 무의식을 상징할 수 있는 땅이나 바다와는 대조를 이룬다.

(5) 새가 하늘에서 당신에게로 내려오고 있다면, 당신은 또하나의 새의 상징을 고려할 필요가 있을 것이다. 신화에서의 새, 또는 로마신화의 머큐리(Mercury)와 같이 날개 달린 신은 최고의 신이 보낸 사자의 역할을 할 수 있다. 심리학적 관점에서 보면, 이것은 꿈을 통해서 무의식이 다음과 같은 것을 제공해 주고 있음을 의미할 수 있다: 그것은 어떤 위대한 진리, 당신을 치유하기 위한 어떤 비법, 당신이 안고 있는 문제에 대한 해법, 또는 새롭고 더욱 충만한 삶에 들어가는 열쇠 등이다.

때때로 그런 사자(使者)로서의 새는 태양과 연관된다. 태양은 진리('빛')와 새로운 삶의 원천에 대한 자연스러운 상징이다.

(6) 새는 성적인 것을 상징한다. 프로이트는 그것을 남자 성기의 상징으로 보았다: 그러므로 매력있는 여성을 '새'로 말하는 데 익숙해

있는 남자들에게 있어서, 꿈에 드러난 새는 아마 성적인 의미를 가지고 있을 것이다.

(7) 검은 새는 일반적으로 무의식 속에 있는 어떤 것을 나타낼 뿐 아니라, 여성의 부정적인 측면을 상징한다. 또한 여성(Woman)을 참조하라.

(8) 썩은 고기를 먹는 새들―대머리수리, 까마귀, 갈가마귀 등―은 죽음과 연관된다. 꿈은 때때로 외부세계에서 일어나는 사건을 예고하기도 한다. 만약 꿈에서 죽음이 언급된다면, 그것은 자신의 죽음이나 다른 어떤 사람의 죽음에 대한 불안의 표현일 가능성이 아주 많다.

또는, 무의식은 삶의 어떤 국면, 즉 습관적으로 따라 다니는 어떤 것들이나 부정적인 태도들이 오랫동안 지속되었으며, 이제는 바꿀 때가 되었다는 것을 말해주고 있을 수 있다. 다른 말로 하면, 꿈은 당신의 삶과 성격에 새로운 발달이 일어나도록 하기 위하여 내면에 있는 어떤 것의 죽음을 요구하고 있는 것이다. 또한 대머리수리(Vulture)를 참조하라.

■ **새벽(Dawn)**

(1) 새벽은 전망 있는 미래를 향한 새로운 출발을 상징한다.

(2) 밤은 무의식의 상징이다. 그러므로 새벽은 무의식의 내용들을 끌어올려서 의식 속에 투입시키는 것―개인성장의 필수조건―을 상징한다.

(3) 새벽은 조명, 즉 '빛을 보는 것'을 상징한다.

■ **새벽닭 우는 소리(Cockcrow)**

(1) 새벽닭 우는 소리는 심판의 때와 관련하여, 지금이 곧 결단의 때라는 것을 의미할 수 있다.

(2) 새벽닭 우는 소리는 새벽을 의미할 수 있다. 또한 새벽(Dawn)을 참조하라.

■ 새장(Cage)

　사람, 동물, 새 등 무엇이든 간에 새장에 들어 있는 것은 거의 확실히 당신이나 당신의 어떤 부분을 나타낸다.

　(1) 새장은 당신이 현재 처해 있는 상황이 속박된 것으로 느껴지는 삶의 정황을 상징한다. 그러나 그 속박들이 비록 무의식의 과정들—예를 들면, 비합리적인 죄책감에서 비롯된 내면적인 제한들—에 의하여 생겨난 것일지라도, 그것들은 스스로 부과한 것일 수 있다.

　(2) 당신의 어떤 부분은 해방을 부르짖고 있을 수 있다. 거칠고 위험한 동물들은 새장에 갇혀 있다. 그러므로 꿈에서 새장에 갇혀 있는 것은 동물적 속성으로 인하여 당신을 무섭게 하거나 역겹게 만드는 당신의 일부분일 수 있다. 당신이 동물 왕국에 속해 있다는 것을 받아들이기를 거부하는 것은 당신이 몸—원시적인 에너지들과 충동들—을 가둔 채 전적으로 머리를 위주로 한 삶을 사는 데서 기인할 수 있다. 그러나 몸이 없고 머리만 있는 것은 자연의 중요한 에너지와 자연의 지혜로부터 단절된 것으로, 이것은 단지 고통만을 가져올 뿐이다. 특별히 심지어 종교조차도 지난 이백년 동안 자연(하나님의 여성적인 측면)을 거부해 온 서양문화의 경우, 자연으로부터 멀리 도망치는 것이 아니라 자연에 가까워지는 것이 절대적으로 필요하다. 억압과 억제에 대해서는 서론 32쪽을 참조하라.

　(3) 다른 한편으로, 새장의 새는 좌절된 영적 열망들을 나타낼 수 있다. 당신은 단지 돈을 벌기 위해 너무도 많은 시간과 에너지를 소모하고 있을 수 있다. 위의 항목 (2)와 (3)이 모순처럼 보이는 것은 단지 외형적으로만 그렇다. 당신은 몸이 없이는, 즉 무의식 속에 있는 원시적인 에너지와 지혜 없이는 영적인 고지에 오를 수 없다. 보다 높이 오르기 위해서 먼저 보다 깊은 데로 내려가라. 우리 자신의 보다 깊은 데 자리한 정신적인 내용들이 의식의 일부분이 되도록 해방시킴으로써, 즉 새장에서 나오게 함으로써 우리는 과거와 현재의 속박들을 초월할 수 있게 될 것이다.

■ 색깔(Colours)

검정색(Black), 적색(Red) 등을 참조하라.

■ 샘(Fountain)

(1) 샘은 원기회복 및 새로운 삶의 상징으로서, 생명을 주는 무의식적인 힘을 나타낸다.

(2) 물이 흘러나오는 것은 무엇이나 남성의 성기를 나타낼 수 있다. 그러므로 그것은 성교의 상징일 수 있다.

■ 서랍/장롱(Drawer/Chest of Drawers)

(1) 당신은 원하는 것이나 필요한 것을 찾으러 서랍으로 간다. 그러므로 서랍은 지혜의 원천이다. 다시 말하면, 서랍은 당신의 문제에 대한 해답을 발견하게 될, 당신 안에 있는 한 장소를 상징한다.

(2) 장롱은 정신을 나타낼 수 있다. 맨 윗서랍은 의식적인 자아일 것이고, 맨 밑 서랍이나 하단부에 있는 서랍은 무의식의 층들일 것이다.

■ 서쪽(West)

(1) 서쪽은 죽음이나 쇠퇴; 생의 특정 단계의 종말을 상징한다.

(2) 서쪽은 의식적인 자아(태양)가 무의식 속으로 하강하는 것을 상징한다. 그러므로 그 꿈은 무의식의 감추어진 부분과 더욱 친숙한 사이가 될 것을 권면하는 것으로 볼 수 있다.

(3) 서쪽은 또한 직관, 즉 무의식의 인식 양식을 나타낼 수 있다.

(4) 꿈에 나타난 서쪽이 서양세계나 서양문화라면, 그것은 위의 항목 (3)과 정반대되는 것을 상징한다. 즉 합리적인 지성, 또는 물질주의와 자연의 소원함을 상징한다.

■ 서투름(Clumsiness)

황소(Bull) 항목 (6)을 참조하라.

■ 석류(Pomegranate)

석류는 치유와 다산에 대한 전통적인 상징이다. 그러므로 석류는 개인 성장에 대한 상징이다.

■ 선원(Sailor)

선원은 모험을 나타낸다. 여성의 꿈에 나타난 선원은 사실상 성적인 것일 수 있다. 더 일반적으로 말해서, 선원은 위험을 무릅쓰고 무의식 속에 발을 들여 놓는 것이 될 것이다. 바다는 흔히 무의식을 상징한다.

■ 설치 동물(Rodent)

쥐(Rat)를 참조하라.

■ 섬(Island)

(1) 섬은 의식적인 자아의 무의식(바다로 상징되는)에 대한 관계를 상징한다.

(2) 섬은 바다로 표현되는 어머니와의 관계를 상징한다. 바다는 섬(지나치게 강한 어머니-애착)을 삼켜버릴 것처럼 위협하고 있는가?

■ 성(城, Castle)

집(House)을 참조하라.

■ 성교(Sex)

(1) 꿈에서 성교하는 것은 대개 성적 욕구에 대한 솔직한 표현이다. 배우자 이외의 다른 누군가와 성교를 하는 것은 그 사람에 대한 당신의 욕구나 배우자에 대한 불만을 표현하는 것인지도 모른다.

(2) 꿈에서의 억제되지 않은 성교는, 꿈꾸는 사람이 실제로 억제된 성생활을 하고 있다는 것을 시사해 줄 것이다.

(3) 꿈은 지금까지 모르고 있었던 당신의 성적인 관계들의 유형들을

나타낼 수 있다. 꿈에서 당신을 매혹하는 사람은 어떤 종류의 사람인가? 당신은 남녀간의 만남에 대한 이러 저러한 측면을 어떻게 생각하는가?

(4) 성관계를 나타내는 꿈들에 많은 주의를 기울여야 하는 또 하나의 이유는, 성교에서 그림자(shadow)의 활동이 매우 두드러지기 때문이다. 이러한 꿈들을 통하여 제 2의 자아, 즉 자신의 숨겨진 부분을 알 수 있다.

(5) 성교를 하는 꿈에서 당신의 파트너는 당신 자신의 정신 가운데 어떤 부분을 상징할 수 있다. 예를 들면, 그 파트너는 당신이 남성일 경우엔 당신의 아니마를, 여성일 경우엔 당신의 아니무스를 상징할 수 있다. 그러므로 성행위는 성격의 온전성과 균형으로 인도하는 대극적인 것들의 결합을 상징할 수 있다.

■ **성인/성자(Saint)**

또한 도사(Guru), 거룩한/거룩(Holy/Holiness), 신성한(Sacred), 지혜노인/지혜노파(Wise Old Man/Woman)를 참조하라.

꿈에서 성스러운 사람이 하는 역할은 대개 진정한 자기에 관한 메시지를 전달해 주는 것이다. 즉 개인적인 삶의 계획을 드러내는 것이다.

■ **세례(Baptism)**

꿈에서의 세례는 다른 사람, 아이, 성인의 세례이거나 또는 당신이 세례받는 사람일 수 있다.

그 특정 형태의 세례가 어떤 것이든 간에, 세례는 주로 죽음과 부활/재생, 삶의 한 단계를 끝내고 다른 단계를 시작하는 것, 또는 새롭고 보다 나은 것을 잡기 위하여 어떤 것을 놓아주는 것을 상징한다.

세례는 자기실현의 상징일 수 있다. 낡고 거짓된 자기 이미지(自我像)의 죽음을 통하여 새로운 자기—진정한 자기—가 성취된다. 종교적인 세례의식에서 물에 잠기는 것은 죽음을 나타내고, 물 속에서 나오는 것은 부활, 즉 새로운 삶을 나타낸다. 홍수신화는 우주적인 규모로 일어난 세례의 상징을 보여준다: 물과 불은 위대한 정화제들이다. 이 정화제들은 옛 것을 파괴함으로써 새로운 형태의 삶을 가능하게 한다. 유아(Baby), 물에 빠짐(Drowning), 홍수(Flood)를 참조하라. 그리고 서론 73쪽을 참조하라.

■ **세례반(洗禮盤; Font)**

세례(Baptism), 고기잡이(Fishing) 항목 (2)를 참조하라.

■ **소금(Salt)**

소금은 삶에 흥미를 주게 될 무엇인가를 상징한다. 그러나 소금은 당신이 연상하는 모든 것을 의미할 수 있다. 예를 들면, '상처에 소금을 문질러 바르는 것', '세상의 소금', '정화하는 것', '깨끗하게 하는 것'을 의미할 수 있다.

■ **소나기(Shower)**

소나기는 신선함; 새 생명을 주는 것; 또는 삶의 새로운 기쁨을 상징할 수 있다. 아마도 곧 개인의 성장의 시기가 따를 것을 말해 주는 것일지도 모른다.

■ **소변 보기(Urinating)**

(1) 소변을 보는 꿈은 대개 방광이 가득 차서 꾸게 되는 것이고, 대체로 심리학적인 의미는 거의 없다.

(2) 소변을 보는 것은 성행위시의 사정을 나타내는 것으로 성적 욕구에 대한 상징일 수 있다.

■ **소시지(Sausage)**

소시지는 남성의 성기를 나타내는 성적인 상징이다.

## ■ 소용돌이(Whirlpool)

(1) 소용돌이는 당신의 정신안에 들어 있는, 당신을 '약화' 시키거나 심지어는 파멸시킬만큼 위협적인 어떤 것을 상징한다.

(2) 소용돌이에 대한 느낌이 좋다면, 그것은 당신이 부정적인 죽음 원망(願望)에 사로잡혀 있다는 것을 의미하거나, 무의식으로 내려가서 당신 자신에 대하여 더 많은 것을 발견하라는 권유를 받고 있다는 사실을 의미할 수 있다.

## ■ 손(Hand)

(1) 양손은 능력, 특히 실제적이고 사회적인 능력을 말한다.

(2) 손은 무엇을 하고 있는가? 때리고, 치고, 축복하고, 치유하는 손인가? 남자의 손인가? 또한 왼쪽(Left), 오른쪽/왼쪽(Right/Left)을 참조하라.

(3) 두 손이 묶여 있는가? 당신이 처한 상황이나 당신의 태도에서 당신으로 하여금 잠재력을 충분히 발휘하지 못하게 하는 것, 또는 당신이 반드시 해야 할 것을 하지 못하게 하는 것은 무엇인가?

(4) 당신은 손을 씻고 있는가? 당신이 생각하는 죄책감은 무엇에 대한 죄책감인가?

## ■ 손가락(Finger)

(1) 손가락은 남근의 상징이다.

(2) 그 손가락은 당신을 가리키고 있는 비난의 손가락인가? 손가락질하고 있는 사람은 아버지 또는 다른 어떤 권위있는 사람일 수 있다. 그러나 이러한 사람들은 보통 정신의 내면에서 일어나는 심리기제들을 상징한다. 그리고 그들이 표현하는 비난은 자기 스스로 만들어 내는 비난이다. 당신은 어떤 죄를 상상하여 자신에게 벌을 주고 있는가?

(3) 가리키는 손가락은 당신이 더 나은 자기실현이나 특정 문제의 해결을 위하여 노력해야 하는 길을 보여주고 있을 수 있다.

### ■ 손잡이(Knob)

손잡이는 남성의 성기를 나타내는 성적인 상징이다.

### ■ 솔(Brush)

(1) 솔은 억센 털로 된 기구뿐 아니라 잔털이라는 의미에서 음부의 털을 나타내는 성적인 상징이다. 호주에서는 아가씨나 젊은 여인을 솔이라고 부른다.

(2) 솔을 씻는 것은 청결이나 말쑥함에 대한 태도를 나타내는 것을 말한다. 당신은 이러한 것들에 사로잡혀 있는가? 만약 그렇다면, 당신은 어떤 죄책감을 숨기려고 애쓰고 있는가?

(3) 당신은 칫솔질을 하고 있는가? 만약 그렇다면, 그것은 사람들에게 말하는 것에 대하여 조심할 필요가 있거나, 또는 당신이 나이를 먹는 것에 대하여 불안해 하고 있다는 것을 말한다.

### ■ 솟구침(Soaring)

비행(Flying)을 참조하라.

### ■ 솥(Oven)

솥은 자궁을 나타낼 수 있으며, 따라서 그것은 여성이나 임신의 상징이다. 그러나 상징화된 임신은 비유적일 수 있는데, 그것은 외적이거나 내적인 삶의 어떤 영역에서의 성장에 대한 어떤 약속을 의미할 수 있다. 당신은 그 솥에서 무엇이 요리되고 있는가를 생각하라.

### ■ 수(Numbers)

사(4, Four), 구(9, Nine) 등 특정의 수를 참조하라.

### ■ 수감(Imprison)

또한 감옥(Prison)을 참조하라.

수감되는 것은 어떤 억압된 정서나 본능적 충동을 의미할 수 있다.

■ 수녀(Nun)
여성의 꿈에서 수녀는 진정한 자기를 상징한다.

■ 수도사(Monk)
남성의 꿈에서 수도사는 진정한 자기; 개인의 온전성을 상징한다.

■ 수도원(Abbey)
교회(Church), 집(House), 수도사(Monk), 사찰(Temple)을 참조하라.

(1) 수도원은 거룩한 장소이고, 우리들 대부분이 알고 있는 것보다 더욱 심원한 실재의 차원을 나타낸다. 그러므로 수도원은 내면에 자리하고 있는, 즉 의식적인 차원 아래에 자리하고 있는 정신의 부분들에 대한 상징이다. 수도원은 심지어 자기, 즉 '진정한' 당신 또는 '본질적인' 당신을 나타낼 수 있다.

(2) 수도원은 보통 고풍스러운 장소이다. 따라서 수도원은 정신의 보다 고풍스럽고 보다 기본적인 부분들을 상징한다. 사물을 인지하고 이름을 붙이며 확인하는 것, 사실을 파악하는 것, 일련의 생각에 따르는 것, 끊임없는 논쟁 등의 모든 정신 과정들은 진화론적 차원에서 볼 때, 최근에 지구상에 출현한 것이다. 그러나 이러한 정신 과정들과는 아무 상관이 없는 일종의 자각이 존재한다. 그것은 훨씬 더 고대적이고, 정말로 진화 그 자체처럼 고대적일 수 있다. 그러므로 자신에 대한 진리에 도달하기 위해서 우리는 사고하는 것을 중단하고 좀 더 고대적인 인식 방법에 의지하는 법을 터득해야 한다.

정신에 있어서, 매우 고풍스럽고 원시적인 다른 부분들은 성교와 생존을 위한 본능들이다.

■ 숫사슴(Stag)

숫사슴은 남성성의 상징이다.

■ 수선화(Daffodil)

꿈에서의 수선화는 새로운 삶의 징조로서 잠재적인 개인성장, 또는 갱신의 본질과 원천에 대한 단서들을 찾아야 한다는 것을 의미한다.

■ 수염(Beard)

(1) 수염은 정력과 남성의 성욕(性)을 상징한다. 그러므로 어떤 사람의 꿈에 나타난 털이 매우 많은 남자는 꿈꾸는 사람 자신의 리비도이거나 원시적인 정신 에너지를 상징한다. 실생활에서 수염은 종종 정력을 나타내거나 또는 정력의 부족을 보상하기 위하여 기를 수 있다. 물론 이런 주장은 수염과 정력의 본래적인 관련성을 강조하고 있을 뿐이다.

(2) 꿈에서 수염을 기른 노인이 나타난다면, 그의 말에 귀를 기울여야 한다: 그는 정신의 심층에서 오는 심원하면서도 실제적인 지혜를 나타낼 수 있다. 신은 때때로 수염을 기른 노인으로 나타나곤 했다. 또한 신(God/Goddess), 지혜노인/지혜노파(Wise Old Man/Woman)를 참조하라.

■ 수영(Swimming)

수영은 무의식, 어머니, 또는 어머니 자연에 대한 신뢰할 만하고 포용적인 태도를 상징한다.

■ 수정(Crystal)

(1) 수정은 자기의 상징이다. 마리-루이제 폰 프란츠(Marie-Louise von Franz) 박사는 「인간과 그의 상징들」에서 다음과 같이 말한다: '수학적으로 정확한 수정에 대한 정리는 우리에게 소위 "무감각하다"고 일컬어지는 물질에서조차 영적 배열의 원리가 작용한다는 직관적

인 느낌을 불러 일으켜 준다. 그러므로 수정은 종종 상징적으로 물질과 영, 즉 극단적으로 대극적인 관계에 있는 것들의 통일을 나타낸다. 자기 또한 대극들―의식과 무의식, 남성적인 것과 여성적인 것, 기타 등―의 통일이다. 자기에 대해서는 서론 83쪽을 참조하라.

(2) 수정은 청결과 순수성, 개방성과 수용성의 상징이다.

■ **수정점(水晶占, Crystal-Gazing)**

수정점은 심리적으로 우리의 주의를 내면으로 돌리게 해서 그 내면의 정신을 탐구하게 하고, 그리하여 자신의 '숙명'을 발견하게 하는 것을 상징한다. 그러나 정신을 탐구하는 것에는 콤플렉스나 신경증, 내적인 갈등, 공포증, 강박감, 투사 등을 폭로시키는 것을 수반한다는 사실을 잊지 말라. 그리고 그 수정공의 중심, 즉 당신의 중심에 이르기까지는 오랜 시간이 걸릴 수 있다.

■ **수탉(Cock)**

(1) 수탉은 공격성을 나타낼 수 있다. 당신의 마음에는 풀어야 할 어떤 분노가 있는가? 이 분노는 무의식적인 죄책감으로부터 생겨난 것은 아닌가?

(2) 수탉은 남성성의 상징이다.

(3) 수탉은 다산력의 상징이다. 특히 여성의 꿈에서, 수탉은 지금까지 사용되지 않은 정신의 부분으로 하여금 이제는 자신의 의식적인 삶에서 적극적인 역할을 하도록 해야 할 때라는 것을 의미할 수 있다.

(4) 검은 수탉은 전통적으로 악의 상징이다. 당신의 '악한' 측면들은 잠재적으로 창조적인 것들로서, 당신이 그러한 것들을 계속해서 제쳐 놓을 경우에 위험하게 된다는 점을 명심하라.

(5) 교회 첨탑 위에 있는 바람개비는 삶의 새로운 방향을 찾는 것과 관계를 가질 수 있다. 또는 특히 여성의 꿈에서, 첨탑과 바람개비의 결합은 강력한 성적 상징이다.

### ■ 수퇘지(Boar)

(1) 만약 꿈에 나타난 수퇘지가 사납다고 생각된다면, 그것은 인정받기 위해 몸부림치고 있는 당신의 어떤 부분, 즉 당신의 시도를 좌절시키고 있고 묻혀있는 어떤 본능이나 욕구를 나타낼 수 있다. 그러한 좌절은 당연한 것이다: 정확하게 말해서, 당신은 당신의 아주 야생적이고 위협적으로 보이는 부분을 필요로 하고 있을 수 있다. 그것이 위협적인 이유는 단지 그것이 위협 받고 있기 때문이다. 그것에게 말을 걸라. 그리고 그것의 말에 귀를 기울이라; 그러면 그것은 당신의 행복이나 더욱 충만한 자기실현을 위한 귀중한 조력자로 자신을 나타낼 것이다.

(2) 만약 당신이 수정(受精)을 수퇘지와 관련시켜 생각한다면, 그 상징은 곧바로 성적인 것일 수 있다. 다른 한편으로, 수정은 더욱 일종의 은유적인 것, 즉 당신을 무섭게 하는 당신의 억압된 부분들에게 생기를 주는 것일 수 있다. 사나움의 상징은, 마치 실제 생활에서 공격성이 종종 우리의 성적인 것과 어울리는 것처럼, 성적인 상징이나 수정의 상징과 공존할 수 있다. 이 숨겨지고 억압된 것들은 당신의 삶에서 어떤 외상적 경험과 관련된 욕구들이나 본능적 충동들일 수 있다.

(3) 수퇘지는 당신의 마음에 떠오른 동물적 본성일 수 있다. 그 동물적 본성은 당신의 정신 가운데 억압되고 묻혀 있는 어떤 원시성이나 사회적 거부를 의미할 수 있다. 수퇘지 이미지 안에는 동물적 본성의 상징, 사나움의 상징, 그리고 수정의 상징이 결합되어 있다. 당신이 동물적 본성을 무서워 하는 것은, 정확히 당신이 내적인 갈등에서 벗어나 평화와 충만을 얻기 위해 필요한 것이다. 또한 동물(Animal)을 참조하라.

(4) 악을 수퇘지 심상과 관련시켜 생각한다면, 그 악성(惡性)은 보는 사람 안에 존재할 수 있다. 다른 말로 하면, 만약 그 수퇘지가 당신에게 있어서 성적인 함축을 가진다면, 그것의 악성은 당신이 성교에 대하여 갖는 혐오, 역겨움, 두려움, 죄책감 등의 비합리적이고 억압된 감

정을 나타낼 수 있다. 만약 그렇다면, 그러한 감정들의 뿌리를 찾기 위하여 당신의 과거를 탐구해야 할 것이다. 그 탐구를 위해 무의식에 도움을 청하라. 그리고 그 다음 주 동안에 꾸는 꿈들에 특별히 유의하라.

(5) 수퇘지는 당신이 본심으로는 받아들이지 않은 공격성을 나타낼 수 있다. 공격성은 길들여지고 적절하게 사용된다면 유익한 것일 수 있다. 그러나 만약 그것이 '야생적'이라면, 그것은 당신의 다른 사람들과의 관계에 심각한 손상을 입힐 수 있다. 이상하게도, 공격성은 흔히 자기 자신을 향하여 이루어진다: 사실, 가학증은 대개 자학증에 그 기원을 갖고 있다. 그러므로 당신이 부닥치게 되는 모든 공격성의 근원을 발견할 수 있도록 당신이 꾸는 꿈들에 주목하라. 수퇘지와 대화를 해서 그가 원하는 것을 찾아내라. 때때로 공격성은 외디푸스 갈등에까지 거슬러 올라갈 수 있다. 남성의 경우에, 유아기의 어머니에 대한 욕구, 그리고 그에 수반되는 아버지에 대한 질투는 죄책감을 불러일으킬 수 있는데, 그 죄책감으로 인하여 자기 자신에게 벌을 주고 싶은 충동이 생겨났을 수 있다. 그러므로 자기 자신에게 상처주고자 하는 자학적인 욕구는 다른 사람들, 특히 가까운 사람들에게 상처를 주려는 가학적인 욕구들 속으로 흘러들어갈 수 있다. 이러한 모든 일은 무의식적인 차원에서 일어날 수 있다. 그러므로 우리는 꿈에서 자신의 무의식을 살펴봄으로써만 원인과 결과를 풀어낼 수 있다.

### ■ 수하물(Baggage/Luggage)

(1) 수하물은 당신이 벗어버릴 필요가 있는 것들, 즉 옛 습관들과 태도들, 구태의연한 적응방식을 상징한다.

(2) 수하물은 현재의 어떤 상황으로부터 벗어나려는 욕구나 그 필요성: 또는 그렇게 하는 것에 대한 두려움을 상징한다. 무의식은 지금이야말로 당신이 '자신의 짐을 챙길 때'라는 암시를 주고 있을 수 있다. 또한 가방(Bag)을 참조하라.

■ 숨겨진(Hidden)

　꿈에서 숨겨진 것은 반드시 찾아내고 밝혀내야 한다. 그러한 것들은 거의 확실하게 당신의 의식적인 자아가 필요로 하는 것으로서, 억압되어 있는 어떤 기능이나 특질을 나타낼 수 있다. 억압에 대해서는 서론 32쪽을 참조하라.

■ 숫양(Ram)

　(1) 숫양은 성적인 것을 상징하거나, 또는 뿔이 있다면 공격적인 행위를 상징한다.

　(2) 숫양은 다산력의 상징으로서, 개인의 성장에 대한 전망을 의미할 수 있다.

　(3) 숫양에 대한 느낌이 불길하다면, 그것은 당신의 그림자, 즉 정신 가운데 자아에 의하여 거부당해 온 부분들을 상징한다. 이러한 부분들로 인하여 당신은 비인격적이고, 원시적이며, 파괴적이거나 어색한 방식으로 행동하게 될 수 있다. 그러므로 그 숫양과 친숙하라; 당신이 지금까지 억압해 온 것을 용납하고, 그것으로 하여금 의식적인 삶에서 자신을 적절히 통제하여 표현하도록 하라.

■ 숲(Forest)

　(1) 숲은 여성의 음모(淫毛)를 나타내는 성의 상징이다. 논쟁의 여지가 있지만, 숲은 남성의 음모일 수 있다. 그러나 땅과 대지 어머니(Earth Mother) 사이에는 무의식적이고 신화적인 강력한 연관이 존재한다.

　(2) 특별히 매우 어두울 경우에, 숲은 무의식의 상징이다. 만약 그 숲 속에 동물들이 있다면, 그 동물들은 아마도 억압된 무의식의 내용들, 즉 본능적인 충동들, 정서들을 나타낼 것이다.

■ 스크린(Screen)

커튼(Curtains)을 참조하라.

당신은 자신으로부터 무엇을 숨기려고 하는가?

■ 스포츠(Sports)

스포츠는 성적인 것을 상징할 수 있으므로, 그 꿈은 성적 욕구를 표현할 수 있다.

■ 슬리퍼(Slipper)

구두(Shoe)를 참조하라.

■ 습지(Bog)

(1) 습지가 상징하는 것은 매우 분명하다. 현재 당신을 꼼짝 못하게 하는 것이 무엇인지를 자신에게 물어야 한다.

(2) 만약 꿈에서 당신이 습지나 늪에 허리까지 빠져 있다면, 그것은 당신이 어떤 본능이나 무의식적인 욕구, 즉 당신의 '하위' 본성의 어떤 부분을 활성화하거나 표현해야 한다는 것을 의미할 수 있다.

■ 승강기(Lift)

(1) 승강기에 대한 상징은 무의식으로부터 올라온 것들에 대한 상징이다. 이런 경우, 무의식은 분명히 당신이 그것들을 살펴보기를 원한다; 아니면 승강기는 의식적 자아가 두루 살펴보기 위하여 무의식 속으로 내려가는 것에 대한 상징일 수 있다.

(2) 승강기를 타고 올라가는 것은 더욱 고양되거나 영적인, 또는 단순히 더욱 공평한 관점을 획득하는 것; 더욱 풍성한 상상력을 소유하게 되는 것; 더욱 '머리가 좋아지는 것', 즉 더욱 합리적이 되지만, 본능이나 직관과의 접촉은 적어지는 것을 상징한다.

■ 승객(Passenger)

(1) 당신이 만약 승객이라면, 그 꿈은 자신의 삶을 스스로 통제하고 있지 않다는 것을 나타낼 수 있다: 당신은 의식적인 삶에 통합되지 않은 무의식의 내용들에 의해서, 아니면 다른 사람들에 의해서 쫓김을 당하고 있는 것이다.

(2) 만약에 승객이 다른 사람이라면, 그 사람은 당신의 인생 여정에서 관계하는 법, 곧 협력하는 법을 터득할 필요가 있는 당신의 일부분을 나타낼 수 있다.

■ 승마(Riding)

(1) 말을 타거나 오토바이를 타는 것은 성교에 대한 무의식적인 욕구를 상징한다.

(2) 동물은 본능적인 욕구들을 나타낼 수 있다; 그러므로 말이나 다른 동물을 통제하는 것은 열정에 대한 통제를 상징한다. 통제하는 것은 좋은 일이 될 수도 있고 나쁜 일이 될 수도 있다: 당신은 자신의 본능들을 적절하게 통제할 것인지, 아니면 과도하게 통제할 것인지를 결정해야 한다.

■ 시계바늘 반대 방향(Anticlockwise)

(1) 태양의 이동과 대극을 이루는, 시계바늘 반대 방향의 동작은 당신이 자신의 본성과 반대되는 방향으로 가고 있다는 것을 의미할 수 있다. 즉 잘못된 방향을 취하고 있다는 것, 다시 말하면 잘못된 인생길을 추구하고 있다는 것을 의미할 수 있다.

(2) 왼쪽으로 가는 것—당신이 시계바늘 반대 방향으로 굽은 길을 따라가고 있는 경우—은 삶에 대한 접근방법이 대뇌로부터 더욱 직관적이거나 본능적인 것으로 이동하는 것을 의미할 수 있다.

■ **시계바늘 방향(Clockwise)**

또한 시계바늘 반대 방향(Anticlockwise), 왼쪽(Left), 오른쪽/왼쪽(Right/Left), 나선형의(Spiral)를 참조하라.

시계바늘 방향으로 움직이는 것은 오른쪽으로 가는 것을 의미하는데, 오른쪽은 의식; 지성; 영성; 남성성을 상징한다.

■ **시냇물(Stream)**

시냇물은 치유나 다시 기운을 차리는 것; 에너지가 자유롭게 흐르는 것을 상징한다.

■ **시험(Examination)**

시험을 걱정하는 꿈은 매우 흔한데, 보통 실패의 두려움을 표현한다.

■ **식(蝕, Eclipse)**

(1) 무엇인가가 자신을 좀먹고 있다고, 즉 당신이 기울어지고 있다고 생각하는가? 결코 다함이 없는 삶의 원천을 안에서 찾으라.

(2) 태양은 자기/빛/의식을 상징한다. 그러므로 일식(日蝕)은 진정한 자기; 무의식의 힘들이 의식적인 자아를 압도할지도 모르는 두려움; 또는 직관이나 본능에 의해 이성의 부족함을 채울 필요가 있다는 것을 감추는 것을 의미할 수 있다.

(3) 달은 어머니나 여성성의 상징이다. 그러므로 월식은 본래적인 개인으로 발달하는 것을 방해하는 일종의 어머니 애착으로부터 벗어나는 것을 의미할 수 있다; 또는 당신의 여성성(만약 남성이라면, 아니마)을 감추는 것을 의미할 수 있다. 아니마에 대해서는 서론 76쪽을 참조하라.

■ **식물(Plant)**

꽃(Flower), 나무(Tree)를 참조하라.

■ 신(God/Goddess)

(1) 신의 형상은 의미/지혜/에너지의 원천을 나타낼 수 있다. 자신 속에서 그 원천을 찾으라. 거기에서 그것은 보통 여러 층의 정서들로 덮여 있다.

(2) 여성의 꿈에서, 남신의 형상은 아니무스를 나타낼 수 있다. 그리고 남성의 꿈에서, 여신의 형상은 아니마를 나타낼 것이다. 그것들은 당신을 정신의 보다 깊은 곳으로 인도할 수 있다. 아니마/아니무스에 대해서는 형제/자매(Brother/Sister) 항목 (4), 그리고 서론 76쪽을 참조하라.

(3) 때때로 신은 무의식적인 정신의 일부로서 기능하는 아버지/어머니를 나타낼 수 있다. 항상 그런 것은 아니지만, 그런 경우들에서 부모에 대한 당신의 감정은 양면적일 가능성이 있다. 즉 애정뿐 아니라 두려움이나 경외심을 가질 수 있는 것이다. 구약성경의 엄격한 하나님상은 당신의 초자아를 상징한다. 이 초자아는 종종 실제적이거나 상상적인 형벌의 위협들에 대한 반응으로 나타나며, 아동기에 자신에게 부과된 합리적 또는 비합리적인 금기들에 의해 영향을 받는다.

(4) 신은 당신의 진정한 자기, 즉 당신의 잠재적인 온전성을 나타낼 수 있다. 서론 83쪽을 참조하라.

(5) 꿈에 나타난 신의 형상은 하나님일 수 있다! 무의식이 당신을 양육했던 전통들보다 더 고대적인 전통에서 비롯된 신의 형상을 산출해 낸다하더라도 너무 놀라지 말라: 그 무의식은 인류의 가장 먼 과거로 거슬러 올라가는, 그리고 심지어는 그것을 넘어서까지의 기억을 보유하고 있는 것처럼 보인다. 당신은 정신의 어떤 한 수준에서 단순히 개인적인 모든 것을 넘어서 삶 자체와 일치됨을 경험할 수 있다: 이 경험은 당신이 단순히 역할극을 하는 것 대신에 내면적인 지혜/가치들을 위하여 진정으로 살 수 있게 하는 경험이다. '집단 무의식'에 대해서는 서론 70쪽을 참조하라.

■ 신데렐라(Cinderella)

(1) 신데렐라처럼 버림받고, 냉대받으며, 지배당하는 꿈의 심상은 어느 것이나, 당신—의식적인 자아—이 지금까지 억압해 오거나 적절하게 표현되는 것을 거부해 온 자신의 어떤 부분에 대한 상징으로 생각될 수 있다. 억압에 대해서는 서론 32쪽을 참조하라.

(2) 당신이 만약 남성이라면, 신데렐라는 아니마의 형상일 수 있는데, 그것은 당신의 본성 가운데 무시된 측면인 여성적인 측면을 귀중히 여기고, 그것이 당신의 삶 속에서 적절히 표현되도록 —더욱 많이 말하도록— 해야 한다는 것을 지적하고 있는 것이다. 아니마에 대해서는 형제/자매(Brothers/Sisters) 항목 (4)~(6), 그리고 서론 76쪽을 참조하라.

(3) 만약 신데렐라 형상이 지하실에 있다면, 무의식의 상징으로 보아야 한다. 여기에서 분명한 메시지는 그 무의식과 접촉하고, 무시된 무의식의 내용들을 의식의 빛 속으로 끌어올려서 당신의 의식적인 삶 속에 통합시키라는 것이다. 그것들은 당신의 모험심과 성격을 위한 특별한 에너지와 풍부함을 제공할 것이다.

■ 신들림(Spirit-possession)

(1) 악한 영들에 사로잡히는 것은 신경증(정신의 무의식적 내용들이 의식세계로 범람하는 것)이나 정신병(의식세계가 그 범람에 잠기는 것)을 나타낼 수 있다.

(2) 선한 영들에 사로잡히는 것은 자아보다 더 고상한 자기를 따르는 것(그것의 가능성); 무의식으로부터 나온 창조적인 힘들로 하여금 당신의 삶에서 주도적인 역할을 하게 하는 것을 나타낼 수 있다.

■ 신랑(Bridegroom)

또한 신부(Bride), 결혼(Marriage)을 참조하라.

신랑은 여성의 꿈에서 아니무스를 상징할 수 있는데, 이 아니무스는 여성의 성격의 남성적 측면을 나타낸다. 아니무스에 대해서는 형제/자매(Brother/Sister)의 항목 (4)~(6), 그리고 서론 76쪽을 참조하라.

### ■ 신부(Bride)

결혼(Marriage)을 참조하라.

남성의 꿈에서, 신부는 정신의 여성적 측면을 나타내는 아니마의 형상일 수 있다. 남성이 자기 아니마와 접촉하고 그것을 통합시키는 것은 대단히 중요한 일이다. 왜냐하면 무시된 아니마가 주로 투사를 일으키기 때문이다. 이 투사에 의하여, 우리는 자신의 억압된 두려움을 가지고 하나의 세계를 만들어 자신을 더욱 더 현실 세계와 고립되게 한다. 아니마에 대해서는 형제/자매(Brother/Sister)의 항목 (4)~(6)과 서론 76쪽을 참조하라. 그리고 투사에 대해서는 50쪽을 참조하라.

### ■ 신성한(Sacred)

또한 교회(Church), 도사(Guru), 거룩한/거룩(Holy/Holiness), 지혜노인/지혜노파(Wise Old Man/Woman)를 참조하라.

신성한 사람, 신성한 장소, 신성한 것은 자기변화, 심리적 상처의 치유, 내적 갈등의 해소, 숙명에 대한 계시, 무시당한 역량들과 특질을 드러내는 것, 인격적인 균형과 충만에 이르는 것 등과 관련을 가지고 있음이 거의 확실하다.

### ■ 신적인(Divine)

어린이(Child) 항목 (3), 신(God/Goddess)을 참조하라.

### ■ 실(Thread)

(1) 실은 어머니에 대한 애착을 상징하는 탯줄을 나타내거나 의식과 무의식 사이의 연결을 나타낸다.

(2) 실은 수명을 나타낼 수 있으므로 죽음을 뜻할 수 있다. 또한 물레질(Spinning)을 보라.

### ■ 실패(Failure)

시험에 불합격하는 것, 대중 앞에서 연설을 할 때 당신의 말을 오해하는 것, 기차를 놓치는 것 등의 실패하는 꿈들은 흔히 반복되는 꿈들이다.

그러한 꿈들은 아동기의 형벌/사랑 철회에 대한 두려움에서 비롯될 수 있다. 그리고 그것은 실패 불안에 대한 계속적인 자기-프로그래밍을 반영할 수 있다. 만약 그렇다면, 당신은 두 종류의 완벽주의를 구별할 필요가 있다: 첫째는, 비현실적인 목적들을 위하여 끊임없이 노력하게 하는 종류의 완벽주의가 있다. 이것은 신경증 형태의 완벽주의이다. 그리고 둘째는, 자신에게 진실할 것을 겨냥하는 완벽주의이다. 이것은 당신이 더욱 충만한 이상적인 자기의 구현을 향한 내적인 격려들에 적극적으로 응답할 준비를 하고 있고, 또한 있는 그대로의 자신을 수용하고 사랑할 준비가 되어 있다는 것을 의미하는 완벽주의이다. 당신의 기준들은 당신의 옷들이 그런 것처럼 당신에게 적합하지 않으면 안된다.

무엇보다, 당신이 과거 실패들에 의하여 압도되고 무력하게 되는 일이 없도록 하라. 그 대신에 현재에 안주하면서, '나는 할 수 없어'라는 말을 계속 반복하는 것을 용납하지 말라: '할 수 없어'라는 말은 보통 '하지 않겠어'를 의미한다. 그런데 '할 수 없어'라는 말은 의식 속으로 들어 올 필요가 있는, 무의식에 있는 어떤 것으로부터 나온다. 아동기 추억(Childhood Recollections) 항목 (1)과 (2)를 참조하라.

### ■ 심문자(Inquisitor)

심문자는 아마도 초자아(super-ego)일 것이다. 서론 25쪽을 참조하라.

### ■ 심판(Judgement)

최후의 심판과 같은 종류의 정죄는, 상상으로 만들어낸 어떤 죄로 인하여 자신을 벌하고자 하는 신경증적인 욕구를 상징적으로 표현한 것일 수 있다. 심판의 내용은 '만약 당신이 현재의 상태를 계속 유지한다면, 벌을 받아야 한다'는 식이 되기 쉬울 것이다. 심판의 어조는 분노하거나 보복적인 것이 될 것이다.

■ 심판관(Judge)

(1) 심판관은 초자아를 인격화할 수 있는데, 이 초자아는 부모의 욕구나 사회의 관습으로부터 내면화된 도덕성으로서 내부의 검열자, 금지자, 그리고 기준 설정자로서 기능한다. 초자아의 어떤 명령들이나 금지들, 또는 기대들은 비합리적인 것일 수 있고, 아동기의 외상으로부터 야기된 것들일 수 있다. 여기에서 아동기의 외상이란, 당신이 지금까지 염려하고 억압해 온 정서적인 '상처'이다. 그런데 이 염려와 억압은 당신의 삶의 영구적인 특징들이 되어 왔다. 억압에 대해서는 서론 32쪽을 참조하라.

(2) 심판관은 다른 종류의 양심일 수 있다. 이것은 자신의 '숙명'을 성취하기 위하여 무엇을 해야 하는지를 말해주는 내면의 안내자이다.

이 두 종류의 심판관 사이의 다른 점에 대하여 어떻게 말할 것인가? 위의 항목 (2)에 나타난 심판관은 경외심을 일으킬 수 있고, 항목 (1)에 나타난 심판관은 단지 권위적일 수 있다.

■ 심판원(Referee)

심판원은 정신의 대극적인 힘들—예를 들면, 원본능과 초자아—의 경쟁적인 요구들 사이에서 조정자의 역할을 하는 자아를 상징한다. 원본능과 초자아에 대해서는 서론 25쪽 참조하라.

■ 십삼(13, Thirteen)

서양 사람들에게 숫자 13은 악이나 불행; 불운을 상징한다. 유다는 예수의 최후의 만찬 식탁에서 13번째 자리에 앉아 있었다.

### ■ 십육(16, Sixteen)

(1) 16은 4가 가지는 상징적 의미를 공유한다. 사(4, Four)를 참조하라.

(2) 고대의 수 전승에서 16은 '무너지는 탑'으로 불렸다. 이 '무너지는 탑'은, 공든 탑이 갑자기 무너지는 것을 상징한다. 또한 죽은/죽음(Dead/Death) 항목 (4)를 참조하라.

### ■ 십이(12, Twelve)

숫자 12는 충만이나 완전의 상징이다.

### ■ 십자가(Cross)

십자가는 당신에게 있어서 개인적인 연관을 가지고 있을 수 있다. 다른 한편으로, 꿈에 나타난 십자가의 의미는 개인 무의식이 아니라 집단 무의식으로부터 나올 수 있는 고대적인 상징이다. 이러한 구별을 위해서는 서론 70쪽을 참조하라.

(1) 십자가는 단순히 '가지 마시오', 즉 삶에서 무엇인가가 끝났다는 것: 또는 끝나야 한다는 것을 의미할 수 있다. 그 단어가 지닌 두 가지 의미에서 볼 때, 당신 자신을 더욱 깊이 고찰하여 새로운 방향을 찾아내라.

(2) 십자가는 교차로를 알리는 표지일 수 있다. 또한 교차로(Crossroads)를 참조하라.

(3) 꿈에 나타난 십자가가 무거운 짐인가? 만약 그렇다면, 그 십자가를 져야 한다는 생각을 쉽게 받아들이지 말라. 당신의 삶에서 또는 당신 자신에게서 무거운 짐이 무엇인지를 찾으라. 그런 다음 그것을 제거하라. 즉 그것을 적절한 자기사랑을 가지고 풀라. 무거운 짐들은 당신이 충만한 한 인간으로 성장하는 것을 방해한다.

(4) 십자가는 죽음의 상징일 수 있다. 당신의 현재 자기 또는 당신 안에 있는 무엇인가는 새롭고 더욱 충만한 삶을 위한 불가피한 서막으로서 '죽어야' 한다는 것을 의미할 수 있다.

(5) 십자가는 순교의 상징일 수 있다. 당신은 순교를 강압적이며 큰 손해를 주는 속박처럼 느끼는가? 아니면 자발적인 것인가? 절대적인 양자택일은 존재하지 않는다: 의식적으로는 부당한 징계처럼 생각되는 것이 무의식적으로는 상상된 어떤 범죄 때문에 스스로 자초한 것일 수 있다.

(6) 그리스도 수난상(그리스도가 못박히신 십자가)은 수난을 상징한다. 그것은 위의 항목 (5)에서처럼 순교를 상징하거나, 또는 '육체의 욕망'이나 '세상의 욕망'을 가혹하게 속박하는 것을 상징한다. 또는, 그것은 정신의 어떤 요소나 기능을 지나치게 무시하는 것을 나타낼 수 있다. 당신의 무의식이 억압/억제를 권면하고 있는지 아니면 그것에 이의를 제기하는지를 판단하라. 그리고 그 판단에 따라 행동하라. 억압과 억제에 대해서는 서론 32쪽을 참조하라.

(7) 네 날개의 길이가 같은 그리스 십자가는 온전성을 상징한다: 통일된 정신, 즉 의식과 무의식의 통일을 상징한다. 십자가의 수직선과 수평선은 통일을 나타내고; 온전성은 사방에 있는 실재를 포용하기 위하여 내뻗는 네 개의 날개들로 나타낸다. 또한 만다라(Mandala)를 참조하라.

■ **십자가에 달림(Crucifixion)**

십자가(Cross) 항목 (6)을 참조하라.

■ **싸움(Fighting)**

(1) 싸움은 가정이나 직장에서 실제로 일어나는 갈등을 나타낼 수 있다.

(2) 갈등은 당신 안에 있는 정신의 상반된 세력들 사이에서 일어날 수 있다. 명백한 하나의 가능성은 당신이 하고자 하는 것과 당신이 해야 한다고 생각하는 것 사이의 충돌이다. 이런 경우에, 양심은 보통 사회적으로 형성되고, 어린 시절 당신의 정신에 강한 인상을 주었던 금

기들과 이상들로 이루어진다는 점을 명심하라. 사회의 도덕적인 요구 사항들과 개인의 요구나 생리적인 욕구 사이의 갈등은 적어도 인류의 역사 만큼이나 오래된 것일 수 있다. 아마도 그것의 완전한 해결이란 존재하지 않을 것이며, 그러므로 어느 정도의 타협은 불가피하다. 그러나 사회적인 규범들이 언제나 옳은 것이라고 추정하지는 말라. 당신의 양심(초자아)은 불합리할 만큼 엄격한 것일 수 있다. 그것은 초기 아동기의 엄격한 금제(禁制)들의 산물이거나 억압적인 종교교육의 산물이기 때문이다. 어떤 경우이든 간에 갈등은 확인될 필요가 있으며, 이것은 아주 흔하게 타고난 충동들에 표현의 기회를 좀 더 많이 주는 것을 의미한다. 초자아에 대해서는 서론 25쪽을 참조하라.

(3) 갈등은 현재의 우리와 잠재적인 우리 사이에서 생겨날 수 있다. 융은 양심을, 진정한 자기됨으로 우리를 이끌어 줄 내적 지혜의 소리로 본다. 이런 식으로 본다면, 갈등은 사회의 도덕들과 내적인 지혜 사이에서 뿐 아니라, 또한 의식적인 실제의 자아와 완전히 개발되고 통합된 자기 사이에서 계속 살아 있어야 한다. 이러한 갈등들로부터 만족을 얻는 유일한 길은 '숙명'을 받아들이는 것처럼 보일 것이다. 여기서 내가 말하는 숙명이란, 당신이 통제하지 못하는 어떤 운명이 아니라 단지 당신을 위한 대자연(大自然)의 계획이다. 이 대자연의 계획은 당신의 개인적인 기본구조와 소질에 반영되어 있다. 당신이 그것을 따르기만 한다면, 자신을 실현시킬 가능성은 가장 크게 될 것이다.

(4) 만약 상징화된 갈등이 의식적 자아와 무의식 사이에서 존재한다면, 꿈에 나타난 싸움의 공격자는 아마 무의식의 지하감옥으로부터의 석방을 요구하고 있는 당신의 일부를 나타낼 것이다. 만약 당신이 그 갈등의 표현을 거부하지 않는다면, 그것은 당신에게 상처를 주지 않을 것이다. 그 갈등을 확인하고, 당신의 안녕에 기여할 수 있는 역량이나 에너지로서 기쁘게 받아들이라. 그 갈등을 대화로 바꾸라. 다시 말해서, 당신의 의식세계와 무의식이 상호 존중하며 교류하게 하라.

주의. 해결되지 않은 내적 갈등이 있는 곳에는 무의식 속에 있는 주요 인물을 다른 사람들에게 투사하는 경향이 있는데, 이것은 종종 인간관계에 해로운 결과들을 가져온다.

(5) 보다 구체적인 내적 갈등들은 대극적인 정신의 특질들이나 세력들 사이에 존재하는데, 그러한 것들로는 남성성과 여성성, 사고와 감정이 있다. '우월한' 기능들과 '열등한' 기능들에 대해서는 서론 62쪽을 참조하라. 또한 형제/자매(Brother/Sister) 항목 (4)를 참조하라.

■ 쌍둥이(Twins)

쌍둥이는 자아와 그림자(또는 제 2의 자아), 성격 가운데 무시되거나 거부당한 부분들: 또는 정신의 다른 양극성(예를 들면, 내향성과 외향성, 또는 정신의 남성성과 여성성)을 나타낼 수 있다.

■ 쓰레기(Rubbish)

(1) 쓰레기는 억압된 무의식의 내용들을 상징한다. 여기서 분명한 사실은 당신은 자신의 어느 부분이라도 쓰레기처럼 대우해서는 않되고; 당신 자신 안에 나쁜 것은 하나도 존재하지 않으며; 다만 당신이 자신을 대우하는 방법이 나쁠 수 있다는 것이다. 억압에 대해서는 서론 32쪽을 참조하라. 또한 뒤범벅(Jumble)을 참조하라.

(2) 쓰레기는 당신이 제거할 필요가 있는 것 모두를 나타낼 수 있다. 즉 낡은 태도들, 두려움들, 죄책감들, 또는 지금까지 당신의 삶을 짓눌러 온 기타의 콤플렉스들을 나타낼 수 있다.

■ 씨(Seed)

(1) 씨는 개인적 성장을 위한 잠재능력을 상징한다. 씨를 뿌리는 것은 새로운 성장을 가능하게 하는 것을 의미한다.

(2) 씨는 당신 자신의 진정한 자기(自己)에 대한 상징이다. 이 자기와 자아(ego)를 혼동해서는 안된다. 사실 당신의 정신에서는 진정한 자기(self)와 자아(ego) 사이의 어떤 내적인 대화가 있을 수 있다. 여기

에서 자아의 고집센 독립이나 반항에도 불구하고 '자기'는 사랑과 위로와 치유를 제공한다. 힌두교 신화에서 씨는 아트만(Atman), 즉 모든 행동에 있어서의 궁극적인 '자기'의 상징이다. 유대교와 기독교, 그리고 이슬람교에서 하나님은 '당신'(Thou)이다. 그러나 신비적인 전통들에서 하나님은 유일한 '자기'이고, 그 '자기'—이기주의적이며 자기중심적인 것과 정반대로—에 대한 완전한 의식은 두려움들로부터의 자유와 진정한 독립을 가져다 준다고 믿는다.

■ 씨름(Struggling/Wrestling)
(1) 씨름은 생존을 위한 몸부림, 수입과 지출의 균형을 맞추려는 노력, 또는 기타의 문제들을 해결하려는 몸부림을 상징한다.
(2) 씨름은 정신이 가지고 있는 두 요소들 사이의 갈등을 상징한다. 예를 들면, 의식적인 자아와 어떤 무의식적인 충동 사이의 갈등을 상징한다.
(3) 씨름은 성적인 행동을 상징한다. 젊은 남녀가 공원에서 즐겁게 장난치고 노는 것은 성교를 대신하거나 정말로 성교를 표현하는 것이다. 젊은 연인들은 서로 약올리고 농담하기를 좋아한다.

■ 씻음(Washing)
목욕(Bath) 항목 (2)와 (3)을 참조하라.

# O

### ■ 아내(Wife)

(1) 남성의 꿈에 나타나는 아내는 어떤 상징적인 의미 없이 그의 아내일 것이다.

(2) 그렇다 하더라도 당신이 꿈이나 실생활에서 아내와 관계하는 방식에는 어머니나 당신의 아니마와 가지는 관계의 요소들이 포함될 수 있다. 아니마에 대해서는 형제/자매(Brothers/Sisters) 항목 (4)~(6)을 참조하라.

(3) 꿈에서 고인이 된 아내를 보는 것은 흔한 일이다. 외부에 있는 것이 아니라 오히려 당신 자신 안에 있는 그녀와 그녀에 대한 당신의 사랑을 느껴 보도록 하라.

### ■ 아동기 추억들(Childhood Recollections)

(1) 많은 꿈들은 아동기의 경험이나 인상을 되풀이하거나 암시한다. 그러한 꿈들은 거의 모두가 치유의 목적을 가지고 있다. 그런데 이 치유를 위해서 그러한 꿈들은 우리 자신들을 더욱 선명하게 보여주고, 우리가 아동기 이래로 지금까지 가지고 있던 태도나 행동양식을 보여주며, 심지어는 그것의 처음 시작을 우리에게 보여줄 수 있다.

성취되지 못한 본능적인 욕구들은 우리가 많은 꿈을 꿀 수 있는 에너지를 가로 막는다. 그리고 본능적인 욕구가 성취되지 않은 채 그대로 남아있다는 사실은 아동기의 외상적인 경험과 관련이 있을 수 있다. 그러한 경험은 외상적이었기 때문에, 즉 죄책감, 불안, 징계에 대한 두려움의 원인이 되기 때문에 지금까지 억압되었을 수 있다. 그러므로 당신의 꿈들은 당신에게 내재된 선천적인 힘들이 자유롭게 흘러가는 것을 방해하는 그러한 장애의 근원을 발견하도록 돕는 것일 수 있다. 억압에 대해서는 서론 32쪽을 참조하라.

(2) 반복되는 꿈들은 아동기에 처음으로 발생한 어떤 정신적인 장애나 문제를 나타낼 수 있다. 여기에 다음과 같은 몇가지 예들이 있다:

벌거벗고 있는 꿈들은 때때로 옷을 입지 않고도 부끄러움 없이 돌아다니던 어린 시절의 낙원에 대한 추억이나 갈망을 나타낼 수 있다. 프로이트가 말했던 것처럼, 때때로 이런 꿈들은 누군가 이성에게 벌거벗은 상태의 자신을 보여주고자 하는 욕구를 표현하는데, 그러한 욕구는 아동기의 성적인 좌절에 기인한다.

날아다니거나 떨어지는 꿈은 아동기의 그네뛰기나 시소놀이의 즐거움으로부터 파생될 수 있다. 이것은 아동기의 회상된 즐거움에 대한 동경들을 직접적으로 표현할 수 있다. 그러나 그러한 동경들은 또한 자신의 불행스러운 현재의 상태와 문제 많은 성생활로부터 후퇴하려는 욕구를 반영할 수 있다. 문제는 사건이 아니라 오히려 관계에 있다. 예를 들면, 당신의 외부적인 환경들과 내적인 원망들 사이의 갈등적인 관계(이런 경우에, 해답은 당신이 그러한 환경들로부터 빠져나오거나 당신의 원망들을 수정하는 데 있다), 또는 당신 정신의 어떤 부분과 다른 부분 사이의 갈등적인 관계(이런 경우에, 해답은 지금까지 무시되어 왔던 부분을 통합시키는 데 있다)에 문제가 있는 것이다. 또한 추락(Falling), 비행(Flying)을 참조하라.

실패하는 꿈들은 아동기에 가졌던, 부모의 불찬성에 대한 두려움에서 기인한다. 그러나 당신의 꿈이 그러한 추억들을 포함하고 있다는 사실은 당신이 지금까지 자신 안에 불안을 프로그램화해 왔다는 것을 시사한다. 만약 그렇다면, 아직도 당신 안에 있는 어린이를 사랑하는 것을 시작하라: 그 어린이를 안심시키라. 그 어린이에게 모든 것이 잘 되고 있고, 사랑이 있는 곳에 실패 같은 것은 전혀 없다고 말하라.

(3) 자유롭고 행복했던 어린시절의 당신 자신에 대한 추억들을 포함하는 꿈들은 진정한 자기를 발견하려는 욕구를 나타낼 수 있다. 그 때

의 어린이는 완전하고 영구적인 내적 자유와 기쁨의 상징이다. 이러한 자유와 기쁨은 당신이 자신 안에 있는 모든 힘들—의식과 무의식 모두—과 친숙하게 되고 그것들 사이의 조화로운 관계를 확립하였을 때 누리게 되는 것들이다. 또한 어린이(Child) 항목 (2)와 (4)를 참조하라.

(4) 어린이는 당신이 온전성에 이르기 위하여 당신의 의식적인 자아가 친숙할 필요가 있는 원시적인 정신을 나타낼 수 있다. 이 원시적인 정신은 자기의식과 이성이 발달하기 이전인 유년기에 인간이 가지는 마음이다. 이 최초의 자각은 우리에게 남아 있기는 하지만 무의식 속에 묻혀 있다.

## ■ 아들(Son)

(1) 아들은 전혀 상징적인 의미를 가지지 않을 수 있다; 그 꿈은 당신의 아들에 대한 걱정들 때문에 생겨난 꿈일 것이다.

(2) 아들의 형상은 당신의 어떤 부분을 나타낼 수 있다는 가능성을 고려하라. 남성의 꿈에서 아들은 자신의 젊은 자기, 즉 그의 의식적인 젊은 자기를 나타낼 수 있다. 또한 어린이(Child)를 참조하라.

## ■ 아버지(Father)

꿈에서 아버지가 나타나는 것은 전혀 상징적이지 않고, 다만 그에 대한, 또는 당신이 알고 있고/기억하고 있는 아버지에 대한 솔직한 표현일 수 있다. 이 아버지 상은 실제로 아버지의 모습이라기 보다는 당신의 주관적인 왜곡이 더 많이 작용했을 수 있다. 하여튼, 꿈에 아버지가 나타나는 이유는, 그 꿈에서 그가 하는 역할에 의해 드러나게 될 것이다.

(1) 특별히 남성들에게 있어서, 아버지는 양심의 형상일 수 있다. 만약 그런 경우라면, 아버지의 금지령들과 명령들은 아마 당신의 진정한 본성이나 '숙명'에 적절하지 않은 관습적인 도덕개념들이거나, 초기 아동기에 형성되기 시작했던 비합리적인 두려움과 죄책감들일 것이다.

외디푸스 콤플렉스에 대해서는 서론 46쪽을 참조하라.

(2) 여성의 꿈에서, 아버지는 애정을 불러 일으키는 사람으로 나타날 수 있다. 서론 46쪽을 참조하라.

(3) 만약 아버지가 꿈에서 보호자로 드러난다면, 아마 당신은 '성장'할 필요가 있고, 당신의 자원들을 의지할 필요가 있을 것이다. 결국, 삶이 당신에게 상처를 주는 것은 당신이 그렇게 허용할 때에만, 당신의 깊은 층 대신에 피상적인 층인 감정적인 자기와 동일시할 때에만 일어날 수 있는 것이다. 당신의 깊은 층은 삶의 고통들과 위험들에 노출되어 있지 않기 때문이다.

(4) 만약 아버지가 죽는 꿈을 꾼다면, 원망성취(願望成就)의 꿈일 수 있다. 부모에 대한 적대 감정은 흔한 것으로, 아동기의 분노나 질투의 감정으로부터 유래하고 있다. 또한 죽은/죽음(Dead/Death) 항목 (3)을 참조하라.

(5) 꿈에서 부모 중 한 사람이나 두 사람 모두가 자주 나타나는 것은, 당신이 지금까지 그들에 대한 지나친 의존을 버리지 못하고 있다는 징표일 수 있다. 위의 항목 (3)을 참조하라.

융은 젊은 남성의 꿈을 인용한다. 그 남자의 아버지는 술에 취하여 자동차를 벽에 충돌시킨 운전자로 나타났다고 한다. 이것은 실제 아버지와 정반대의 형상이었다. 그의 아버지는 존경할만한 분이었고, 당연히 아들인 그는 아버지를 존경—그렇지만 지나치게—했다. 이 꿈을 통하여 무의식은 아들로 하여금 자신의 독특한 숙명과 가치를 지닌 본래적인 자기로 의식할 수 있도록 하기 위해 그의 정신 안에서 아버지를 폐위시키는 것이었다.

(6) 아버지는 여성의 무의식적인 남성적 특질들을 나타내는 아니무스의 형상일 수 있다. 이런 경우에, 그 꿈이 암시하고 있는 것은 그녀가 자기 본성의 상반된 측면을 양성해야 한다는 것일 수 있다. 아니무스에 대해서는 형제/자매(Brother/Sister) 항목 (4), 그리고 서론 76쪽을 참조하라.

(7) 만약 아버지가 아주 훌륭한 분이었다면, 그 아버지는 꿈에서 지혜노인(Wise Old Man)의 형상으로 나타날 수 있다. 또한 지혜노인/지혜노파(Wise Old Man/Woman), 그리고 서론 81쪽을 참조하라.

(8) 아버지는 동물로 표현되기도 하므로, 동물(Animal)을 참조하라.

## ■ 아이스크림(Ice-Cream)

아이스크림을 먹는 것은 이전의 '얼어붙었던' 정신 에너지나 정서가 자유롭게 유동하는 기쁨을 상징한다.

## ■ 악(Evil)

또한 마귀(Devil)를 참조하라.

꿈에서 악하게 나타나는 것들은 거의 언제나 우리 자신 안에 있는 어떤 것을 나타낼 것이다. 성나게 하지 말라: 모든 사람에겐 악이 있다. 동일한 정신적인 힘들은 선할 수도 있고, 악할 수도 있다. 즉 그것들은 건설적으로 작용할 수도 있고 파괴적으로 작용할 수도 있다는 사실을 이해할 필요가 있다.

악(파괴성)은 무의식으로부터 시작된다. 어떤 때에 우리를 무섭게 했거나 죄책감을 유발시킨 우리 자신의 부분들은 무의식에 매장된다. 우리는 대개 이러한 억압된 정신적인 충동들이나 특성들을 다른 사람들에게 투사한다. 이러한 꿈은 당신이 지금 하고 있는 바를 말해주고 있는 것일 수 있다.

분노, 증오, 그리고 기타의 파괴적인 경향들은 오직 자신 안에서만 다루어질 수 있다. 우리 자신 안에 있는 이 악을 성공적으로 다루기 위한 열쇠는, 악한 것이 잠재적으로는 선하다는 사실을 깨닫는 것이다. 자신 안에 있는, 무시하고 두려워 했던 것들을 받아들이라. 당신의 삶에서 그것들에게 적절한 역할을 맡기라. 그러면 그것들은 선을 위한 능력이 될 것이다. 심지어 악은 우리가 '양심'이라고 말하는 것에조차 존재할 수 있다. 양심에는 두 종류가 있을 수 있다: 사회적으로 용납된 행동규범들의 저장소로서의 양심이 있다. 이것은 어린 시절에 부모로부터 들어서 알게 된, 옳고 그름에 대한 개념을 포함하고 있다. 그리고 매체로서의 양심이 있다. 이것에 의하여 의식적인 자아는 당신 존재의 중심으로부터 격려와 경고를 받을 수 있다. 후자는 때때로 전자와 갈등할 수 있다. 당신의 '숙명'이 요구하는 것과 사회가 요구하는 것은 서로 불화적인 관계에 있을 수 있다. 그리고 당신의 내적 자기에게 진실하기 위해서는 용기가 필요할 것이다. 우리 모두는 발전과정 속에 있기 때문에, 마땅히 우리 자신에게서나 다른 사람들에게서 완전을 기대할 수 없다. 완고한 완벽주의는 신경증 상태이다. 중요한 것은 우리 자신 안에 내재하고 있는 악을 의식하는 것이다; 그렇게 함으로써 우리는 단지 그 악을 통제할 수 있을 뿐이다; 그렇지 않으면, 악이 우리를 통제할 것이다. 자기가 완전하다고 생각하는 사람을 경계하라! 자기인식이야말로 악의 문제를 해결하기 위한 첫 걸음이 아닐 수 없다.

■ 악단(Band)
오케스트라(Orchestra)를 참조하라.

■ 악몽(Nightmares)
도피(Escape), 두려움(Fear), 도주(Flight=Fleeing)를 참조하라.

■ 악어(Crocodile)
(1) 악어는 당신의 어머니가 지닌, '삼켜버릴 수 있는' 측면을 상징할 수 있다. 또한 어머니(Mother)를 참조하라.
(2) 악어는 공격성: 또는 본능의 그림자를 상징한다.

■ 안개(Fog/Mist)
(1) 안개는 무의식을 나타낼 수 있다. 그러므로 꿈에서 안개 속에 어렴풋이 나타나는 것은 무엇이나 가능한 한 주의 깊게 조사하라. 그것

은 거의 확실히 당신이 의식하고 있는 삶에서 필요로 하는 것이거나 당신이 반드시 화해해야 하는 것이다.

(2) 만약 당신이 안개 속에서 길을 잃는다면, 이것은 당신이 자각하는 삶 속에서 '길을 잃고 있다'는 것을 의미한다: 당신이 어디로 가고 있는지 알지 못하고; 방향감각을 상실하고; 그러므로 새로운 방향감각, 즉 새로운 가치관을 필요로 할 수 있다.

### ■ 안내자(Guide)

(1) 꿈에서 누군가가 당신을 안내하고 있다면, 당신의 무의식이 자기인식을 위하여 당신의 의식세계에 도움을 주고 있다는 것을 의미할 수 있다.

(2) 만약 안내자가 이성이라면, 그/그녀는 당신의 아니무스/아니마의 심상일 수 있다. 그 아니무스/아니마의 긍정적인 역할은 자아가 무의식을 탐험하는 것을 도와주는 것이다. 아니마/아니무스에 대해서는 형제/자매(Brother/Sister) 항목 (4), 그리고 서론 76쪽을 참조하라.

(3) 안내자가 동성이라면, 그리고 특히 그/그녀가 나이 많고 지혜있는 사람이라면, 당신은 자신의 무의식 속에 있는 지혜와 능력의 깊은 원천과 접촉해 있을 수 있다. 더 정확하게 말해서, 그 지혜와 힘의 원천이 당신과 접촉하고 있다. 꿈 속에서 또는 꿈을 회상하면서 당신이 그 안내자와 행동을 같이 하거나 대화를 할 때, 그가 하는 말에 주의를 기울이라. 동일시하는 것과 대화하는 것에 대해서는 서론 91쪽을 참조하고, 대모(大母)와 지혜노인에 대해서는 서론 81쪽을 참조하라. 또한 어머니(Mother), 지혜노인/지혜노파(Wise Old Man/Woman)를 참조하라.

### ■ 암소(Cow)

(1) 암소는 어머니를 나타낼 수 있다. 다음을 주목하라: 이것은 당신의 어머니 또는 장모가 뚱뚱하거나 우둔하다는 것을 말하지는 않는다. 도리어, 그 암소는 탁월한 젖통으로부터 우유를 풍성하게 공급하기 때

문에 명백하게 모성을 상징한다.

(2) 암소는 또한 삶에 있어서의 새로운 발전, 즉 새로운 개인의 성장이 일어날 가능성이 있음을 알려주는 다산력의 상징이다.

(3) 암소는 아니마의 형상일 수 있으므로, 남성의 정신에서 여성적인 요소들을 나타낸다. 아니마에 대해서는 형제/자매(Brothers/Sisters) 항목 (4)~(6), 그리고 서론 76쪽을 참조하라.

(4) 암소는 원시적인 인식을 나타낼 수 있다; 직관적인 지식은 사물들을 공정하고 객관적으로 조사하는 것으로부터 생겨나는 것이 아니라 자연적인 사물들과 과정들의 내적인 합일로부터 생겨난다.

(5) 암소들, 일반적으로 말해서 가축은 위험, 힘, 수동적인 인내를 상징한다.

(6) 암소가 되새김질을 하고 있는가? 당신은 무엇인가를 곰곰히 생각하고 있는가? 당신의 무의식은 당신에게 하지 말아야 할 것을 말하고 있을 수 있다. 무엇인가를 몇 번이고 되풀이해서 생각하게 만드는 것은 무엇인가? 당신이 일단 필요한 정보를 가지게 된다면, 단 하나의 결단을 통해서 사태—당신의 삶—는 더욱 좋게 변화될 것이다.

다른 한편으로, 무의식은 당신의 문제를 곰곰히 생각할 필요가 있으니 서두르지 말 것을 당신에게 말해주고 있을 수 있다. 당신은 새로운 방향을 찾기 위하여 허둥대는 강박적인 활동을 중단하고, 시간을 가지고 삶의 의미를 숙고할 필요가 있을 것이다. 이것은 당신 자신에게 새로운 가치관과 더욱 긍정적인 목표들을 줄 것이다.

■ **암탉(Hen)**

암탉은 모성애, 또는 여성성을 상징한다.

■ **앵무새(Parrot)**

(1) 당신은 단지 다른 사람들의 가치관을 사려없이 무비판적으로 받아들이고 있지는 않은가?

(2) 당신은 단지 한 인격의 허울, 즉 외양에 불과한가?

어느 경우이든, 당신은 당신의 개체적인 존재에 대한 설계도를 반영하고 있는 가치관을 발견하기 위해 내면을 살펴볼 필요가 있다.

■ 야생의(Wild)

또한 동물(Animal), 잡초(Weeds)를 참조하라.

야생적인 것은 통제되지 않고, 잠재적으로 위협적인 정서들을 의미할 수 있다. 이 정서들은 당신의 무의식 속에 들어 있으므로 당신이 인지하지 못하고 있을 것이다. 그것들과 친숙해지고, 그것들을 수용해 주라.

■ 양(Sheep)

또한 어린 양(Lamb)을 참조하라.

(1) 양은 관습이나 세속적인 실존에 별 생각없이 수동적으로 순응하는 것; 권위적인 사람들이나 다른 사람들의 사상을 무비판적으로 받아들여 자기의 것으로 삼는 것; 쉽게 이끌림 당하고 그 결과 자신을 통제하지 못하는 것을 상징한다.

(2) 양은 또한 제길에서 벗어나는 것; 삶의 방향을 잘못 바꾸는 것; 자신의 숙명을 저버리는 것을 상징한다.

■ 양태(Pattern)

만다라(Mandala)를 참조하라.

■ 어깨(Shoulders)

(1) 당신의 어깨에 대한 느낌이 어떤가? 긴장인가? 수년 동안에 걸친 대부분의 고통과 슬픔이 어깨 위에 누적될 수 있다. 만약 그 긴장이 나쁜 것이라면, 당신은 아마 무의식 차원에서 무슨 일이 벌어지고 있는지를 알아 볼 필요가 있을 것이다; 그렇지 않으면 맛사지를 받느라 돈을 낭비할 것이다.

(2) 어깨에 무거운 짐을 지고 있는가? 그렇다면 그것은 삶이 주는 짐이 아니다. 삶에는 무거운 짐이 없고 다만 기쁨으로 지는 짐만 있다. 그것은 신경증이라는 무거운 짐이다. 다시 말해서, 그것은 당신이 무의식적으로 가지고 있는 비합리적인 불안들이다. 그것들을 제거하라. 그것들을 제거하는 방법은, 우선 그것들과 점점 친숙해지고, 당신의 삶의 영역 안에 당신이 지금까지 억압하고 무시해 온 것들을 위한 장소를 만들어 주라.

## ■ 어두움(Darkness)

또한 깜깜함/검정색(Black)을 참조하라.

(1) 어두움은 무의식의 공통된 상징이다. 만약 그 어두움이 무섭다면, 이것은 당신의 정신 속에 있는 미지의 힘들에 대한 두려움을 나타낸다. 만약 그 어두움이 따스하고 부드럽다면, 당신은 자신의 무의식을 친구로 간주하라는 권유를 받고 있다.

(2) 빛이 어두움을 뚫고 들어가는 것은, '빛이 어두움에 비친다'는 징조일 수 있다: 당신이 추구하고 있는 당신 자신이나 삶에 대한 진리는 무의식에서 찾아내야 한다. 어두움은 알려지지 않은 무의식의 측면을 나타낸다; 의식하고 있는 자신의 삶에 그것이 통합되면, 모든 것은 빛이다. 그림자에 대해서는 서론 72쪽을 참조하라.

(3) 꿈에서 당신은 빛에 이르는 길, 예를 들면, 어두운 터널의 끝으로 가는 길을 찾지 못할 수 있다. 이것은 절망감; 좌절; 우울한 상태를 반영할 수 있다. 또한 터널(Tunnel)을 참조하라.

(4) 어두운 곳은 자궁일 수도 있고 어머니를 나타낼 수도 있다. 아니면, 당신의 어머니와의 정서적인 관계를 나타낼 가능성이 많다. 무의식은 당신에게 지배적인 어머니로부터 해방되어서 독립적인 사람이 되라고 권면하고 있는 것이다.

어두움은 당신의 어머니가 아니라 더욱 모호하고 더욱 심원한 의미에서의 어머니—'어머니 자연', 심리적, 본래적, 본능적인 기능들: 무의식—를 나타낼 수 있다. 또한 위의 항목 (1)과 아래의 항목(5)를 참조하라.

(5) 어두움은 죽음을 나타낼 수 있다. 자궁 또한 죽음의 상징이다: 자궁으로 복귀하려는 욕구는 삶의 고통들과 문제들로부터 도피하려는 욕구이다.

### ■ 어린 양(Lamb)

(1) 어린 양은 취약성과 의존성을 상징할 수 있는데, 이 의존성은 당신 내면에 있는 어린 아이로서 당신의 사랑을 필요로 한다.

(2) 어린 양은 순수성을 상징할 수 있는데, 이 순수성은 본래 예전에 당신이 소유했던 아름다움이다. 그러나 행동하고, 이익을 만들고, 그리고 목적을 달성하는 등의 곤란한 문제들에게 이 행복을 넘겨주고 말았다. 또한 어린이(Child) 항목 (2)를 참조하라.

(3) 그 양이 도살을 위한 어린 양, 즉 희생제사를 위한 어린 양(세상 죄를 지고 가는 하나님의 어린 양)인가? 이것은 죄책감을 제거하려는 열망을 반영할 수 있다. 그러나 우리가 자신과 다른 사람들을 용서하는 법을 배우기만 한다면, 그것과 또한 죄는 해결될 수 있다는 것을 의미할 수 있다. 또한 양(Sheep)을 참조하라.

### ■ 어린이(Child)

(1) 꿈에 나오는 어린이가 어린시절의 당신이라면, 그 꿈의 의미는 아동기의 경험과 관련이 있을 수 있다. 그러나 그 어린이를 이런 식으로만 이해하려고 하지 말라. 또한 아동기의 추억들(Childhood Recollections)을 참조하라.

(2) 꿈에 나오는 어린이는 당신의 진정한 자기일 수 있는데, 그것은 본질적으로 당신이다. 당신의 실제적인 자기가 어린이에 의해 표현된다는 사실은, 당신의 진정한 자기는 아름답고 상하지 않은 자연의 소산물이며, 전적으로 사랑을 받을 가치가 있다는 것; 그리고 그것이 성장하고 자신의 사랑스러움을 펼쳐 보여주기 위해서는 당신이 주는 사

랑의 자양분을 필요로 한다는 것을 말한다.

(3) 그 어린이에게 어떤 신적인 기운(氣運)이 있다면(즉, 아기예수의 형상처럼), 그 꿈이 상징하는 것은 위의 항목 (2)와 같다. 그 기운은 자기(self)의 초월적인 본성을 나타낸다: 그것은 당신의 의식적인 자아나 자신에 대한 현재의 심상보다 훨씬 더 나은 것이다; 그것은 당신 안에 있는 대극들, 즉 의식과 무의식, 머리와 가슴, 외향성과 내향성, 남성적인 측면과 여성적인 측면 등을 결합시킨다. 그것은 당신의 궁극적인 목적이며 실현이다. 자기(自己)에 대해서는 서론 83쪽을 참조하라.

(4) 그 어린이는 당신의 정신에서의 새로운 시작의 가능성 또는 새로운 발전을 나타낼 수 있는데, 그 새로운 발전은 삶에 대한 새로운 태도, 새로운 가치관, 정신적인 힘들의 새로운 균형, 이전에 갈등하던 힘들간의 새로운 화해 등을 말한다. 당신 안에 있는 어린이는 당신 안에 있는 생장점(生長點)이다.

(5) 우리 모두에게는 내면의 어린이—우리의 정서적인 자기—가 있다. 이 어린이는 종종 안심시키는 것을 필요로 한다. 즉 이 어린이는, 모든 것이 좋으니 두려워 하거나 분노하거나 죄책감을 갖거나 할 이유가 없으며, 사랑은 모든 것을 선하게 만들고 모든 고통을 없애준다는 말을 종종 들어야 한다. 동시에 그 어린이가 결국 성장하기 위해서는—반드시 성장해야 하는 데— 때때로 꾸지람을 듣고 고침을 받아야 한다.

### ■ 어머니(Mother)

(1) 어머니에 대한 꿈을 꾸었다면, 당신이 어머니와 가지는 관계에 대하여 특별한 것을 말해주고 있을 수 있다. 지나치게 강력한 어머니 애착은 당신의 개성 발달을 방해했을 수 있다. 어머니로부터의 내적인 독립이야말로 자신의 진정한 자기의 실현을 위한 위대한 첫걸음이다.

(2) 남성의 꿈에서, 어머니는 그의 정신의 여성적인 측면을 상징한다. 형제/자매(Brother/Sister) 항목 (4)~(6)을 참조하라.

(3) 어머니는 무의식; 직관; 자연적이고 본능적인 생명; 육성시키고

성장시키는 정신의 원천을 상징한다.

### ■ 억제/제한(Restraint/Restriction)

꿈은 억제와 제한을 언급하고 있거나, 55세 이후로 나타나기 시작하는 정신적인 한계들과 신체적인 한계들을 언급하고 있을 가능성이 있다. 제한들과 한계들은 긍정적인 가치를 가질 수 있는데, 그것은 당신의 관심을 자기 중심적인 일들로부터 더욱 중요한 것들에로 끌어오는 것이다. 당신은 지적인 예리함을 상실한다고 해서 자기인식에 도달하지 못하는 것이 아니다. 그리고 자기 중심주의의 붕괴는 당신이 자기인식에 도달하는 데 도움이 될 수 있다. 그러나 만약 당신이 그러한 제한들을 아주 부정적인 것으로 판단한다면, 그 제한들을 제거하기 위한 조치를 취하거나 다른 만족할만한 것들을 찾기 위한 조치를 취하라. 만약 이러한 선택들 가운데 어느 것도 소용없는 것처럼 보이고, 단 하나의 남아있는 선택이 불가피하다는 사실을 받아들인다면, 이것은 당신으로 하여금 사람이 살아가는 데 무엇이 중요한지를 일깨워 주는 것일 수 있다. 수감(Imprison)과 감옥(Prison)이란 표제어에 제시된 의미들을 참조하라.

### ■ 언/얼어붙은(Frost/Frozen)

차가운(Cold), 얼음(Ice)을 참조하라.

### ■ 언덕(Hill)

또한 산(Mountain)을 참조하라.

(1) 둥근 언덕은 성적인 상징일 수 있는데, 그것은 여성의 유방과 닮았기 때문이다.

(2) 꿈에서 표현된 유방들은 당신 어머니의 것들일 수 있다. 아직도 당신은 어머니의 지배하에 있는가? 아직도 당신은 자신이 타고난 본래의 권리를 소유하지 못하고 있는가?

(3) 그 유방들은 대지의 어머니의 것들이다. 즉 꿈을 꾸는 사람이 여성인 경우에, 그 언덕들은 그녀의 무의식에서 소용되는 선천적인 역량과 지혜를 상징한다.

주의. 그 언덕이 반드시 두 개로 짝을 이루어야 하는 것은 아니다: 대지의 어머니들은 많은 유방들을 가지고 있다. 서론 81쪽을 참조하라.

■ 얼음(Ice)

또한 차가운(Cold)을 참조하라.

(1) 물이 정서를 상징하는 것처럼, 얼음은 '얼어붙은' 정서를 상징한다. 마찬가지로, 얼음은 '얼어버린' 감정, 즉 두려움이나 죄책감으로 인해 마비된 감정을 상징한다.

(2) 얼음은 성적 불감증을 상징한다. 이 두 경우에서, 얼음은 억압된 감정을 따스하게 포용함으로써 녹게 된다.

■ 에너지(Energy)

꿈에 에너지—전기, 핵 폭발 등—가 나타나는 것은 정신 에너지의 상징이다. 이 정신 에너지는 창조적이거나 파괴적일 수 있는데, 의식에 통합될 때에는 창조적인 것이 되고 그냥 무시된 상태로 무의식에 그냥 남겨 두면 파괴적인 것이 된다.

현대 물리학자들과 신비가들의 견해에 따르면, 물질은 에너지의 자기표현 이상 아무것도 아니다. 이와 동일한 견해가 물질적 차원이 아니라 정신 에너지 차원에 대하여 작용하는 동종요법(同種療法) 시술과 침술 및 지압 시술의 기초를 이룬다. 당신의 에너지들을 조화있고 긍정적인 방법으로 활용하라. 그러면 당신의 몸은, 물론 운동을 하지 않으면 근육들이 발달하지 않을 것이지만, 건강을 얻게 될 것이다. 최초로 알려진 궁극적 실재/하나님에 대한 개념을 대표하는 단어는 멜라네시아어로 마나(mana)인데, 이 단어는 에너지나 능력을 의미한다.

■ 엔진(Engine)

또한 기관차(Locomotive)를 참조하라.

(1) 만약 당신이 엔진을 운전하고 있다면, 엔진은 당신의 의식적인 자아를 나타낼 것이다.

(2) 엔진은 무엇을 이동시키므로, 그 엔진은 당신을 이끌어가는 것들, 즉 본능적 충동들이나 정서를 상징한다.

(3) 엔진은 당신의 심장, 즉 신체적인 기관을 상징한다.

■ 여권(Passport)

(1) 여권은 당신이 실제로 누구인지를 알고자 하는 욕구나 필요성을 나타낼 수 있다.

(2) 중요한 것은 계획된 외국여행일 수 있는데, 그런 경우에 무의식은 당신에게 무의식을 방문하고 아는 사이가 되라고 초청하고 있거나, 또는 가정생활이나 직장생활에서의 변화를 촉구하고 있다.

■ 여름(Summer)

(1) 계절은 삶의 단계들을 상징한다. 그런 경우에, 여름은 중년 초기를 상징한다. 대부분의 사람들에게 있어서, 이 시기는 외적인 성취, 물질적인 성취가 최대일 때이다. 그런 후에 내적인 삶은 더 많은 주의를 요구할 수 있다.

(2) 중요한 것은 꿈에서 갖는 여름에 대한 정서적인 느낌, 즉 행복; 안녕; 확신; 만족이다.

(3) 그 꿈이 여름의 청명한 —맑게 갠— 날씨를 강조한다면, 태양(Sun)을 참조하라.

■ 여성(Woman)

(1) 남성의 꿈에 여자가 나타나는 것은 단순히 성적 욕구를 표현할 수 있다. 그러나 아래의 항목 (4)를 참조하라. 포르노 꿈을 반복해서 꾸

는 것은 꿈꾸는 사람의 감정—그의 도덕감정을 포함하여—이 아직 원초적 수준에 머물고 있다는 것을 의미할 수 있다.

(2) 그 여성은 당신의 어머니를 나타낼 것이다. 그런 경우에 당신은 꿈에서 그녀에게 어떻게 반응하는지, 또는 그녀가 무엇에 대하여 말하는지에 대해 주의를 기울일 필요가 있다. 만약 그 여성에게 부정적인 '느낌'이 있다면, 정서적으로 당신의 어머니에게 얽매어 있는 것을 푸는 것이야말로 당신의 정체성을 확립하기 위한 전제조건임을 기억하라.

(3) 남성에게 있어서, 여성은 자신의 아니마를 나타낼 수 있다. 이 아니마는 당신 성격의 무의식적인 여성적 측면이다. 이런 경우에 그 여성은 다정하거나 위협적일 수 있는데, 그것은 당신의 아니마가 당신이 지금까지 무시해 온 부분들을 당신에게 소개시켜 주고 있는 것을 의미한다. 아니면 당신의 아니마는 당신을 진정한 '숙명'으로부터 멀어지게 하려고 애쓰고 있다. 위협적인 아니마는 요부로, 즉 매혹적이지만 위험한 요정으로 표현될 수 있다.

(4) 만약 남성의 꿈에 나타난 여성이 실제로 알고 지내는 사람이고, 그 꿈에서의 만남이 에로틱하다면, 그것의 의미는 위의 항목 (1)과 같을 것이다; 아니면 그 여성은 당신의 억압된 아니마의 투사일 수 있다. 그런 경우에, 꿈이 주는 메시지는 아마 당신이 실생활에서 자신의 아니마와 관계하고 있어야 한다는 사실일 것이다. 또한 지혜노인/지혜노파(Wise Old Man/Woman)를 참조하라.

■ **여왕(Queen)**

여왕은 어머니, 무의식, 직관, 본능, 본성, 개인의 성장 등을 나타낼 수 있다. 또한 어머니(Mother)를 참조하라. 왕과 여왕에 대해서는 한쌍의 남녀(Couple)를 참조하라.

■ 여행(Travel)

또한 길떠남(Journey)을 참조하라.

(1) 여행은 자유; 과거의 속박들로부터 벗어나는 것; 부정적인 태도들을 던져버리는 것에 대한 상징이다.

(2) 어떤 나라에 처음으로 들어가는 것은 새로운 가치관과 새로운 생활양식을 가진 새로운 사람이 되는 것; 새롭고 독립적인 정체성에 도달하는 것을 상징한다. 또한 외계인(Alien)을 참조하라.

■ 여행가방(Suitcase)

또한 가방(Bag), 수하물(Luggage)을 참조하라.

여행가방은, 지금이 바로 가정에서나 직장에서 변화를 위한 적합한 때라는 것을 의미할 수 있다.

■ 역겨움(Disgust)

흙먼지/더러운(Dirt/Dirty) 항목 (1)을 참조하라.

■ 연고(Ointment)

연고는 치유를 상징한다. 연고를 바른 부위에 파리가 모여들고 있는가? 만약 파리가 있다면, 그것은 무의식에서의 치유과정을 방해하고 있는 당신 자신 안에 있는 어떤 것, 즉 당신이 제거하려고 하지 않는 옛 습관, 또는 부정적인 태도를 나타낼 것이다.

■ 연기(Smoke)

당신의 어떤 (묻혀진, 무시된, 두려운) 부분이 막 폭발하려고 하거나, 타오르려고(열정의 폭발) 하는지를 자신에게 물으라.

■ 연꽃(Lotus/Water-Lily)

(1) 연꽃은 의식적인 자아나 자기를 상징한다. 부처는 연꽃을 '연

(蓮)중의 보석'이라고 불렸다. 부처(Buddha), 만다라(Mandala)를 참조하라. 그리고 자기에 대해서는 서론 83쪽을 참조하라.

(2) 연꽃은 창조력이나 새로운 삶의 원천을 상징한다. 인도의 신화는 창조의 신인 브라마가 어떻게 연꽃에서 태어났고, 그 연꽃은 어떻게 우주가 되었는지에 대하여 말한다.

(3) 연꽃은 질(膣)을 나타내는 성적 상징이다.

■ 연못(Pool)

둥근 연못이나 사각 연못은 자기(Self)의 상징이다.

■ 열매(Fruit)

(1) 과일은 당신에게 원기나 새로운 삶, 즉 새로운 종류의 성취를 제공하고 있는 어떤 것을 상징한다.

(2) 열매는 발달과정의 산물로서, 진정한 자기를 상징한다. 이 진정한 자기는 바로 무의식의 내용들을 더 많이 의식 속에 통합시켜가는 과정의 산물이다. 그 꿈에서 당신은 이 열매를 따기 위하여 손을 뻗고 있는가?

(3) 어떤 열매들은 모양이나 많은 수분 때문에 남성의 생식기 또는 여성의 생식기—예를 들면, 무화과(남성의 생식기나 여성의 생식기) 또는 바나나(남성의 성기)—를 상징한다. 그러한 열매들을 먹는 것은 성적 쾌감을 상징한다. 또한 먹는 것(Eating) 항목 (1)을 참조하라.

■ 열쇠(Key)

또한 자물쇠(Lock)를 참조하라.

(1) 열쇠로 여는 것이 무엇인가? 상자인가? 문인가? 하여튼, 열쇠는 무의식이 당신에게 진정한 자기(self)에 대한 접근을 허용하고 있거나, 더욱 겸허하게는 어떤 문제에 대한 해답을 제공하고 있다는 신호이다. 아니면 그것은 당신의 삶속에서 실현하거나 사용하지 않은 어떤 역량이 발휘될 수 있는 기회가 제공되고 있다는 신호이다.

(2) 열쇠를 가진 노인은 지혜의 원천, 즉 내면에 존재하는 깊은 원천을 상징한다. 그를 따라가라. 그리하면 모든 비밀들—당신의 '숙명'/당신의 진정한 자기—이 계시될 것이다.

### ■ 염소(Goat)
염소는 남성의 성(性)을 상징한다.

### ■ 영(Spirit)
영들은 인자하거나 위협적일 수 있다.

(1) 영들은 아직 발견되거나 사용된 적이 없는 영감(靈感), 창조성, 사랑, 그리고 치유의 능력을 제공하는 정신의 능력이나 역량을 나타낼 수 있다.

(2) 영들은 의식적인 통제로부터 도망쳐 나온 정신의 힘들을 나타낼 수 있다. 융은 이 힘들을 '콤플렉스'라고 했다. 이 힘들은 계속해서 억압당하고 무시된다면 대인관계에 손상을 입히고 행복을 파괴할 것임이 거의 확실하다. 그러나 만약 당신이 그 힘들에 주의를 기울이고, 그 힘들로 하여금 당신의 삶에서 적절하고 창조적인 역할을 하게 한다면, 당신의 성격은 꽃을 피울 것이다. 또한 귀신(Demons)을 참조하라.

### ■ 영(Zero)
(1) 영은 원으로 표시하므로 완전; 영원성; 또는 진정한 자기를 상징한다. 또한 만다라(Mandala)를 참조하라.

(2) 영은 예정된 행동개시 시각이나 발사의 시각을 나타낼 수 있다. 이런 경우에, 영은 지금이야말로 당신 자신에 대하여 무엇인가를 해야 할 때를 의미할 수 있다. 예를 들면, 당신이 지금까지 삶이나 꿈으로부터 터득해 온 것을 실행에 옮길 때이다.

(3) 영은 무가치나 공허라는 의미에서의 '무'를 상징한다. 아마 당신은 헛되고 헛되다는 것, 세상의 야망이나 성공이 궁극적으로는 무의

미한 것이라는 사실, 또는 이기주의적인 자기가 궁극적으로는 비실체적이라는 사실을 보고 있을 것이다.

### ■ 영안실(Mortuary)

(1) 무의식은 당신의 전망, 야망, 또는 가치관을 변화시키기 위하여 당신을 죽음의 사실과 직면하게 할 것이다.

(2) 영안실은 당신이 지금까지 사용하지 않음으로써 위축된, 당신의 정신에 들어있는 모든 것을 상징한다. 그로 말미암아 '생기없음'의 느낌을 갖게 될 수 있다. 그 억압된 요소들은 단지 당신이 자신에게 새로운 생명, 즉 새로운 삶의 기쁨을 줄 필요가 있다는 것을 의미할 수 있다.

### ■ 영웅(Hero)

(1) 여성에게 있어서 남성 영웅의 형상은 자신의 아니무스를 나타낼 수 있다. 아니면, 그것은 (낭만적인) 성적 상징이다. 형제/자매(Brother/Sister) 항목 (4), 그리고 서론 76쪽을 참조하라.

(2) 영웅은 의식적인 자아를 상징할 수 있다. 신화에서 영웅은 위험을 무릅쓰고 낯선 땅에 들어가 괴물들과 싸워 귀중한 보물을 차지한다. 이와 마찬가지로, 의식적인 자아는 위험을 무릅쓰고 미지의 정신 영역들에 들어가 무의식에 내재하는 힘들을 대면하고, 그것들을 길들여서 창조적으로 활용한다.

(3) 만약 남성의 꿈에서 영웅이 소녀를 구출한다면, 그 꿈은 꿈꾸는 남성의 본성에 내재된 여성적인 측면으로 하여금 자신의 남성적인 측면에 적극적으로 협력하도록 해야 한다는 것을 의미할 것이다. 또한 형제/자매(Brother/Sister) 항목 (4)를 참조하라.

(4) 남성의 꿈에서, 영웅이 젊은 여성의 도움을 받는다면, 그 영웅은 의식적인 자아를 상징하고, 젊은 여성은 아니마를 상징한다. 그것이 주는 교훈은 위의 항목 (3)과 같을 것이다.

(5) 만약 영웅이 연장자 또는 다정하고 강한 동물을 동반한다면, 그

사람/동물은 무의식 속에 들어 있는 선천적인 지혜와 능력을 나타낼 수 있다: 정신은 그것을 무의식에서 꺼내서 의식적인 자아가 필요로 하는 모든 것을 공급할 수 있다. 또한 지혜노인/지혜노파(Wise Old Man/Woman)를 참조하라.

■ **예수(Jesus)**

그리스도(Christ), 도사(Guru)를 참조하라.

■ **예술가(Artist)**

화가나 예술가는 성취되지 않은 본성의 창조적인 측면, 또는 직관적인 측면을 나타낼 수 있다.

■ **예언자(Prophet)**

지혜노인/지혜노파(Wise Old Man/Woman)를 참조하라.

■ **오렌지(Orange)**

(1) 오렌지 색은 공격적인 행위를 상징한다.

(2) 오렌지 색은 태양의 색깔이기 때문에 삶, 또는 의식(意識)을 상징한다.

(3) 당신이 만약 우울한 상태에 있다면, 오렌지는 낙관적이고 적절하게 자기를 사랑하는 새로운 태도가 나타나기 시작하는 것을 상징한다.

■ **오른쪽/왼쪽(Right/Left)**

(1) 오른쪽/왼쪽은 의식/무의식을 상징한다. 그러므로 왼쪽으로부터 오른쪽이나 시계방향으로 움직이는 것은 의식의 자각이 증가하는 것을 나타낼 수 있다.

(2) 오른쪽/왼쪽은 또한 지성/직관이나 사고/감정; 남성/여성; 적극성 및 공격성/수동성 및 수용성을 상징한다.

■ 오목한(Hollow)

　오목한 장소나 물건(상자, 가방 등)은 질(膣)이나 자궁을 나타내고, 또는 성(性), 어머니를 상징한다. 또한 오목한 것이 매우 깊고/어둡다면 무의식을 상징한다.

■ 오솔길(Path)

　오솔길은 당신이 가고 있는 삶의 방향을 나타내거나, 아니면 반복되는 삶의 어떤 양태를 나타낼 수 있다.

■ 오아시스(Oasis)

　(1) 오아시스는 여성의 생식기를 나타내는 성적 상징이다. 그러므로 뜨겁고 건조한 사막은 남성의 꿈에서 성적 궁핍을 나타낼 것이다.

　(2) 오아시스는 무의식을 탐험하는 것에 대한 보상을 상징한다. 사막은 무의식을 상징한다. 또한 광야(Wilderness)를 참조하라.

■ 오케스트라(Orchestra)

　또한 지휘자(Conductor)를 참조하라.

　오케스트라는 다양하고 많은 역량과 힘을 가지고 있으면서 창조적으로 통합시키는 잠재력을 가진, 정신의 다면성을 나타낼 수 있다.

■ 오토바이(Motorcycle)

　(1) 오토바이는 다소 사나이다운 사람을 상징하고, 그런 점에서 남성의 성이나 공격성을 나타낼 수 있다.

　(2) 여성의 꿈에서, 오토바이는 아니무스, 즉 그녀의 정신의 남성적인 측면을 상징한다. 무의식은 의식적 자아를 대상(代償)하기 때문에, 그 아니무스를 사나이로 표현하는 일은 직관적인 여성, 예술가인 여성, 또는 '여류 문학가들'의 꿈에서 전형적으로 일어나곤 할 것이다. 아니무스에 대해서는 형제/자매(Brother/Sister) 항목 (4), 그리고 서론 76쪽을 참조하라.

■ 올가미(Noose)

올가미는 만약 당신의 '습관', 즉 태도들이나 가치관 등을 바꾸지 않을 경우에 닥쳐올 붕괴에 대한 경고일 수 있다.

■ 옷(Clothes)

(1) 꿈에서 자신이 입고 있는 옷과 관련된 감정은 특별히 자신이 세상사람들에게 보여주는 자기 이미지와 관련하여, 자신에 대한 감정이 어떠한지를 나타내 줄 수 있다. 예를 들면, 만약 당신의 꿈에서 당신이 부적절하게 옷을 입고 있다는 느낌이 든다면, 이것은 당신이 상처입기 쉽거나 부적절하고, 또는 부끄럽다는 느낌을 가지고 있다는 것을 의미할 수 있다(아마도 이런 감정은 꿈에서 나타나는 어떤 상황에서 보여질 수 있을 것이다).

(2) 만약 당신이 낡고 닳아빠진 옷을 입고 있다면, 이것은 당신의 매력에 대한 불안이나 열등감을 나타낼 수 있다. 또는 당신이 교제생활에서의 어떤 습관적인 방식, 즉 어떤 부정적인 태도들이나 신념들을 버릴 필요가 있다는 것을 나타낼 수 있다.

(3) 꿈에서 다른 누군가가 낡고 허름한 옷을 입고 있다면, 당신이 무시하고 있거나 지하실에 감금해 두고 있는 자신의 어떤 부분, 즉 잠재적인 어떤 능력이나 측면이 있다는 것을 의미할 수 있다. 만약 그 누더기 옷을 입고 있는 사람이 이성이라면, 당신의 아니마나 아니무스는 주의를 필요로 하고 있다. 아니마/아니무스에 대해서는 서론 76쪽을 참조하라. 또한 형제/자매(Brother/Sister), 신데렐라(Cinderella)를 참조하라.

(4) 꿈에서 옷을 갈아입는 것은 생활양식이나 태도의 변화를 나타낼 수 있다: 당신의 페르조나(persona)를 바꾸거나 새로운 사람이 되는 것을 상징한다. 페르조나에 대해서는 서론 65쪽을 참조하라.

■ 옷을 벗음(Undress)

나체(Nudity)를 참조하라.

■ 왕과 여왕(King and Queen)

(1) 왕은 아버지에 대한 당신의 주관적인 심상을 상징한다.

(2) 왕은 자기(自己)의 상징이다. 그러므로 왕과 여왕은 결합해서 정신의 대극들—예를 들면, 의식과 무의식, 남성적인 특질들과 여성적인 특질들—의 통합을 나타낼 수 있다. 또한 한쌍의 남녀(Couple)를 참조하라.

(3) 남성의 꿈에서, 만약 그 왕과 여왕이 서양장기 게임에서의 왕과 여왕이고, 왕이 여왕의 위협을 받고 있다면, 그의 개성과 독립심을 위협하고 있는 어머니-애착을 상징한다. 아니마/아니무스에 대해서는 형제/자매(Brother/Sister) 항목 (4)~(6), 그리고 서론 76쪽을 참조하라.

■ 왕위/왕족(Royalty)

한쌍의 남녀(Couple) 항목 (2)와 (3), 왕과 여왕(King and Queen), 왕자/공주(Prince/Princess), 여왕(Queen)을 참조하라.

■ 왕자/공주(Prince/Princess)

왕자와 공주는 각각 아니무스와 아니마의 형상이다. 아니마/아니무스에 대해서는 형제/자매(Brother/Sister) 항목 (4)~(6), 그리고 서론 76쪽을 참조하라.

■ 외국의/외국인(Foreign/Foreigner)

외계인(Alien)을 참조하라.

■ 외국인 공포(Xenophobia)

또한 외계인(Alien)을 참조하라.

꿈에 나타난 낯선 사람이나 외국인에 대한 두려움은 모두 당신의 무의식 속에 있는 어떤 것, 또는 당신이 지금까지 억압해 왔던 것에 대한 두려움을 상징한다. 억압에 대해서는 서론 32쪽을 참조하라.

### ■ 외계인(Alien)

(1) 낯선 사람이나 외국 땅에서 만난 사람은 당신에게 친숙하지 않은 정신의 어떤 부분을 나타낼 수 있다. 만약 당신이 지금까지 얻지 못한 만족을 얻고자 한다면, 당신은 자신의 '외래적인' 부분과 친숙한 사이가 될 필요성이 있다. 물론, 첫 번째 단계는 '외계인'을 확인하는 것이다: 당신은 지금까지 자신의 어느 부분을 무시해 왔으며, 이제 주의를 기울이고 있는가?

외계인은 무의식의 특정 부분이라기 보다는 오히려 무의식 전체를 상징할 수 있다.

(2) 외국으로 떠나는 것이나 외국여행은 내적인 여행, 무의식의 탐구, 당신의 존재 가운데 아직 발견되지 않았거나 통합되지 않은 영역을 나타낼 수 있다. 당신이 아직도 자기를 탐구하고 있다면, 당신은 여전히 외국의 영토에 들어가고 있는 것이다. 또한 여행(Travel)을 참조하라.

만약 꿈에 나타난 외국이 실제로 당신이 방문했던 곳이라면, 그 꿈의 의미는 그 나라가 당신에게 연상시키는 것이나, 당신이 그 나라에 대하여 가지는 감정에 있다. 물론, 그 나라가 당신에게 특별한 연상을 일으킨다면, 당신이 전에 결코 가 본 적이 없는 나라일지라도 동일한 적용이 가능하다.

(3) '생소하다'는 의미에서의 '외래적인' 것은 종종 '적'이라는 의미에서의 '외래적인'에 대한 정서적인 의미를 지닌다. 그러나 잠재적이거나 실제적인 '적'과 친숙해지는 것은 적을 친구로 만드는 데 기여할 것이다. 무시되거나 억압되지 않는 한, 당신의 정신 가운데 당신에게 해를 주게 될 부분은 없다. 만약 당신이 자신의 전부, 즉 당신의 모든 구성요소들을 사랑하는 법을 터득한다면, 당신은 내적인 적을 갖지 않을 것이다.

외계인은 전혀 적이 아니라 도움을 주는 자일 수 있다. 만약 당신이 지금까지 무시했던, 자신의 부분을 친절하고 공손하게 대해 주기만 한다면, 당신의 제 2의 자아는 당신에게 줄 만한 귀중한 것을 가지게 될 것이다. 또한 두려움(Fear), 길떠남(Journey), 여행(Travel)을 참조하라.

■ 외부인(Outsider)

추방된 사람(Outcast), 방랑자(Vagrant/Vagabond)를 참조하라.

■ 외부의(Exterior)

무엇인가의 외관—예를 들면, 건물의 정면—은 당신이 세상에, 그리고 어느 정도로는 당신 자신에게 제시하는 페르조나(persona), 즉 자신의 사회적 얼굴을 상징한다. 이 페르조나는 당신의 내적 자기 또는 진정한 자기와 구별된다.

■ 왼쪽(Left)

또한 시계바늘 반대 방향(Anticlockwise)을 참조하라.

몸의 왼편은 마음, 정서, 무의식적인 요소들, 직관을 나타낸다. 오른편에서 왼편으로, 또는 시계바늘 반대 방향으로 이동하는 것은 이성으로부터 직관으로, 의식으로부터 무의식으로 이동하는 것 등을 상징한다. 왼편으로 이동하는 것은, 태양이 이동하는 방향과 상반된 것으로서, 그것은 무의식을 상징한다.

■ 요새(Fort/Fortress)

또한 만다라(Mandala)를 참조하라.

요새는 자기, 정신 전체, 온전성을 상징한다.

■ 요정(Fairy)

(1) 남성의 꿈에서, 요정은 아니마—그의 성격의 여성적 측면—를 상

징할 수 있는데, 이것은 더욱 나은 정신적 균형의 성취를 통하여 행운을 가져올 수 있는 것이다. 아니마에 대해서는 형제/자매(Brother/Sister) 항목 (4)~(6), 그리고 서론 76쪽을 참조하라.

(2) 여성의 꿈에서, 요정은 자신의 어머니, 자신이 가지고 있는 여성성을 상징하거나, 또는 만약 의식적인 삶의 세계에 참여하는 것을 허용한다면 삶을 풍성하게 해 줄 자신의 어떤 부분을 상징한다.

■ 용(Dragon)

(1) 용은 보물, 또는 보물이 들어 있는 동굴을 지키고 있는가? 만약 그렇다면, 동굴은 무의식을 나타내고, 보물은 자기를 나타낸다. 그리고 무의식을 여전히 두려워하는 사람에게 있어서, 자신과 자신의 진정한 자기 사이에 있는 용은 무의식의 무시무시함을 나타낼 수 있다. 자기에 대해서는 서론 83쪽을 참조하라.

(2) 융에게 있어서, 개성화 과정의 제 1단계는 의식적인 자아가 본래의 무의식으로부터 자신을 들어올리기 위해, 그리고 무의식의 세력들을 통제하기 위해 영웅적으로 투쟁하는 단계이다. 이에 대한 상직적인 표현은 용을 살해했다는 성 조오지 전설에 들어 있다(성 조오지=자아; 용=무의식).

(3) 용은 삼켜버리는 어머니(당신과 어머니 관계)를 나타낼 수 있다. 그러므로 용을 살해하는 것은 당신이 자신의 정신적 개성을 발견하는 데 해로운 모든 것에, 그리고 당신의 어머니에게 집착된 모든 것에 종지부를 찍는 것을 의미한다. 일단 개인이 용으로부터 해방되었다면, 남성 정신의 여성적 측면과 여성 정신의 남성적 측면은 이제 더 이상 위협적인 형태로 나타나지 않고, 다만 뗄 수 없는 동료의 형태로 나타나 더 높은 수준의 자기발견에 이르도록 안내해 줄 것이다.

소년들이 성인의 지위를 받는 어떤 성인 입문식에서, 소년들은 공동체를 나와 용이나 악어와 같은 모양을 한 오두막에서 기거한다. 이것은 젊은이들을 삼켜버리는 어머니나 모든 영역의 무의식과 싸워 승리하는 것, 즉 무의식적인 영역으로 하강하는 것, 무의식의 능력을 인정하는 것, 그리고 부정적으로 기능하는 무의식의 힘을 긍정적으로 기능하도록 변화시키는 것을 상징하는 것으로 볼 수 있다.

(4) 용은 자연의 생식력을 나타낼 수 있는데, 이것은 무의식적인 삶의 새로운 가능성을 보유하고 있는 임신한 여인의 자궁처럼 느껴지는 것이다.

(5) 날개를 가진 용은 어떤 종류의 초월, 즉 개인 발달에 있어서 '보다 낮은' 수준으로부터 '보다 높은' 수준으로 올라가는 것을 상징한다. 용이 날아간다는 사실은 보다 높은 개인 발달에 이르는 데 필요한 에너지를 무의식에서, 그리고 지금까지 보는 것조차 두려워했던 것에서 찾지 않으면 안된다는 것을 시사한다. 날개를 가진 피조물은 영성을 상징한다. 날개를 가진 용은, 즉 지고한 영성은 단지 우리의 '저급한' 본성을 버림으로써가 아니라, 그것으로 하여금 우리에게 봉사하게 함으로써 달성된다는 사실을 말해주는 하나의 상징이다. 예를 들면, 성(性)은 망상적인 욕망과 무의미한 승리게임에 빠뜨릴 수 있다; 그러나 그것은 또한 우리 안에 있는 사랑의 능력을 해방시켜 주고 활성화시켜 주는 것, 즉 감각적인 즐거움과 영성적인 기쁨을 융합시켜 주는 자기 표현의 형태일 수 있다; 그것은 만물의 신비적인 합일의 경험이 될 수 있다.

(6) 특별히 당신의 성이 당신을 무섭게 한다면, 용은 당신의 성을 상징한다. 당신의 두려움이 비합리적인가? 아니면 성이 당신의 삶을 위협하고 지배하는가? 어느 경우이든 간에 그 용을 죽이지 말고, 필요하다면 길들이라.

중국에서 '기'(氣)는 좋은 에너지, 즉 생명을 주는 에너지인데, 기가 흐르는 통로를 '용맥'(龍脈)이라고 부른다. 사람들이 말하기를, 기는 지하수와 자장(磁場)의 흐름을 따라 존재한다고 한다.

■ 용기(容器)/그릇(Vessel)

(1) 중요한 것은 그 용기 안에 담긴 액체일 수 있다: 예를 들면, 물

은 새로운 삶을 상징하고; 포도주나 영들(Spirits)은 더 나은 삶의 질과 더 큰 만족을 상징한다.

(2) 모든 용기(배 또는 컨테이너)는 여성성에 대한 상징이거나 자기에 대한 상징이다. 자기에 대해서는 서론 83쪽을 참조하라.

■ 우물(Well)

또한 깊은 곳들(Depths)을 참조하라.

우물은 분노나 두려움 같은 정서의 깊은 무의식적 원천, 또는 행복이나 지혜의 깊은 무의식적 원천을 상징한다.

■ 우산(Umbrella)

지팡이와 마찬가지로 접힌 우산은 남성의 성기를 상징한다.

■ 우주선(Spaceship)

새(Bird)를 참조하라.

■ 운석(Meteorite)

운석을 세밀하게 조사하라. 운석은 당신의 내적인 중심으로부터 중요한 메시지를 가져올 것이다. 고대에는 운석을 신이 보내는 것으로 알았다. 운석은 당신에게 보다 많은 자기인식이나, 풍성한 삶을 제공할 것이다.

■ 원(Circle)

(1) 원(圓)이나 구(球)의 모양을 하고 있는 것은 어느 것이나 온전성, 완성, 그리고 완전을 상징할 수 있으므로, 그 원은 당신의 완전한 자기를 상징한다. 그 원은 분명한 중심점을 가지고 있을 수 있다. 만약 그렇다면, 그 꿈에 대해서 성찰할 때 원이 적어도 부분적으로 자신의 정체성을 보여줄 때까지 그 중심점을 놓치지 말라. 그것과 제휴하고

대화하라. 그것은 당신 자신의 중심이다. 또한 원(圓) 운동(Circular Movement) 항목 (1), 만다라(Mandala)를 참조하라.

(2) 그 원이 특별히 태양이나 달을 닮았을 경우, 삶의 원천을 상징한다. 그러므로 잠재적으로 새로운 삶, 새로운 성장, 새로운 에너지, 새로운 지혜나 창조성의 잠재적인 원천을 나타낼 수 있다.

■ 원망(願望; Wish)

또한 불안(Anxiety), 책벌(Punishment), 원하는 것(Wanting)을 참조하라.

프로이트에 의하면, 모든 꿈이 목적하는 것은 원망을 성취하는 것이다. 대개는 본능적인 원망을 성취하는 것이지만, 때로는 징벌하는 꿈에서 초자아의 원망, 또는 '양심'의 원망을 성취하기도 한다.

■ 원반(Disc)

또한 만다라(Mandala), 태양(Sun)을 참조하라.

그 원반은 당신에게 특별한 것을 연상하게 할지도 모른다. 그러나 원반은 개인의 진정한 자기; 개인의 온전성이나 완전함; '자아'(ego)나 '페르조나'(persona)와는 구별되는 것으로 융이 '자기'(自己)라고 부른 것을 상징한다.

■ 원숭이(Monkey)

(1) 원숭이는 놀이를 하면서 많은 시간을 보내는 것처럼 보인다. 그러므로 원숭이는 삶을 진지하게 생각하지 않는 것, 즉 되는대로 살아가는 것을 나타낸다.

(2) 원숭이들은 해악과 관련되어 있다. 그러므로 원숭이들은, 당신의 삶에서 적절한 자리를 허용받지 못했기 때문에 '계교를 꾸미고 있는' 무의식의 힘들을 상징한다.

(3) 원숭이들은 성(性)—당신의 성—을 상징한다. 그렇다면 성이 당신을 역겹게 하는 이유는 무엇인가?

■ 원(圓) 운동(Circular Movement)

(1) 꿈에서 당신이 중심점의 주위를 돌아다니고 있다면, 이것은 당신이 자신의 진정한 자기를 자각하고 있다는 것, 또는 그것을 자각하라는 요구를 받고 있다는 것을 의미할 수 있다. 3세기 신비주의자이자 철학자인 플로티누스(Plotinus)는 이런 글을 남겼다: '그러므로 영혼은 중심점을, 즉 영혼을 생기게 한 원리 주위를 돌 것이다; 모든 영혼들이 해야 하는 것처럼, 영혼은 그 원리를 향해 가면서 그 원리 속으로 들어갈 것이다.' 플로티누스에게 있어서, 그 중심점은 자기(自己)와 하나님이다. 그러나 이름은 문제가 되지 않는다; 중요한 것은 그 중심점을, 당신의 '숙명'—당신의 개인의 설계도—의 비밀(열쇠)을 쥐고 있는 것으로 상상하는 것이다.

(2) 중심점 없이 원을 그리며 이동하는 것은 아무것도 성취하고 있지 않다는 것을 의미한다. 중요한 것은 당신 자신에게 그 이유를 묻는 것이다. 그에 대한 대답은 거의 확실히 당신은 지금까지 '헛된 것을 지향해 왔다'는 것이다. 그리고 그렇게 헛된 것을 지향한 이유는 거의 확실히 당신의 자기 이미지가 잘못된 것이므로 수정이나 확대가 필요하다는 것이다.

(3) 원이 '불완전한 원'일 경우, 당신은 단지 악화되어 갈 수밖에 없는 상황에 빠져 있다는 것을 의미한다. 그러나 이것은 변경이 불가능한 고정된 사실이 아니다; 당신은 언제나 무의식으로부터 나오는 새로운 원인, 즉 새로운 에너지의 원천을 받아들임으로써 외관상 불가항력적인 것처럼 보이는 원인과 결과의 사슬을 끊어버릴 수 있다.

■ 원하는 것(Wanting)

꿈에서는 원하는 것들이 많이 나타난다. 당신은 자신이 원하는 것을 확인할 뿐 아니라 인간의 기본적인 필요와 관련된 욕구—이것의 충족은 인격의 향상이나 실현에 도움을 줄 것이다—와 단순히 원하는 것—이것은 사실 당신이 진정으로 필요로 하는 것으로부터 당신의 관심을 빼앗아갈 수 있다— 사이의 차이를 알아야 한다.

■ **위(Stomach)**
배(Abdomen)를 참조하라.

■ **위/아래(Upper/Lower)**
층(Story), 패자(Underdog)를 참조하라.

■ **위압적인 것(Juggernaut)**
 (1) 거대한 화물 자동차나 빠르게 이동하는 무거운 물체가 당신을 향하여 오고 있는 것은 당신에게 끊임없는 불안으로 엄습해 오고 있는 어떤 외적인 붕괴를 상징한다. 이런 경우에, 당신은 죄의식 콤플렉스를 가지고 있을 수 있는데, 그것은 어떤 상상된 죄로부터 초기 아동기에 생겨난 것으로서, 당신으로 하여금 장차 받게 될 형벌에 대한 그림들을 마음으로 그려내게 만드는 것이다. 여기서 장차 받게 될 형벌에 대한 그림들은 불행하게도 그대로 실현될 수 있다.
 (2) 위압적인 것은 의식적인 자아를 파괴할 것처럼 위협하고 있는 내적인, 무의식적 힘들을 상징한다. 이것은 통제의 상실, 곧 정신의 혼돈을 의미할 것이다.
 당신은 모든 악몽들을 끝까지 지속시켜서 —이 경우에— 위압적인 것이 당신을 덮치기 전에 결코 깨어서는 안된다. 이런 식으로 해서, 당신은 그 위압적인 것과 꿈 속에서의 '나'로 각각 표현된 자신의 두 측면을 더욱 선명하게 볼 수 있다. 만약 당신이 실제로 이렇게 할 수 없다면, 당신의 상상 속에서 다시금 그 꿈을 경험하도록 하라. 그리고 이번에는 끝까지 기다리라.

■ **위험(Danger)**
 꿈에서 위험하다고 느끼는 감정은 당신에게 내적인 어떤 갈등—의식과 무의식의 갈등―이 있으며, 그러한 것들은 분류될 필요가 있다는 것을 의미한다. 꿈에서 당신은 그러한 위험으로부터 도망치려고 하지 말고 그것과 함께 지내기를 힘쓰고, 그 위험에 익숙해지며, 그리하여 풀어야 할 특별한 갈등이 무엇인지 확인할 필요가 있다.

### ■ 위협(Threat)

(1) 만약 꿈속에서 당신이 위협받는다면, 그 위협적인 것은 당신의 내부 또는 외부에 있을 수 있다.

내부의 위협적인 것들은 정서(예컨대, 두려움, 증오)와 성을 포함할 수 있다. 정서나 본능이 억압되어 있다면, 그것은 아마도 때때로 갑자기 분출하여 당황스런 상황을 만들어 낼 뿐, 당신의 의식적인 삶에서 거의 역할을 하지 못할 것이다. 이러한 것들은 주목되어야 하고, 그 원인들은 가능한 한 분석되어야 하며, 그 에너지들은 개인의 삶을 창조적이고 풍요롭게 하는 일에 사용되어야 한다.

외부의 위협들은 가정, 직장에서의 관계들이나, 또는 이런 영역들 중에서 있었던 최근의 사건들, 예컨대, 아이의 탄생이나 직장에서의 새로운 관리체계 도입 등을 포함할 수 있다.

(2) 만약 당신이 꿈속에서 위협하는 사람이라면, 그 꿈은 자기주장, 즉 당신의 정신 안에 있는 어떤 혼란을 정리하겠다는 의지의 표현일 수 있으며; 또는 자신의 소중한 어떤 부분을 억압하고 있다는 사실에 대해 무의식이 당신의 주의를 끌려고 시도하는 것일 수 있다.

### ■ 유기(Abandonment/Deserted/Forsaken)

(1) 당신이 만약 유기당하거나 버림받는 꿈을 꾼다면, 그 꿈은 비록 무의식적이기는 하나 자신의 감정들을 표현하고 있다는 것이 거의 확실하다. 아마 당신은 어린 아이처럼 아무도 돌봐주지 않는 느낌을 가졌을 것이다. 그렇다면 당신의 꿈들에는 아마 부모에 대한 직접적, 또는 간접적인 언급들이 포함될 것이다. 대신에, 그 느낌은 최근의 경험

에서 기원할 수 있다. 그 느낌의 기원이 언제이든 간에, 그 느낌을 지금 다루어야 한다. 가장 우선적이고 중요한 조치는 그 느낌을 가능한 한 객관적으로 보는 것이다. 당신은 그 느낌을 마음에 품거나 그것과의 작별을 결단할 수 있다. 그 느낌을 마음에 품는 주된 이유는 무엇인가? 자기 연민은 부정적이고 파괴적이다: 당신은 다른 사람들뿐 아니라 자신도 사랑하고 이해하며 용서해야 한다.

당신은 당신의 감정과 동일하지 않다는 것을 깨달으라: 당신은 그것들을 마음대로 바꿀 수 있고, 그것들을 바꿈으로써 삶의 질을 바꿀 수 있다. 자신의 느낌을 객관적으로 보아야 한다고 말하는 것은 당신이 꿈에서 버려진 사람과 상상으로 동일시하고, 그래서 버려짐을 다시 경험하는 게슈탈트 방법을 사용하지 말라는 것을 의미하지는 않는다. 그러나 그러한 동일시와 재경험은 당신이 그 느낌을 자유롭게 예 또는 아니오 라고 말할 수 있을 때에만 도움이 된다. 이 게슈탈트 방법에 대해서는 서론 91쪽을 참조하라.

(2) 버림받음은 당신의 삶에서 외적인 지도의 상실을 의미할 수 있다. 상황의 변화는 당신이 전에 도덕적인 규범이나 가치와 태도들을 배웠던 부모나 다른 어떤 '권위적인 인물' 과 당신 사이에 틈이 생겼을 것이다. 그 권위는 당신이 버린 종교적인 규범들이거나 이데올로기적인 어떤 규범들이었을 수 있다. 어떤 사람들은 단지 다른 행동규범을 수용하기 위하여 가지고 있던 권위적인 행동규범을 던져버린다. 만약 당신이 외적으로 부과된 그러한 규범을 공공연하게 거절했다면, 이것은 아마 당신의 삶에서의 어떤 선택이나 결정에 대한 책임이 당신에게만 있다는 사실을 알게 되었다는 것을 의미할 것이다. 궁극적으로 당신의 삶에서 유일한 권위자는 당신이다: 당신이 어떤 사람이나 어떤 것, 즉 교황이나 정신적인 지도자 또는 사회의 관습 등으로 하여금 당신에 대하여 권위를 행사하도록 한다면, 그들에게 권위를 부여하도록 결단한 사람은 바로 당신이다. 이것은 그들에게 권위를 허용하는 것이 잘못이라는 말이 아니다. 단지 그것이 옳은지 그른지를 결정하는

것은 바로 당신이라는 말이다. 당신 이외의 어떤 사람들이나 어떤 것들—교회, 정부, 또는 외적인 어떤 운명이나 환경들—에게 죄를 씌워봤자 아무 소용이 없다. 당신은 자신을 창조할 수 있고, 자신의 행복이나 불행, 성공이나 실패를 창조할 수 있다. 물론 당신의 삶을 침범하는, 그러나 당신이 제거할 수 없는 어떤 것들이 존재한다. 그러한 것들 자체는 당신의 통제를 벗어나 있을지라도, 그것들에 대한 반응은 언제나 당신의 통제 안에 있다: 당신은 굴복할 수도 있고 굴복하지 않을 수도 있으며, 분노할 수도 있고 분노하지 않을 수도 있다. 아마 당신에게는 일종의 숙명이나 평생 계획이 있을지도 모른다: 그러나 그것은 당신 자신의 중심에 근거를 두고 있다. 그리고 당신의 숙명을 실현한다는 것은 단순히 당신 자신임을, 또는 자신이 되어가는 것을 의미한다. 그것은 당신의 진정한 본성을 드러내는데 있어서, 그리고 당신의 진정한 자기를 충만하고 풍성하게 꽃피우는 데 기여하는 부분들—느낌, 태도, 목표, 희망 등—을 양성하거나 개발하는 데 있어서 긍정적이거나 창조적인 역할을 하지 못하는 것들은 무엇이나 제거하는 것을 수반한다.

(3) 버림받는 느낌은 당신이 자신의 가치있음을 위하여, 즉 삶의 목적의식이나 의미의식을 위하여 의식적으로나 무의식적으로 의지했던 어떤 사람이 죽음으로써 생긴 결과일 수 있다. 만약 그렇다면, 다시금 위의 항목 (2)에서처럼 당신은 의미, 가치, 그리고 역량을 위하여 자신의 내면을 살펴보아야 한다. 이것은 극단적인 주관주의에 빠지는 것을 의미하지는 않는다. 내가 지금 추천하는 것은 삶의 의미를 찾아내는 주관적인 방법이다. 이것은 이 방법에 의해서 당신이 찾아내는 것은 순전히 주관적인 진리라는 것을 의미하지 않는다. 그 주관적인 진리란, 실체는 없고 자신의 상상만 있는, 그리하여 자신에게만 해당되고 다른 사람에게는 해당되지 않는 무엇이다. 만물에는, 즉 현존하는 우주 전체에는 하나의 의미와 하나의 목적—하나의 숙명—이 있을지도 모른다. 그러나 단지 소수에 불과하지만, 즉 진보적인 물리학자들에게 있어서 그러한 의미를 위한 실험적인 근거는 그 자체 안에서 발견되어야 한

다. 그것은 거대한 우주 안에 있는 그것들 자신의 숙명과 의미이다.

(4) 당신의 꿈에서 버림받은 어떤 것은 무시된 당신의 일부를 나타낼 수 있다. 그것은 본능적인 충동, 어떤 욕망이나 야심, 또는 실현되지 않은 어떤 잠재력이다. 그렇다면, 그것이 어떤 것인지 확인하라. 그리고 당신이 의식하고 있는 삶에서 그것이 차지할 명예롭고 적절한 위치를 찾는 데 힘쓰라.

'그대로 두기', '금지들을 던져버리기'.

만약 당신이 그냥 내버려둔다는 의미에서 버려지는 꿈을 꾼다면, 그 꿈은 당신이 가진 감정이나 욕망들을 표현하든가, 또는 당신 정신의 무의식적 차원에는 보다 큰 자유에 대한 요구, 즉 보다 정확하게 말해서, 당신을 속박해 왔던 죄책감의 사슬을 던져버리라는 요구가 있다는 것을 말하고 있는 것이다. 다르게 말하면, 당신은 자신을 발견하기 위하여 자신을 해방시킬 필요가 있다.

대부분의 경우에, 그러한 꿈들은 당신의 성생활 또는 그것의 결핍에 대하여 말하고 있다. 꿈에서 일어난 방종한 행동을 이해하는데 필요한 것은 보통 꿈들이 과장법을 사용한다는 사실을 아는 것이다. 꿈들은 과장법을 사용하여 의식적 자아에 침투해 들어가며, 의식적 자아로 하여금 무의식 안에 있는 것에 주의하도록 촉구한다. 그리하여 그 무의식적 내용이 적절히 꿈을 꾸는 사람의 일상생활에서 표현될 것을 요구한다. 그러나 분명히 말하건대, 자신을 완전히 그리고 계속해서 방종하게 하고 자제를 포기하는 것은 자기 상실의 결과를 가져올 수 있다.

### ■ 유니콘(Unicom)

(1) 유니콘은 남성의 성을 상징할 수 있는데, 그 뿔은 발기된 남성의 성기를 나타낸다.

(2) 유니콘은 힘, 또는 고상함과 순수함을 상징한다.

■ 유령(Ghost)

또한 영들(Spirits)을 참조하라.

프로이트에게 있어서 유령은 어머니의 상징이다.

■ 유명한 사람들(Famous People)

(1) 꿈에 대중적인 사람이나 명망이 있는 사람이 나타난다면, 그 사람이 거기에 있는 이유는 당신이나 당신과 가까운 사람에 대한 무엇인가를 표현하기 위해서일 수 있다.

(2) 그 유명한 사람은 당신이 되고 싶어하는 어떤 것을 나타낼 수 있다. 이것은 당신의 그림자-자기, 즉 당신의 무의식에 여전히 매장되어 있는 당신 성격의 다른 측면에 상응할 수 있다. 그렇다면, 그것은 당신이 그 유명한 사람에게서 보는 바람직한 특성들을 당신의 의식적인 삶에 통합시킬 수 있다는 것을 의미한다. 왜냐하면 그러한 특질들은 이미 당신 안에 내재되어—숨어—있기 때문이다.

(3) 또는, 그 유명한 사람들이 나타내는 것은, 당신이 인정하기를 거부해왔던 당신의 성격이나 행동양식들 가운데 일부분—예를 들면, 공격성이나 지배하려는 의지—일 수 있다.

■ 유방(Breasts)

가슴/유방(Bosom/Breast)을 참조하라.

■ 유아(Baby)

출생(Birth), 어린이(Child)를 참조하라.

(1) 유아는 흔히 임신한 여인의 꿈에서 드러난다. 대개 그런 경우에는 어떤 상징적 의미를 찾을 필요가 없다.

(2) 다른 여인의 꿈에서, 유아는 아이를 갖고자 하는 무의식적인 욕망을 표현할 수 있다.

(3) 유아는 당신의 취약성, 또는 당신의 사랑의 필요성을 나타낼 수

있다. 이것은 남성과 여성 모두에게 적용된다. 당신 안에 있는 '유아'—상처입고, 좌절된 자기—가 울 때, 자신을 객관적으로 보는 것은 매우 어려운 일이다. 이 두려워 하거나 거부당하는 아이는 당신의 사랑이 필요한 자신의 일부로 보려는 노력이 있어야 한다. 당신의 이 자기 연민적인 부분은 다른 사람의 사랑을 갈구하여 울고 있는 것일 수 있다. 그러나 첫째로, 적어도 당신이 그 사랑을 주어야 한다: 당신(의 의식적인 의사결정의 자아)은 적극적으로 자신(당신의 정신 안에 있는 예민하고, 상처입은 '아이')을 사랑해야 한다. 그렇게 하는 유일한 방법은, 당신 안에 있는 아이가 성장하고 성숙하는 것이다.

(4) 유아는 순수하고, 순결하며, 진실한 자기를 상징한다. 이것은 다양한 조절과 잘못된 선택들에 의해서 만들어진 것과는 다른, 실제로 있는 그대로의 당신이거나 되고자 했던 당신이다.

(5) 유아는 당신 자신의 성격에서의 어떤 새로운 발달을 나타낼 수 있다.

■ **유혹(Seduction)**

만약 꿈에서 당신이 유혹을 받고 있다면, 그것은 아동기에 있었던 실제적인 유혹을 재현하는 것일 수 있다. 그렇지 않으면, 그것은 성교의 욕구를 표현한 것이다. 남성의 꿈에서 매혹적인 여성/사이렌, 요정/여자 인어는 그의 부정적이고 파괴적인 아니마 형태의 상징이다. 후자는 그 남성의 어린시절에 어머니와의 부정적인 관계에서 기인할 수 있다. 아무튼, 꿈꾸는 사람은 자기 아니마와 접촉하고 그 아니마와 대화를 시작하며, 그 아니마의 정당한 요구들에 응해주기 위하여 자신의 삶을 재정돈하기 위한 조치를 취할 필요가 있다. 형제/자매(Brother/Sister) 항목 (6)을 참조하라. 또한 서론 76쪽을 참조하라.

(2) 당신이 유혹자라면, 그 꿈은 아마 성적 욕구에 대한 솔직한 표현일 것이다.

■ 육(6, Six)

숫자 6은 완전함을 상징한다.

■ 은(Silver)

(1) 은은 인격 발달과 관련하여 아주 귀중한 것을 상징한다.
(2) 은은 달과 관련을 가지고 있다. 그러므로 은은 여성성; 직관; 또는 무의식을 상징한다.

■ 음악(Music)

음악의 정서적인 경향—슬픔, 즐거움, 비극, 위협 등—에 주의하라. 만약 그것이 노래라면, 그 노랫말에 주의하라. 그 음악은 개인적으로 어떤 연관을 가지고 있는가?

■ 의무(Duty)

꿈에서 어떤 행동이 의무로 드러난다면, 어떻게 이 꿈에 반응할지 조심하라.

(1) 의무는 당신 자신의 숙명과 조화를 이루기 위하여 무엇을 해야 하는지를 말해주는, 내면에서 들려오는 진정한 소리일 수 있다. 여기에서 '숙명'은 인도인들이 '다르마'(dharma)라고 부르는 것으로, 이것은 '숙명'과 '의무' 모두를 의미하는 단어이다.

(2) 의무는 지나치게 발달된 초자아로부터 나온 점잔 빼는 말일 수 있다. 이 말은 아동기의 외상 경험들에서 나온 비합리적인 두려움 또는 죄책감을 반영하거나, 부모에 의해 서서히 주입되었거나, 무의식적으로 순응하려는 불안한 마음에서, 타인들로부터 받아들인 옳고 그름에 대한 관습적인 개념을 반영할 것이다. 전자의 경우, 당신의 행동에는 변함없이 강압적인 무엇, 즉 당신의 삶을 통제하고 있는 것은 이성(理性)이 아니라 무의식적인 정서라는 사실을 지시해 주게 될 어떤 것이 존재할 것이다. 후자의 경우에는 다음을 고려하라: 당신이 어느 누

구 또는 무엇에게 권위를 부여하지 않는 한, 어느 누구도 또는 그 무엇도 당신에 대한 권위를 가질 수 없다; 당신만이 당신의 의사결정이나 가치관에 대한 책임을 진다; 당신의 가장 중요한 의무는 내적인 자기에게 져야 하는 의무이다.

■ 이(Tooth 또는 Teeth)
 (1) 이는 공격성을 상징한다.
 (2) 의치는 불성실성을 상징한다.
 (3) 이가 빠지는 것은 늙거나 무력해지는 것, 또는 성적 매력을 상실하는 것이나 그에 대한 두려움을 상징한다. 아니면 그것은 당신이 이가 나지 않았고 어머니의 젖가슴을 만지며 즐겁게 자라던 유아기로 후퇴하고, 그로 말미암아 현실에 맞서기를 거부하는 것을 상징한다. 또는, 당신의 삶에서 새로운 단계가 시작되는 것을 상징한다. 때때로 이 하나를 쳐서 빼는 것은 남성 입문식의 특징이었다.

■ 이(2, Two)
 (1) 숫자 2는 갈등에 대한 상징이다. 예를 들면, 자신의 두 부분 사이의 갈등을 상징한다. 이 갈등은 꿈에서 자신—꿈꾸는 자아—과 적(반대자)에 의해서 표현될 수 있고, 또는 적대적인 형제들/자매들/쌍둥이들에 의해서 표현될 수 있다. 또한 패자(Underdog)를 참조하라.
 (2) 2는 또한 결합이나 동반관계를 상징한다: 예를 들면, 의식과 무의식 사이의 결합이나 동반관계, 또는 정신의 남성적인 요소들과 여성적인 요소들 사이의 결합이나 동반관계를 상징한다. 그러한 결합이나 동반관계는 언제나 다산적이고 창조적이다. 인도철학에서 1은 불모(不耗)의 수이고; 2—남성과 여성—는 창조 가능한 수이다. 힌두교의 신은 언제나 하나 속에 있는 둘, 즉 남성과 여성의 결합으로 표현된다. 또한 한쌍의 남녀(Couple), 자웅동체(Hermaphrodite), 결혼(Marriage)을 참조하라.

■ 이름들(Names)

(1) 개인의 이름이나 장소의 이름이 지닌 숨어있는 의미들에 유의하라: 예를 들면, '아무개의 집'은 당신 자신인데, 집이 자기의 상징이기 때문이다; '자유 마을'(이 때는 당신이 자신을 해방시킨 때임). 물론 그 의미는 상황에 달려 있다.

(2) 당신이 만약 새로운 이름을 받는다면, 이것은 바로 당신이 인격 발달의 다음 단계로 들어가는 때라는 것을 시사해 준다. 입문식에서 입문자들은 종종 새로운 지위를 나타내는 새로운 이름을 받았다.

■ 이혼(Divorce)

(1) 이혼하는 꿈은 숨겨진 관계단절의 욕구, 또는 관계에서의 좌절감을 표현할 수 있다.

(2) 이혼은 정신의 분열을 상징하는 것일 수 있다: 의식과 무의식 사이의 분열; 당신의 성격이 남성성과 여성성으로 절반씩 갈라짐; 지성과 감정의 분열을 상징하는 것일 수 있다.

■ 인도(Leading)

(1) 꿈 속에서의 '나'는 거의 변함없이 의식적인 자아라는 사실을 기억할 때, 꿈에서 다른 사람들이나 동물들을 인도하는 것은 당신이 무의식의 힘들; 정서들; 또는 삶의 정황을 지배하고 있다는 것, 또는 반드시 그래야 한다는 것을 의미한다.

(2) 꿈에서 누군가가 당신을 인도하고 있다면, 당신을 인도하는 자는 누구인가? 만약 그가 이성이라면, 그것은 당신의 아니마/아니무스일 수 있다. 만약 그렇다면, 당신은 인도와 지배를 구별해야 한다. 즉 인도는 당신의 아니마/아니무스가 당신의 손을 잡고 데리고 가서, 예전에는 당신이 결코 보려고 하지 않았던 것들을 보여주는 것으로서, 좋은 일이다; 그러나 지배는 아니마/아니무스가 지금까지 무시당해 온 것을 보상받기 위하여 당신의 정신 전체를 점유하고자 하는 것이다. 그

러므로 이제는 그 아니마/아니무스를 무시하는 것을 그만두고 의식적인 삶에 그 자리를 내 주어야 한다. 아니마/아니무스에 대해서는 형제/자매(Brother/Sister) 항목 (4)~(6), 그리고 서론 76쪽을 참조하라.

또는, 인도하는 자는 어떤 무의식적인 태도나 본능적인 충동을 나타낼 수 있다. 그가 당신을 어디로 인도하고 있는가? 당신의 진정한 자기를 향해서인가? 아니면 잘못된 길로 인도하고 있는가?

(3) 그 인도자는 권위적인 인물인가? 만약 그렇다면, 그 사람은 어떤 실제 인물(예를 들면, 아버지)이나, 오늘의 당신이 있기까지 크게 영향을 끼친 어떤 신앙체계(교리적인 종교 제도)를 나타낼 수 있다. 그 꿈은 내면의 지배를 받아야 한다는 것, 즉 외부의 지배를 받아서는 안된다는 것을 당신에게 말해주고 있다.

### ■ 인어(여성; Mermaid)

(1) 여성에게 있어서, 여성 인어는 자신의 여성성에 대한 의심이나 성적 불감증에 대한 두려움을 표현할 수 있다. 그런 경우에, 당신의 배우자는 당신에게 적절하지 않을지 모른다.

(2) 남성의 꿈에서, 여성 인어는 여성에 대한 이상적인 심상을 표현할 수 있다. 그 심상으로 인하여 실제 여성과의 관계가 방해받을 수 있다. 당신은 성교를 두려워하고 있는가?

(3) 남성에게 있어서, 여성 인어는 사이렌(Siren; 역주. 그리이스 신화에 나오는 반은 여자이고 반은 새인 요정)을 나타낼 것이다. 그 사이렌은 실제로 당신을 안전하게 무의식의 심층으로 데려다 주고, 그리하여 당신의 자기인식을 강화시켜 줄 정신의 일부분으로서의 아니마를 상징한다.

(4) 여성 인어는 남성에게 있어서, 여성성이나 무의식에 빠져드는 것에 대한 두려움을 표현할 것이다. 또한 유혹(Seduction), 그리고 서론 80쪽을 참조하라.

■ 인어(남성; Merman)

 (1) 남성의 꿈에서, 남성 인어는 자신의 남성성에 대한 의심이나 발기불능에 대한 두려움을 상징한다. 만약 당신에게 배우자가 있다면, 그녀는 당신에게 적절하지 않을지 모른다.
 (2) 여성의 꿈에서, 남성 인어는 남성에 대한 낭만적인 심상을 나타낼 것이다. 당신의 성이 억압당하고 있는가?
 (3) 여성에게 있어서, 남성 인어는 당신의 남성적 측면이 여성적인 특성들을 희생시키고 당신의 정신을 통제하게 될 수 있다는 것을 상징한다.
 (4) 또는, 남성 인어는 남성이나 여성의 정신에 내재된 남성적인 측면들과 여성적인 측면들의 통합을 상징한다.

■ 일출/일몰(Sunrise/Sunset)

 일출은 새로운 삶, 또는 인격발달의 새로운 단계를 상징한다. 일몰은 죽음, 즉 문자적인 죽음이나 비유적인 죽음을 상징하거나, 또는 한 단계의 끝맺음을 상징한다. 태양신의 죽음과 재출생에 관하여 널리 알려진 신화가 있다. 그 태양신은 서쪽에서 죽고, 즉 서쪽에서 대양에게 삼키움을 당하고, 동쪽에서 다시 부활한다. 이것은 무의식이 나타내는 것들에 주의함으로써 이루어지는 인격적인 변화를 상징하는 것으로 볼 수 있다. 이것에는 지성에 의존하는 것을 기꺼이 그만두고 보다 원시적인 지식의 인도에 따르는 것이 포함된다.

■ 입(Mouth)

 (1) 입은 질을 나타내는 성적 상징이다.
 (2) 그 꿈은 자기표현에 대하여 무엇인가를 말한다. 당신에게 의식적인 삶에서 자신을 표현하는 것이 허용되지 않는 어떤 부분이 존재하는가? 당신은 그런 것들에 대하여 말하는 대신 억누르고 있지는 않은가?

(3) 무엇인가가 당신을 삼켜버릴 것처럼 위협하고 있을 수 있다. 당신은 아직도 어머니로부터 내면적으로 독립하지 못했는가?

## ■ 입구(Entrance)
문(Door)을 참조하라.

## ■ 입맞춤(Kiss)
(1) 꿈에서의 입맞춤은 거의 언제나 생명의 입맞춤인데, 그것은 당신 성격의 무시된 측면—남성적 측면이나 여성적 측면—이나 당신 정신 가운데 지금까지 사용된 적이 없는 부분들에 생명을 불어넣는 것을 상징한다.

(2) 입맞춤은 단순히 성적인 것일 수 있다.

## ■ 입문식(Initiation)
입문하는 의식들은 개인으로 하여금 더 높고 더욱 향상된 단계나 신분으로 이동하는 데 도움을 준다. 예를 들면, 아동기로부터 성인기로, 또는 직장과 가족을 중심으로 하는 '현세적인' 실존으로부터 '내세적인' 하나님 중심의 삶으로 이동하는 데 도움을 준다. 그런 의식들이 상징하는 바는 언제나 죽음과 부활 또는 재출생이다. 그런데 그것은 다음과 같은 특징들에 의하여 나타난다:
- 단도(短刀)가 당신의 심장을 가리키거나 당신을 죽이는 데 사용됨;
- 제사를 위하여 제단에 놓여 있음;
- 몸과 정신에 축적된 불순물들을 제거하기 위하여, 그리고 영적인 '열정'이나 에너지를 만들어 내기 위하여 뜨거워진 오두막이나 텐트에서 땀을 많이 흘리고 있음;
- 할례는 당신을 성인으로 만들기 위한 것이거나, 당신을 하나님의 선민들 가운데 들어가게 하기 위한 것이다;
- 새로운 이름이 주어지는 것은 당신의 새로운 신분을 나타내거나,

또는 당신이 더 이상 옛사람이 아님을 보여주기 위한 것이다. 그 새로운 이름은 당신에게 무엇을 의미하며 무엇을 시사하는가?

- 문신을 새기는 것은 위의 다섯 번째 특징과 동일한 목적을 위해서이다. 그 문신이 당신에게 무엇을 시사하고 있는가?

- 황홀경의 상태에 들어가는 것은 새로운 차원의 의식(意識)을 나타낸다.

- 목사나 성인(聖人)이 주는 어떤 구원에 대한 가르침은 당신의 삶에 대한 새로운 명령이다.

주의. 이러한 특징은 유사 입문—실제의 경험을 생각들로 대신하는 것—으로 간주될 것이다.

만약 이러한 소재가 꿈에 나타난다면, 그것은 당신이 삶의 현 단계, 즉 개인발달의 단계 및 일련의 태도들, 신념들, 가치들, 그리고 목적들을 떠나 새로운 것들을 추구할 것을 요구받고 있다는 것을 의미한다. 누가 또는 무엇이 그런 요구를 하고 있는가? 하나님? 당신의 무의식? 더욱 중요한 것은 이름이 아니라 사실이다.

■ **입술(Lips)**

입술은 질(膣)을 나타내는 성적 상징이다.

# ㅈ

■ **자국(Track)**

만약 두들겨 맞은 자국이라면, 당신은 판에 박힌 일을 하고 있을 것이다. 그렇지 않다면, 그 방향과 모든 방향전환에 유의하라; 이러한 유형이 꿈에서 되풀이되는가? 만약 그렇다면, 그것은 당신의 삶이나 행동의 한 유형을 나타낼 것이다. 오른쪽/왼쪽(Right/Left)을 참조하라.

■ **자궁(Womb)**

자궁은 대개 어떤 상징(예를 들면, 방)에 의하여 표현되지만, 종종 그 자체가 상징이다.

(1) 자궁은 새로운 삶; 새로운 발달의 잠재력을 상징한다.

(2) 자궁은 또한 죽음에 대한 갈망, 삶의 여러 가지 고통과 문제들로부터 도피하려는 원망을 상징한다. 또한 무덤(Tomb)을 참조하라.

(3) 꿈에서 자궁이 나타난다면, 당신이 어머니의 자궁 속에 있던 태아기 시절을 재생하고 있을 가능성이 있다. 이런 경우에 무의식은 당신의 주의를 어떤 비합리적인 태도나 행동양식의 기원으로 돌리고자 할 것이다. 아니면 그것은 당신이 자신의 '기원'과 진정한 자기를 찾고 있다는 것, 또는 그것들을 찾으라는 요구를 받고 있다는 것일 수 있다.

■ **자극(Spur)**

자극은 정서적인 흥분의 원인 또는 동기를 상징한다.

■ 자기(Self)

　꿈 속에 나타난 당신의 '자기'는 의식적인 자아를 나타낸다. 그 의식적인 자아는 의식세계의 중심이기는 하나 당신의 정신 전체는 아니다. 당신의 정신 전체와 자아가 어떻게 다른가에 대해서는 서론 83쪽, 그리고 씨(Seed)를 참조하라.

■ 자동차(Car)

　(1) 꿈에 나타나는 자동차는 보통 당신 자신, 그리고 특히 당신의 삶을 통제하고 목적을 달성하는 데 있어서의 효율성을 나타낸다. 꿈은 이미 존재하는 행동양식들을 서술하거나 새로운 행동양식을 추천할 수 있다는 사실을 기억하라. 만약 다른 사람이 운전하고 있다면, 그 꿈은 다른 사람들에 대한 지나친 의존성을 표현한다.

　(2) 특별히 꿈에서 강력한 동작이 강조되거나, 자동차가 터널을 지나고 있다면, 남성의 성교를 나타내는 성적 상징이다. 또한 충돌(Crash)을 참조하라.

■ 자름/절단(Cutting)

　또한 매듭(Knot)을 참조하라.

　칼로 자름

　(1) 머리나 손, 또는 신체의 다른 어떤 부분을 자르는 것은 삶의 한 단계나 방식으로부터 다른 단계나 방식으로의 이동(그것을 위한 준비나 그것의 필요성)을 상징한다. 전통적인 입문식과 통과의례를 비교하라. 예를 들면, 소년의 성인 입문식에서 머리나 얼굴 등의 일부를 자르는 것은 대장부로 거듭나기 위한 전제조건으로서, 상징적으로 소년다움을 죽이는 것이었다.

　주의. 두 번째 단계는 언제나 첫 번째 단계보다 더 완전하다.

　(2) 신체의 한 부분을 자르는 것은 무엇이나 거세를 상징한다. 남성의 꿈에서, 이것은 자신의 성기 또는 성에 대한 불안을 표현할 수 있

다. 여성의 꿈에서, 이것은 남성성에 초점이 맞추어져 있거나, 남성에게 유리하게 되어 있는 성차별에 대한 자신의 숨어 있는 분노에 초점이 맞추어져 있을 수 있다. 또한 거세(Castration)를 참조하라.

(3) 무엇인가가 절반으로 잘려 있다면, 이것은 분리—예를 들면, 원래 당신의 개인 설계도에 속해 있던 정신의 특질들과 자아에 속한 특질들의 분리—를 상징한다.

철길을 만들기 위한 절단

(4) 산과 언덕을 절단하여 철길을 만드는 것은 질(膣)을 나타내는 성적 상징이다. 기차가 그것을 통과하는 것은 성행위를 상징한다.

■ 자매(Sister)

형제/자매(Brother/Sister)를 참조하라.

■ 자물쇠(Lock)

감금과 자물쇠

자물쇠는 접근불가를 상징한다. 당신은 원하는 것을 획득할 수 없다; 또는 자신의 부분들이 의식세계에 접근하는 것을 거부해 왔을지도 모른다. 건강한 정신에는 아무 것도 가두어 둘 수 없다.

수문의 자물쇠

수문의 자물쇠는 정신 에너지의 흐름을 차단하는 것을 상징한다. 거기에는 무의식으로부터 끌어 낼 필요가 있는 억압된 자료들이 있을 수 있다; 어떤 무시된 기능/능력/본능은 활성화되어야 할 것이다.

■ 자살(Suicide)

(1) 만약 꿈 속에서 당신이 자살을 한다면, 그것은 아마 오랫동안 당신을 괴롭히고 좌절시켜 온 문제를 당신이 이제는 더이상 견딜 수 없다고 생각하는 상태를 보여주는 것이다. 아마 당신은 전문가의 도움이 필요할 것이다.

(2) 당신은 다른 사람이 자살하는 것을 보고 있는가? 아마 지금까지 억압하고 무시해온 당신의 어떤 부분이 절망해 있을 것이다. 그런 경우에 당신은 그것의 정당한 요구들을 충족시켜 주기 위해 긴급히 그것에 주의를 기울일 필요가 있다.

(3) 자살하는 사람이 실제로 당신과 가까운 사람이라면, 그것은 당신이 그 사람에 대하여 무의식적으로 부정적인 감정을 품고 있는 것을 의미할 수 있다.

■ **자석(Magnet)**

자석은 진정한 자기와 더욱 친밀하게 해 줄 수 있는 어떤 것을 상징한다.

■ **자웅동체(Hermaphrodite)**

; 일부는 남성의 형상을 하고, 일부는 여성의 형상을 하고 있음.

(1) 자웅동체는 정신의 의식적인 요소들과 무의식적인 요소들의 '결합'을 의미할 수 있다. 이러한 '결합'은 전체적일 수도 있고 부분적일 수도 있는데, 이것은 얼마나 많은 무의식의 요소들이 의식의 태도들과 행동들에 통합되어 있는가에 따라 결정된다.

(2) 자웅동체는 당신 본성의 남성적인 측면과 여성적인 측면 사이의 완전한 균형(그것의 필요성)을 상징한다. 모든 남성의 정신에는 여성적인 요소들이 들어 있고, 모든 여성의 정신에는 남성적인 요소들이 들어 있다. 이러한 대극적인 요소들은 대개 사회의 관습에 의해 억제당한다. 그러나 인간 본성의 대극적인 요소들을 무시하면, 기형적인 발달이라는 결과를 초래하게 된다. 아니마/아니무스에 대해서는 형제/자매(Brother/Sister) 항목 (4), 그리고 서론 76쪽을 참조하라.

여성의 독단성은 통합되지 못한 아니무스에서 비롯된다. 유사하게도, 자신의 남성적인 측면들과 여성적인 측면들을 통합시키지 못하여 조화를 이루지 못한 남성은 변덕스럽고, 우울하며, 쉽게 감정을 폭발시킬 수 있다. 또한 한쌍의 남녀(Couple) 항목 (2), 결혼(Marriage)을 참조하라.

■ 자주색(Purple)

자주색은 신비를 상징하므로, 심리학적으로 심원한 직관, 또는 아직 탐험되지 않은 어떤 차원에 대한 자각을 나타낼 수 있다.

■ 작은(Small)

프로이트는 시간적으로 거리가 있는 것이 꿈에서는 공간적으로 거리가 있는 것으로 나타날 수 있다는 점을 지적한다. 그러므로 작게 보이는 것은 당신의 먼 과거의 것을 나타낼 수 있다.

■ 작은 상자(Casket)

보물(Treasure)을 참조하라.

■ 잔(Chalice)

(1) 잔은 자기, 즉 전체적이고 정돈된 정신의 상징이다. 아더(Arther) 왕과 그의 기사들이 찾은 성배(the Holy Grail)에서처럼 그 잔의 은이나 금은 자기가 지닌 최고의 가치를 나타낸다.

(2) 당신의 꿈에서 주목을 받은 것이 잔 자체이기보다는 그 안에 담겨있는 포도주인가? 붉은 포도주는 생명(피)과 삶의 충만함의 상징이다. 물이 포도주로 변하는 것은 삶의 풍성함을 나타낸다. 그러므로 그 꿈은 당신으로 하여금 당신의 삶을 풍성하게 할 수 있는 무의식 속에 있는 어떤 것에 유의하라고 권하는 것이다.

■ 잠자는(Sleeping)

(1) 꿈에서 잠을 자고 있는 것은, 활성화되어야 하고, 무의식으로부터 가져오며, 당신의 깨어 있는 삶에서 사용해야 하는 당신의 어떤 부

분일 수 있다.

(2) 꿈에서 잠을 자고 있는 것은, 당신이 진정한 자기와 하나가 되어 있으며, 내적인 자각이 외부세계에 대하여 감각적으로 반응하는 대신, 평화롭고 평온한 상태에 있음을 상징한다.

■ 잠자는 미녀(Sleeping Beauty)

남성의 꿈에서 잠자는 미녀는 아니마를 상징한다. 아니마는 남성의 정신에서 잠자고 있는 여성적인 특징들이다. 그 꿈은 당신에게 동화에서처럼 그녀에게 입맞추어 그녀를 깨울 것을 강요하는 것일 수 있다. 여기에서 입맞춤은 당신의 아니마를 동등한 동반자로 수용하는 것을 의미한다.

■ 잡종(Hybrid)

(1) 식물이나 동물의 잡종형태는 당신의 정신 속에 존재하는 대극적인 두 힘들을 상징하거나, 그 대극적인 힘들(예를 들면, 의식/무의식, 당신 본성의 남성적인/여성적인 측면들: 엄격한 이성/통제되지 않은 감정)의 통합의 필요성을 상징한다. 또한 반인반마의 괴물(Centaur)을 참조하라.

(2) 꿈에 나오는 합성어들에 대해서는 서론 33쪽을 참조하라.

■ 잡초(Weeds)

(1) 잡초는 당신의 성격 또는 당신의 삶을 망가뜨리고 있는, 그리고 진정한 행복이나 실현에 이르지 못하게 하는 습관적인 태도나 행동을 나타낼 수 있다.

(2) 아마 당신의 어떤 부분은 통제에서 벗어나 '광란적'으로 변해 있을 것이다.

■ 장례(Funeral)

또한 매장(Burial)을 참조하라.

꿈에 나타나는 당신의 장례는, 당신이 자신의 건강을 염려하거나, 어떤 이유로든 자신에게 죽음이 다가오고 있다는 생각에 사로잡혀 있기 때문이다. 만약 그렇다면, 죽음에 대한 생각을 떨쳐보려는 당신의 노력은 아마 아무런 효과를 거두지 못할 것이다. 죽음은 당신의 생의 의미와 방향을 찾는 데 있어서 반드시 심사숙고해야 하는 것이다. 그러한 생각을 통해서 당신은 가치관을 바꾸게 되고 더욱 큰 평온을 얻으며, 진정한 자기에게 더욱 가까이 나아갈 수 있다.

■ **장막(Veil)**
커튼(Curtain)을 참조하라.

■ **장미(Rose)**
(1) 스테인드 글라스 창에서처럼, 장미는 자기를 나타내는, 즉 숙명이 도달해야 할 충만함을 나타내는 만다라일 수 있다. 만다라(Mandala)를 참조하라.
(2) 때때로 상징적인 의미는 색깔에 의해 좌우되기도 한다. 붉은 장미는 종종 사랑에 대한 상징이며, 그것은 또한 질 또는 열정을 나타낼 수 있다.
(3) 일반적인 꽃들과 마찬가지로, 장미는 자연의 아름다움; 삶의 아름다움과 사랑스러움을 상징할 수 있다.

■ **장벽(Barrier)**
장애물(Obstacle)을 참조하라.

■ **장애(Obstacle)**
담(Fence) 항목 (1)과 (2)를 참조하라.

## ■ 장애물(Obstruction)

차단장치(Blockage)를 참조하라.

## ■ 재생(Rebirth)

재생이 상징하는 새로운 삶은 새로운 종류의 삶, 즉 새로운 차원의 의식, 새로운 목표들과 가치들, 억압된 정서를 해방시킨 결과로서 생겨난 새로운 에너지일 수 있다. 그것은 옛 자기의 '죽음', 즉 부적절하고 왜곡된 자기 이미지, 부정적이거나 시야가 좁은 태도들과 습관들 등을 포함할 수 있다.

## ■ 재판(Trial)

만약 당신이 심리를 받고 다른 사람들이 당신을 재판하고 있다면, 그 다른 사람들은 대개 당신 자신의 부분들을 나타낼 것이다. 다른 말로 하면, 당신은 재판관이요 피고인일뿐 아니라 배심원이다. 꿈의 세부적인 내용(그것은 당신이 자신을 유죄라고 하는 이유를 이해하는 데 도움을 줄 것이다)이 무엇이든 간에, 죄책감이나 자기경멸은 당신의 행복이나 인격의 발달에 아무런 도움이 되지 않는다는 사실을; 당신의 모든 부분들은 개인적인 온전성에 도달함에 있어서 그것들의 도움이 필요하기 때문에, 동등한 가치를 가진다는 것을 기억하라. 그리고 당신을 판단하는 양심은 대개 부모나 사회가 기대하는 것들과 금하는 것들이었으며, 그 '하라'와 '하지 말라'에 대한 판단은 그것이 삶을 향상시키는 일인가 아니면 삶을 부정하는 것인가에 달려 있다는 사실을 명심하라.

## ■ 쟁기(Plough)

쟁기는 남성의 성기를 나타낼 수 있다. 그리고 쟁기질하는 것은 성교를 상징한다.

■ 저녁(Evening)

(1) 저녁은 중년이나 노년을 상징한다. 그 꿈에서 당신의 기분은 어떠했는가?

(2) 저녁은 죽음, 또는 평온함과 평화를 상징한다.

(3) 저녁 기도회에서 사용하는 다음의 단어들을 비교하라: '분주한 세상은 고요해지고 삶의 흥분도 그치고 말았습니다.'

■ 저수지(Reservoir)

(1) 저수지는 무의식이나 잠재력을 상징한다. 이 잠재력은 인격발달의 가능성인데, 아직은 선택받지 못했기 때문에 실현되지 않은 모든 가능성이다.

(2) 흘러가는 물은 정서를 상징한다: 그러므로 정지 상태에 있는 고요한 물은 고통이 없는 평온한 상태를 나타내거나, 아직 감정을 일으킨 적이 없는 젊은 사람의 정서적으로 흠이 없는 상태를 나타낼 수 있다.

■ 저장고/금고(Vault)

(1) 지하의 저장고는 무의식을 상징한다.

(2) 꿈에서 만약 당신이 은행의 금고 안에 있다면, 그것은 정신 안에 있는, 아직 완전히 탐험되지 않은 행복, 실현, 창조성, 그리고 사랑에 이를 수 있는 잠재능력을 상징한다.

■ 적(Enemy)

(1) 적은 실생활에 존재하는 적일 수 있다. 만약 그렇다면, 그러한 상황으로부터 당신이 물러나든지, 아니면 그러한 상황과 타협하는 방법을 모색하라. 이 방법에는 그 사람과 토론하여 결말을 내는 것이 포함될 수 있다.

(2) 적은 당신 자신 안에 있는 어떤 것일 수 있다. 해결을 필요로 하는 어떤 내적 갈등이 있는가? 또한 외계인(Alien) 항목 (3), 싸움(Fighting)

을 참조하라.

당신의 꿈에 드러난 적은 지금까지 무시되어 왔던 당신의 정신 가운데 존재하는 특질들이나 부분, 즉 융이 그림자라고 부르는 것일 수 있다. 이것은 의식적인 자아의 적대자처럼 보이는데, 그 이유는 그림자가 당신의 의식적인 삶에 참여할 권리를 주장하기 위하여 투쟁하고 있기 때문이다. 당신이 그 그림자를 자신의 의식적인 삶에 참여하도록 허용할 때에만, 당신은 개인의 온전성에 도달할 수 있다.

■ **전면(Front)**

외부(Exterior)를 참조하라.

■ **전쟁(War)**

싸움(Fighting)을 참조하라.

■ **전화(Telephone)**

(1) 전화벨이 울리는 것은 무의식이 당신에게 중요한 말을 하려고 한다는 것을 의미한다.

(2) 당신은 전화에 응하기가 두려운가? 그것은 무의식으로부터 온 메시지를 듣는 것을 두려워하는 것; 또는 다른 사람들을 두려워하는 것을 의미할 수 있다. 그런 경우에, 당신은 그 공포의 원인을 찾아 처리하려면 긴급히 당신의 무의식이 하는 말에 귀를 기울일 필요가 있다.

(3) 당신은 전화를 사용하는 것을 두려워하는가? 그것은 당신이 흉금을 털어놓고 이야기하는 것을 두려워한다는 것을 의미할 수 있다. 당신은 무엇 때문에 두려워하는가?

■ **절벽(Cliff)**

절벽 가장자리에 있다는 것은 하늘과 바다가 만나는 이 땅 어딘가에 있다는 것이다. 하늘은 의식/남성의 상징이고, 바다는 무의식/여성의 상징이다.

(1) 절벽은 삶에서의 결정적인 순간, 즉 결정을 위한 시기일 수 있다.

(2) 그 결정은 정신의 남성적인 요소들과 여성적인 요소들에 관한 것일 수 있다. 만약 당신이 여성이라면, 그것은 직업세계와 가정 사이의 갈등적인 관계에 관한 결정이 이루어져야 하는 것일 수 있다.

(3) 절벽의 끝은 '길이 끝나는 곳'일 수 있는데, 이것은 당신의 특정한 생활양식이 더 이상 지속될 수 없는 상황을 의미하고, 따라서 철저하게 새로운 것이 요구된다는 것을 의미한다. 이 삶에 대한 새로운 접근방법은 바다와 하늘이 나타내는 자연과의 친밀한 관계 속으로 들어가는 것, 혹은 정신의 의식적인 부분들과 무의식적인 부분들을 결합시키는 것(하늘은 의식을, 바다는 무의식을 나타낸다)을 의미한다. 당신이 자신 안에서 미지의 미래 속에 발을 들여놓을 만한 힘과 믿음을 찾을 수 있는지, 아니면 자신을 절벽 아래로 던져 버릴 것인지, 즉 삶의 도전으로부터 물러서는지에 대한 문제일 것이다.

(4) 꿈에 나타나는 수평선은 중요한 것일 수 있다. 수평선은 당신이 새롭고 더욱 만족스러운 삶의 동기를 발견하려면 사물을 더욱 크게 보라는 것, 즉 삶과 당신 자신을 더욱 거시적인 관점에서 살펴보라는 도전을 받고 있다는 것을 의미할 수 있다.

■ **젊은이/청년(Young Person/Youth)**

(1) 꿈에 나타난 당신보다 훨씬 더 어린 동성(同性)의 사람은 인위적이며 잘못 인도된 목표들과 야망들로 인하여 오염된 적이 없는 당신의 본래적이고 천진스러운 자기를 나타낼 수 있다. 그렇다면, 당신은 이러한 형상에 대하여 사랑을 느껴야 한다. 즉 당신의 이 순수한 본질을 존중하고, 보호하며, 섬길 것을 결단해야 한다.

(2) 꿈에 나타난 젊은이는, 당신이 중년이든 아니면 단지 우울한 상태에 있든 간에 원기회복 또는 당신의 성격과 삶의 창조적인 변화와 방향전환을 제공할 수 있다. 만약 그 사람이 당신과 동성이라면, 그 사

람은 당신의 자기를 상징한다. 여기에서 '자기'는 당신의 진정한 자기, 다시 말해서 당신 정신의 중심을 말한다. 만약 이성이라면, 그 사람은 당신의 아니마/아니무스를 나타낼 것이다. 아니마/아니무스에 대해서는 형제/자매(Brother/Sister) 항목 (4)~(6)을 참조하라. 자기에 대해서는 서론 83쪽을 참조하라. 또한 어린이(Child)를 참조하라.

- **정글(Jungle)**

  정글은 무의식의 상징이다. 그 속에서 야생적으로 살고 있는 것들은 아마 무시당하고 무질서하며 반항적인—'동물적'이거나 본능적인—충동들을 의미하거나, 또는 억압된 죄책감들과 두려움들을 의미할 수 있다.

- **정사각형(Square)**

  만다라(Mandala)를 참조하라.

- **정상(Peak)**

  상승(Ascent), 산(Mountain)을 참조하라.

- **정서(Emotion)**

  또한 감정(Feelings)을 참조하라.

  꿈에 나타나는 정서들은 상징적인 것들이 아니다; 정서들은 바로 그 자체들이다. 그러나 당신은 무의식으로부터, 융이 '그림자'라고 부르는 것, 즉 당신 정신의 열등한 기능들, 즉 발달되지 못한 기능들로부터 나온 정서들을 알아둘 필요가 있다. 그 정서들은 매우 교란적일 수 있다. 그리하여 종종 당신은 그 정서들을 자신의 것으로 인정하지 않으려고 할 것이다. 그 대신에 당신은 그 정서들을 밖의 다른 누군가에게 투사할 수 있다. 그러므로 당신의 꿈에 드러난 정서들은 당신의 일부를 나타낼 수 있으며, 꿈에서 다른 사람들이 나타내는 모든 정서는 실생활에서 당신이 드러내는 정서일 수 있다는 가능성 및 개연성에 대하여 개방적인 태도를 취할 필요가 있다. 열등한 기능들, 그림자와 투사에 대해서는 서론 64, 72, 50쪽을 참조하라.

■ 정오(Noon)
정오는 완전한 의식; 지성, 즉 합리성; 남성적인 요소를 상징한다.

■ 정원(Garden)
(1) 정원은 진정한 자기를 상징할 수 있는데, 특히 그 정원이 좌우 대칭—중심점이 있는 정사각형, 직사각형, 원—일 때 그러하다. 또한 만다라(Mandala)를 참조하라.
(2) 정원의 무성한 숲은 개인의 성장에 대한 약속을 상징한다.
(3) 정원에 있는 수영장이나 분수는 개인의 정신 속에 있는 새로운 삶의 원천을 상징한다; 또는 자신에게 진실한, 즉 자신의 진실을 거짓된 페르조나(persona)와 바꾸지 않은 사람의 오염되지 않은 순수한 삶을 상징한다. 페르조나에 대해서는 서론 65쪽을 참조하라. 또한 샘(Fountain), 물(Water)을 참조하라.
(4) 정원이 어질러져 있는 것은 자신의 혼란스런 정신상태—꽃 대신에 잡초, 성장 대신에 쇠퇴—를 나타낼 것이다. 당신은 잘못된 목적을 추구함으로써 진정한 자기, 즉 당신의 숙명을 무시하고 있지는 않는가?

■ 젖, 우유(Milk)
(1) 젖은 어머니의 사랑이나 어린아이 시절의 양육을 상징한다.
(2) 젖이나 우유는 개인적 성장을 가능하게 하는, 정신을 위한 양식을 상징할 수 있다.
(3) 우유를 마시는 것은 신성한 생명이나 의식(意識)을 함께 나누어 가지는 것; 또는 모든 생명의 원천이 되는 것, 즉 생명력에 대한 자각에 참여하는 것을 상징한다. 종교적인 전통들은 하나님으로부터 오고

여러 가지의 이름을 가진 유동체나 음료―수액(樹液), 피 등과 같은―에 대하여 말한다. 그러한 것들로는 우유, 암브로시아(신들의 음식), 꿀/꿀 술, 넥타(神酒) 등이 있다. 심리학적으로, 하나님/신성한 생명―'숙명'이나 정신의 기본구조와 조화를 이루고 있는―은 진정한 자기로서 경험/이해될 수 있다.

■ 제단(Altar)

(1) 제단은 제물을 두는 장소이거나, 또는 죽음과 부활을 나타낼 수 있다. 꿈속의 제단에서 일어나는 것은 당신에게 그 의미에 대한 단서를 제공할 수 있다. 만약 당신이나 그밖의 누군가가 제단에서 제물로 드려지고 있다면, 새로운 삶―더욱 충만하고, 더욱 행복하고, 더욱 만족스러운 삶―을 위해서 당신의 어느 부분이 '죽어야' 하는지를 자신에게 물어보라. 또한 희생제물(Sacrifice)을 참조하라.

(2) 제단은 결혼식을 상징한다. 이것은 아마 정신적인 하나 됨, 즉 성격의 일방적인 발달을 대상(代償)하기 위해 의식과 무의식의 대극적인 것들이 결합하는 것일 수 있다. 또한 결혼(Marriage)을 참조하라.

■ 제의(Ritual)

꿈에 나타난 제의가 평범한 행동(예를 들면, 악수)이 아니라 극적이며 엄숙한 행동이라면, 당신이 지금 전념해야 하는 인격발달의 어떤 과정을 상징하는 것이 거의 확실하다. 그리고 그 과정에는 낡은 태도들을 버리는 것이 포함될 수 있다.

■ 종마(Stallion)

또한 말(Horses)을 참조하라.

(1) 종마는 남성의 성을 상징한다.

(2) 종마는 새끼를 많이 낳는 말로서, 당신의 무의식에 있는 귀중한 것을 활성화하는 것을 상징한다.

- **종유석/석순(Stalactite/Stalagmite)**

　종유석이나 석순은 남성의 성기를 상징하는 것이다.

- **죄책감(Guilt)**

　꿈에서 죄책감이 표현되는 것은 흔히 있는 일이다. 죄책감의 원인은 그 꿈이나 나중에 꾸는 꿈에서 밝혀질 수 있다.

　(1) 정상적인 죄책감은, 지금 우리가 행복에 이르는 바른 길을 가고 있지 않다는 것을 말해 주는 정신의 한 방법이다.

　(2) 신경증적인 죄책감들은 비합리적이다. 예를 들어, 5세 된 소년의 아버지가 죽었다면, 그 소년은 아버지의 죽음에 대해 책임의식을 가질 수 있다; 그런데 그 죄의식과 자기 자신에게 벌을 주고자 하는 욕구는 그가 성인이 된 후에까지 의식적인 수준에서가 아니라 무의식적인 수준에서 계속 남아 있을 수 있다. 외디푸스 컴플렉스에 대해서는 서론 46쪽을 참조하라.

　(3) 죄책감들은 내면의 충동들과 관습적—사회적이거나 종교적—인 도덕성 사이에서 갈등을 유발시킬 수 있다. 여기에서 우리는 두 종류의 의무를 가지게 되는데, 그것은 사회에 대한 의무와 우리 자신에 대한 의무이다. 우리 자신에 대한 의무는 우리의 '숙명'을 실현시킬 의무, 즉 우리 개개인 정신의 기본 구조 속에 포함된 잠재능력을 실현시킬 의무이다.

- **죽은(사람/동물)/죽음(Dead/Death)**

　(1) 꿈에 당신이 실제로 알았던 사람의 죽음이 들어 있는가? 만약 그렇다면, 그 꿈에서 그 사람이 했던 말이나 행했던 것, 또는 그 사람에게 일어났던 일을 알아야 한다. 죽은 사람이 '다시 나타나는 것'은 당신을 괴롭히기 위해서가 아니라 당신에게 충고하고 당신을 돕기 위해서이다.

　사실, 꿈에서 죽은 사람들을 만나는 것에 대하여 실제로 '두려워' 할 것은 하나도 없다. 그러한 만남들은 당신이 오랫동안 갈구했던 깊은 관계를 실현하는 데, 또는 무엇인가를 바로잡는 데 도움을 줄 것이다. 예를 들면, 당신은 그 사람을 용서하는 법을 터득할 수 있고, 그 결과로서 평화를 얻고 자신을 치유할 수 있다.

(2) 사별한 배우자나 부모가 꿈에 나타난다면, 위의 항목 (1)이 적용될 수 있다. 우리 내면에는 죽은 사람이 살고 있는 것을 명심하라. 그리고 이것이 언제 건강하고 삶을 향상시키는 것이 되고, 언제 우리 자신의 인격 발달을 저지하여 부정적인 것이 되는지를 아는 것이 중요하다는 점을 명심하라. 만약 그것이 후자라면, 그/그녀가 꿈에 나타날 때 그 사람과 토론하여 결말을 낼 각오를 하라.

(3) 만약 꿈에서 죽은 사람이 실제로는 살아 있는 사람이라면, 그리고 특별히 그 사람이 당신의 배우자이거나 부모 또는 형제라면, 그 꿈은 그 사람에 대한 무의식적인 분노를 표현하고 있거나 그 사람으로부터 독립하기를 바라고 있다는 사실을 표현한다. 가까운 사람 누군가에 대한 감정은 종종 양면적이다: 즉 사랑이나 존경은 두려움, 증오, 분노, 질투 등과 혼합되어 있다.

보통 그런 꿈에 대한 의식적인 반응은 불안으로 나타날 것이다. 심지어 당신은 꿈에서까지 불안할 수 있다. 그러나 프로이트는 그런 경우에 불안은 억압되었기 때문에 무의식의 적의(敵意)를 가리키는 것이라고 확신했다. 외디푸스 콤플렉스에 대해서는 서론 46쪽을 참조하라. 또한 살인(Murder)을 참조하라.

(4) 죽은 사람은 바로 당신일 수 있다. 꿈에서는 당신이 아닐지라도 실제로는 당신을 나타낼 수 있다. 그런 경우에는 다음의 가능성들을 고려하라.

(a) 꿈에서 표현되고 있는 것은 죽는 것에 대한 자신의 불안일 수 있다. 죽음은 필연적이다. 그러므로 그 사실에 정면으로 맞서는 것은 자기 수용, 새로운 가치관, 자신의 성격 확장과 같은 큰 유익을 가져올 수 있다. 이 성격 확장은 과거에 탈락된 것들이나 균형을 이루지 못한

것들을 대상(代償)하고, 지금까지 무시되었던 개인의 자원들을 활용하게 해 준다.

(b) 그 꿈이 주는 메시지는 당신의 옛 자기를 버려야 한다는 것일 수 있다. 이것은 당신이 자신을 무력하게 만들고 있는 과거의 무거운 짐, 즉 비합리적인 죄책감들과 순교 콤플렉스, 또는 기타의 자기 스스로 만들어 낸 모든 부정적인 것들을 가지고 다니는 것을 그만두고, 그 대신 현재 일어나고 있는 일들에 대하여 자신을 개방시켜야 한다는 것을 의미할 수 있다. 또한 그 '옛 자기'는 구태의연한 집착, 습관, 야심, 가치관, 목적일 수 있다. 그러한 경우에, 그 꿈은 당신에게 이렇게 말하고 있을 수 있다: '당신이 전진하는 유일한 방법은 그러한 것들을 포기하고 더 나은 가치들을 위하여 당신의 더 깊은 내면을 살펴보는 것이다.' 여기에서 '더 나은'이란 표현은 당신의 실제의 자기와 더욱 조화를 이루는 것을 의미한다.

원시적인 통과의례는 전통적인 생의 단계들—출생, 입문에서 성인기까지, 결혼, 죽음—을 특징 짓는 의식들이다. 이 모든 생의 단계들은 죽음과 재출생의 상징주의를 포함하고 있으며, 과거의 태도들을 해제하는 것—죽음—은 생의 새로운 단계에 더욱 적절하고 새로운 태도들을 개발하는 데 필요한 서막이라는 인식을 표현한다. 이러한 의례들에서 신입자의 상징적인 죽음은 또한 의식적인 자아가 무의식 영역으로 내려가는 것이라고 볼 수 있다: 새로운 성장—'재출생'—에 필요한 수단을 제공하는 것은 무의식이다. 또한 희생제물(Sacrifice)을 참조하라.

(c) 만약 당신의 죽음이 꿈에서 되풀이되는 주요 사건으로 나타난다면, 그것은 단지 죽음에 대한 무의식적인 원망(願望)일 가능성이 있다. 프로이트는 그의 책 「쾌락의 원리를 넘어서」에서 분명하게 말하기를, '모든 사람에게는 서로 상충되는 두 가지 기본 충동이 존재할 수 있는데, 하나는 삶과 사랑과 쾌락을 향한 충동이고, 다른 하나는 죽음을 향한 충동이다'라고 했다. 이것은 논쟁을 일으킬 소지가 대단히 많다. 그러나 많은 사람들이 강력한 자기학대적 경향을 보인다는 사실은 논란

의 여지가 없다.

　당신은 고통스러운 경험을 되풀이하도록 강요되는가? 당신은 다른 사람들이 하는 말을 당신에 대한 비판으로 해석하는 경향이 있는가? 만약 그렇다면, 당신은 억압된 죄책감과 자신을 벌하려는 무의식적인 충동 때문에 고통을 겪고 있을 수 있다. 그 충동은 때때로 운명 신경증의 형태, 또는 죽어 있는 자신을 보고자 하는 원망의 형태를 띨 수 있다. 만약 이것이 당신에게 적용된다고 생각되면, 친구에게 말하거나 심리치료사와 상담하라. 또한 자살(Suicide)을 참조하라.

　죽음에 대한 원망은 삶의 문제들이나 고통들로부터 후퇴하는 것, 또는 실패감에 대한 반응일 수 있다. 만약 이것이 당신에게 적용된다면, 첫째로, 감수성이 예민한 사람은 역시 지나치게 엄격한 양심의 짐을 지고 살 수 있다는 점을 명심하라. 이 지나치게 엄격한 양심은 엄격한 아버지의 그늘에서 자랐거나 죄책감을 갖게 하는 신앙 양육의 결과일 것이다. 그런 경우에, 앞의 단락을 살펴 보라. 둘째로, 어떤 것을 문제로 만드는 것은 대개 그것에 대한 자신의 태도이다. 예를 들면, 당신은 지나치게 말이 많다는 말을 듣는다고 상상해 보라. 만약 당신이 이것을 책벌로 여긴다면, 앞의 단락을 살펴 보라. 만약 당신이 그것을 실패로 여긴다면, 당신의 수다스러움이 어떤 창조적인 목적을 성취하는 데 기여할 수 있는지를 물음으로써, 당신의 태도나 전망을 바꾸도록 노력하라: 그것은 당신 개인의 설계도나 '숙명'에 더욱 가깝게 상응하는 자기 이미지를 구축하는 것을 돕기 위하여 부적절하거나 거짓된 자기 이미지를 버리는 것일 수 있다.

　(5) 죽은 사람의 성(性)이 강조된다면, 그것은 당신의 남성성/여성성, 또는 당신의 아니무스/아니마는 소생을 필요로 한다는 것을 의미할 수 있다.

　(6) 꿈에 나타난 죽은 동물은 확실히 당신의 어떤 부분—본능적인 힘—을 언급한다. 그리고 그 꿈은 당신에게 당신의 이 부분, 즉 죄책감이나 열등감 콤플렉스는 전반적으로 부정적인 결과를 초래하고 있으

며, 그런 이유로 그 부분이 죽어야 한다는 것을 말하고 있거나, 또는 성격의 불균형을 교정하기 위하여 당신의 억압된 부분은 지금 소생시켜야 하는 소중한 부분이라는 것을 말하고 있는 것이다.

■ 중간(Mean)

중간은 아마 당신 정신의 균형을 나타낼 것이다. 이것은 서로 상반된 특정의 짝—예를 들면, 의식과 무의식, 남성성과 여성성—들 사이의 균형을 말한다.

■ 중심(Centre)

만다라(Mandala)를 참조하라.

(1) 꿈에서 당신은 어떤 도시나 정원, 미로 등의 중심으로 이끌려 가는 경우가 있을 수 있다. 이것은 대개 무의식이 당신을 자신의 중심, 즉 당신의 진정한 자기(융이 자기라고 불렀던 것)를 향하여 오라고 손짓하고 있는 것을 의미할 수 있다. 이것은 당신의 의식적인 세계, 즉 자아의 중심일뿐 아니라 당신의 정신 전체의 중심이다. 당신 존재의 중심으로부터 사는 법을 발견하고 그렇게 살려면, 먼저 정신의 의식적인 영역들과 무의식적인 영역들을 한데로 불러 모아야 한다. 다시 말해서, 당신의 중심을 발견하는 것은 당신의 온전성과 조화를 발견하는 것이다: 정신에 들어 있는 모든 것들이 그 중심을 축으로 하여 활동할 때, 갈등과 혼돈이 사라지고 평화와 질서가 자리하게 될 것이다.

이것이 모든 꿈에 대한 연구가 목적하는 것이다. 그것은 꿈의 의미를 찾는 행동에는 의식과 무의식의 상호침투가 포함되어 있기 때문이다.

(2) 당신의 꿈에 중심 모티브가 나타나는 또 하나의 가능한 이유는, 무엇인가가 당신의 성격의 핵으로부터 당신을 멀어지게 하고, 그럼으로써 당신의 고유한 숙명으로부터 당신을 멀리 떨어뜨리려고 하고 있다는 사실이다. 그 무엇인가와 대화를 시작함으로써, 위협하고 있는 것이 무엇인지를 확인하는 것이 현명할 것이다.

■ 쥐(Rat)

쥐는 처음 보는 순간 소름 끼치게 하는, 당신의 무의식에 담겨 있는 내용들을 상징한다. 그러한 것들은 과거 어떤 때에, 또는 나중에 죄책감으로 변형된 징벌에 대한 두려움들을 야기시켰고, 그리하여 억압을 당했던 정서들이나 본능적 충동들이다. 이제 당신은 그것들을 의식적인 삶 속에 받아들임으로써 당신의 그 거부된 부분들을 원상복귀시킬 필요가 있다. '쥐들'을 없애려는 노력을 그만 두라. 하멜론(Hamelon)의 피리 부는 사나이 이야기에서, 쥐들을 제거하는 것은 당신의 '자녀들'을 잃어버리는 것을 의미한다. 여기에서 그 '자녀들'은 당신의 성격 가운데 연약하고 개발되지 않았으며, 당신이 할 수 있는 한 전적으로 양육하고 돌봐 주어야 하는 부분들이다. 억압에 대해서는 서론 32쪽을 참조하라.

■ 지갑(Wallet)

돈지갑(Purse) 항목 (2)와 (3)을 참조하라.

■ 지옥(Hell)

또한 나락(Abyss)을 참조하라.

(1) 지옥의 심상들은 무의식에 대한 두려움을 표현하는 것으로 볼 수 있다. 지옥의 불들은 당신을 위협하고 있는 무의식이 지닌 힘들이다. 감금의 장소로서의 지옥은 억압된 본능들과 정서들의 저장소로서의 무의식을 의미한다. 개인이 성숙과 온전성에 이르기 위해서는 무의식의 억압된 내용들을 대면하고 그것들을 길들여야 한다. 즉 그것들의 부정적인 에너지를 긍정적인 에너지로 변화시켜야 한다. 억압에 대해서는 서론 32쪽을 참조하라. 또한 불(Fire)을 참조하라.

(2) 천국의 정반대 되는 곳으로서의 지옥은 정신의 혼란을 상징하거나, 심지어는 언제 발생할지 모르는 자아의 완전한 상실을 상징한다. 이에 반하여 천국은 개인이 온전성과 조화에 도달하는 것을 나타낸다.

■ **지하(Underground)**

지하에 있는 것은 무엇이나 무의식을 상징한다. 지하에서 나오는 모든 것—파충류나 설치류 등—은 억압되고, 문제 있는 정서를 나타낼 수 있다. 또한 지하세계(Underworld)를 참조하라.

■ **지하 감옥(Dungeon)**

지하실(Cellar), 감옥(Prison)을 참조하라.

■ **지하괴물(Troll)**

세 마리의 염소 이야기에 나오는 트롤처럼, 지하괴물은 인격발달의 새로운 단계(그 설화에서는 풍성한 목장)로 가는 것을 방해하고 있는 모든 것들을 상징한다.

■ **지하세계(Underworld)**

(1) 지하세계 또는 지옥은 절망을 상징한다. 당신은 누군가와 이야기를 나눌 필요가 있다.

(2) 지하세계로 내려가는 것은 긍정적인 측면을 가지고 있을 수 있다. 그것은 새로운 삶을 위한 서막으로서의 죽음을 상징한다. 이것은 글자 그대로의 죽음이 아니라 정신의 온전성 및 '새로운' 당신을 향하여 나아가기 위한 '옛' 당신의 죽음이다. 어둠 주위에 어떤 빛이 존재하는가? 그것은 무의식이라는 지하세계에서 '진정한 자기'를 찾을 수 있는 당신의 의식을 상징한다.

(3) 지하세계는 자궁을 나타낼 수 있고, 그곳에 들어가는 것은 퇴행을 상징하거나, 근친상간적인 원망(願望)을 나타낼 수 있다. 또한 자궁 상징주의는 위의 항목 (2)에서와 같은 재출생을 나타낼 수 있다. 퇴행에 대해서는 서론 44쪽을 참조하라.

### ■ 지하실(Cellar)

지하실은 마음의 가장 깊은 차원을 상징한다. 만약 당신이 무의식을 탐구하지 않았다면, 당신 마음의 지하실은 무의식 전체일 것이다. 당신이 만약 무의식을 탐구하기 시작했다면, 그 '지하실'은 당신이 지금까지 탐구하지 않았던 무의식의 부분이나 차원일 것이다. 때때로 지하실은 어두운 장소들이다; 사용되지 않은 무의식의 층들이 그러한데, 그것은 그러한 층들이 지금까지 의식의 조명을 받은 적이 없기 때문이다.

지하실들은 어둡고 거미들 및 기타 기어다니는 소름끼치는 것들을 숨겨 주기 때문에, 무서움을 주는 장소들일 수 있다. 유사하게도, 우리 마음의 친숙하지 않은 부분들은 가까이 하기 어려운 측면을 나낼 수 있다. 무의식에는 우리가 대면하기를 두려워하는 것들이 있다. 그 무의식은 바로 우리가 두려워하거나 역겨워 하고, 또는 죄책감과 부끄러움을 느끼는 그런 것들을 억압하고, 의식으로부터 추방시킨 장소이기 때문이다. 그러나 이 억압된 감정들과 욕구들은, 친숙하게 되면 본래적인 본능적 충동들의 순수한 산물들로 판명될 것이다. 그 산물들은 삶 속에서 적절하게 표현되기를 요구하고 있는 것들이다.

### ■ 지혜노인/지혜노파(Wise Old Man/Woman)

(1) 남성의 꿈에서는 지혜노인의 형상이 나타나고, 여성의 꿈에서는 지혜노파(老婆)의 형상이 나타날 수 있다. 그 지혜노인은 다양한 모습으로 나타날 수 있다: 예를 들면, 턱수염을 기른 노인, 도사, 사제나 예언자, 왕, 마법사, 교사 등의 모습일 수 있다. 지혜로운 노파는 대지 어머니/위대한 여신, 어머니 교회, 여사제나 여예언자, 여교사로 나타날 수 있다. 이러한 형상이 꿈에서 당신에게 하는 모든 말을 주의하여 들으라: 그 결과로 당신의 성격과 삶이 변화되어 당신의 진정한 자기와 조화를 이루게 될 것이다.

(2) 그러한 형상들을 융은 '마성인격'이라고 불렀다. 이 '마성'(mana)은 외경스럽고 신비적인 능력인데, 신들뿐 아니라 자연 현상과

비범한 인간의 기술, 천재성, 거룩성, 정신력, 정신 능력, 그리고 비범한 지식 등과 관련된 능력이다. 그러므로 이러한 인물들은 무섭게 느껴질 수 있다. 만약 당신이 그들을 너무 두렵게 느낀다면, (융 학파의) 치료가와 상담하라. 사람들은 그 지혜노인/지혜노파가 자신들을 주관하도록 함으로써 무한히 거만하고 자부심이 강하며 완고한 사람이 될 수 있다. 또는 이 '신성한' 지혜와 능력이 당신에게 있다는 사실을 인식하지 못하면, 당신은 마성(mana)을 어떤 권위적인 —그러나 반드시 권위적인 것은 아닌데— 공인(公人)이나, 도사, 또는 개인적으로 알고 있는 사람에게 투사할 수 있다. 그런 마성(mana)의 형상이 당신에게 말하는 것은 무엇이나 지극히 중요한데, 그것은 당신에게 새로운 차원의 삶을 열어 줄 것이기 때문이다.

(3) 남성의 꿈에 지혜노파가 나타나거나 여성의 꿈에 지혜노인이 나타난다면, 그것은 아니마/아니무스를 표현하고 있는 것일 수 있다. 아니마/아니무스에 대해서는 형제/자매(Brother/Sister) 항목 (4)~(6)을 참조하라.

■ **지휘봉(Baton)**

지휘자(Conductor), 장교(Officer), 지팡이(Stick)를 참조하라.

■ **지휘자(Conductor)**

(1) 오케스트라나 합창단의 지휘자는, 의식적인 자아가 당신의 모든 부분들이 힘을 합쳐서 창조적으로 일—당신 영혼에서 '음악 만들기'—하도록 할 필요가 있음을 상징한다.

(2) 또한 지휘자는 신비명상의 전통에서 때때로 '내적 자기'로 일컬어지고 있으며, 실제의 당신과 하나님 모두를 나타낼 수 있다. 이것은 때때로 '내적인 통제자'로 일컬어진다.

■ **진주(Pearl)**

(1) 진주는 물, 조개껍질, 그리고 달(동일한 형태와 색깔)과의 연관성

을 가지고 있는데, 그 모든 것들은 여성성의 긍정적이고 창조적인 측면들에 대한 상징들이다. 그러므로 진주는 새로운 삶과 개인 성장의 가능성을 나타낼 수 있다. 여성의 꿈에서, 진주는 태아와 유사한 생김새 때문에 심지어 임신을 나타낼 수도 있다. 또한 달(Moon), 껍질(Shell), 물(Water)을 참조하라.

(2) 진주는 자기(自己), 즉 개인의 온전성에 대한 상징이다. 이 개인의 온전성에서는 정신의 의식적인 절반과 무의식적인 절반이 결합된다. 신약성서의 다른 모든 것을 희생시켜서라도 찾을 만한 가치가 있는 '대단히 귀중한 진주'를 생각해 보라.

■ 진흙(Mud)

습지(Bog)를 참조하라.

■ 질(Vagina)

남성의 꿈에서, 질은 대개 성적인 욕구를 나타낼 것이다. 그러나 그 질이 당신을 삼키려는 것처럼 보인다면, 그것은 아마 지배적인 어머니나 배우자를 상징하거나 또는 통합되지 않은 아니마를 상징한다. 아니마에 대해서는 형제/자매(Brother/Sister) 항목 (4)~(6)을 참조하라.

■ 질병(Disease)

(1) 만약 꿈에서 당신과 가까운 사람이 질병─사실, 그 사람은 그런 병을 가지고 있지 않은데도─으로 고생을 하고 있다면, 그 꿈은 그 사람에 대한 불안이나 숨겨진 적대적 원망(願望)을 표현할 수 있다. 또한 죽은/죽음(Dead/Death) 항목 (3)을 참조하라.

(2) 만약 꿈에서 병을 앓는 사람이 당신이라면, 그 꿈은 실제로 신체적인 질병을 말하고 있거나 또는 어떤 심리적인 질병이나 내적인 갈등을 말한다.

■ 질식(Suffocation)

　질식당하는 것은 어떤 사람, 또는 어떤 것—예를 들면, 어머니 애착이나 우울한 상태 또는 참을 수 없을 정도로 속박적인 외부의 상황—에 의하여 압도당하거나 완전히 지배되는 것에 대한 두려움을 상징한다.

■ 짐승(Beast)

　또한 동물(Amimal)/괴물(Monster)을 참조하라.
　짐승은 당신의 '동물적 본성'을 상징한다. 그렇다면, 짐승이 나타나는 꿈은 당신이 본능적인 힘에 대하여 천박한 견해를 가지고 있다는 것을 의미할지 모른다. 아무튼 '짐승'은 마귀나 적그리스도에 대한 전통적인 이름이다. 그러므로 당신—의식적인 자아—은 당신의 무의식(당신의 몸 및 당신의 원시적인 정신 에너지)과 창조적으로 상호작용하고, 당신의 의식적인 삶에서 그 무의식에 더욱 가치를 부여하고 그것을 더욱 표현해야 한다.

■ 집(House)

　(1) 집이나 건물은 당신 자신의 상징이다. 위층으로 올라가는 것은 '머리' 부분으로 들어가는 것을 의미할 수 있다. 이 머리는 마음 가운데 합리적인 사고가 일어나는 층(層)이다. 지하실은 무의식을 의미한다. 집의 다른 부분들은 다양한 시대들을 나타내는데, 현대는 의식적인 자아를 나타내고, 가장 오래된 것은 무의식의 깊은 층들, 즉 융이 '집단 무의식'이라고 불렀던 것을 나타낼 수 있다. 서론 70쪽을 참조하라.
　그 집이 답답하게 느껴진다면, 그것은 좌절을 나타내는 것이다. 당신의 어떤 부분은 아직도 개발되지 않은 채로, 즉 아직도 의식 속에 통합되지 않은 채로 남아 있는가? 무엇이 이런저런 본능이나 감정을 계속해서 억압하고 있는가?
　만약 그 집이 금이 가거나 무너지고 있다면, 이것은 당신의 삶에 대한 염려를 나타내거나 당신의 잠재력을 보다 정확하고 넓게 볼 수 있도록 하기 위하여 옛 자아의 이미지를 파괴하는 것을 나타낼 것이다.

(2) 집은 자기 이미지를 나타낼 수 있다: 당신은 자신을 어떻게 보는지, 세상이 당신을 어떻게 보아주기를 원하는지, 또는 당신이 삶으로부터 무엇을 원하는지를 나타낸다.

(3) 그 집이 부모의 집이라면, 그 꿈에서 가지는 느낌은 아동기에 가졌던 당신의 감정들에 대하여, 예를 들면, 당신의 부모에 대하여 많은 것을 말해 줄 수 있다.

### ■ 집 수리(Renovation)

집을 수리하는 것은 자기갱신이나 원기회복을 상징한다. 당신은 낡은 생활방식에 매여 있는가? 당신은 실제 나이보다 더 늙어 보이는가? 지금은 충동들과 욕구들에게 오랫동안 고대하던 충족을 제공하고; 낡은 것을 일소하고, 옛날의 제한적인 태도들이나 선입견 없이 삶을 새롭게 시작할 때이다.

### ■ 집시(Gypsy)

(1) '집시'는 가령 투시력 같은 초자연적인 정신력을 의미할 수 있다. 꿈에 나타난 집시는 아마 당신에게 미래를 바라보게 하고 있으며, 당신의 정신적 성장의 잠재적인 영역들을 가리키고 있을 것이다. 이 정신적 성장은 지성이나 사회적 관습보다는 본능이나 직관에 더욱 의존되어 있다.

(2) 동성의 집시는 '그림자', 즉 당신의 성격 가운데 아직 드러나지 않은 부분들을 상징한다. 그림자에 대해서는 서론 72쪽을 참조하라.

(3) 이성의 집시는 여성의 남성적 측면을 나타내는 아니무스나 남성의 여성적 측면을 나타내는 아니마의 형상일 수 있다. 이것은 특별히 당신을 타락으로 이끄는, 즉 당신을 진리로부터 멀어지게 하는 기만적인 유혹자의 역할에 있어서 그러하다. 또한 형제/자매(Brother/Sister),

특히 항목 (6)을 참조하라.

## ■ 쫓는/쫓기는(Chase)

(1) 당신이 꿈에서 쫓기고 있다면, 당신을 쫓고 있는 것은 당신이 두려워하는 것일 수 있는데, 그것은 외부적인 삶에, 아니면 보다 흔하게 당신의 내적 자기 안에, 즉 당신의 무의식 속에 들어 있는 것이다. 예를 들면, 여자가 남자들에게 쫓기는 꿈을 꾸는 것은 성교를 두려워하는 것을 말한다. 이에 대하여 프로이트는 그 여성의 꿈은 성교에 대한 무의식적이며 억압된 욕구를 위장하여 표현하는 것이라고 덧붙일 것이다.

(2) 만약 당신이 쫓고 있다면, 당신의 꿈속에 있는 '당신'은 의식적인 자아일 것이고, 당신이 쫓고 있는 것은 당신을 무섭게 하는 당신의 어떤 부분일 것이다. 그것을 쫓아 버리는 것은 의식적인 삶으로부터 추방시키는 것을 의미한다. 그것을 당신의 의식적인 삶 속으로 통합시키려고 노력하는 것이 훨씬 더 좋을 것이다. 최소한, 그것을 알아내고 이해하라.

## ■ 찌름(Prick)

찌르거나 찔리는 것은 성행위를 상징한다.

# ㅊ

■ **차가운(Cold)**

또한 얼음(Ice)을 참조하라.

■ **차단장치(Blockage)**

꿈에 드러난 차단장치—예를 들면, 교통 정체, 또는 말을 할 수 없게 목이 막히는 것—는 거의 틀림없이 정신 에너지의 자유로운 흐름을 차단하는 것을 의미한다. 당신의 꿈에서 차단되고 있는 것들을 확인하라: 그리고 이런 식으로 차단된 에너지(욕구, 본능적 충동 등)와 친숙해지고, 그것이 적당한 기회에 당신의 의식적인 삶에서 표현될 수 있도록 하라.

■ **차량(Vehicle)**

(1) 꿈에서 차량은 당신을 나타낼 수 있다. 그 차량이 어디로 가고 있는가? 직선 도로를 가고 있는가? 아니면 굽은 길을 가고 있는가? 또한 시계바늘 방향(Clockwise), 시계바늘 반대방향(Anticlockwise), 오른쪽/왼쪽(Right/Left), 나선형(Spiral)을 참조하라.

(2) 만약 당신이 승객이라면, 이것은 당신이 자신의 삶이나 그 삶의 어떤 측면을 통제하지 못한다는 것을 의미할 수 있다: 그러면 누가 그 차량을 몰고 가고 있는가? 무의식의 어떤 정신기제가 당신의 삶을 주관해 왔는가?

(3) 버스는 당신을 상징하고, 그 버스에 탄 승객들은 당신 성격의 여러 측면들 또는 정신의 여러 요소들을 나타낼 것이다. 또한 위압적인 것(Juggernaut)을 참조하라.

■ **착륙/상륙(Landing)**

(1) 비행기와 같은 물체가 착륙하는 꿈은 당신 자신을 공상이 아닌 현실, 관념적 유희가 아닌 경험, 몸, 본능, 직관, 또는 대자연 안에 확고히 토대를 두어야 한다는 것을 상징한다.

(2) 배로부터의 상륙은 성장을 가로막고 있는 어머니 애착이나 무의식의 다른 내용들로부터 탈출하는 것을 상징한다. 바다는 어머니나 무의식을 상징한다. 당신 자신을 어머니의 부정적인 정서적 속박으로부터 해방시키는 것은 언제나 좋은 일이다: 그것은 당신의 삶에 대하여 책임을 지며, 당신 자신이 되는 것을 향한 커다란 도약을 나타낸다. 기타 무의식의 내용들로부터 탈출하는 것은 그 무의식의 위협들로부터 자신을 자유케 한다는 의미에서 당신에게 좋은 일이다. 그런데 이것은 당신이 무의식에서 벌어지는 일들에 대하여 더욱 잘 알게 되는 경우에만 이루어질 수 있다.

■ **찬장(Cupboard)**

(1) 찬장은 남성의 꿈에서 자궁을 상징할 수 있으므로 어머니나 일반적인 여성을 상징하거나, 또는 자궁으로 복귀하려는 욕구, 즉 삶의 요구들과 문제들로부터 도피하려는 욕구를 상징한다.

(2) 찬장은 당신 자신을 상징한다. 꿈에서 당신은 찬장을 여는가? 만약 그렇다면, 당신은 거기에서 무엇을 발견하는가? 무엇을 발견하든 간에, 당신은 그것을 자신의 일부분으로 보아야 한다. '찬장 속에 들어 있는 뼈들'은 의식적인 삶에서 자리를 차지하지 못했던 당신의 부분들이다.

■ **참수(斬首; Beheading)**

다른 어떤 사형 집행의 형태와 마찬가지로, 참수는 형벌을 상징한다. 우리는 종종 아동기나 초기 성인기의 어떤 외상적 경험과 관련된 죄책감으로 인해, 무의식적으로 자신을 벌할 수 있다. 그러므로 이런 꿈은 당신의 삶 속에 있는 부정적인 사고 유형을 보여줄 수 있다.

■ 창(Spear)

창은 남성의 성기를 나타내는 성적 상징이다.

■ 찾기(Search)

(1) 꿈은 당신이 찾고 있는 것을 보여주는가? 그것은 삶의 의미나 숙명의 열쇠; 일이나 성교에서의 성공; 또는 사랑일 것이다. 만약 당신이 젊다면, 그것은 삶의 의미보다는 물질적인 성공과 번영일 가능성이 더 크다; 만약 당신의 나이가 35세 이상이라면, 그 반대를 적용할 수 있다. 사랑은 모든 연령층의 사람들이 추구할 가능성이 있다; 그러나 사랑의 종류가 다르다: 어떤 사람들에게 있어서는 우연한 남녀간의 만남일 것이고, 다른 사람들에게 있어서는 '진정한 사랑'일 것이며, 또 다른 사람들에게 있어서는 만물과의 신비적인 합일일 것이다.

(2) 꿈은 당신이 찾고 있는 것이 선한 것인지 아닌지를 보여주는가? 그것은 당신이 '달성할 수 없는 목표'를 쫓고 있다는 것; 당신은 가장 우선적인 것들을 첫 번째 자리에 두고 있지 않다는 것; 또는 지금이 당신 자신의 에너지를 다른 어떤 것을 추구하는 데로 돌릴 때라는 것을 말해 주고 있을 수 있다. 궁극적으로 말해서, 우리는 이미 소유할 만한 가치가 있는 모든 것을 소유하고 있고, 단지 필요한 것은 우리가 그것을 소유하고 있다는 사실을 깨닫는 것이라고 말하는 영적 스승들의 말은 옳다: 그리고 심지어 우리 모두가 원하는 사랑(이것은 우리가 원한다고 믿고 있는 것과 다른 것임)은 모든 존재의 핵심을 차지하는 사랑의 능력을 말한다. 그러나 각 사람의 삶에 있어서, 모든 일에는 그 나름의 좋은 기회가 있게 마련이다.

■ 책(Book)

책이 의미하는 것은 긍정적일 수도 있고 부정적일 수도 있다. 여기서 긍정적인 측면은 지혜나 귀중한 지식을 제공한다는 것이고, 부정적인 측면은 그것이 단순한 의견이요 단순한 이론이며, 피상적인 학습내용에 불과하다는 것이다. 꿈속에서 그 책에 대하여 가졌던 감정을 통해서 당신은 적절한 의미를 찾아낼 수 있다.

■ **책벌하는(Punishing)**

(1) 당신이 만약 누군가에게 또는 그 밖의 다른 무엇(말하자면, 동물)에게 벌을 주고 있다면, 벌을 받고 있는 대상은 아마 과거 어느 때에 죄책감을 불러일으킨 적이 있는 당신의 일부분―어떤 아주 주목할 만한 역량이나 본능적인 충동―을 나타낼 것이다. 당신 정신의 서로 다른 부분들 사이의 그러한 반목은 불행을 초래한다. 치유와 행복은 당신이 그 억압된 역량이나 정서를 용서하고 받아들이며, 그것이 당신의 삶에서 적절하게 표현되도록 허용하는 법을 터득하는 경우에만 다가오게 될 것이다.

(2) 당신이 벌을 주고 있는 사람은 당신과 가까운 사람―예를 들면, 부모, 배우자, 자매―을 나타낼 수 있다. 이런 경우에는 다음 세 가지의 가능성에 유의해야 한다: 첫째로, 그 꿈은 그 사람에 대한 무의식적인 분노를 표현하는 것일 수 있다; 둘째로, 당신이 징벌하고자 하는 그 사람의 측면은 그 사람에게 투사시킨 당신의 일부일 수 있다; 그리고 셋째로, 그 사람은 그 꿈에서 다른 사람으로 나타났음에도 불구하고 당신의 어떤 부분을 나타낼 수 있다. 이 경우에는 위의 항목 (1)을 참조하라.

(3) 당신이 만약 벌을 받고 있다면, 당신에게 벌을 주는 사람은 누구인가? 아버지의 형상인가? 아니면 다른 권위 있는 사람(예를 들면, 경찰이나 법관)인가? 만약 그렇다면, 그 꿈은 당신의 초자아가 지나치게 발달했음을 상징할 수 있다. 어린 시절에 당신은 성행위를 하고 있는 부모를 보았고, 그 결과로 부모 중 어느 한쪽의 분노를 산 일이 있는가? 그러한 외상적 경험은 쉽게 자기징벌의 정신기제를 가동시키도록 했을 것이다. 그런데 그러한 정신기제는, 그것에 대하여 당신이 무엇인가를 하기로 결단할 때까지, 지속적으로 당신 정신의 자율적인 기능으로서 작용할 것이다.

■ 처녀(Virgin)

　남성의 꿈에서, 처녀 마리아는 아니마를 나타낼 수 있는데, 그 아니마는 그를 성격의 전체성과 완성으로 이끌어 줄 영적 안내자이다. 형제/자매(Brother/Sister), 특히 항목 (5)를 참조하라.

■ 천국(Heaven)

　지옥(Hell)의 항목 (2), 또는 낙원(Paradise)을 참조하라.

■ 천둥(Thunder)

　또한 폭풍(Storm)을 참조하라.

　천둥은 분노, 정서의 폭발, 또는 정신의 남성적인 측면과 여성적인 측면 사이의 충돌을 상징한다. 그리이스 신화에서 뇌우(thunderstorm)는 제우스(Zeus)와 그의 배우자인 헤라(Hera) 사이의 다툼을 나타냈다.

■ 천사(Angel)

　꿈에 드러난 천사들, 영들, 마귀들, 그리고 그와 유사한 것들은 축복이나 경고에 대한 상징들로 볼 수 있다. 그것들은 또한 당신을 더욱 충일한 삶으로 이끌 수 있지만, 만약 당신이 그것들을 무시하고 경멸한다면, 당신의 행복에 심각한 손상을 줄 수 있는, 당신의 부분들로 이해된다.

　(1) 당신의 꿈에 나타난 천사가 호의를 가지고 당신을 돕거나 보호해 주는 수호 천사인가? 그렇다면 그것은 길조(吉兆)로서, 장애물들을 제거하고 자기완성과 행복을 향하여 전진할 수 있는, 당신의 무의식 속에 있는 어떤 것에 대한 상징이다.

　(2) 천사의 임재가 불길하고 불안하게 하는가? 그렇다면, 당신이 그것에 주의하여 적절히 표현하도록 하지 않을 경우, 폭발하여 문제를 야기시키게 될 당신 내면에 있는 어떤 것의 상징이다.

　(3) 당신의 꿈은 하나의 예고일 가능성이 있다: 그 천사는 죽음의

천사일 수 있다. 그러나 꿈이 투시적이고 직관적인 통찰들을 포함하고 있을지라도, 그러한 꿈들은 단지 드물게만 미래를 지시해 줄 뿐이다. 흔히 꿈이 하는 것은 어떤 행동이나 태도의 습관들을 지속함으로써 뒤따를 수 있는 결과들에 대하여 경고를 주는 것이다. 당신의 꿈에 드러난 천사의 의미는 위의 항목 (1)이나 항목 (2)의 경우에 해당될 가능성이 가장 높다.

■ **철(Iron)**
(1) 철은 때때로 금과 대조적으로 불완전함, 열등감을 나타낼 수 있다.
(2) 철은 힘을 상징한다. 그러나 종종 강직성과 무자비성이라는 의미를 갖는다. 이 무자비성을 나타내는 표현으로는 '철권 통치', '철인 듀크'(the Iron Duke; 영국의 장군이던 Wellington 공작의 별명), '철의 여인'(the Iron Lady) 등이 있다.

■ **첨탑(Spire)**
(1) 첨탑은 남성의 성기를 나타내는 성적 상징이다.
(2) 첨탑은 초월, 또는 영성에 대한 상징이다. 첨탑은 '이 세상'을 떠나 '더 높은 현실'로 올라가는 것을 가리킨다.

■ **청룡열차(Roller-Coaster)**
(1) 청룡열차는 정서들이 행복감과 비참함 사이에서 오르락 내리락 하는 것을 나타낼 수 있다.
(2) 청룡열차는 또한 성행위 혹은 성적 욕구를 표현할 수 있다. 그러나 만약 그 청룡열차에 대한 경험이 불쾌하거나 섬뜩한 것이라면, 그 꿈은 성적인 불안을 표현한다.

■ **초록색(Green)**
(1) 초록색은 자연의 풍요로움을 상징한다. 그러므로 그것은 개인의

성장, 즉 성격의 새로운 발달을 나타낼 수 있다.

(2) 상록수는 불멸성에 대한 전통적인 상징이다. 그것은 새로운 삶을 나타내거나, 또는 개성의 자연스러운 발현을 나타낼 수 있다.

(3) 현대 생활에서 초록색은 '가다', '나아가다'를 의미할 수 있다. 그러므로 꿈에서 초록색은 모든 것이 잘 되어 간다는 것을 말해 준다.

(4) 초록색은 고름이나 썩은 고기에서처럼 부패를 의미할 수 있다. 당신의 무의식 속에는 썩어 가고 있는 것이 존재하는가? 그렇다면, 그것에 주의를 기울이고 그것을 의식의 밝은 빛 속으로 가져오라.

■ 초목(Vegetation)

초목은 인격의 성장을 상징한다. 또한 꽃(Flower), 나무(Tree)를 참조하라.

■ 초상/초상화(Portrait)

거울(Mirror)을 참조하라.

■ 초원(Meadow)

풀이 무성한 초원은 개인 성장의 필요성과 가능성을 상징한다. 바짝 마른 초원은 당신이 정신적인 양식을 공급받지 못하고 있다는 것을 의미할 것이다. 당신을 말라죽게 하는 것이 무엇인가? 외부의 사건들인가? 아니면 내면의 부정적인 성격인가?

■ 초인적 존재들(Superhuman Beings)

(1) 초인적인 존재들은 당신이 오래 전에 결단했어야 했던, 어떤 중요한 결단을 하도록 하는 세력들을 상징한다. 수호 천사들, 수호 성인들, 그리고 종교 전통들에서 보는 수호 영들과 비교될 수 있다.

(2) 초인적 존재들은 권위와 지혜를 상징한다. 그러나 당신 자신의 지혜를 포기한 채, 어떤 외적으로 부과된 권위를 받아들임으로써 당신

의 성격의 지도(地圖) 또는 숙명과 이질적인 신앙 및 행동의 규범을 선택하는 일이 없도록 유의하라.

■ **촛불(Candle)**

(1) 초는 남근(男根)의 상징이다.

(2) 불이 켜 있는 초는 계몽 또는 진리 추구를 상징한다. 촛불의 빛이 향하는 어두움은 융이 '그림자'라고 불렀던 것일 수 있다. 그런 경우에 그 꿈은 당신의 정신 가운데 익숙하지 않고, 무서운 영역들을 탐구하라는 권유일 것이다.

(3) 타오르고 있는 촛불은 죽음이나 늙어 가는 것에 대한 자각, 또는 두려움을 표현할 수 있다.

■ **총(Gun)**

(1) 총은 남성의 성기를 나타내는 성적 상징이다.

(2) 총은 공격성의 상징이다. 당신의 행동에 통제되지 않는 공격성이 존재한다면, 그 원인은 무엇인가? 당신은 자신에 대해 화를 내게 만드는 죄책감을 품고 있는가? 그리고 그 분노를 다른 사람들에게 쏟아 붓고 있는가?

(3) 당신은 그 총으로 누군가를 또는 어떤 동물을 죽이는가? 당신이 죽이는 대상이 부모나 배우자 또는 형제라면, 그 죽이는 행위는 무의식적인 적대감이나 원한을 상징한다. 그렇지 않다면, 그것은 그 희생자에 의해 상징화된 자신의 일부분일 수 있다; 그런 경우에, 당신 정신의 모든 부분과 기능—지금까지 당신이 억압해 왔던 것들을 포함하여—은 아주 귀중한 것으로 당신이 개인의 온전성에 도달하는 데 기여하게 될 것임을 기억할 필요가 있다.

■ **추락(Crash)**

또한 충돌(Collision)을 참조하라.

(1) 만약 꿈에서 당신이 자동차나 기차, 또는 비행기의 추락(충돌)사고를 당한다면, 이것은 당신이 어떤 사업이나 상황에 대하여 몹시 불안해 하고 있다는 것을 의미할 수 있다.

(2) 당신이 운전을 하고 있었다면, 그 추락 사고는 자신을 징계하려는 무의식적인 욕망을 상징한다. 당신은 어떤 죄책감을 품고 있는가? 죄의식과 가학증 및 피학증은 종종 협력한다. 죄책감을 풀어라. 그리하면 난폭성 또한 풀어질 것이다. 이 죄책감은 비합리적인 것임이 거의 확실하다. 아무튼 그것은 당신 자신이나 타인의 삶에 아무런 유익을 주지 못한다.

(3) 충돌은 정신 쇠약에 대한 숨어 있는 두려움을 표현할 수 있다. 그런 경우에 당신은 도움을 구하여야 한다.

■ 추락(Falling)

(1) 추락이 등산이나 비행의 결과라면, 그 상징은 아마도 솔직하게 다음과 같은 것을 의미할 것이다: 당신이 자만했기 때문에 지금 그 대가를 치르고 있는 것이다; 아니면 그 꿈은 당신에게 현재의 행동이나 야심들로 인해서 장래에 초래될 수 있는 비참한 결과들에 대하여 경고를 주는 것일 수 있다. 이것은 구약성서의 잠언에서 '교만은 패망의 선봉'이라는 말이 의미하는 것과 같다. 그렇다면, 그것은 당신이 현재 품고 있는 야심들은 당신의 실제적인 자기, 즉 당신의 실제 능력들과 조화를 이루지 못한 상태에 있음을 뜻한다.

그 교만이 반드시 의식되는 것은 아니다; 사실 보통 사람들은 그 사실을 전혀 알지 못한다. 그래서 꿈이 필요하다! 자기팽창에는 다음과 같은 두 종류가 있을 수 있다: 자아가 어떤 무의식적인 요소에 의해 사로잡힐 때 일어나는 자기팽창이 있고; 또는 자아가 무의식을 무시함으로써 발생하는 자기팽창이 있다; 또는 그 두 가지 모두로 인한 자기팽창이 있다. 만약 당신이 자주 사고를 내는 경향이 있다면, 이것은 당신이 통합되지 않은 무의식의 힘들의 지배를 받고 있음을 말해 준다.

(2) 꿈에서 느껴진 추락의 두려움은 당신이 실생활에서 겪는, 당신을 자유롭게 두는데 대한 두려움을 상징한다. 그 꿈은 당신에게 무의식으로부터 나오는 충동을 제지하지 말것을 촉구하고 있을 수 있다.

추락하는 꿈에서 표현되고 있는 불안 자체를 가장 잘 다루는 것은 아마도 마음놓고 추락하도록 내버려두는 것일 수 있다. 이것은 당신을 무섭게 하는 것이 무엇이며, 그 불안상태의 반응을 보다 적극적이고 창조적인 반응으로 변화시키는 방법을 찾아내기 위해서이다. 스트레폰 카플란-윌리엄(Strephon Kaplan-Williams)은 권하기를, 꿈이 끝나기 전에 깨어나지 말고 그 꿈에서의 추락과 함께 하라고 한다. 그렇게 하려면 미리 자신을 준비시켜야 한다. 자신을 준비시키는 방법으로는 그 꿈을 다시 기록하는 방법, 또는 상상으로 그 꿈을 재생시키는 방법을 시도할 수 있다. 물론 이 상상에서는 완전히 추락하도록 허용할 수 있다. 당신은 그렇게 함으로써 많은 것을 배울 수 있다. 또한 비행(Flying) 항목 (4), 그리고 서론의 30, 66쪽을 참조하라.

■ **추방된 사람(Outcast)**

또한 유기(Abandonment)를 참조하라.

추방된 사람은 지금까지 당신이 거부해 왔던 당신의 어떤 부분을 나타낼 수 있다. 억압과 억제에 대해서는 서론 32쪽을 참조하라.

■ **추적 당하는(Pursued)**

(1) 만약 추적하는 것이 동물이라면, 그것이 의미하는 바는 이렇다: 과거에 당신은 자신의 어떤 '동물적인' 부분으로 인하여 불안하게 되었고, 그리하여 그것을 억압했다. 그러나 지금 그것은 당신을 정복할 만큼 위협적이다. 그 억압된 정서나 본능적인 충동을 확인하고, 그것이 당신의 의식적인 삶에서 적절한 자리를 가질 수 있도록 그것과 대화를 시작하라.

(2) 경찰, 아버지, 또는 기타의 권위적인 인물이 당신을 쫓고 있다면,

당신은 지나치게 발달된 초자아를 가지고 있을 수 있다. 또한 책벌하는(Punishing) 항목 (3)을 참조하라.

(3) 또한 그 추적자는 당신의 가정생활이나 직장생활에서 위협이 되고 있는 무엇이나 누군가를 나타낼 수 있다.

■ **추한(Ugly)**

꿈 속에서 추한 것 또는 추한 사람은 당신을 놀라게 하는 자신의 어떤 부분을 나타낼 수 있다; 그러나 그것이 당신을 놀라게 하는 것은, 아마 당신이 너무 어려서 지적이고 도덕적인 판단을 내릴 수 없었을 때, 그것을 비도덕적이라고 해서 거부했기 때문일 것이다. 미운 오리 새끼처럼, 그것은 참되고 아름다운 당신 자신의 본질이라는 사실이 드러나게 될 것이다.

■ **출구(Exit)**

문(Door), 도피(Escape)를 참조하라.

출구는 문자적이거나 비유적인 죽음을 상징한다. 또한 죽은/죽음(Dead/Death)을 참조하라.

■ **출생(Birth)**

(1) 당신이 만약 여성이라면, 당신의 꿈에 드러난 출생은 아이를 갖기를 원하지만 갖지 못하는 것을 나타낼 수 있다. 꿈에서 출생에 관한 느낌이 좋지 않을 경우, 그것은 원하지 않는 임신을 나타낼 수 있다. 또는, 거의 확실히 새로운 내적 경험 혹은 외적 경험과 새로운 개인성장의 가능성을 나타낼 것이다.

(2) 당신은 자신의 출생에 대한 꿈을 꾸고 있을 수 있다. 만약 그렇다면, 그것은 당신이 왜 태어났는지를 묻고 있다는 것을 의미할 것이다. 당신의 꿈을 되살려 내고 그 출생과 연관된 긍정적이거나 부정적인 정서들에 주목할 수 있는 기회를 놓치지 말라. '당신의 꿈을 되살

린다'는 말은 두 눈을 감고 다시금 그 꿈의 상황을 처음부터 끝까지 추적해 가는 것을 의미한다.

'… 출생은 첫 번째 불안의 경험이므로 불안 정서의 근원이며 모형이다'(프로이트, 꿈의 해석). 모든 불안은 고뇌의 감정이 나중에 되살아나고 강화된 것들인데, 오토 랑크(Otto Rank; Trauma of Birth)는 출생을 모든 불안의 원형으로 보았다. 그는 출생의 외상이 결정적인 심리적 사건이고 모든 신경증의 궁극적인 기원이라는 결론에 도달했다. 그러므로 만약 당신의 꿈에 드러난 출생의 이미지가 의식적이거나 억압되어 있는 불안과 연관되어 있는지를 자신에게 물어 볼 필요가 있다. 예를 들면, 출생 이미지와 연관된 불안은 당신에게 어머니와의 관계에서 완료되지 않은 어떤 것을 확인하라고 말하고 있는 것이다. 이것은 실제로 당신의 어머니와의 관계—현재 어머니와의 실제적인 모자관계로서뿐 아니라, 어린이 또는 청소년기에 가졌던 모자관계—를 포함한다. 돌아가신 어머니가 당신의 정신 속에 살아 있다면, 당신은 자신의 인격을 형성하는 데 방해를 받을 수 있다. 반면에 어떤 사람들은 꿈에서 죽은 어머니를 만나는 것이 도움이 되는 것을 발견하기도 하는데, 그것은 이러한 꿈에서 어머니와 대화를 함으로써 죽은 어머니와의 해결되지 않은 감정을 정리할 수 있기 때문이다.

(3) 융에게 있어서, 출생, 삶, 죽음, 재생 등은 그가 '개성화' 과정이라고 부르는 것의 여러 측면들에 대한 상징들로서 기능한다. 이 개성화 과정이란, 인간의 정신이 완전한 성숙, 온전성, 그리고 조화로 발달하는 것을 의미한다. 그러므로 융의 관점에서 보면, 출생은 개인발달에 있어서 새로운 단계의 실제적인 또는 잠재적인 시작을 뜻한다. 만약 당신이 자신의 삶에서 일어날 수 있는 새로운 단계에 대한 어떤 암시를 느끼고 있다면, 그 새로운 단계의 실현을 위해 어떤 것에 대한 포기가 요구 될지라도, 그것을 실현하기 위하여 진지하게 노력하라는 충고를 받고 있는 것일 수 있다. 여기에서 어떤 것의 죽음—예를 들면, 낡고 부정적인 태도, 오래된 불안들이나 죄책감—은 거의 언제나 새로

운 삶을 위한 전제조건이다. 서론 71쪽을 참조하라.

(4) 출생은 자아, 즉 의식이 깨어 있다는 것을 나타낼 수 있다. 이것은 당신의 꿈에 드러난 출생의 심상이 빛, 즉 태양과 연관될 경우 더욱 확실성을 갖는다. 신화에서, 태양신은 죽고 어머니/여성성, 그리고 무의식의 공통적인 상징인 대양에 의해서 삼키움을 당하고 날마다 다시 태어난다. 결국, 의식적인 자아는 죽어야 하고 다시 태어나야 한다. 즉 의식적인 자아는 무의식 속에 잠기었다가 새롭게 변화된 것으로 다시 솟아나야 한다. 이렇게 될 때에만 내적인 성장, 즉 지혜와 힘과 온전성의 성장이 일어날 수 있다.

이런 식으로 이해한다면, 그 출생 심상은 여전히 위의 항목 (2)에서처럼 어머니와 연관을 가지고 있을 수 있다: 대양은 흔히 어머니를 상징하거나 여성성을 상징한다. 만약 당신이 남성이라면, 여성성의 상징은 어머니 또는 당신 성격의 여성적 측면인 아니마를 언급할 수 있다. 아니마에 대해서는 형제/자매(Brother/Sister) 항목 (4), 그리고 서론 76쪽을 참조하라.

(5) 꿈에서 아이를 낳는 것은 무엇인가 새로운 것을 당신의 삶 속으로 가져오거나, 스스로 새로운 생활양식을 형성하거나, 크게 성숙하게 되거나, 지금까지 억압되었던 어떤 정신 기능을 적절하고 창조적인 방식으로 해방시키고 표현하는 과정을 상징하는데, 그것은 때때로 고통스러운 과정이기도 하다. 또한 유아(Baby), 어린이(Child)를 참조하라.

### ■ 춤(Dancing)

(1) 춤은 성교를 나타내는 성적 상징이다.

(2) 춤은 성적인 것과의 연관성 때문에 자기 본성의 남성적인 측면(아니무스)과 여성적인 측면(아니마)의 화해, 즉 구애(求愛)를 나타낼 수 있다. 아니마/아니무스에 대해서는 형제/자매(Brother/Sister) 항목 (4)~(6)을 참조하라. 그리고 서론 76쪽을 참조하라.

(3) 함께 춤을 추는 것은 다른 사람이나 다른 집단과 협력 관계를

맺는 것을 의미할 수 있다. 그 사람이나 집단은 무엇을 상징하는가? 그것은 당신의 어떤 부분―다양한 정서, 본능적 충동, 견해, 이상, 신념/편견, 태도, 야망 등을 가진 숨어 있는 당신의 모습―일 수 있다.

(4) 그 춤은 '삶의 춤'일 것이다. 그러므로 춤에 참여하는 것 또는 참여하지 않는 것은 자연이나 당신의 무의식과 조화 있는 관계를 맺는 것 또는 그것과 조화되지 않고 있는 것을 의미할 것이다. 서툴게 춤을 추는 것은 당신이 '부조화 상태'로 있다는 것을 의미할 것이다.

(5) 만약 그 춤이 혼자서 열광적으로 추는 것이라면, 그 춤은 정신의 어떤 요소가 당신을 완전히 점유하겠다고 위협하고 있는 것을 가리키는 일종의 '사로잡힘'을 나타낼 수 있다. 만약 그런 경우라면, 당신은 자신에게서 관찰되는 모든 강박적인 행동의 원인들을 확인하고; 그것들과 화해할 필요가 있다. 여기에서 화해한다는 것은 대개 당신의 삶 속에 지금까지 억압된 당신의 어떤 부분을 위한 자리를 만들어 주거나 억압된 죄책감을 제거하는 것, 또는 그 두 가지 모두를 하는 것이다. 억압에 대해서는 서론 32쪽을 참조하라.

### ■ 충돌(Collision)

꿈에서 당신이 자동차를 운전하다가 다른 차와 충돌한다면, 이것은 의식과 무의식의 충돌을 나타낼 수 있다. 다른 말로 하면, 당신의 정신 안에 갈등이 일어나고 있다.

### ■ 층(Story)

또한 집(House)을 참조하라.

기본적으로 빌딩의 아래층은 무의식을 나타내고, 위층은 의식을 나타낸다. 맨 밑에 있는 지하실은 집단 무의식을 나타낼 수 있다. 맨 위의 층은 고상한 가치의 영적 성취 및 영적 추구를 상징하거나, 또는 유감스럽게도 의식적인 자아를 무의식의 뿌리로부터, 또는 본능들과 직관들로부터 분리시키는 것을 상징한다. 서론 70쪽을 참조하라.

### ■ 치유/치유자(Healing/Healer)

꿈에 나타난 모든 치유 행위는 대개 정신을 치유하는 것을 언급하는 것이다; 그리고 그 꿈에 나타난 치유자는 더욱 큰 온전성으로 나아가도록 하기 위하여 절대로 필요로 하는 어떤 것을 상징한다.

### ■ 치통(Toothache)

당신에게 고통을 주는 어려움이 있는가? 구체적으로 인간 관계에서의 어려움이나 직장에서의 어려움을 가지고 있는가? 또한 이(Tooth/Teeth)를 참조하라.

### ■ 친구/동반자(Friend/Companion)

(1) 당신의 꿈에 당신과 동성인 친구가 나타난다면, 그/그녀는 당신의 제2의 자아나 그림자를 상징할 수 있는데, 그것은 당신이 지금까지 무시하거나 억압해 왔던 성격의 여러 측면들로 구성되어 있다. 우리는 일상생활에서 자신의 무의식의 어떤 내용들—예를 들면, 억압된 공격성이나 열등감, 콤플렉스—을 다른 사람들에게 투사할 수 있다.

융은 말하기를, 그림자가 없다면 의식적인 자아는 보다 깊은 정신의 영역들을 안전하게 탐험할 수 없다고 한다. 다른 말로 하면, 우선 자신의 성격에는 의식하고 있는 여러 측면들과는 다른 측면들이 존재한다는 사실을 인정하지 않고는 자기 존재의 진정한 중심을 회복할 수가 없다. 그림자에 대해서는 서론 72쪽을 참조하라.

(2) 만약 꿈에 나타난 친구/동반자가 이성(異性)이라면, 그/그녀는 아니무스/아니마를 나타낼 수 있다. 아니마는 남성 정신의 여성적인 측면이고, 아니무스는 여성 정신의 남성적인 측면이다. 이렇게 정신에는 대극적인 성적 요소가 있고, 삶의 과제들을 다루는 데 있어서, 그것이 도움이 된다는 사실을 인정하는 것은 자신의 온전성을 성취하는 과제에 있어서 필수적이다. 아니마/아니무스에 대해서는 형제/자매(Brother/Sister) 항목 (4), 그리고 서론 76쪽을 참조하라.

■ 칠(7, Seven)

(1) 숫자 7은 완전에 대한 상징―태양계에 일곱 개의 혹성이 있기 때문일 것임―이므로 개인의 온전성과 충만에 대한 상징이다.

(2) 숫자 7은 또한 결혼한지 7년째의 권태에서처럼 변화의 때를 알려줄 수 있다.

(3) 숫자 6과 7은 갈등을 상징한다.

■ 침입(Invasion)

꿈에서 당신 또는 당신을 상징하는 어떤 것들(예를 들면, 집이나 마당)이 분노한 군중이나 곤충 떼에 의하여 침입을 당한다면, 아마 그것은 당신이 무의식의 내용들에 의해 '사로잡혀' 있다는 것, 또는 그렇게 되는 위험에 처해 있다는 것을 의미할 수 있다. 억압된 것은 곪아서 결국엔 정신 전체를 점유할 수 있다. 당신이 지금까지 억압해 온 욕구들 및 직관적인 충동들을 살펴 보라. 그것들을 적절히 존중하고, 그것들이 당신의 삶에서 적절한 자리를 차지하도록 하라.

# ㅋ

- **칼(Knife)**

또한 자름/절단(Cutting), 단도(Dagger), 입문식(Initiation), 희생제물(Sacrifice)을 참조하라.

칼은 정신의 깊은 곳에 자리한 억압된 파괴적 원망(願望)을 상징한다.

- **커튼(Curtains/Veil)**

(1) 커튼은 당신이 자신의 숨어 있는 부분들, 즉 두렵기 때문에 무의식안에 가두어 버린 정서들, 태도들, 충동들을 보지 못하는 것이나 보지 않으려는 태도를 상징한다.

(2) 또는, 지금 당신이 의식(意識)에서 내쫓고 있는 것은 견딜 수 없을 만큼 고통스러운 외부적인 어떤 상황일 수 있다.

어떤 경우이든, 의식으로부터 내쫓는다고 해도 그것들이 당신의 태도나 행동에 영향을 미치는 것을 중단하지 않는다는 사실을 명심하라; 그리고 당신이 추방시킨 바로 그 부분을 이용하지 않는다면 또는 그것을 이용할 때까지는, 당신의 개인 성장이나 행복에 해로운 영향을 끼칠 것임을 명심하라.

(3) 물론 커튼을 여는 것은 지금까지 숨겨온 것을 살펴 볼 준비가 되어 있음을 의미한다.

(4) 커튼을 치는 것이나 극장의 막을 내리는 것은 변함없이 무엇인가—예를 들면, 당신 삶의 어떤 관계나 어떤 단계—의 끝을 상징한다.

(5) 여성의 꿈에서 커튼은 아마 처녀막을 나타낼 것이다. 그런 경우에, 닫혀진/열려진 커튼은 아마 성교에 대한 두려움 또는 욕구를 가리킬 것이다.

■ 코(Nose)

(1) 코는 남성의 성기와 고환을 나타낼 수 있다. 또는 코는 피를 흘리는 경향을 가지고 있기 때문에 여성의 생식기를 나타내는 성적인 상징이기도 하다.

(2) 코는 피노키오 이야기에서처럼 거짓말을 상징한다. 당신은 지금 자신에 대하여 정직하지 못한 것은 아닌가?

(3) 또는, 그 꿈은 당신에게 '자신의 코를 따를 것', 즉 자신의 본능에 따를 것을 말해 주고 있다.

■ 코끼리(Elephant)

(1) 융에 따르면, 코끼리는 자기(自己)의 상징이다. 자기에 대해서는 서론 83쪽을 참조하라.

(2) 특별히 인도 사람들의 종교적 개념들이나 성상들의 의미를 잘 아는 사람에게 있어서, 코끼리는 당신의 목적 성취에 방해가 되는 모든 것들을 치워 버릴 수 있는, 그리고 당신 마음에 존재하며, 이용이 가능한 어떤 능력을 나타낼 수 있다. 힌두교의 코끼리 신인 간데샤(Gandesha)는 위대한 '장애물 제거자'이다.

■ 큰 회오리바람(Cyclone)

회오리바람(Whirlwind)을 참조하라.

# ㅌ

- **탐닉(Orgy)**

  (1) 탐닉은 성교에 대한 욕구의 과장된 표현일 수 있다. 또한 방탕(Debauchery)을 참조하라.

  (2) 탐닉은 당신 자신 안에 있는 에너지의 풀려남―옛 습관이나 부정적인 태도에서 벗어남으로써, 또는 개인의 온전성을 경험함으로써 발생한다―을 상징할 수 있는데, 그것은 의식과 무의식, 정신의 남성적인 측면들과 여성적인 측면들의 합일에 기인한다.

- **탐구(Quest)**

  추구(Search)를 참조하라.

- **탑(Tower)**

  (1) 탑은 남근을 상징하는 것일 수 있다.

  (2) 탑은 여성의 꿈에서 아니무스를 상징한다. 아니무스에 대해서는 형제/자매(Brother/Sister) 항목 (4)~(6), 그리고 서론 76쪽을 참조하라.

- **태양(Sun)**

  (1) 태양은 자기, 즉 진정하고 전체적인 자기의 상징이다.

  (2) 태양은 직관과 구별되는 지성을 상징한다.

  (3) 태양은 권위를 가진 사람으로 경험된 아버지의 상징이다. 여기에서 '권위를 가진 아버지'는 당신에게 해야 할 것과 하지 말아야 할 것을 말하거나 침묵으로 당신을 판단하는 누군가이다.

■ 터널(Tunnel)

(1) 터널은 성적인 상징으로서, 질(膣)을 나타낼 수 있다. 기차나 승용차가 터널에 들어가는 것은 성행위를 상징한다.

(2) 터널은 무의식을 상징한다.

(3) 터널은 죽음을 상징하거나 또는 마지막에 빛이 존재한다면 죽음과 재출생을 상징한다. 그 죽음이나 재출생은 문자적인 죽음이나 재출생일 수도 있고, 은유적인 죽음이나 재출생일 수도 있다.

또한 죽은/죽음(Dead/Death), 그리고 서론 23쪽을 참조하라.

■ 토끼(Rabbit)

(1) 토끼는 성, 다산력을 상징한다. 본능들이 무제한으로 당신의 삶을 지배하는가? 아니면 당신의 개인 성장을 위한 새로운 발전 가능성으로 활용되고 있는가?

(2) 당신의 꿈에 나타난 토끼는 순진한 희생자를 상징한다. 만약 그렇다면, 그 꿈은 자신을 징벌하거나 비난하는 일을 그만두고, 현재 있는 그대로의 당신 자신을 용납하고 사랑하라는 충고일 수 있다.

■ 토끼굴(Rabbit Hole)

(1) 토끼굴에 들어가는 것은 문제들로부터 도피하려는 시도를 상징한다.

(2) 토끼굴에 들어가는 것은 무의식에 들어가는 것에 대한 상징이다.

■ 통증(Ache)

또한 고통(Pain)을 참조하라.

통증은 그 통증이 느껴지는 몸의 부분이 연상시키는 심리적 요소들이 충분히 표현되지 못하고 있다는 사실을 의미할 수 있다.

# ㅍ

■ **파는 것(Digging/Unearth)**

꿈에서 무엇을 파는 것은 보물을 얻기 위하여, 즉 진정한 자기를 찾기 위하여 땅을 파는 것; 무의식을 '파는 것'을 의미할 수 있다. 꿈에서 파내는 모든 것에 주의를 기울이라. 그것은 무의식이 당신 자신의 유익을 위하여 주의를 끌고 있는 당신 안에 있는 어떤 것을 상징한다.

■ **파도(Wave)**

해일(Tidal Wave)을 참조하라.

■ **파란색(Blue)**

(1) 파란색은 때때로 개인 무의식과는 구별되는 보편적인 무의식 또는 집단적인 무의식을 상징한다. 그 꿈은 정신 속에 있는 깊은 원천으로부터 흘러나오는 직관들을 토대로 하여 삶을 형성할 것을 요구하고 있을 수 있다. 서론 70쪽을 참조하라.

(2) 또는 파란색은, 특히 하늘의 파란색일 경우에는, 의식세계의 능력을 나타낼 수 있다.

(3) 어두운 파란색은 우울한 상태, 즉 '우울증'과 연관을 가질 수 있다.

(4) 파란 옷은 남성다움을 상징한다. 토니 크리스프(Tony Crisp)는 그의 「꿈 사전」에서 여성들은 때때로 파란색—어두운 파랑이나 짙은 남색—의 옷을 입은 위협적인 남자들에 대한 꿈을 꾼다고 말한다. 그러한 꿈은 반드시 그 꿈을 꾸는 여성으로 하여금 자신의 아니무스(여성이 소유하고 있는 남성적 측면)와 접촉하게 하고, 그리하여 그것과의 대화를 시작하도록 동기를 부여할 것이다. 그 꿈이 그러한 동기를

부여하는 것은 그 꿈을 꾸는 여성으로 하여금 자신의 내면에 있는 남성성과의 관계와 외부 세계에 있는 실제 남성들과의 관계 모두를 더욱 긍정적인 관계로 만들기 위해서이다. 서론 76쪽을 참조하라.

(5) 푸른 바다는 무의식이나 여성성(아니마, 어머니, 또는 대모 大母)을 상징한다. 또한 어머니(Mother)를 참조하고, 아니마에 대해서는 서론 76쪽을 참조하라. 그리고 대모에 대해서는 81쪽을 참조하라. 또한 아래의 항목 (6)을 참조하라.

(6) 신비적인 차원에서, 파란색은 우주적 생명과 힘으로부터 비롯된 원시적인 에너지를 나타낼 수 있다고 이해할 수 있다. 신화에서, 태고의 대양은 모든 것이 거기에서부터 온 근원이다. 그것은 형식과 외양 없이 존재하지만, 모든 형식과 외양을 위한 잠재력을 가지고 있다.

■ 파이프(Pipe)
파이프는 남성의 성기를 나타내는 성적 상징이다.

■ 팔(Arm)
(1) 팔은 우리가 일을 할 때 사용하는 것들이다. 그러므로 그것들은 우리의 능력, 효율성, 창조성, 유용성 등을 나타낸다.
(2) 팔의 아픔이나 고통은 부적당하다는 감정, 또는 자존감의 상실을 상징한다.

■ 팔(8, Eight)
(1) 숫자 8은 4의 배수로서, 온전성; 완전히 통합된 인간의 정신 등 4와 동일한 의미를 갖는다. 또한 사(4, Four)를 참조하라.
(2) 8은 또한 무한대나 영원; 또는 죽음과 재출생의 끝없는 순환을 상징한다.
(3) 물론 숫자 8은 특별한 날이나 호수(戶數) 등 당신에게 있어서 특별한 의미를 가질 수 있다.

- **패자(Underdog)**

당신 자신의 두 부분 사이에는 갈등이 있을지 모른다: 예를 들면, '승자'의 형상으로 표현되는 양심과 '패자'의 형상으로 표현되는 본능적인 욕구 사이의 갈등이 있을 수 있다. '승자'와 '패자'의 개념은 게슈탈트 집단 치료법을 추천하는 프릿츠 펄스(Fritz Perls)와 관련이 있다. 당신은 그 갈등을 다시금 덮어두기보다는 '빈 의자 대화기법'을 시도하는 것이 좋을 것이다. 빈 의자 대화기법은, 그 갈등을 해결하려는 목적으로 두 개의 의자를 사용하여 이 의자에서 저 의자로 자리를 옮기면서 교대로 각각의 상대편 입장이 되어 역할극을 실연하는 것이다.

- **펜싱(Fencing)**

싸움(Fighting)을 참조하라.

- **편자(Horseshoe)**

편자는 행운, 안녕, 성장에 대한 좋은 전망을 상징한다.

- **펼침(Unfolding)**

펼침은 인격 발달의 가능성을 상징하는 것이 거의 확실하다.

- **폐물(Refuse)**

폐물이나 쓰레기는 억압된 무의식의 내용들, 즉 과거 어떤 때에 당신에게 너무도 고통스러웠기 때문에 자신의 무의식 속에 밀쳐 놓았던 정서들을 상징한다. 또는, 쓰레기는 당신 성격의 불균형을 수정할 필요가 있는 것일 수 있다. 폐물을 수거하는 것은 자기파괴적인 행동양식을 그만두는 것일 수 있다.

- **폐품(Junk)**

버려진 쓰레기는 억제되거나 억압된 무의식의 내용들을 상징한다.

당신은 그것을 철저히 숙고해야 한다. 그러면 자신의 성숙에 필요한 지극히 귀중한 소재들, 즉 당신 자신의 측면들을 발견하게 될 것이다. 억압/억제에 대해서는 서론 32쪽을 참조하라.

■ 폐허(Ruins)

(1) 폐허가 된 것은 어떤 관계, 당신의 자기 이미지, 또는 당신의 삶일 수 있다. 그런 붕괴가 꼭 나쁜 것은 아니다. 그것은 종종 당신이 지금까지 잘못된 목표를 향해서 달려왔다는 것, 즉 그 목표는 당신의 성격에 어울리지 않는다는 것을 의미한다.

(2) 만약 그 폐허에 대한 느낌이 신성한 것, 즉 거룩한 것이라면, 그 폐허는 당신의 '숙명'에 적합한 지혜의 원천을 상징한다.

■ 포도주(Wine)

또한 성배(Chalice)를 참조하라.

붉은 포도주는 열정이나 보다 만족스러운 삶을 상징한다.

■ 포장된/포장(Wrapped/Wrapping)

(1) 포장된 꾸러미는 당신이 성격의 어떤 부분을 숨기고 억제하거나 억압하고 있다는 것을 의미할 수 있다. 억제/억압에 대해서는 서론 32쪽을 참조하라.

(2) 당신이 꿈속에서 포장하고 있는 것이 바로 자신이라면, 이것은 당신의 감정: 수치심이나 죄의식이나 부적절성: 따뜻한 사랑에의 갈망을 자신으로부터, 또는 다른 사람으로부터 숨기려는 욕구를 상징한다. 이 모든 경우에 제일 먼저 해야 할 일은 포장을 제거하는 것이다. 다시 말해서 주의를 필요로 하는 자신의 부분을 드러내는 것이다.

■ 포장을 푸는 것(Unwrapping)

(1) 예를 들면, 꾸러미를 푸는 것은 당신 자신 안에 있는 것을 노출

시키는 것을 상징한다. 당신 자신 안에 있는 것으로는 두려움, 분노, 죄책감, 사용한 적이 없는 역량이나 재능 등이 있다. 당신은 이 사용하지 않은 역량이나 재능을 받아들여서 의식적인 삶에서 활용하는 법을 터득해야 한다.

(2) 만약 여러 겹의 포장이 벗겨진다면, 당신의 무의식 속을 발굴해 들어가는 것; 당신의 진정한 자아와 친밀해지는 것에 대한 느낌을 상징한다.

■ **폭력(Violence)**

(1) 만약 꿈에서 당신이 사람이나 동물에게 폭력적인 행동을 한다면, 특히 그런 행동이 꿈에서 반복해서 나타날 경우, 그것은 깊이 자리하고 있는 어떤 분노나 원한을 나타낸다. 그것은 기본적인 욕구의 좌절 때문일 수 있다. 비도덕적이라고 잘못 생각하는 욕망에 의해서 유발된 죄책감은 분노를 수반할 수 있는데, 이 분노는 외적으로 그 욕구의 충족을 가로막았던 누군가(부모)를 향한 것이거나, 아니면 내적으로 당신 자신을 향한 자기징벌의 형태를 띤 것이다. 그러므로 만약 꿈에서 당신이 폭력의 희생자라면, 이것은 당신이 자신을 벌하는 경향을 상징한다.

(2) 그 폭력이 분명히 다른 사람에 대한 것인 경우에도, 그것은 불안을 나타낼 수 있다. 예를 들면, 어떤 여성과 잔인하게 성교하는 꿈을 꾸는 남성은 여성을 두려워하고 자신의 성을 두려워(죄스러워) 하는 것이 거의 확실하다. 이 죄책감과 불안의 원인은 심리치료사의 도움을 받아서라도 반드시 밝혀져야 한다.

(3) 화산, 폭탄 등의 격렬한 폭발은 대개 좌절된 정신의 일부분이 있으며 그것의 표현이 계속해서 거부될 경우, 당신의 삶은 크게 파괴될 수 있다는 것을 의미한다. 또한 폭탄(Bomb), 화산(Volcano)을 참조하라.

우리의 폭력은 우리를 사로잡고 있는 정서에 의해서 유발된다. 그러한 정서가 우리를 사로잡게 되는 것은 우리가 건강한 욕구들을 좌절시켰기 때문이다.

■ **폭발(Explosion)**
　폭탄(Bomb), 화산(Volcano)을 참조하라.

■ **폭탄(Bomb)**
　(1) 폭탄은 억압된 무의식의 정서적인 힘의 상징이다. 억압된 욕구들이나 충동들은 결국엔 폭발하여 당신 자신과 다른 사람들에게 많은 상처를 줄 가능성이 있다. 의식적으로 그러한 것들에 유의하고, 일상생활에서 자리를 갖게 하라. 폭발할 때까지 기다리지 말라. 악몽 같은 꿈들에서는 무서운 결말(폭발, 높은 데서 떨어져 땅바닥에 부딪히는 것 등)을 보기 전에 깨는 대신, 끝까지 꿈속에 머물러 있는 것이 좋다. 만약 꿈이 완료되기 전에 그러한 꿈에서 깨어난다면, 당신은 아마 자신의 성격이나 외적인 삶에서 제기되는 어떤 문제를 회피하고 있을 수 있다.
　(2) 만약 그 폭탄이 원자탄이라면, 그 꿈은 현재 세상에서 벌어지고 있는 상황에 대한 불안을 나타낼 수 있다. 다른 한편으로, 원자탄에 대한 불안은 자신에 대한 깊은 불안의 상징적인 표현일 수 있다. 어떤 꿈들은 객관적-외적인 해석과 주관적-내적인 해석 모두를 허용한다.

■ **폭풍(Storm)**
　(1) 폭풍은 갈등, 즉 관계에서의 갈등이나 당신 내면에서의 갈등을 상징한다.
　(2) 폭풍은 정서가 폭발하는 것을 상징한다. 이런 경우에, 그 꿈은 당신이 초연하게 될 것을 강요한다. 동시에, 폭풍이 풍성한 수확을 가능하게 하는 비를 가져다주는 것처럼, 그 정서의 폭발은 인격발달의 새로운 단계를 위해 장애물을 돌파하는 데 필요한 것일 수 있다.

■ **표지판(Signpost)**
　꿈에 나타난 모든 표지나 표지판에 귀를 기울이라. 만약 그것이 말하는 것을 놓치거나 잊어버린다면, 당신의 무의식에게 그 꿈을 다시 꾸게 해 달라고 요청하라. 그리고 잠자리에 들기 전에, 이번에는 그 표지에 주의를 집중하기 위한 마음의 준비를 하라.

■ 표창(Dart)

표창은 남성의 성기나 성교를 나타내는 성적인 상징이다.

■ 풍선(Balloon)

(1) 뜨거운 공기에 의해 공중에 떠 있는 풍선은 당신의 일상생활과 관련된 문제들로부터 자유로워지고자 하는 욕구나 상황을 객관적으로, 또는 보다 영적으로 바라볼 수 있게 된 것을 상징한다.

(2) 다양하게 채색된 풍선들은 기쁨과 행복, 그리고 축하할 만한 것을 상징한다.

■ 풍향계(Weathercock)

수탉(Cock), 특히 항목 (5)를 참조하라.

■ 플러그(Plug)

목욕탕의 플러그이든 전기 플러그이든, 플러그는 남성의 성기를 나타낼 수 있다. 구멍을 막거나 소켓에 플러그를 끼우는 것은 성교를 상징한다.

■ 피(Blood)

(1) 피는 생명의 상징일 수 있다. 흘린 피는 죽음의 상징이다. 꿈에서 그 장면이 부담이 된다면, 그것은 죄책감의 상징이다.

(2) 피는 또한 열정, 특히 사랑이나 분노를 상징한다.

(3) 그 피는 치환된 월경의 피일 수 있다. 여기서 '치환된'이라는 말은, '비록 꿈에서 본 피가 도로 위에 흘려진 피나 또는 코에서 나온 피처럼 보일지라도, 실제로 그것이 가리키는 것은 월경의 피일 수 있

다'는 뜻이다. 만약 당신이 여성이라면, 그러한 꿈은 성적인 것과 관련된 불안을 표현하는 것일 수 있다; 만약 당신이 남성이라면, 그것은 성교/또는 여성에 대한 공포를 표현할 수 있다.

(4) 피를 마시는 것은 새로운 생명이나 힘을 받는 것을 의미한다. 종교적인 의식에서, 상징적으로 제물로 바쳐진 사람이나 동물의 피를 마시는 것은 신의 생명과 능력에 참여하는 것을 상징한다.

■ 피난/피난처(Refuge)

피난하는 것은 좋은 일일 수도 있고 나쁜 일일 수도 있다. 단순히 도망치는 것이나 숨는 것은 헛된 일이다. 그러면 위협들과 문제들은 여전히 남게 되고, 사태의 악화를 가져온다. 다른 한편으로, 피난처를 발견하는 것이 충분히 사랑(용납하고 용서)할 수 있는 자신의 심층을 발견하는 것을 의미한다면, 그것은 죄책감이나 열등감, 또는 분노나 질투를 용해시키는 데 필요한 것일 수 있다.

피난처가 지니는 중요성은 주로 당신이 무엇으로부터 피난하느냐에 달려 있다. 또한 동물(Animal) 항목 (3)과 (4), 쫓는/쫓기는(Chase/Chased) 항목 (1), 도주(Flight), 추적 당하는(Pursued)을 참조하라.

■ 피리(Flute)

피리는 성(性), 또는 유혹을 상징한다. 여성의 꿈에서 피리 부는 사람은, 자신의 정신을 정돈하는 데 도움을 주는 호의적인 아니무스를 상징한다. 아니무스에 대해서는 형제/자매(Brother/Sister) 항목 (4), 그리고 서론 76쪽을 참조하라.

■ 피리 부는 사람(Piper)

여성의 꿈에서 피리 부는 사람은 아니무스의 형상일 수 있다. 아니무스에 대해서는 형제/자매(Brother/Sister) 항목 (4)~(6)을 참조하라.

# ㅎ

■ 하강(Descent)

또한 깊은 곳들(Depths), 내리막 길(Downhill)을 참조하라.

하강의 의미는, 주로 당신이 지금 무엇을 향해서 내려가고 있느냐에 따라서 결정된다. 깊은 우물이나 다른 어두운 곳을 향하여 내려가는 것은 의식적인 자아가 무의식을 향하여 '하강'하는 것을 상징한다.

■ 하늘(Sky)

(1) 인도의 힌두교보다 앞선 시대에서 온 하늘의 아버지로부터 기독교의 '하늘에 계신 아버지'에 이르기까지, 신화에서 하늘과 신은 밀접한 관련이 있어 왔다. 그러므로 하늘은 초월적인 것, 말하자면 당신의 진정한, 그렇지만 아직 도달하지 못한 자기를 상징한다.

(2) 무의식의 영역을 나타내는 육지나 바다와는 달리, 하늘은 의식의 영역을 상징한다. 또한 새(Bird), 비행(Flying)을 참조하라.

■ 하수(Sewer)

하수는 지금까지 당신이 억제하려고 힘써 온 무의식적인 에너지나 정서의 흐름을 나타낼 수 있다.

■ 한 쌍/한 짝(Pair)

한 쌍의 남녀(Couple), 대극들(Opposites)을 참조하라.

■ 한 쌍의 남녀(Couple)

꿈에 나타나는 모든 한 쌍의 남녀는 더욱 나은 균형과 충만에 이르기 위하여 당신의 정신을 구성하고 있는 두 개의 다른 요소를 결합시킬 필요가 있다는 것을 상징한다.

(1) 우리 모두는 '그림자'를 가지고 있다. 그러므로 우리는 자신의 무의식과 대화하고 의논하는 법을 터득할 필요가 있다. 그림자에 대해서는 서론 72쪽을 참조하라.

(2) 남성들의 정신에는 여성적인 측면이 있고, 여성들의 정신에는 남성적인 측면이 있다. 보통 이러한 성적 측면들은 사회적응의 결과로 억압되거나 억제된다. 그러나 개인의 온전성의 성취는 자기 본성의 양성적인 측면들을 결합하는 데 달려 있다. 꿈은 이러한 연합을 한 쌍의 남녀, 즉 남성과 여성으로 나타낼 수 있다. 때때로 이것은 왕과 왕비로 나타난다.

(3) 왕과 왕비는 또한 당신의 부모를 나타낼 수 있다. 만약 그렇다면, 그 꿈은 부모에 대한 숨어 있는 당신의 정서들, 또는 부모가 무의식적으로 당신의 태도들과 행동양식들에 미친 영향들을 보여주는 것이다.

### ■ 할례(Circumcision)

전통적인 할례의식에서 소년은 상징적으로 자신의 동물성을 제거함으로써 한 사람의 인간으로 변화된다. 꿈에서, 할례가 의미하는 것은 무의식적인 정서가 지배하는 발전단계로부터 의식이 무의식적인 충동들을 통제할 만큼 강력하게 되는 단계로 전진할 필요가 있다는 것이다.

주의. 무의식적인 충동들을 통제한다는 것은 그것들을 억압하거나 무시하는 것을 의미하지 않는다. 그것은 그것들로 하여금 당신의 의식적인 삶에서 적절한 자리를 차지하도록 하는 것을 의미한다. 또한 입문식(Initiation)을 참조하라.

### ■ 할머니(Grandmother)

여성의 꿈에 나타나는 할머니는, 융이 '대모'(大母)라고 불렀던 것을 나타낼 수 있다. 그 대모는 그녀의 상대역인 지혜노인과 마찬가지로, 집단 무의식 속에 있는 지혜와 능력을 나타낸다. 이 집단 무의식은 개인 무의식보다 훨씬 더 오랜 역사를 가진 무의식의 일부이다. 때때로 의식적인 자아는 이러한 원형(原形)들로부터 삼키움을 당하지 않기 위하여 투쟁을 해야 한다. 또한 어머니(Mother), 지혜노인/지혜노파(Wise Old Man/Woman), 그리고 서론 81쪽을 참조하라.

### ■ 할아버지(Grandfather)

(1) 당신의 할아버지가 꿈에 나타난다면, 그는 지혜를 상징한다.

(2) 남성의 꿈에서라면, 할아버지는 지혜노인의 형상일 수 있다. 또한 지혜노인/지혜노파(Wise Old Man)/Woman), 할머니(Grandmother), 서론 81쪽을 참조하라.

### ■ 함정에 빠진(Trapped)

당신은 결혼생활에서나 직장생활에서 함정에 빠져 있다고 느끼는가? 또한 감옥(Prison)을 참조하라.

### ■ 항구(Port)

항구(Harbour)를 참조하라.

### ■ 항구(Harbour)

(1) 항구로 들어가는 것은 삶이나 어떤 특별한 문제로부터 벗어나 피난처로 들어가는 것; 혹은 목적을 성취하는 것을 타나낼 수 있다; 또는 항구는 질이나 자궁을 나타낼 수 있다는 점에서 강력한 어머니 애착을 나타낼 수 있다.

(2) 바다로 나아가는 것은 당신의 무의식에 대한 탐험이 시작된다는 것, 또는 당신 자신을 강력한 어머니 애착으로부터 해방시킬 필요가 있음을 상징한다.

■ 항해(Voyage)

길떠남(Journey), 여행(Travel)을 참조하라.

■ 해골(Skull)

해골은 죽음, 또는 면할 수 없는 운명을 상징한다. 아마도 당신은 죽음을 생각해 볼 필요가 있다. 이것은 병적으로 죽음에 몰두하는 것이 아니라 삶을 더 생산적으로 조망하기 위해서이다.

■ 해난구조(Air-Sea Rescue)

(1) 바다는 어머니를 나타낼 수 있다. 만약 당신이 어머니로부터의 독립을 강력히 주장할 필요가 있다면, 그 꿈은 구조—심리적으로 어머니에게 점유된 상태로부터의 구조—가 가까이 왔다는 것을 의미할 수 있다. 또한 어머니(Mother)를 참조하라.

(2) 바다는 일반적으로 여성다움을 나타낼 수 있다. 이런 경우에, 그 꿈은 당신으로 하여금 부적절한 남성다움에 의해 야기된 정신의 불균형을 치료해야 할 필요성에 주의를 기울일 것을 요청하는 것일 수 있다. 또한 여성(Woman)을 참조하라. 그리고 76쪽의 아니마/아니무스에 대한 설명을 참조하라.

(3) 바다는 무의식의 상징이다. 이런 경우에, 꿈에 드러난 구조용 비행기는 지금까지는 인지되지 않은 채 억압됨으로써 통제되지 않은 정서의 바다로부터 구조되는 것을 상징한다.

주의. '무의식으로부터의 구조'는 단지 당신의 통제 바깥에 있는 힘들이 당신의 삶을 결정하고 형성하는 상황—이러한 상황은 물에 빠지는 것에 의해서 상징됨—에 종지부를 찍는 것을 의미한다. 그것은 무의식 자체가 부정적이고 해로운 것이라는 사실을 의미하지 않는다. 반대로, 무의식은 꿈을 통하여 당신의 삶에는 어떤 문제가 발생했으며, 그 문제를 해결하기 위하여 무엇을 해야 할지를 말해 준다.

(4) 융에게 있어서, 개성화 과정의 제 1단계는 개인적인 자아 정체성

을 수립하는 시기로서, 이 단계는 자아가 완전히 어두움으로 둘러싸인 무의식으로부터 떨어져 나오려고 하는 투쟁의 단계이다. 서론 71쪽을 참조하라. 또한 물에 빠짐(Drowning)을 참조하라.

- **해로운 동물(Vermin)**
쥐(Rat)를 참조하라.

- **해빙(Thaw)**
용해(Melting)를 참조하라.

- **해안(Shore)**

　해안은 두 세계, 곧 육지와 바다가 만나는 곳이다. 그러므로 해안은 인간 정신의 두 영역, 즉 의식의 영역과 무의식의 영역을 상징한다. 그러므로 해안에 대한 꿈은 당신에게 무의식과 친숙해지고 무의식의 영역을 탐구할 것, 아니면 적어도 무의식의 영역과 접촉할 것을 권유하고 있는 것일 수 있다.

- **해일(Tidal Wave)**

　(1) 해일은 의식적인 자아를 삼켜 버릴 만큼, 또는 진정한 독립을 방해할 만큼 위협적인 무의식을 나타낼 수 있다.

　(2) 해일은 성의 동요, 또는 정신구조를 휩쓸어 가는 정서적 세력을 상징한다.

- **혀(Tongue)**

　(1) 당신은 지금까지 말을 너무 많이/적게 해 왔는가? 당신에게는 마땅히 표현되어야 했지만 그렇게 하지 못한 부분이 있는가?

　(2) 혀는 남성의 성기를 나타낼 수 있다.

■ 혁명(Revolution)

반란(Rebellion)을 보라.

■ 현관(Vestibule)

홀의 현관이나 입구에 있는 것은, 당신이 집/빌딩으로 표현된 자신을 탐험하기 시작했거나 그렇게 할 것을 강요받고 있는 것일 수 있다.

■ 협력(Cooperation)

꿈에 나타나는 모든 협력적인 활동은, 정신의 다양한 부분들이나 기능들의 상호관계성과 창조적인 협력의 가능성을 보여주는 것으로 생각할 수 있다. 그러한 이상을 현실화하기 위해서는 어떤 장애물들, 즉 어떤 내적인 저항들이 해결되어야 하는가?

■ 형제/자매(Brother/Sister)

(1) 당신의 형제나 자매가 꿈에 나타난다면, 당신은 그 꿈이 당신의 실제의 형제나 자매에 대하여 그리고 그 형제나 자매와 당신 사이의 관계에 대하여 무엇인가를 말하고 있는지, 아니면 그 꿈의 형제나 자매가 당신 자신의 어떤 부분을 나타내는 것인지를 결정해야 한다. 만약 전자의 경우라면, 그것은 당신이 최근에 형제나 자매를 만난 일이 있거나 형제나 자매에 대한 소식을 들은 일이 있을 것이다. 그러나 형제나 자매가 당신 자신을 나타내는 상징적인 꿈들이 있다는 사실을 기억하라. 그러한 꿈의 진원지는 당신이 최근에 겪은 외부적인 경험들이며 그것들로부터 그 꿈의 재료들—꿈의 심상들—이 온 것이지만, 그러한 것들이 의미하는 것은 거의 언제나 당신 자신의 어떤 부분인 것이다. 그것을 이해하라.

(2) 초기 아동기에 있어서 형제나 자매는 자연스럽게 질투와 증오의 대상이 된다. 어린아이의 눈으로 볼 때, 어머니는 다른 형제를 선호하는 것으로 보여질 수 있다. 두 번째 아이가 태어나면, 첫 아이는 동생

을 어머니의 관심과 애정을 놓고 다투어야 하는 새로운 경쟁자로 보고 그에 대한 적대감을 발달시킬 가능성이 있다. 때때로 그러한 질투는 무의식적 차원에서 성인의 삶에까지 연장된다. 그러한 질투는 성인의 삶에서 계속 우리의 행동과 태도에 영향을 끼친다. 그러므로 우리는 반드시 그것들을 분별해 내고, 용기 있게 직면하고, 그것들의 실체를 인정하여, 우리 자신을 그러한 위험한 영향력으로부터 자유롭게 해야 한다. 아래 항목 (3)의 두 번째 단락에 나오는 투사에 관한 내용을 참조하라.

(3) 형이나 언니는 당신의 제 2의 자아를 나타낼 수 있다. 그런데 그것은 지금까지 당신의 성격 가운데 소홀하게 여겨 왔거나 개발되지 않은 부분이다. 융은 그것을 '그림자'라고 불렀다. 우리는 자기 이미지를 가지고 성인 생활을 시작한다. 여기에서 자기 이미지란, 보통 우리가 되고 싶어하거나 하고 싶어하는 것과 주로 부모나 사회가 우리에게 요구하는 것 사이에서 이루어진 일종의 타협이다. 자기 이미지가 우리의 실제적인 능력들에 상응한다면, 모든 것이 한 동안 잘 될 것이다. 그러나 우리가 자기의 다른 잠재적인 측면들에 유의해야 할 때가 올 것이다. 이 다른 측면들—그림자—은 자신을 꿈으로 보여줄 것이다; 그리고 그것들이 꿈에서 취하는 하나의 형식은 형이나 언니의 모습이다.

사람들은 종종 그림자를 동성의 형제나 자매에게 투사한다; 만약 그것이 투사되지 않는다면, 그것은 온갖 어색하고 난처한 방식들—예를 들면, 깜짝 놀랄 정도의 무례함이나 기타의 반사회적인 행동—로 자신을 나타낼 것이다. 당신의 의식적인 자아와 제 2의 자아 사이의 대비는 지킬박사와 하이드처럼 전혀 다를 수 있다. 다음을 기억하라: 무의식은 당신의 동맹자—가장 좋은 친구—이다. 무의식이 꿈을 통하여 자신을 놀랍거나 소름끼치는 것들로 나타내는 것은, 첫째로 익숙하지 않기 때문이고, 둘째로 지금까지 소홀하게 여기고 어두움 속에 가두어 왔기 때문에 부당한 대우를 받는 아이처럼 행동하는 반항적 경향을 나타내고 있기 때문이다. 그것들에 적절히 유의하고, 적절히 존중

하라: 그러면 그 위협적인 특징들이 사라질 것이다: 그것들은 당신이 삶에 대처하고 만족과 온전성에 충분히 도달하는데 없어서는 안될 귀중한 것들이다. 그것들을 당신의 의식에 소개하라. 그것들과 그것들이 필요로 하는 것들을 확인하라. 그리고 당신의 깨어 있는 삶과 통제된 상태에서 적절한 역할을 하도록 하라. 그림자의 위협적인 현상에 대해서는 귀신(Demon)을 참조하라.

  덧붙여 말하자면, 당신이 그림자를 지금까지 소홀히 여겨 오지는 않았는지를 점검하는 데 적용할 수 있는 하나의 방법은 다른 사람, 특히 당신의 파트너에게 당신이 특별히 싫어하는 어떤 특징이 있는지를 알아보는 것이다: 거만하게 구는 경향, 또는 지나치게 관대한 태도 등. 만약 그것이 존재한다면, 그 특징은 당신의 그림자에 속한 것일 가능성이 있다. 우리는 무의식 속에 거주하고 있는, 어둡고 '혐오스러운' 것들을 다른 사람에게 투사하는 경향이 있다. 만약 우리의 삶에 무엇인가 잘못된 일이 진행되고 있을 경우, 우리는 그에 대한 비난을 다른 사람들, 정부, 또는 부모에게 퍼붓는 경향이 있다; 우리는 그러한 비난의 짐을 짊어지실 어떤 희생양을 찾는다. 그러나 그러한 비난은 우리 자신의 몫이다: 우리는 무의식의 요구들에 주의하지 않았고, 우리의 '제2의 자아'로 하여금 우리의 삶의 적절한 범위 안에서 표현하도록 허용하지 않았다.

  (4) 여성이 오빠(남동생)의 꿈을 꾸거나 남성이 누나(누이동생)의 꿈을 꾸게 되면, 그 오빠/누나는 융이 '영혼심상'이라고 불렀던 것을 나타낼 수 있다. 이 영혼심상은 여성의 남성적 측면(아니무스)이거나 남성의 여성적인 측면(아니마)이다. 남자와 여자 사이에는 사회적인 환경의 영향에서 오는 덜 근본적인 차이점들이 존재할 뿐 아니라 생물학적인 기능의 차이에서 비롯되는 매우 근본적인 차이점들이 존재하는 것처럼 보인다. 전통적으로 부드러움, 약자를 돌보아 주는 성향, 창조성, 협동심과 관계성, 직관과 같은 요소들은 여성적 특성들과 능력들로 인정되어 왔다. 그리고 유사하게 가령 공격성과 경쟁심, 합리성,

그리고 차이점들을 분석하고 찾아내려는 경향은 남성적 특성들로 일컬어져 왔다. 그러나 요즈음 정신치료사들 사이에서는 남성의 정신에도 여성적인 특성들이 포함되어 있고, 여성의 정신에도 남성적인 특성들이 포함되어 있다는 생각이 널리 받아들여지고 있다. 남성일 경우, 당신은 '남성적인' 유형의 여성을 좋아하는가? 만약 그렇다면, 당신은 정신적 균형을 회복하는 것이 필요할 수 있다: 당신의 여성적 측면은 당신의 남성성을 침몰시켜 왔을지 모른다. 그렇다면 당신은 이제 그 남성성을 북돋워야 한다. 당신의 아니마는 오히려 남성적일 것이다. 일반적으로 아니무스/아니마는 의식적인 자기 이미지와는 정반대의 특징들을 나타낼 것이다.

꿈을 꾸는 사람이 남성이든 여성이든 간에, 그는 꿈속에서 아니무스/아니마적인 인물을 영웅적인 사람으로 여기고 있음을 발견하게 될 것이다. 꿈에서 한 남성이 곤경에 처한 처녀를 구조할 수 있다; 한 여성은 입을 맞춤으로 죽은 왕자를 깨어나게 할 수 있다. 이러한 것들은 당신의 아니마/아니무스를 당신의 의식적인 기능 속에 받아들이라는, 즉 그것을 망각과 무시로부터 구조하라—삶 속에서 신데렐라나 개구리 왕자를 당신의 파트너로 만들라—는 권유로 보아야 한다. 이런 과정이 없이는 개인의 온전성에 도달할 수 없다. 또한 신데렐라(Cinderella), 개구리(Frog) 항목 (3), 결혼(Marriage)을 참조하라.

(5) 남성의 꿈에 드러난 누나(누이동생)나 여성의 꿈에 드러난 오빠(남동생)는 꿈꾸는 사람을 어떤 무서운 심연, 바다의 밑바닥, 또는 깜깜한 숲 속으로 데리고 갈 수 있다. 이것은 남성의 아니마나, 여성의 아니무스가 자아를 무의식 속으로 인도하는 것을 나타낼 수 있다. 이렇게 아니마나 아니무스가 자아를 무의식 속으로 인도하는 이유는, 정신-신체질환의 정서적인 원인들이나 만성적인 권태의 밑바닥에 자리잡고 있는 억압된 분노의 근원을 발견하거나, 또는 더 만족스런 삶을 누리게 할 수 있는 에너지나 지혜의 샘을 발견할 수 있도록 하기 위해서이다. 베아트리체(Beatrice)의 예는 이에 대한 문학적이고 신화적인

표현이다. 베아트리체는 단테(Dante)가 지옥에 안전하게 들어갔다가 안전하게 나오도록 인도해 준다. 그리고 아리아드네(Ariadne)는 자신의 실을 가지고 테세우스(Theseus)가 괴물(Minotaur)을 죽인 후에 크레타의 미로(迷路)에서 길을 찾아 나올 수 있도록 도와준다. 여기서 지옥과 미로는 무의식의 상징들이다. 또한 미로(Labyrinth), 괴물(Monster), 지하세계(Underworld)를 참조하라.

(6) 때때로 꿈에 드러난 아니마/아니무스적인 인물은 적대적이거나 위협적인 모습으로 나타날 수 있다. 예를 들면, 남성의 꿈에서 아니마는 남자들을 호수나 바다로 미혹하는 마녀, 즉 요부의 형태를 띨 수 있다. 깊은 물 속은 무의식을 상징하는 것일 수 있다. 그러한 꿈은 꿈꾸는 사람이, 그것의 무섭고 위협적인 측면에도 불구하고, 또는 더 정확하게 말해서, 무섭고 위협적인 측면 때문에 자신의 무의식적인 측면을 탐구할 필요가 있다는 것을 의미할 수 있다. 물은 또한 여성성의 상징이다. 그러므로 그 꿈은 꿈꾸는 사람이 자기의 어머니에게 너무 지나칠 정도로 고착되어 있으므로 자신의 남성성과 독립심을 주장함으로써 자신을 해방시킬 필요가 있다는 것을 의미할 수 있다; 극단적인 경우에 그 남성은 자기 정신 안에 있는 여성성에 사로잡히거나 삼킴을 당하는 위험에 처해 있다는 것을 의미할 수 있다. 그러나 그러한 꿈은 경고가 아니라 권유일 수 있다: 무의식은 그 남성으로 하여금 자기 정신의 여성적인 측면과 더욱 나은 사이—동등한 사이—로 지낼 것을 촉구한다. 당신의 아니마/아니무스를 평등한 관계로 만들어라. 그리하면 그것은 당신의 정신 전체를 덮치려고 하는 반항적인 시도를 그만두게 될 것이다.

여성의 꿈에는 남성 유혹자가 포함될 수 있다. '피리 부는 사람'과 같은 아니무스적인 인물이 나타날 때, 꿈꾸는 여성은 그러한 꿈이 경고인지 아니면 권유인지를 결정해야 할 것이다. 그것은 그녀가 남성성에 정신을 빼앗기는 것에 대한 경고(그녀는 지금까지 어린 시절의 아버지 고착을 풀지 못했을지 모른다)이거나, 또는 그녀의 경시된 남성성을 발견하여 사용하라는 권유일 수 있다. 무엇보다도 그녀는 상식과 정직을 바탕으로 자신의 꿈을 바르게 이해해야 한다; 앞에서 아니마/아니무스를 평등한 관계로 만드는 것에 대하여 말했던 것을 명심하라.

(7) 무의식은 의식세계의 결핍을 채워 준다. 그것은 의식세계가 갖지 못한 특성들과 능력들을 가지고 있다. 이런 의미에서 무의식은 의식세계와 정반대이다; 그러므로 그것은 타자성(他者性; otherness)과 이질적인 생김새를 갖는다.

그러므로 꿈에서 아니마나 아니무스를 나타내는 심상은 당연히 꿈꾸는 사람에게 속한 심리적인 유형과 정반대의 것일 수 있다. 예를 들어서 만약 당신이 지적인 여성이라면, 즉 사고(思考)유형의 여성이라면, 당신의 아니무스는 꿈속에서 감상적인 유형, 예를 들면, 낭만적인 돈 환(Don Juan)으로 나타날 수 있다. 당신이 만약 감상적인 여성, 즉 주로 감정—도덕적 감정을 포함하여—에 의해 쉽게 감동되는 여성이라면, 당신의 아니무스는 긴 수염을 가진 교수나 다른 지적인 인물로 나타날 수 있다. 만약 당신이 직관적인 여성(예를 들면, 예술가)이라면, 당신의 아니무스는 꿈 속에서 남성적인 사나이의 형태—감각적인 차원에서 가장 강력하게 기능하는 감각적인 유형—를 취할 수 있다.

(8) 만약 꿈에서 오빠와 누나가 함께 나타난다면, 이것은 정반대적인 것들의 긴장, 또는 정반대적인 것들의 합일을 상징한다. 그 정반대적인 것들은 정신이 담고 있는 의식적인 내용들과 무의식적인 내용들을 의미한다. 그러한 것들의 합일과 혼합은 자기, 즉 이미 당신 내면에서 표명되기를 기다리고 있던 진정한 자기가 실현되는 것을 나타낸다.

이러한 상징의 겉모습은 보통 길조(吉兆)일 것이다. 그 길조는 완전히 정반대의 외양을 취하고 있음에도 불구하고, 당신의 내면에는 성취 가능한 질서와 조화가 숨어 있다는 것을 의미한다. 그러나 물론 당신—의식적인 자아—은 포옹으로써 잠자는 미녀를 깨우는 왕자처럼 당신 무의식의 정반대적인 필요들에 애정을 가지고 주목함으로써 숨어 있는 질서를 현실로 나타나게 해야 한다.

■ 호두(Nut)

호두 꿈은 당신에게 자신의 중심에 도달할 것을 요구하는 것일 수 있다.

■ 호랑이(Tiger)

(1) 호랑이는 아니마의 형상일 수 있다. 형제/자매(Brother/Sister) 항목 (4)~(6)을 참조하라.

(2) 호랑이는 당신이 두려워 하는 어떤 사람이나 어떤 것을 상징한다. 또는 본능적인 어떤 충동이나 당신의 다른 부분일 수 있다. 또한 동물(Animal)을 참조하라.

■ 호수(Lake)

호수는 무의식을 상징할 수 있는데, 특히 그 호수가 높은 산맥 가운데 깊고 어두운 분지(盆地)에 자리잡고 있는 경우에 더욱 그렇다.

■ 혼돈(Chaos)

신화에서 우주가 혼돈으로부터 창조되었던 것처럼, 어떤 의미에서 누구나 혼돈으로부터 자기 자신을 창조해야 한다. 여기서 말하는 혼돈은 질서가 없거나 혼란스런 본능들, 정서들, 감정들, 그리고 개념들을 말하는데, 이러한 것들은 원초적인 것들이다. 우리는 이러한 것들로부터 의식적으로 우리 자신을 창조할 수 있다. 이것은 당신의 꿈에 나타난 어질러지고 난잡한 방; 잡다한 것들이 엉망진창으로 쌓여 있는 고물상 등의 혼돈을 이해하는 데 필요한 관점이다.

주의. 당신 자신을 정돈하는 것이 반드시 그러한 폐물들을 없애는 것을 의미하지는 않는다. 여기에는 두 가지 가능성이 존재한다. 당신의 꿈은 부정적인 태도들과 습관들; 파괴적인 죄책감 등 당신에게 제거할 필요가 있는 많은 폐물들이 존재한다는 것을 말해 주고 있을 수 있다. 또는, 그러한 폐물들은 당신의 숨겨진 잠재력; 그리하여 깨끗이 해서 사용할 수 있는 것들일 수 있다. 당신은 당신 정신의 각 부분이 자신의 삶에서 어떤 역할을 해야하는지를 결정해야 한다.

■ 혼란(Confusion)
혼란스러운 꿈은 의식과 무의식 사이의 충돌로 인한 정신적인 혼란을 나타낸다.

■ 혼자 있음(Aloneness)
(1) 만약 꿈에서 혼자 있는 것이 고통스러웠다면, 당신의 꿈은 아마 혼자 있는 것에 대한 두려움, 또는 따스한 인간관계들로부터 배제당하는 것이나 극히 불리하게 작용하는 것에 대한 분노를 표현하고 있을 것이다.

(2) 만약 혼자 있는 것이 좋게 느껴진다면, 그것은 당신은 '혼자서 할' 필요가 있거나, 개인의 더욱 큰 평정을 얻기 위하여 적어도 때때로 혼자 있을 필요가 있다는 것을 의미할지도 모른다. 아마 꿈에서의 신체적 환경은 중요한 단서를 제공해 줄 것이다. 예를 들어서, 만약 당신이 산과 계곡과 먼 지평선들로 이루어진 풍경 속에 혼자 있다면, 혼자 있음은 아마 당신이 삶의 새로운 방향을 찾기 위하여 장려할 필요가 있는 긍정적인 요소일 것이다. 반대로, 만약 당신이 거리의 낯선 사람들을 내다 볼 수 있는 창문이 하나밖에 없고 사면이 벽들로 둘러싸인 채 혼자 있다면, 그 꿈은 아마 당신으로 하여금 자신의 불행한 상황을 자세히 살펴보고, 그에 대한 원인과 치유방법을 찾아내라는 것일 것이다.

■ 혼합(Composite)
(1) 만약 꿈속에 심상들이 혼합되어 나타나거나, 실생활에서의 독특한 사람들/사물들을 합병시키는 것이 나타난다면, 먼저 그것의 실생활의 구성요소들이 공통점을 가지는지를 찾아 보라. 응축(condensation)에

대해서는 서론 33쪽을 참조하라.

(2) 대극적인 것들의 혼합―예를 들면, 절반은 남성이고 절반은 여성인 형상―을 보이는 심상은 정신의 대립적인 힘들―남성적인 것과 여성적인 것, 의식과 무의식 등―을 연합하거나 혼합할 필요가 있다는 것을 상징한다. 또한 반인반마의 괴물(Centaur), 자웅동체(Hermaphrodite)를 참조하라.

### ■ 홀(Hall)

(1) 홀이 크고 대칭형이라면, 그것은 당신의 자기(自己)를 나타낼 수 있다.

(2) 그 홀이 단순히 환자의 대기실 같은 곳이라면, 그것은 당신의 정신세계 대부분이 아직도 탐험되지 않은 채 있음을 의미할 수 있다.

### ■ 홍수(Flood)

(1) 물은 무의식을 상징할 수 있는데, 홍수에 의해 휩쓸려 가는 것은 당신의 의식적 자아가 당신의 무의식 속에 있는 어떤 것에 의하여 위협받고 있음을 의미할 수 있다. 그 위협의 원천을 확인하라. 그리고 그것과 일종의 협정을 맺으라. 그러면 그것의 표현 요구들은 정신 전체의 건강을 증진시켜 주는 방식으로 충족될 수 있다.

(2) 물은 여성성의 상징일 수 있는데, 위협적인 홍수는 당신의 어머니 또는 어머니에 대한 애착일 수 있다. 그 어머니/어머니 애착으로 인하여 당신의 개인 발달은 장애를 받고 있을 수 있다. 또한 어머니(Mother)를 참조하라.

(3) 홍수에서 물은 파괴적이지만, 또한 새로운 성장의 거름이 되고 그것을 가능하게 해준다. 홍수 신화들은 보편적이다; 그것들은 언제나 정화의 의미를 지니며, 더 나은 것을 위한 길을 준비한다. 그러므로 당신의 꿈에 나타난 홍수는 개인적 재건이 필요하다는 것을 나타내고, 당신의 새롭고 진정한 자기를 성립할 수 있는 유일한 길은 옛 자기의

죽음, 또는 지금까지 당신의 진정한 자기의 표명을 방해해 온 것들(부정적인 태도, 불균형 기타 등)의 죽음을 통과하는 것이 필요하다는 것을 나타낸다. 홍수 때의 물은 세례 때의 물과 비교될 수 있다. 또한 세례(Baptism), 그리고 서론 73쪽을 참조하라.

■ 화물 자동차(Lorry)

위압적인 것(Juggernaut)을 참조하라.

■ 화산(Volcano)

활화산이나 휴화산은 당신의 좌절된 어떤 부분(예를 들면, 당신의 성)을 가리키며, 그것은 당신의 삶 속에서 표현이 허용되지 않는다면, 대파괴를 일으킬 가능성이 있다는 경고일 수 있다. 또한 이 경고에는 과거에 그것의 표현을 억제해 온 죄책감들과 두려움들을 제거하라는 내용이 포함되어 있다.

■ 화살(Arrow)

단도(Dagger)를 참조하라.

■ 환상(Vision)

꿈에 나타난 환상에 대해 진지한 주의를 기울이지 않으면 안된다. 당신의 무의식은 당신에게 어떤 중요한 사실을 말하려고 하고 있는 것이다.

■ 황소(Bull)

(1) 여성의 꿈에서 아니무스는 황소로 나타날 수 있다. 아니무스에 대해서는 서론 76쪽을 참조하라. 그리고 형제/자매(Brother/Sister)의 항목 (4)~(6)을 참조하라.

(2) 황소는, 당신이 남자이든 여자이든 간에, 남성성을 언급할 수 있

다. 만약 당신이 여성이라면, 그것은 이성(異性)을 언급하는 것일 수 있는데, 이 이성은 일반적인 남성들이나 특별한 남자에 대한 당신의 감정을 표현하는 것이다.

(3) 황소는 동물성을 상징한다. 남자는 자기 자신의 성을 야수적인 것으로 경험할 수 있다. 이 야수성은 그가 '더욱 고차원적인' 것을 추구하는 데 방해가 되는 것이며, 역겨움과 두려움의 대상이다.

여성은 의식적으로나 무의식적으로 남자의 성을 추잡하고 야수적인 것으로 볼 수 있다. 동일한 것이 남성성의 다른 측면들—예를 들면, 투쟁적인 측면이나 경쟁적인 측면—에 적용될 수 있다.

만약 여성이 황소에 의해 쫓기는 꿈을 꾼다면, 그것은 그녀가 남자들과의 성관계를 두려워하는 것을 의미할 수 있다. 황소는 여성의 아버지를 나타낼 수 있는데, 그와 같은 경우 그녀는 자기 아버지에 대한 고착을 해제해야 할 것이다. 아무튼 여성은 자신의 여성성을 주장하고 그것을 억압하지 말아야 할 것이다: 그녀 자신의 확신 있는 여성성은 야수적인 남성적인 욕망을 길들이고 그것을 관능적이고 부드러운 동경으로 변화시킬 능력을 가지고 있다.

(4) 황소를 길들이거나 매어 두는 것은 동물성, 특별히 성욕, 또는 정신 가운데 숨겨져 있는 무의식적인 모든 부분의 조화로운 통합을 의미할 것이다. 또한 아래의 항목 (8)을 참조하라.

(5) 황소를 제물로 바치는 것은 영성이 동물성을 제압하고 승리를 하는 것을 의미할 수 있다. 제물로 바치는 것은 더욱 바람직한 것을 얻기 위하여 무엇인가를 포기하거나 변형시키는 것이다. 그러나 단순히 황소를 죽이는 것은 정서나 본능, 또는 당신의 남성성에 대한 억압을 의미할 것이다.

(6) 꿈 속의 황소가 도자기 가게에 있는, 닥치는 대로 부수는 황소인가? 당신은 사고를 잘 내는 사람인가? 다시 말하면, 결코 행운이 따르지 않는, 그래서 만사를 그르치는 사람인가?

만약 그렇다면, 그 꿈은 당신의 자기 이미지를 바꿀 필요가 있다는 것을 경고하는 것일 수 있다. 새로워진 자기 이미지는 당신의 직업이나 가정환경까지도 변화시킬 수 있다. 만약 당신이 손가락을 잃어버린다면, 피아노 연주자로서 생계를 유지하겠다는 생각은 아무 소용이 없을 것이다. 정직하게 당신 자신을 바라보라. 그리고 약점들이 아니라 장점들 위에다 당신의 인생을 건축하라. 환상들을 포기하고 현실을 살피라. 당신의 꿈들에 특별한 주의를 쏟으라: 그 꿈들은 이제 당신의 실제적인 장점들을 나타내 줄 것이다. 그 장점들은 당신의 무의식으로부터 끌어내야 하는 역량들이다. 페르조나에 대해서는 서론 65쪽을 참조하라.

당신의 '불운'에 대한 책임을 어떤 사람이나 그 밖의 다른 무엇에 뒤집어 씌우는 것에 반대하라. 우리가 '불운'이라고 말하는 것이 실제로는 우연이 아니라, 다만 삶에 대한 우리의 가장 깊은 태도에 의해서 생겨나는 것일 수 있다.

(7) 황소는 신화에서처럼 다산력을 상징한다. 당신이 그 무의식적인 요소를 의식세계 안에 받아들인다면, 새로운 삶을 가능하게 하는 능력을 가지고 있다.

(8) 황소는 자기(自己), 당신의 진정한 본성을 나타낼 수 있다. 의식적인 자아가 멸시하거나 두려워하는 정신의 심층은 끊임없는 자기 탐구를 통해서 결국 당신의 진정한 자기로 드러날 것이다. 융의 관점에 대해서는 서론 83쪽을 참조하라.

여기에는 위의 항목 (4)와 연관된 것들이 존재한다. 황소를 찾고, 매어 두고, 길들이는 것을 묘사한 일련의 선불교 그림들이 있다. 이 유명한 선불교의 그림들은 자신의 진정한 본성에 대한 탐구와, 자신의 야만적이고 완고하며 이기적인 자기와 씨름하고 통제함으로써 진정한 자기를 발견하고 실현하는 것을 나타낸다.

■ 황혼(Twilight)

(1) 꿈에서 어둡기도 하고 빛도 있는, 또는 어둡지도 않고 빛도 없

는 황혼은 대극적인 것들의 결합을 상징한다. 그것은 선과 악의 결합; 의식과 무의식의 결합; 남성과 여성의 결합을 상징한다.

(2) 황혼은 죽음을 향해 가는 것; 또는 당신 생의 마지막 단계를 상징한다. 또한 가을(Autumn), 죽은/죽음(Dead/Death)을 참조하라.

### ■ 횃불(Torch)

당신이 만약 무엇인가를 찾기 위하여 횃불을 사용하고 있다면, 그것은 당신이 자신의 무의식에서 무엇인가를 찾고 있다는 것, 또는 찾아야 한다는 것을 의미할 수 있다. 만약 당신이 무엇을 찾고 있는지에 대하여 그 꿈이 당신에게 말하지 않는다면, 상상력을 동원하여 그 꿈을 재생시킴으로써 힘써 찾아보라.

### ■ 회색(Grey)

(1) 회색은 노령, 죽음, 우울함을 나타낼 수 있다.

(2) 회색은 검정과 흰색의 중간색, 그리고 안개의 색으로서 불명료한 마음상태를 상징할 수 있는데, 그것은 식별하기 힘들거나, 지금 어디로 가는지 알기 어렵거나, 방향 감각을 완전히 잃어버린 것을 말한다.

(3) 회색은 회색 안개에서처럼 무의식을 나타낼 수 있다. 또한 안개(Fog)를 참조하라.

### ■ 회심(Conversion)

서론 73쪽을 참조하라.

### ■ 회오리바람(Whirlwind)

보통 회오리바람을 포함하는 꿈은 악몽일 것이다. 최근에 당신은 어떤 강렬한 충동을 느끼고 있는가? 당신은 그것을 두려워하는가? 왜 두려워하는가? 그것은 당신을 익숙한 생활방식으로부터 보다 높은 수준의 삶으로 끌어올리고자 할 수 있다. 그 악몽 같은 심상과 함께 있기로 결심하라. 그러면 그 심상은 그것이 상징하는 정신의 힘을 더욱 자세하게 보여주기 위해서, 다음에 꾸는 꿈에 다시 나타날 것이다.

■ 횡단(Crossing)

(1) 강을 건너는 것은 결정적인 태도의 변화 및 중요한 결정을 내리는 것을 상징한다.

(2) 바다를 건너는 것이나 한 나라에서 다른 나라로 가는 것은 근본적인 방향전환을 상징한다. 아마도 자신 안에서 발견된 가치기준을 받아들이고 인습적인 가치들을 버리는 것일 수 있다.

(3) 거리를 횡단하는 것도 유사한 의미를 갖는다. 또한 방향에 유의하라: 당신은 왼쪽에서 오른쪽으로 건너고 있는가? 아니면, 오른쪽에서 왼쪽으로 건너고 있는가? 또한 왼쪽(Left), 오른쪽(Right)을 참조하라.

■ 후광(Halo)

후광이나 광휘로 둘러싸인 형상은 당신 자신의 '신성한'—참되고 온전한— 자기(自己)이거나 지혜와 능력의 원천을 상징한다. 도사(Guru), 만다라(Mandala), 성자(Saint)를 참조하라.

■ 훔치는 것(Stealing)

(1) 꿈에서 당신이 무엇인가를 훔친다면(훔치려고 한다면), 그것은 당신이 충족되지 않은 어떤 욕구를 가지고 있다는 것을 의미할 수 있다. 당신이 훔친 곳—예를 들면, 집, 또는 직장—은 당신의 삶에서 아직 달성되지 않은 영역을 나타낼 것이다.

(2) 그 꿈은 당신이 실제로 저지른 도둑질에 대한 회상을 포함할 수 있다. 그렇다면, 당신은 그러한 죄책감들에 대하여 무엇인가를 할 필요가 있다. 그리고 위의 (1)에서 말한 것들을 적용할 수 있다.

■ 흐름(Current)

또한 시계바늘 반대 방향(Anticlockwise), 차단장치(Blockage), 시계 방향(Clockwise), 왼쪽(Left), 오른쪽/왼쪽(Right/Left)을 참조하라.

전기의 흐름이든 강이나 바다의 흐름이든, 흐름은 정신 에너지의 흐름을 나타낼 것이다. 그러므로 그 흐름의 방향(왼쪽이나 오른쪽, 시계바늘 방향이나 시계바늘 반대방향)과 강도(약함과 강함)에 유의하라. 무엇이 그 흐름을 방해하는가?

■ 흔들림(Swinging)

흔들림은 욕구나 욕구의 충족을 표현할 수 있다.

■ 흙먼지/더러운(Dirt/Dirty)

(1) 흙먼지는 보통 당신이 도덕적으로 금지되거나 혐오스러운 것으로 간주하는 것을 상징한다. 그것은 거의 당신의 내면에 있는 본능적인 충동이나 욕구일 것임이 확실하다. 꿈은 그것에 대한 당신의 정서적인 반응을 표현하고 있다. 이제 당신은 사물을 편견 없이 볼 필요가 있는데, 그것은 본능이나 욕구를 당신의 부정적 감정을 촉발시켰던 외상적 경험과 분리시키는 것을 의미한다.

(2) 만약 그 꿈에서 당신이 더럽혀져 있다면, 이것은 당신이 아동기에서 비롯된 죄책감 때문에 자신을 받아들일 수 없다는 것을 의미할 수 있다. 우울증을 가진 사람은 그런 식으로 느낄 가능성이 있다. 그러한 사람은 자신을 비방하고, 자신을 즐기기를 거부하고, 자신을 더욱 좋게 만들 기회들을 거절하며, 일반적으로 어떤 상상된 죄를 가지고 자신을 벌하도록 프로그램화되어 있다. 예를 들면, 아버지를 여읜 어린 아이는 그 후 죄의식과 자기 증오에 의해서 고통을 겪을 수 있다. 그 죄의식과 자기 증오는 그 아이가 자라서 성인이 되기까지, 그리고 그 후에도 그가 경험한 행동들과 욕구들에서 실제로 아버지를 죽이는 것과는 아무런 상관이 없으면서도 마치 자신이 아버지를 죽이기라도 한

것처럼 반복해서 경험된다. 이런 감정의 원초적인 기원은 어린 시절에 아버지에 대해서 느끼는 살의적인 감정과 이에 대한 죄책감에 있다.

■ **흙무덤(Grave)**

또한 매장(Burial), 죽은/죽음(Dead/Death), 무덤(Tomb)을 참조하라.

(1) 흙무덤은 죽음을 나타낼 수 있다.

(2) 흙무덤은 당신이 본래 그것으로부터 왔던 흙과 재결합하는 구덩이이다. 그곳에서 썩어 가는 시체는 새로운 생명을 위한 거름의 역할을 한다. 그러므로 당신에게서 지금까지 무엇이 죽어 왔는지, 또는 무엇이 죽어야 하는지를 발견하고, 어떤 새로운 성장이 일어나고 있는지, 또는 어떤 새로운 성장이 일어나야 하는지를 발견하기 위하여 자신의 내면을 살펴 보라.

■ **흡연(Smoking)**

또한 담배(Cigar/Cigarette)를 참조하라.

(1) 흡연은 다른 만족들을 대신하는 행위이거나, 두려움, 분노 등과 같은 정서들을 의식으로부터 감추려는 정신작용일 수 있다. 서론 43쪽을 참조하라.

(2) 또는, 그 꿈은 흡연이 만들어 내거나 확립하는 데 도움을 주고 있는 당신의 자기 이미지의 측면이 어떤 것인지를 탐구할 것을 권고하고 있다.

■ **희생 제물(Sacrifice)**

(1) 꿈속에서 당신이 만약 희생 제물이 되고 있다면, 거기엔 적어도 세 가지의 가능성이 있다.

그 꿈은 당신이 순교자 콤플렉스, 습관적이고 강박적인 자기징벌, 자기부인이나 자기모욕 등의 경향성을 가지고 있음을 지시하는 것일 수 있다. 그런 부정적인 경향성은 재적응에 의해서, 즉 매일 긍정적인 확언을 통해서 제거될 수 있다: 예를 들면, '나는 나 자신을 극진히 사랑한다', '나는 내 자신 전부를 용납한다', '나는 독특한 가치를 가지고 있다', 그리고 '나는 삶이 나에게 제공하는 모든 선한 것들을 받을 만하다'라는 등의 확언을 하는 것이다.

무의식은 당신에게 '지금은 옛 당신을 죽이고, 새롭고 더욱 진정한 당신을 위하여 나아갈 때이다'라고 말한다. 과거에 당신이 용납하고 적응해 왔던 자기 이미지는 아마 너무 균형을 잃었기 때문에 지금까지 동면중이던 역량들과 특질들을 활용함으로써 보완될 필요가 있다; 또는 그 자기 이미지는 당신의 진정한 자기로부터 완전히 벗어나 있을 수도 있다. 그런 경우에 그것은 완전히 제거될 필요가 있다.

그 꿈은 다른 사람들이 당신을 학대하고 있거나 과소 평가하고 있다는 당신의 느낌을 표현하고 있을 수 있다.

(2) 당신은 제물을 바치고 있는가? 그렇다면, 제물로 바쳐지고 있는 것은 보통 당신이 지금까지 포기해 왔거나 무의식에 의하여 포기할 것을 강요받아 온 당신 성격의 어떤 측면—욕구, 야망, 습관, 편견—을 나타낼 것이다. 만약 동물이 살해되고 있다면, 그것은 본능적인 충동이나 정서를 상징한다. 이것은 그 꿈이 서술적인 것인지 아니면 규범적인 것인지, 즉 당신이 지금까지 해 온 것을 보여주는지, 아니면 당신이 해야 하는 것을 보여주는지를 결정해야 하는 많은 경우들 가운데 하나이다. 그 꿈이 말하는 것을 당신이 시행해 왔는지 어떤지를 아는 데에는 별 어려움이 없을 것이다. 만약 어려움이 있다면, 그 꿈은 개인적인 충만을 위하여 그것을 하지 말 것을 당신에게 요구하고 있는 것이다. 희생제물은 창조적 잠재 의미를 포함하고 있다는 사실을 기억하는 것이 중요하다: 즉 그것은 더 나은 것을 획득하고 그것을 즐기기 위하여 무엇인가를 포기하는 것을 의미한다. 만약 '더 낫다'는 말이 즐기는 것과는 아무 관련이 없고 단지 의무적으로 요구되는 것을 의미한다면, 또는 당신이 화를 내며 희생하거나 의무적으로 희생한다면, 그것은 반드시 당신 자신과 당신이 관계하는 사람들 모두에게 파괴적인

영향을 끼친다는 사실을 기억할 필요가 있다. 또한 '범사에 기한이 있고, … 찾을 때가 있고 잃을 때가 있으며; 지킬 때가 있고 버릴 때가 있다'(전도서 3:1, 6)는 사실을 기억하는 것이 중요하다. 우리 모두에게는 동물성을 초월할 때—예를 들면, 성(性)을 사랑과 흠모를 위한 수단으로 삼는 때—가 온다. 그러나 적절한 때가 오기 전에 그러한 것들을 시도하는 것은 분노만을 키우고 그리하여 불행한 결말에 이를 수 있다. 당신이 꾸는 꿈들은 당신에게 그 때가 언제인지를 말해 줄 것이다!

(3) 당신이 제물을 드리는 그 행위가 난폭한 것인가? 만약 그렇다면, 그것은 자기를 징벌하고자 하는 무의식적인 정신기제가 당신 안에서 작용하고 있고, 그러므로 당신은 자신이 죄책감을 느끼는 이유가 무엇인지를 스스로에게 긴급하게 물어야 할 필요가 있다는 것을 시사해 준다. 그 원인은, 초기 아동기에 전적으로 순진한 본능적 욕구가 좌절되었던 사실에 있다는 것이 거의 확실하다.

### ■ 흰색(White)

흰색은 청렴함과 순진함, 평화, 행복, 기쁨을 상징한다. 다른 한편, 동양에서 그것은 죽음이나 애도와 관련된다.

# 참고문헌

Crisp, Tony. *Dream Dictionary*, Macdonald & Co., London, 1990

Cayce, Hugh Lynn. *Dreams, the Language of the Unconscious*, A.R.E. Press, Virginia Beach, VA, 1962

Dee, Nerys. *Understanding Dreams*, Aquarian Press, London, 1991

Faraday, Ann. *Dream Power*, Berkley Publishing Corp., Rutherford, NJ, 1972

 *The Dream Game*, Harper & Row, Scranton, PA, 1974

Fordham, Frieda. *An Introduction to Jung's Psychology*, 3rd ed, Penguin Books, Harmondsworth, 1966

Freud, Sigmund. *Introductory Lectures on Psychoanalysis*, Penguin Books, Harmondsworth, 1991

 *New Introductory Lectures on Psychoanaysis*, Penguin Books, Harmondsworth, 1991

 *On Sexuality*, Penguin Books, Harmondsworth, 1991

 *Psychopathology of Everyday Life*, Penguin Books, Harmondsworth, 1991

 *The Interpretation of Dreams*, Penguin Books, Harmondsworth, 1991

Hall, Calvin. *The Meaning of Dreams*, McGraw, New York & London, 1966

Jacobi, Jolande. *The Psychology of C.G. Jung*, revised ed, Yale University Press, New Heaven & London, 1973

 *The Way of Individuation*, Hodder & Stoughton, London, 1967

Jung, Carl Gustav. *Collected Works*, Vol 9 Part Ⅱ, Routledge & Kegan Paul, London, 1968

 *Dreams,* Pantheon, New York, 1962

Jung et al. *Man and his Symbols*, Pan Books, London, 1978

Kaplan-Williams, Strephon. *Eliments of Dreamwork*, Element Books, Shaftesbury, 1990

Masson, J.M. *The Oceanic Feeling*, Reidel Publishing Co., Norwell, MA, 1980

# 현대정신분석연구소 총서

## ◇ 정기 간행물

000 정신분석 프리즘

## ◇ 대상관계이론과 기법 시리즈

**멜라니 클라인**
001 멜라니 클라인
002 임상적 클라인
003 무의식적 환상

**도널드 위니캇**
004 놀이와 현실
005 그림놀이를 통한 어린이 심리치료
006 성숙과정과 촉진적 환경
007 박탈과 비행
008 소아의학을 거쳐 정신분석학으로
009 가정, 우리 정신의 근원
010 아이, 가족, 그리고 외부세계
011 울타리와 공간
012 참자기
013 100% 위니캇
014 안아주기와 해석

**로널드 페어베언**
015 성격에 관한 정신분석학적 연구

**크리스토퍼 볼라스**
016 대상의 그림자
017 환기적 대상세계
018 끝없는 질문
019 그들을 잡아줘 떨어지기 전에

**오토 컨버그**
020 내면세계와 외부현실
021 대상관계이론과 임상적 정신분석
022 인격장애와 성도착에시의 공격성

## ◇ 대상관계이론과 기법 시리즈

**그 외 이론 및 기법서**
023 심각한 외상과 대상관계
024 정신분석학적 대상관계이론
025 대상관계 개인치료1: 이론
026 대상관계 개인치료2: 기법
027 대상관계 부부치료
028 대상관계 단기치료
029 대상관계 가족치료1
030 대상관계 집단치료
031 초보자를 위한 대상관계 심리치료
032 단기 대상관계 부부치료
033 대상관계이론과 정신병리

## ◇ 하인즈 코헛과 자기심리학 시리즈

034 자기의 분석
035 자기의 회복
036 정신분석은 어떻게 치료하는가?
037 하인즈 코헛과 자기심리학
038 하인즈 코헛의 자기심리학 이야기1
039 자기심리학 개론
040 코헛의 프로이트 강의

## ◇ 아스퍼거와 자폐증

041 자폐아동을 위한 심리치료
042 살아있는 동반자
043 아동 자폐증과 정신분석
044 아스퍼거 아동으로 산다는 것은?
045 자폐아동의 부모를 위한 101개의 도움말
046 자폐적 변형

## ◇ 비온학파와 현대정신분석

047 신데렐라와 그 자매들
048 애도
049 정신분열증 치료와 모던정신분석
050 정신분석과 이야기 하기
051 비온 정신분석사전
052 전이담기
053 상호주관적 과정과 무의식
054 숙고
055 윌프레드 비온의 임상 세미나
056 분석적 장: 임상적 개념
057 상상을 위한 틀
046 자폐적 변형

### 제임스 그롯슈타인
058 흑암의 빛줄기
059 그러나 동시에 또 다른 수준에서 I
060 그러나 동시에 또 다른 수준에서 II

### 마이클 아이건
061 독이든 양분
062 무의식으로부터의 불꽃
063 감정이 중요해
064 깊이와의 접촉
065 심연의 화염
066 정신증의 핵
067 신앙과 변형

### 도널드 멜처
068 멜처읽기
069 아름다움의 인식
070 폐소
071 꿈 생활
072 비온 이론의 임상적 적용
073 정신분석의 과정

## ◇ 정신분석 주요개념 및 사전

074 꿈 상징 사전
075 편집증과 심리치료
076 프로이트 이후
077 정신분석 용어사전
078 환자에게서 배우기
079 비교정신분석학
080 정신분석학 주요개념
081 정신분석학 주요개념2: 임상적 현상
082 오늘날 정신분석의 꿈 담론
051 비온 정신분석 사전

## ◇ 사회/문화/교육/종교 시리즈

083 인간의 욕망과 기독교 복음
084 살아있는 신의 탄생
085 현대 정신분석학과 종교
086 종교와 무의식
087 인간의 관계경험과 하나님 경험
088 살아있는 인간문서
089 신학과 목회상담
090 성서와 정신
091 목회와 성
092 교육, 허무주의, 생존
093 희망의 목회상담
094 전환기의 종교와 심리학
095 신경증의 치료와 기독교 신앙
096 치유의 상상력
097 영성과 심리치료
098 의례의 과정
099 외상, 심리치료 그리고 목회신학
100 모성의 재생산
101 상한 마음의 치유

# 현대정신분석연구소 총서

## ◇ 사회/문화/교육/종교 시리즈

102 그리스도인의 원형
103 융의 심리학과 기독교 영성
104 살아계신 하나님과 우리의 살아있는 정신
105 정신분석과 기독교 신앙
106 성서와 개성화
107 나의 이성 나의 감성

## ◇ 아동과 발달

108 유아의 심리적 탄생
109 내면의 삶
110 아기에게 말하기
111 난 멀쩡해. 도움 따윈 필요 없어!
004 놀이와 현실
005 그림놀이를 통한 어린이 심리치료
006 성숙과정과 촉진적 환경
007 박탈과 비행
008 소아의학을 거쳐 정신분석학으로
009 가정, 우리 정신의 근원
010 아이, 가족, 그리고 외부세계
011 울타리와 공간
012 참자기
013 100% 위니캇
041 자폐아동을 위한 심리치료
044 아스퍼거 아동으로 산다는 것은?
045 자폐 아동의 부모를 위한 101개의 도움말

## ◇ 자아심리학/분석심리학/기타 학파

112 C.G. 융과 후기 융학파
113 C. G. 융
114 하인즈 하트만의 자아심리학
115 자기와 대상세계
116 프로이트의 정신분석학

## ◇ 스토리텔링을 통한 어린이 심리치료 전집

117 스토리텔링을 통한 … 심리치료(가이드 북)
118 감정을 억누르는 아동을 도우려면
119 강박증에 시달리는 아동을 도우려면
120 마음이 굳어진 아동을 도우려면
121 꿈과 희망을 잃은 아동을 도우려면
122 두려움이 많은 아동을 도우려면
123 상실을 경험한 아동을 도우려면
124 자존감이 낮은 아동을 도우려면
125 그리움 속에 사는 아동을 도우려면
126 분노와 증오에 사로잡힌 아동을 도우려면

## ◇ 정신분석 아카데미 시리즈

127 성애적 사랑에서 나타나는 자기애와 대상애
128 싸이코패스는 누구인가?
129 영조, 사도세자, 정조 그들은 왜?
130 정신분석에서의 종결
131 자폐적 대상에 대한 정신분석학적 연구
132 정신분석과 은유
133 정신분열증, 그 환상의 세계로 가다
134 사라짐의 의미
135 제4차 산업혁명에 대한 정신분석적 고찰

## ◇ 초심자를 위한 추천도서

001 멜라니 클라인
004 놀이와 현실
013 100% 위니캇
031 초보자를 위한 대상관계 심리치료
037 하인즈 코헛과 자기심리학
076 프로이트 이후
136 왜 정신분석인가?

# 현대정신분석연구소 수련 과정 안내

이 책을 혼자 읽고 이해하기 어려우셨나요? 그렇다면 함께 공부합시다!
**현대정신분석연구소**에서 이 책의 내용에 대한 강의를 들으실 수 있습니다.

**현대정신분석연구소**는 1996년에 한국심리치료연구소라는 이름으로 창립되어, 국내에 정신분석 및 대상관계이론을 전파하는 선구자적 역할을 해왔습니다.

정신분석을 연구하고 교육하는 기관으로서 주요 정신분석 도서 130여 권을 출판 하였으며, 정신분석전문가 및 정신분석가를 양성하고 있습니다. 또한 부설기관인 광화문심리치료센터에서는 대중을 위한 정신분석 및 정신분석적 심리치료를 제공하고 있습니다.

**현대정신분석연구소**에서는 미국 뉴욕과 보스턴 등에서 정식 훈련을 받고 정신분석 면허를 취득한 교수진 및 수퍼바이저들로 구성되어 있으며, 뉴욕주 정신분석가 면허 기준에 의거한 분석가 및 정신분석전문가 프로그램을 운영하고 있습니다. 프로그램에서는 프로이트부터 출발하여 대상관계, 자기심리학, 상호주관성, 모던정신분석, 신경정신분석학, 애착 이론, 라깡 이론 등 최신 정신분석의 이론에 이르는 다양한 이론들을 연구하는 포용적 eclectic 관점을 채택하고 있습니다.

프로그램에서 요구하는 요건들을 모두 충족하고 프로그램을 졸업하게 되면, 사단법인 한국정신분석협회에서 공인하는 'Psychoanalyst'와 'Psychoanalytic Psychotherapist' 자격을 취득하게 됩니다. 이와 동시에 현대정신분석연구소와 결연을 맺은 미국 모던정신분석협회 Society of Modern Psychoanalysts, SMP에서 수여하는 'Psychoanalyst'와 'Applied Psychoanalysis Professional' 자격증을 신청할 수 있습니다.

국내에서 가장 정통있는 정신분석 기관 중 하나로서 **현대정신분석연구소**는 인간에 대한 보다 심층적인 이해를 통해 한국사회의 정신건강에 기여하고자 합니다.

■ 졸업 요건

| 구분 | PSYCHOANALYST | PSYCHOANALYTIC PSYCHOTHERAPIST |
|---|---|---|
| 번호 | · 등록민간자격 2020-003430 | · 등록민간자격 2020-003429 |
| 임상 | · 개인분석 300시간 이상<br>· 개인수퍼비전 200시간<br>· 임상 1,000시간 이상 | · 개인분석 150시간 이상<br>· 개인수퍼비전 25시간<br>· 임상 150시간 이상 |
| 교육 | · 졸업이수학점 72학점<br>· 기말페이퍼 12과목<br>· 종합시험 5과목<br>· 졸업 사례발표 2회<br>· 졸업논문 | · 졸업이수학점 48학점<br>· 종합시험 5과목<br>· 졸업 사례발표 1회 |
| 입학<br>자격 | 석사 혹은 그에 준하는 학력이상 ||

※상기 자격은 자격기본법 규정에 따라 등록한 민간자격으로, 국가로부터 인정받은 공인자격이 아닙니다.

■ 문의 및 오시는 길

서울시 종로구 새문안로 5가길 28(적선동, 광화문플래티넘) 918호
- Tel: 02) 730-2537~8 / Fax: 02) 730-2539
- E-mail: kicp21@naver.com
- 홈페이지: www. kicp.co.kr (홈페이지를 통해 인터넷 강의도 수강이 가능합니다)

* 정신분석에 관한 유용한 정보들을 한눈에 보실 수 있는 **정신분석플랫폼 몽상**의
SNS 채널들과 **현대정신분석연구소** 유튜브 채널을 팔로우 해보세요!

- 네이버 블로그: blog.naver.com/kicp21
- 인스타그램: @psya_reverie
- 유튜브 채널: 현대정신분석연구소KICP
- 페이스북 페이지: 정신분석플랫폼 몽상

QR코드로 접속하기